영어 세대를 위한

노자 도덕경

영어세대를 위한

노자 도덕경

2017년 2월 1일 초판 1쇄 인쇄
2017년 2월 6일 초판 1쇄 발행

역해자 l 김영일
펴낸이 l 이찬규
펴낸곳 l 선학사
등록번호 l 제03-01240호
주소 l 13209 경기도 성남시 중원구 사기막골로 45번길 14 (A동 1007호)
전화 l 02)704-7840
팩스 l 02)704-7848
이메일 l sunhaksa@korea.com
ISBN l 978-89-8072-256-3 (03190)

값 23,000원

• 이 도서의 국립중앙도서관 출판예정도서목록(CIP)은 서지정보유통지원시스템 홈페이지(http://seoji.
  nl.go.kr)와 국가자료공동목록시스템(http://www.nl.go.kr/kolisnet)에서 이용하실 수 있습니다.
  (CIP제어번호 : CIP2017002402)

영 어 세 대 를 위 한

노자 도덕경

金榮一 譯解
김 영 일 역해

 선학사

머리말

　노자(老子)『도덕경(道德經)』의 배경이 된 때는 춘추전국시대(春秋戰國時代)이다. 춘추전국시대는 기원전 770년부터 진(秦)나라가 중국을 통일한 기원전 221년까지 약 550년간을 말한다. 춘추전국시대 직전인 서주(西周) 시기에는 제후국이 약 1,800개에 이르렀다고 한다. 진시황(秦始皇)에 의하여 하나의 중국으로 통일되기까지 이 제후국들은 전쟁으로 대부분 몰락하였다. 그나마 통일중국인 진나라도 불과 16년 만에 민란(民亂)에 의해 멸망하였다. 불과 566년 만에 1,800개 제후국이 모두 멸망한 셈이다. 그래서 학자들은 중국 역사에서 춘추전국시대는 전쟁으로 인한 약탈(掠奪)과 살육(殺戮)이 난무한 대동란(大動亂)의 시기였다고 이야기한다.

　이러한 역사의 소용돌이 속에서 동양사상의 양대산맥(兩大山脈)인 공자와 노자가 태어났다. 학자들은 공자가 생존한 시기가 B. C.552-B. C.479년이라고 말한다. 사마천(B. C.145-B. C.86)의 사기(史記)에 의하면, 노자는 초(楚)나라 사람인데, 공자가 노자에게 예(禮)에 관하여 물어본 사실이 있다고 기록하고 있다. 이것이 사실이라면 노자와 공자는 동시대의 사람으로, 노자가 공자보다는 연령상으로 다소 윗사람이었을 것으로 추정된다. 그들은 춘추전국의 대동란의 소용돌이 속에서 "나라가 어떤 방향으로 가야 할 것인가"를 고민하였다. 공자는 인의(仁義)와 예(禮)에 바탕을 둔 덕치(德治)를 내세웠고, 노자는 무위자연(無爲自然)의 정치를 주창(主唱)하였다.

　무위자연은 인위적으로 어떤 규정(規定)을 만들어 강제적으로 다스리는 것이 아니라, 우주가 만물을 다스리는 것과 같이 스스로 그렇게 돌아가도록 자연에 맡겨야 한다는 정치사상이다. 대표적인 예(例)가 지구의 공전(公轉)과 자전(自轉)이다. 지구의 공전으로 춘하추동(春夏秋冬) 4계절이 순환하고, 자전으로 낮과 밤이 교대한다. 우주가 그렇게 하도록 강제한 것이 아니다. 지구 스스로가 그렇게 돌아가고 있는 것이다. 45억 년 동안이나 스스로 그렇게 돌아가고 있었고 지금도 스스로 그렇게 돌아가고 있다. 정치도 통치자가 강압하는 것이 아니라 스스로 그렇게 돌아가도록 하여야 한다는 주장이다.

이를 위해서는 "위정자(爲政者)의 무사무욕(無私無慾), 청렴결백(淸廉潔白), 솔선수범(率先垂範)" 등의 행위가 선행되어야 한다는 전제를 깔고 있다. 그렇게 하면 백성들이 스스로 따라올 것이라는 게 노자의 생각이다. 이러한 순진한 노자의 생각이 과연 현실 정치에서 통용될 수 있을 것인가는 의문이다. 인간이란 동물은 그렇게 이성적인 존재가 아니기 때문이다. 탐욕과 집착 그리고 남을 지배하려는 욕망으로 가득 차 있는 존재가 인간인데, 어떻게 저절로 세상이 올바른 방향으로 돌아갈 수 있단 말인가?

노자 『도덕경』에는 도(道)라는 글자가 74회 등장한다. 동서양(東西洋) 대부분의 학자들이 이 도(道)라는 글자를 번역하지 않고 그냥 도(道), 'Tao' 혹은 'Dao'라고 칭하였다. 노자가 말하는 도는 "노자가 주창하는 도"가 있고, "노자가 비판하는 도"가 있으며, "일반적인 개념으로서의 도"가 있다. 그런데 이를 구분하지 않고 그냥 "도"라고 번역하였기 때문에 도(道)라는 글자가 포함된 문장의 해석이 난해하게 되었다. 난해한 것을 넘어 문맥이 전혀 통하지 않는 상황에 처하게 되었다. 본서에서는 이 74개의 도를 모두 우리말로 번역하였다.

노자 『도덕경』은 판본(板本)에 따라 다소 차이가 나는 글자들이 있다. 본서에서는 이에 대한 고고학적(考古學的)인 분석은 생략하였다. 왕필본(王弼本)과 하상공본(河上公本)을 기본으로 하고, 노자의 의중(意中)을 감안하여 많은 학자들이 선호(選好)하고, 또 문맥이 잘 통할 수 있는 글자를 선택하였다. 외국학자들의 영문해석도 판본에 관계없이 그들의 영어번역문을 그대로 전재하였다.

이 책은 한자를 통하여 중국의 문화와 사상 그리고 그들의 지혜를 배우고자 하는 사람들을 위하여 기획되었다. 노자 『도덕경』을 비롯하여 『논어』·『맹자』·『대학』·『중용』·『주역』 등 동양의 지혜를 배우고는 싶으나 한문 문장이 너무 어려워 손을 대지 못하는 대학생, 그리고 이 분야에 관심은 있으나 현재 시중에 나와 있는 책자로는 도무지 무엇을 뜻하는 것인지 알지 못하여 고민하는 일반인들을 위하여 기초 교과서로서 길잡이 역할을 할 수 있도록 만든 것이다. 현재 시중에는 노자에 관한 책이 많이 나와 있으나 유감스럽게도 읽을 수가 없을 정도로 문맥이 통하지 않는다. 그래서 쉽게 이해할 수 있도록 하는 데 주

안점을 두었다. 쉬운 우리말로 해석하고, 다시 영어 번역문을 덧붙이는 형식을 통하여 문맥이 잘 통하도록 하였다. 한글 주석에 다시 영어로 내용 설명을 부가함으로써 우리말 번역에서 오는 딱딱하고 어색한 느낌을 걸러주고, 우리말 번역에서 애매모호(曖昧模糊)한 점을 분명히 이해할 수 있도록 배려한 것이다.

또한 한문 문장의 구조와 어법을 영어 문장과 비교하여 영어를 배운 세대가 동양문화에 대하여 보다 쉽게 접근할 수 있도록 하였다. 그렇게 하기 위하여 글자 하나하나의 의미와 용어의 설명을 평이하게 우리말로 주석을 달아줌으로써 옥편을 찾지 않고도 책을 쉽게 읽을 수 있도록 하였다. 또한 이 책은 영어를 배운 세대에 초점을 맞추어 한문 문장을 설명한 것이므로 여기 나오는 문법 용어도 중국 문법 용어가 아니라 영어에서 사용하는 중학교 수준의 문법 용어를 그대로 사용하였음을 밝혀둔다.

아무쪼록 이 책이 동양의 고전(古典)을 탐독하여 옛 선현(先賢)들의 지혜를 터득하고 싶어 하는 독자들의 뜻에 크게 부응하기를 기대한다. 그리고 여기서 세상을 살아가는 동양의 지혜를 터득하여 주었으면 하는 바람이다.

역해자 김영일(金榮一)

노자 도덕경 입문

사기(史記)에 의하면, 노자(老子)는 초(楚)나라 고현(苦縣)의 여향(厲鄕) 곡인리(曲仁里) 사람이다. 성은 이(李), 이름은 이(耳), 자(字)는 담(聃)이라 하며, 주왕실(周王室)의 서고(書庫)를 관리한 사관(史官)이었다. 공자(孔子)가 주(周)나라에 갔을 적에, 예(禮)에 관하여 노자에게 가르침을 받으려 하자, 노자는 이렇게 말했다고 전한다.

"그대가 말하는 옛날의 성현(聖賢)이란 그 육신과 뼈다귀가 이미 썩어버리고, 남은 것이란 오직 공언(空言)뿐이오. 게다가 군자(君子)라는 사람도 때를 얻으면 마차를 타고 건들거리는 신분(身分)이 되지만, 때를 만나지 못하면 쑥대 씨앗이 바람에 날려 이곳저곳 떠돌듯이 떠돌아다니는 신세가 될 뿐이오. 나는 '훌륭한 장사꾼은 물건을 깊숙이 감춰 언뜻 보면 가게가 텅 빈 것 같지만 속이 실하고, 진실로 훌륭한 사람은 많은 덕(德)을 몸에 감추고 있으나 겉으로 보기에는 어리석은 것같이 보인다.'라고 들었소. 그대는 그 몸에 지니고 있는 교만(驕慢)과 탐욕(貪慾), 그리고 잘난 체하려는 것과 편견을 다 버려야 할 것이오. 그런 것들은 그대에게 아무런 이로움도 주지 못하오. 내가 그대에게 말하고자 하는 것은 오직 이것뿐이오."

공자는 노자와 헤어져 돌아간 후 제자들에게 아래와 같이 말하였다고 한다.

"새가 잘 날고, 물고기가 헤엄을 잘 치며, 짐승이 잘 달린다는 것은 나도 잘 알고 있다. 달리는 놈은 그물을 처서 잡고, 헤엄치는 놈은 낚시로 잡을 수 있고, 나는 놈은 활을 쏘아 잡을 수 있다. 그러나 용(龍)만은, 바람과 구름을 타고 하늘을 오르는 놈이니 그 잡는 방법을 알 수가 없다. 나는 오늘 노자(老子)를 만났는데, 그는 마치 용과 같은 사람이라고나 할까….'"

노자는 도(道)와 덕(德)을 귀중하게 여겼다. 그의 학설은, '모든 것을 숨기고 드러내지 않는 것(無名)'을 요체로 삼는다. 노자는 오랫동안 주(周)나라에 있었으나, 주나라가 쇠해지는 것을 보고 마침내 그곳을 떠나 관(關)이라는 곳에 이르렀다. 관지기인 윤희(尹喜)가 말했다.

"선생께서는 이제 은둔하려 하시니, 어려우시겠지만 저를 위해 저서(著書)를 남겨 주십시오."

그래서 노자는 상·하 두 편의 책을 저술하여 도(道)와 덕(德)의 깊은 뜻에 대하여 설명한 5천여 글자의 문장을 남기고 관(關)을 떠났다고 한다. 그 후 노자가 어디서 어떻게 지내다가 세상을 떠났는지 아는 사람이 없다(사마천, 박일봉 역, 『사기 열전』, 육문사(2003), pp. 23-24).

이렇게 해서 세상에 모습을 드러낸 책이 노자『도덕경(道德經)』이다. 이 책은 흔히 제1장부터 제37장까지를 도경(道經)이라고 하고, 제38장부터 제81장까지를 덕경(德經)이라고 부른다.

노자 도덕경은 여러 가지 판본이 있다. 일반적으로 널리 보급된 것은 진(晉)나라 왕필(王弼)이 주(註)를 단 노자도덕경본이다. 그리고 한대(漢代)의 것으로 하상공(河上公)이 주를 단 『도덕진경(道德眞經)』이 있다. 지금 전해지고 있는 노자는 왕필본(王弼本)이나 하상공본(河上公本) 모두 상편과 하편으로 나누어져 있는데, 이는 사기(史記)의 기록과 일치한다. 이 이외에도 부혁본(傅奕本), 이약본(李約本), 육희성본(陸希聲本), 고환본(顧歡本), 진경원본(陣景元本), 진상고본(陣象古本), 소철본(蘇轍本), 여혜경본(呂惠卿本), 임희일본(林希逸本), 오징본(吳澄本), 팽사본(彭耜本), 초횡본(焦竑本), 백서갑본(帛書甲本), 백서을본(帛書乙本) 등 다양한 판본이 있다.

차례

老子 下 德經 · 241

LAOZI DAO DE JING

老子 上 道經

제 1 장 | 도가도비상도 (道可道非常道)

道可道, 非常道. 名可名, 非常名.
　도가도　　　　비상도　　　　명가명　　　　비상명

無, 名天地之始; 有, 名萬物之母.
　무　　名천지지시　　　유　　　명만물지모

故常無, 欲以觀其妙; 常有, 欲以觀其徼.
　고상무　　　　욕이관기묘　　　상유　　　욕이관기요

此兩者, 同出而異名, 同謂之玄. 玄之又玄, 衆妙之門.
　차양자　　　　동출이이명　　　　동위지현　　　현지우현　　　　중묘지문

해석 | "인간이 나아가야 할 길"인 "도(道)"는 ('이러이러한 것이다'라고) 말할 수는 있다. 그러나 (그것이 모든 경우에) 항상 타당한 말은 아니다(타당한 경우도 있고 타당하지 아니한 경우도 있다).

The Dao, namely, "the way that human beings should take" can be said (so and so), but it is not always a valid word (in all cases). (There are both a case that is valid and a case that is not valid.)

(道를 실천하기 위한 슬로건으로) 어떤 명칭이 붙여질 수는 있다. (그러나 그것이 모든 경우에) 항상 타당한 것은 아니다(타당한 경우도 있고 타당하지 아니한 경우도 있다).

(As guidelines in order to put the Dao into practice), some names can be attached, but it is not always a valid name (in all cases). (There arc both a case that is valid and a case that is not valid.)

(텅 빈 상태에 있는 것을 뜻하는) 無는 천지의 시발점이라고 일컬어지고, (그 無에서 생겨나 존재하고 있는 천지인) 유(有)는 만물의 어머니라고 일컬어진다(만물은 천지에서 생겨났기 때문이다).

Wu(無, meaning the state of emptiness without things with a shape) is called the starting point of the heavens and the earth, and You(有, indicating what is in existence, namely the heavens and the earth) is called the mother of all things. (It is because all things are formed in the heavens and the earth.)

그러므로 항상 (형체를 갖춘 물건이 없이 텅 비어 있는 상태인) 無에서 (천지가 시작하는) 그 오묘(奧妙)한 이치를 잘 살펴보아야 하고, 항상 (존재하고 있는 천지인) 有에서 (만물이 번식하고 대를 이어가는) 그 심오한 생식작용을 잘 살펴보아야 한다.

Therefore, we should always closely look at the mysterious dispensation of nature (that the heavens and the earth are born) in Wu(無, symbolizing the state of emptiness without things with a shape). And we should always closely look at the profound generative function (that all things propagate and carry on their species) in You(有, indicating the heavens and the earth in existence).

이 둘은 같은 것에서 나왔으나 이름을 달리한다. (그러나) 모두가 그들을 현묘(玄妙)하다고 이야기한다. 현묘(玄妙)하고 또 현묘하다. (無·有, 이 둘은) 모든 오묘함이 탄생하는 문(門)이로구나!

These two came from the same source, but were named differently. All say them mysterious. They are the image that added mystery to mystery. They are the gate that all the mysteries are created.

【주석】

道 길 (도): ① 길. 길은 "인간이 나아가야 할 길"을 뜻한다. way. the way that human beings should take. ② 중국의 『한어대사전』은 도로(道路), 설(說), 방법(方法), 치리(治理), "우주만물의 본원(宇宙萬物的本源)" 등으로 설명한다(中國 世紀出版集團, 『漢語大詞典』, 漢語大詞典出版社(2000. 8.), p. 1287). way; say; method; govern; the origin of the universe and all things. ③ 說은 동사 역할을 할 때에는 "말하다", "말이 되다" 등으로 해석되고 say; speak; make sense; stand to reason; be valid, 명사 역할을 할 때에는 "말씀", "가르침" 등으로 해석된다. word; teachings.

可 가히 (가): 할 수 있다. can; be able to.

非 아닐 [비]: 아니다. not.

常 항상 [상]: 항상. 늘. 언제나. always; all the time; without a change.

名 이름 [명]: ① 명칭. 일컫는 말. 사람이나 사물에 대하여 일컫는 말을 뜻한다. name; the word that someone or something is called or known by. ② ~이라고 불리다. be called; be named. ③ 말. 어떤 개념을 일컫는 말. words; the words that indicate a certain concept.

無 없을 [무]: ① 없음. 가지지 아니함(沒有). do not exist; not have; be without; have nothing or nil. ② 철학개념으로 "텅 비어 있는 것(虛無, 空虛)"을 가리킨다(哲學槪念, 指虛無. 空虛 等. [老子] 天下萬物生於有, 有生於無). (中國 世紀出版集團,『漢語大詞典』, 漢語大詞典出版社(2000), p. 1442) Wu(無) indicates "emptiness" as the philosophical conception. ③ "없다"는 말과 "비어 있다"는 말은 서로 통한다. 예컨대 아파트가 새로 지어졌는데, 아직 입주가 시작되지 않았을 경우, 우리는 사람에 초점을 맞추면 "그 아파트에는 아직 입주자가 없다."라고 말할 수 있고, 건물에 초점을 맞추면 "그 아파트는 비어 있다."라고 말할 수 있는 것과 같다.

天地 (천지): 하늘과 땅. the heavens and the earth. 하늘은 땅을 둘러싸고 있는 공간으로 그곳에는 태양과 달 그리고 별들이 있으며, 땅은 지구를 뜻한다. The heavens are the space surrounding the earth, in which the sun, the moon, and stars appear. Di(地) indicates the earth.

之 어조사 [지]: ① ~의. of. ② 그것. it. ③ ~와. ~과. and.

始 처음 [시]: 시작. 시발점(始發點). origin; creation; beginning; the starting point.

有 있을 [유]: 존재함. 생김. 일어남. (『한한대자전』, 민중서림(1997), p. 964) what is in existence; what is created; what is formed; coming into existence.

萬物 (만물): 온갖 물건. 천지를 제외하고 우주에 존재하는 모든 물건을 의미한다. 사람과 동식물 모두를 포함한다. all things; myriad things; all beings. In this chapter, this word indicates all things except the heavens and the earth.

母 어미 [모]: 어미. 근원. 근본. mother; the origin; the source; the root of a thing.

欲 하고자 할 〔욕〕: ① 하려고 하다. 하고자 하다. intend to; try to; be going to; seek to. ② 하여야 한다. 많은 사람들이 欲을 "하려고 하다"로 번역하고 있으나 문맥이 잘 통하지 않는다. 중국의 사전은 위 뜻 이외에 "수요(須要)"의 뜻도 있는 것으로 설명한다(中國 世紀出版集團,『漢語大詞典』, 漢語大詞典出版社(2000. 8.), p. 1743). 그런데 수요(須要)란 "꼭 하지 아니하면 아니 됨", "마땅히 ~하여야 함" 등의 의미를 갖고 있다(『동아 새 한한사전』제2판, 두산동아, pp. 2149-2150). must. should.

以 심히 〔이〕: 매우. 심히. 대단히. 잘. 깊이. very; well; closely; too much; excessively.

觀 볼 〔관〕: 보다. 살펴보다. look around; observe; view; watch.

其 그 〔기〕: 그. 그것의. it; its.

妙 묘할 〔묘〕: 오묘하다. profound; mysterious.

徼 끝 〔요〕: 끝부분. 심원한 곳. 구멍(竅). 텅 빈 곳(空). 여기서는 성기(性器) 혹은 암컷의 자궁을 가리키는 것으로 본다. 동물이든 사람이든 몸통의 끝부분에는 성기가 있다. 그 성기의 생식(生殖)작용으로 만물이 대(代)를 이어간다. 徼는 "교"로도 읽는다. end; deep place; secret place; hole; empty place; sexual organs; generative function.

同 무리 〔동〕: ① 같다. same; same source. ② 무리(輩). 일동(一同). 모두. 모든 사람. 사람들. all; all the people; all the persons present [concerned].

謂 이를 〔위〕: 이르다. 일컫다. tell; call; name.

出 날 〔출〕: 낳다. 생산하다. 내보내다. 내놓다. 출생(出生)시키다. bear; produce; let something go out; send.

異 다를 〔이〕: 다르다. different.

玄 검을 〔현〕: 심오(深奧)하다. 신묘(神妙)하다. 오묘(奧妙)하다. (『교학 한한사전』제4쇄, 교학사(2005. 1. 25.), p. 1284) 玄은 검다는 뜻이다. 검다는 것은 "캄캄하다", "어둡다"는 말로 캄캄하여 그 속을 알 수 없다는 의미가 된다. 인간의 지혜로는 알 수 없는 영역을 가리킨다. 그래서 "신비하다"라는 의미가 도출된다. profound; mysterious; The original meaning is darkness. Owing to darkness, we cannot see what there is in it. Therefore this becomes to indicate the mysterious world beyond human power.

之 (지): ~와. ~과. (연세대 허사사전편찬실,『허사대사전』, 성보사(2001), p. 749) and.

又 또 (우): 또. 다시. also; too; in addition; moreover.

衆妙之門 (중묘지문): 모든 오묘(奧妙)함이 나오는 문이다. (심오하고 또 심오하니, 無, 有, 이 둘은) 모든 오묘함이 탄생하는 문이다. the gate that all the mysteries are created; the gate that much mysteries come into existence.

衆 무리 (중): 모든. 온갖. all; all sorts of; all kinds of.

門 문 (문): 문. gate.

【해설】

1. 인간의 길

道可道, 非常道. 名可名, 非常名(도가도, 비상도. 명가명, 비상명).

"인간이 나아가야 할 길"인 "도(道)"는 '이러이러한 것이다.'라고 말할 수는 있다. 그러나 그것이 항상 타당한 말은 아니다(타당한 경우도 있고 타당하지 아니한 경우도 있다).

(道를 실천하기 위한 슬로건으로) 어떤 명칭 즉 대의명분(大義名分)이 붙여질 수는 있다. (그러나 그것이 모든 경우에) 항상 타당한 것은 아니다. 타당한 경우도 있고 타당하지 아니한 경우도 있다.

위정자들은 충성과 복종에 목표를 둔 "인간이 가야 할 길"이라는 원칙을 정하고, 그것을 실천하기 위한 방안으로 仁・禮・義・忠 등의 슬로건을 내세워, 백성들을 통제(統制)하려고 하였다. 그러나 그것이 만병통치약이 될 수는 없다는 것이다.

(1) 도(道)는 "길"을 뜻한다. 공자사상을 중심으로 삼고 인의(仁義)를 근본으로 하여 정치 도덕의 실천을 주장하는 유학(儒學)의 입장에서는, 그 길은 "인간이 나아가야 할 길"을 뜻한다. 여기 첫 장 첫 구절에 나오는 도(道)는 노자가 신봉하는 도가 아니라 노자가 비판하는 도임을 유의(留意)하여야 한다. 이를 노자가 주창(主唱)하는 道로 오해(誤解)하면 본 장의 해석은 이해할 수 없는 혼란에 빠지게 된다. 대부분의 학자들이 여기 나오는 道를 그냥 道라고 풀이하였다. 도라는 글자를 해석하지 않은 것이다. 도

라는 글자가 한 문장에 세 번 등장하는데, 가운데 나오는 글자만 "말하다(說)"의 의미로 해석하고 나머지 둘은 미지수(未知數)로 남겨 놓았다. 수학자(數學者)들의 말에 의하면 미지수가 둘이면 그 수식(數式)은 풀지 못한다고 한다.

도덕경에 주석(註釋)을 붙인 하상공(河上公)이라는 학자는, "'인간이 나아가야 할 길은 이러이러한 것이다'라고 말할 수는 있다. 그런데 '그 길'은 유교의 가르침을 따르고, 정치 교육에 관한 정부의 명령에 복종하는 길을 의미한다. 非常道는 '장구(長久)하게 존속하여 온 자연적인 방식이 아니다'. (장구하게 존속하여 온 자연적인 방식을 뜻하는) 常道는 '억지로 하게 함이 없는 무위(無爲)의 방식으로 정신력을 기르고, 강제로 일을 시키지 않는 무사(無事)의 방식으로 백성을 안정시키며, 뛰어난 능력을 마음속에 넣어두고, 빛나는 지혜를 감추어두며, 비난받을 만한 흔적을 남기지 않고, 그리고 (왜 그렇게 되었는지) 원인을 밝히지 않고 감춘다'(유교적인 가르침과 정부의 명령은 시끄럽고 소란하다). 그것을 '자연스러운 길'이라고 말할 수는 없다."라고 주장한다(道可道, 謂經術政敎之道也. 非常道, 非自然長生之道. 常道, 當以無爲養神, 無事安民, 含光藏暉, 滅跡匿端, 不可稱道也). 여기서 경술(經術)은 유교경전(儒敎經典)에 나오는 가르침을 뜻하고, 정교지도(政敎之道)는 정치와 교육에 관한 통치권자의 지침을 의미한다. 결국 하상공의 주장은 유교경전이나 위정자가 인위적으로 만들어 놓은 "인간이 나아가야 할 길"이라는 "道"는, 장구(長久)하게 지속되어 온 자연적인 것이 아니라는 것이다. 오랫동안 지속되어 온 자연적인 방식이 아니므로 완벽한 것이라고 볼 수 없다는 입장이다. 간단히 말하여 유교적인 가르침으로 "인간이 나아가야 할 길"을 뜻한다. 예컨대 삼강오륜(三綱五倫)과 같은 가르침으로 집약할 수 있다. 이는 인생을 어떻게 살 것인가의 문제와 정치를 어떻게 할 것인가의 문제를 다루는 유교적 입장이다. 삼강오륜(三綱五倫)은 사람과 사람 사이의 관계인 군신(君臣)·부자(父子)·부부(夫婦) 관계를 도덕적으로 규정한 군위신강(君爲臣綱), 부위자강(父爲子綱), 부위부강(夫爲婦綱) 등의 삼강(三綱)과 사람으로서의 가장 기본적인 인간관계인 부자유친(父子有親)·군신유의(君臣有義)·부부유별(夫婦有別)·장유유서(長幼有序)·붕우유신(朋友有信) 등의 오륜(五倫)으로 나뉜다. 또한 사람으로서 마땅히 지켜야 할 다섯 가지 도리인 인(仁)·의(義)·예(禮)·지(智)·신(信) 등 오상(五常)을 주장하기도 한다. 모두가 위정자(爲政者)와 유학자(儒學者)들이 인위적으로 만들어 놓은 윤리도덕 규범이다. 그런데 노자는 이러한 것들이 항상 타당한 것은 아니라고 비판한다. 그래서 그 당시 정치사상의 주류를 형성하였던 유학자(儒學者)들에게

"당신들이 인위적으로 만들어 놓은 그 도(道)라는 것이 '이러이러한 것이다.'라고 말할 수는 있겠으나, 그것이 모든 경우에 항상 타당한 말은 아니다."라고 비판한 것이다. 왜냐하면 그 道라는 것이 항상 타당한 것이 아니라, 타당한 경우도 있고 타당하지 않은 경우도 있기 때문이다.

　　예컨대 효도(孝道)에 관하여 살펴보면, "자식 된 자는 그 부모의 말에 순종하고 그 부모를 봉양하여야 한다."라고 규정한다. 물론 전부 틀린 말은 아니다. 그러나 이는 효도의 어느 한 측면만을 강조한 말이다. 시대와 상황에 따라서 변할 수 있는 것이 인간사(人間事)이며 세상사(世上事)이다. 효도도 마찬가지이다. 정치문제나 종교문제에 관하여는 의견을 달리할 수 있다. 부모는 불교 신자이고 자식은 기독교 신자라면 그 의견을 달리할 수 있는 것이고, 부모는 보수여당을 선호하고 자식은 진보야당을 선호할 수 있다. 그리고 부모가 재산이 많은 사람이라면 부모 자신에 대한 봉양보다는 오히려 자식의 출세를 더 원할 수도 있는 것이다. 유가(儒家)에서는 획일적으로 사람을 속박하는 많은 제도를 만들었는데, 그것이 모든 경우에 항상 타당한 것은 아니라는 것이 노자의 생각이다.

(2) "인간이 나아가야 할 길", 즉 "도(道)"는 상위개념(上位槪念, superordinate concept)이다. 인간이 나아가야 할 그 광대(廣大)한 길에는 인(仁)의 길도 있고, 예(禮)의 길도 있고, 의(義)의 길도 있고, 충(忠)의 길도 있다. 아주 다양한 이름의 길이 있다. 道가 상위개념이라면 도를 실천하기 위한 방법론인 仁, 禮, 義, 忠과 같이 그 아래에 있는 길은 하위개념(下位槪念, subordinate concept)이다. 생물이 상위개념이고 동물이나 식물이 하위개념인 것과 같다. 명(名) 역시 어떤 사람이나 사물을 지칭하는 말(words)이지만, 道 아래에 놓이는 하위개념의 "말"에 속한다. "인간이 나아가야 할 길"을 道라고 전제해 놓고, 그 실천강령(實踐綱領)으로 仁, 禮, 義, 忠 등과 같은 덕목(德目)의 명칭(名稱)을 내세운 것이다.

　　예컨대 유가(儒家)에서는 충(忠)이라고 하는 덕목을 내걸었다. "신하(臣下) 된 자는 군주(君主)를 충성(忠誠)을 다하여 섬겨야 한다."라고 규정한다. 그 군주가 성군(聖君)이라면 타당한 말이 될 수도 있다. 그러나 그 군주가 폭군(暴君)이라면 포악한 전제정치(專制政治)에 동조(同調)하여 폭정(暴政)을 장기화시키고, 백성들의 생활을 피폐(疲弊)케 하는 결과를 가져온다. 쿠데타를 일으켜 폭군을 제거하는 것이 백성에게 도움이 되는 방법일 수도 있다. 위 문장에서 앞에 나오는 도(道)는 주어로서 "인간이 나아가야 할 길" 즉 "도리(道理)"를 뜻하고, 가운데 나오는 도는 동사로서 "말하다(說)"의 의미이며, 맨 끝에 나오는 비상도(非常道)에서의 도는 "말", "가르침", 또는 "말이 되다(說)"라는 의미가 된다. 非常道는 "항상 말이 되는 것은 아니다" 혹은 "항상 타당한 말은 아니다"라는 의미가 된다. "이것이 옳다. 그러므로 인간은 이 길로 가야 한다."라는 윤리도덕 기준은 "좋다", "나쁘다", "옳다", "그르다" 등과 같이 어떤 대상에 대한 주관적(主觀的)인 가치판단(價値判斷)에 속하는 문제이다. 절대적인 것이 아니다. 그러므로 그 말이 항상 성립할 수 있는 진리의 말은 아닌 것이다. 노자는 이렇게 인위적으로 만들어 놓은 지배계층의 윤리도덕 기준에 대하여 비판한 것이다.

그런데 위에 나온 仁, 禮, 義, 忠 등과 같은 덕목은 실제로는 사회질서 유지에 필요한 윤리도덕 기준으로 생각되는데, 노자는 왜 이에 반기(反旗)를 들었을까? 그것은 당시 위정자들이 이러한 덕목들을 내세워 백성들의 생활을 과도하게 간섭하고 억압하며 착취하였기 때문이다. 세금을 거두어들이는 일, 공공사업이라고 이름 붙여 백성들을 부역에 동원하는 일, 인접국을 침략하면서 백성들을 전쟁터로 내모는 일 등에, 이러한 덕목들이 법적·도덕적 의무를 지우는 강제규범(強制規範)으로 작용한 것이다. 위정자들은 이러한 덕목들을 독재체제 유지를 위한 통치수단으로 활용하였는데, 그것이 백성들에게는 고통의 족쇄가 된다고 생각한 것이다. 특히 여기서 말하는 禮의 내용에는 윤리도덕 기준뿐만 아니라 법률, 명령 등이 포함되었다. 禮가 백성을 억압하는 법적·제도적 장치로 이용된 것이다. 노자의 이러한 정치사상은 당시 전국시대(戰國時代)의 포악한 군주들의 통치방법에 대한 반작용(反作用)으로 등장한 비판의 목소리가 아닌가 추측된다.

2. 우주자연의 길

(1) 無, 名天地之始; 有, 名萬物之母(무, 명천지지시; 유, 명만물지모)

(텅 빈 상태에 있는 것을 뜻하는) 無는 천지의 시작을 일컫는 이름이고, (그 無에서 생겨나 존재하고 있는 천지인) 유(有)는 만물의 어머니임을 일컫는 이름이다. (만물은 천지에서 생겨났기 때문이다).

無라는 글자는 부정적으로 보면 "없음"을 뜻하는 말이지만, 이를 긍정적으로 보면 "비어 있음"을 뜻하는 말이다. 긍정적으로 보아 "비어 있음(emptiness)"을 뜻하는 말로 풀이하여야 문맥이 더 잘 통한다. 형체를 갖춘 물건이 없이 텅 비어 있는 상태에 있는 것은 태초의 우주(宇宙)를 상징한다. 그 텅 빈 우주에서 천지가 생겨나고, 천지에서 다시 만물이 생겨났다. 우주는 천지를 존속하게 하고, 만물을 살아가도록 하는 존재이다. 無는 천지의 시발점이 된다. 有는 "존재하게 된 것"으로서 천지가 1차적으로 이에 해당한다. 그곳에서 2차적으로 만물이 생겨난다. 有는 "있을 [유] 자로서 "존재하는 것", "생겨난 것" 등을 뜻하는 말이다. 만물은 천지에서 생겨나서 그들의 개체유지(個體維持) 본능과 종족보존(種族保存) 본능을 기본으로 하여 대(代)를 이어간다. 그래서 천지를 뜻하는 有는 만물의 어머니가 되는 것이다. 하상공(河上公)도 그 주석(註釋)에서 '無라는 명칭(無名)'은 도(道)를 가리키고(無名謂道), '有라는 명칭'은 천지를 가리킨다고 말한다(有名, 謂天地).

(2) 無와 有의 관계

위에 언급한 바와 같이 無는 형체를 가진 물건이 없이 텅 비어 있는 존재이다. 그 텅 빈 공간에서 형체를 갖춘 천지가 등장한다. 天에는 태양, 달, 그리고 별들이 있다. 그리고 地는 육지와 바다로 우리가 살고 있는 지구이다. 그러므로 천지는 존재하고 있는 것을 나타내는 有에 속한다. 그런데 그 有에 속하는 천지에서 만물이 생겨난다. 그러므로 有에 속하는 천지는 만물의 어머니가 되는 것이다. 천지에 해당하는 有는 우주에 해당하는 無에 내포되어 있다. 그러므로 無가 상위개념이라면 有는 하위개념이 된다. 앞에서 道가 상위개념이고 名이 하위개념이 되는 것과 같다. 노자는 제40장에서 "천하의 만물은 존재하고 있는 것(有)에서 생겨났다. 그러나 有는 無에서 생겨났다."라고 말한다(天下萬物生於有, 有生於無).

(3) 텅 비어 있는 것을 왜 우주라고 간주하였는가?

① 노자는 본 장에서 (형체를 갖춘 물건이 없이) 텅 비어 있는 무(無)의 상태가 천지의 시작이라고 말하였다. 그러므로 그것은 태초의 우주 이외에는 어느 것도 상정(想定)할 수가 없다.

② 제4장에서 노자는 "道는 (이 세상 모든 것을 담을 수 있는) 빈 그릇과 같다. 그것에

(아무리 많은 것을) 담아도 언제나 차지 않는다. 심오(深奧)하다! (道란) 마치 만물의 근원(根源)인 것 같다."라고 말한다(道沖而用之, 或不盈. 淵乎. 似萬物之宗). 그 그릇이 무한히 큰 그릇이라면 이 세상 모든 것을 다 담을 수 있을 것이다. 세상에서 가장 크고 무거운 것은 천지이다. 천지까지도 담을 수 있는 그릇이라는 주장이다. 천지만물을 모두 담을 수 있는 '빈 그릇(沖)'이라면, 그것은 우주(宇宙)이다. 우주는 천체를 비롯하여 만물을 모두 포용할 수 있는 광대무변(廣大無邊)한 존재이기 때문이다. 앞에서 無는 "텅 비어 있는 것"으로 설명하였는데, 道 역시 "빈 것", "빈 그릇"을 뜻하는 말이므로 無와 道는 같은 개념이라고 볼 수 있다.

하상공(河上公)은 "無라고 하는 말은 道를 가리킨다. 道는 형체가 없으므로 무엇이라고 지칭할 수가 없다. (천지가) 시작하는 것은 우주의 본체이다. 기(氣)를 뿜어내고 변화를 펼치는 것이 텅 빈 곳에서 나오는데, 이것이 천지의 본원적인 시초가 되는 것이다."라고 설명한다(無名者, 謂道. 道無形, 故不可名也. 始者, 道本也. 吐氣布化, 出於虛無, 爲天地本始也). 그 당시에는 아마도 "우주"라는 말이 없었던 모양이다. 그래서 無니 道니 하는 말을 사용한 것이 아닌가 생각된다.

③ 제25장에서 노자는 "(하늘과 땅이 아직 나뉘지 않고, 사물의 구별이 확실하지 않은) 혼돈상태(混沌狀態, Chaos)로 이루어진 것이 있었는데, 이것이 천지가 생겨난 것보다 먼저 있었다. (아무 소리도 없이) 고요하고, (아무 형체도 없이) 텅 비어 있지만, (어떤 것에 의지하지 않고) 홀로 존재하면서 언제나 변함이 없는 상태에 있다. 모든 것에 두루 운행하며 멈추는 일이 없었으니 천하의 어머니가 될 만하다. 나는 그 이름을 알 길이 없어 그것에 글자를 붙여 '도(道)'라고 하였다. 내가 억지로 그것의 이름을 짓자면, '광대(廣大)한 것'이라고 할 수도 있다."라고 말한다(有物混成, 先天地生, 寂兮寥兮, 獨立而不改, 周行而不殆, 可以爲天下母. 吾不知其名, 字之曰道. 强爲之名曰大). 천지보다 먼저 생겨난 것으로서 광대한 것이라면 우주 외에 무엇이 있겠는가?

④ 천문학자들은 약 137억 년 전 대폭발(大爆發, Big Bang)이 우주가 탄생하는 계기가 되었다고 말한다. 대폭발이 일어났을 당시 제일 먼저 생겨난 물질은 수소와 헬륨이라고 한다. 수소는 눈에 보이지 아니하는 가장 가벼운 기체이고, 헬륨은 수소 다음으로 가벼운 기체인데, 이 두 물질의 가벼운 원자핵끼리 서로 결합하는 핵융

합(核融合) 과정에 의하여 탄소·질소·산소·네온·마그네슘·철 같은 무거운 물질들이 만들어졌다고 한다. 결국 이렇게 하여 생성된 물질은 각종 별들을 만들었고, 동물과 식물 등 생명체를 만드는 기본 성분을 제공한 것으로 전해지고 있다. 서울대 물리학부 김수봉 교수는 "우주는 137억 년 전, 지구는 45억 년 전 생성되었다. 우주대폭발 뒤 3분쯤 됐을 때 수소와 헬륨이 생겨났고, 이 두 원소가 핵융합을 일으켜 더 복잡한 원소가 만들어졌고, 이들이 모여 별(星)이 되었으며, 인간을 포함한 우주의 모든 물질이 이들 원소에서 비롯됐다."라고 이야기한다(2011. 5. 17. 조선일보). 그러므로 대폭발 당시에는 지구도 없었고 인간도 없었고, 그리고 다른 생명체도 없는 텅 빈 상태였다는 이야기가 된다. 형체를 갖춘 물건이 없는 무(無)의 상태이다. 빅뱅이 일어난 후 92억 년이 지나서 지구가 생성되었다면, 지구가 생성된 이후에야 동물과 식물 그리고 인류가 생겨났을 것이다. 텅 빈 無의 상태에서 천지라고 하는 有가 생성된 것이다.

⑤ 텅 빈 無의 상태에서 어떻게 천지라고 하는 有가 생성되었다고 주장하였을까?
옛사람들은 태초의 우주는 형체를 갖춘 물건이 없이 텅 비어 있었다고 여겼다. 그러나 그 공간에는 눈에 보이지 않는 기(氣)가 흐르고 있다고 생각하였다. 그 기운(氣運)이 바로 음(陰)의 기운과 양(陽)의 기운이다. 이 두 기운이 융합하여 생명체를 만들었다는 생각이다. 천문학자들의 주장과 일맥상통한다.

소립자물리학 및 우주론 분야에서 세계적인 석학으로 꼽히는 김정욱 고등과학원 명예교수는 "현대 물리학에 따르면 137억 년 전 우주가 만들어진 대폭발(Big Bang) 당시, 모든 입자는 질량이 없는 상태였다. 빅뱅 당시 용광로와 같아 +전기와 −전기를 띤 입자들이 대칭을 이루며 균일하게 있었다."라고 말한다(2013. 10. 21. 조선일보). 또한 위 ④에서 대폭발이 일어난 뒤 3분쯤 되었을 때 수소와 헬륨이 생겨났다고 말하였는데, 이들 원소 속에는 양의 기운을 가진 양자(+)와 음의 기운을 가진 전자(−)가 내재되어 있으므로 빅뱅에 의하여 음양의 기운이 발생하였고 지금까지 그 기운이 존재하고 있으며, 그들 기운의 융합으로 다른 물질이 계속 생성되었다고 추론(推論)할 수 있기 때문이다.

⑥ 공자가 말하는 道가 "인간이 나아가야 할 길"이라면, 노자가 말하는 道는 "우주의 길", 혹은 "대자연이 나아가는 길"이다. 전자가 "인위적(人爲的)으로 만든 윤리도

덕적인 길"이라면, 후자는 "자연적으로 흘러가는 무위자연(無爲自然)의 길"이다. 노자는 인간의 길을 우주의 길로 한 단계 업그레이드시킨 사람이다.

　중국 북경대학 교수를 지낸 장대년(張岱年)은 "춘추시대 및 전국시대 초기에는 아직 우주라는 관념이 없었고, 사람들이 가장 크고 모든 것을 포괄한다고 여긴 것은 하늘(天)이었다. 하늘의 관념은 매우 일찍 나타났는데, 최초의 철학자인 공자(孔子)와 묵자(墨子) 모두가 하늘을 가장 근원적인 것으로 간주하였다."라고 주장한다(春秋時及戰國初年, 尙无宇宙的觀念, 人所認爲最大而覆蓋一切的是天. 天的觀念, 起源甚早, 而最初的哲人孔子與墨子都把天看作最根本的). (張岱年,『中國哲學大綱』, 中國社會科學出版社(1982) 第1版, 第一部分,「宇宙論」, p. 2)

3. 故常無, 欲以觀其妙; 常有, 欲以觀其微 (고상무, 욕이관기묘; 상유, 욕이관기요)

　그러므로 항상 (형체를 갖춘 물건이 없이 텅 비어 있는 상태인) 無에서 (천지가 시작하는) 그 오묘(奧妙)한 이치를 잘 살펴보아야 하고, 항상 (존재하고 있는 천지인) 有에서 (만물이 번식하고 대를 이어가는) 그 심오한 생식작용을 잘 살펴보아야 한다.

　위 문장은 앞에 나온 "無는 천지의 시작을 일컫는 이름이고, 유(有)는 만물의 어머니임을 일컫는 이름이다."라는 구절에 대한 부연설명이다(無, 名天地之始. 有, 名萬物之母).

4. 此兩者, 同出而異名, 同謂之玄 (차양자, 동출이이명, 동위지현)

　이 둘은 같은 것에서 나왔으나 이름을 달리한다. 사람들은 그들을 현묘(玄妙)하다고 이야기한다.

　이 둘이란 無에서 시작한 천지와 有에서 태어난 만물을 가리킨다. 그런데 만물은 천지에서 태어났으므로 결국은 모두가 無에서 연유(緣由)된 것이다. 천지이든 만물이든 모두가 없었던 것이 생겨난 것이므로 현묘(玄妙)한 것이라고 감탄한 것이다.

　구약성서(舊約聖書)에서는 하나님이 남자와 여자를 만들었다고 기록하고 있다(「창세기」 1장 27). 그들이 바로 아담(Adam)과 이브(Eve)이다(「창세기」 2장 19-25, 3장 20). 그런데 아담과 이브는 카인(Cain)과 아벨(Abel)이라고 하는 두 아들을 낳았다(「창세기」 4장 1-2). 아담과 이브는 부모가 없다. 하나님이 만들었다고 말한다. 없던 사람이 생긴 것이므로 無에서 나온 셈이다. 그러나 카인과 아벨은 부모의 동침(同寢)으로 나왔으니(Adam

lay with his wife Eve, and she became pregnant and gave birth to Cain), 有에서 有가 나온
것이다. 이후 인간들은 이들의 후손이므로 有에서 계속 有가 이어졌다고 이야기한다. 그
러나 이들 남녀도 처음부터 뱃속에 아이가 들어 있었던 것은 아니다. 결혼에 의하여 아이
가 탄생한 것이다. 부모라고 하는 두 남녀가 존재하기는 하였지만(有), 동침(同寢)을 하지
않았다면 아이는 잉태하지 않았을 것이다. 그러므로 無의 상태였는데, 음(陰)과 양(陽)의
결합에 의하여 잉태한 것이므로 無에서 나왔다고 볼 수도 있다. 이렇게 인간사(人間事)란
절대적인 것이 아니라 상대적인 것이다. 이와 같이 無에서도 출생시키는 일을 하고, 동시
에 有에서도 출생시키는 역할을 한다. 그래서 無와 有, 이 둘은 다 함께 출생시키는 역할
을 하나 이름이 다르다고 한 것이다. 無에서도 생명체가 나오고, 有에서도 생명체가 나오
니 이는 매우 심원(深遠)하고 오묘(奧妙)한 일이다.

5. 玄之又玄, 衆妙之門 (현지우현, 중묘지문)

현묘(玄妙)하고 또 현묘하다. (無 · 有, 이 둘은) 모든 오묘함이 탄생하는 문이로구나!
텅 비어 있는 무의 상태에서 천지가 생성되고, 그 천지에서 다시 물고기 · 동물 · 식
물 · 인간 등이 나타나게 되었다니 無 · 有, 이 둘은 모든 오묘함이 다 쏟아지는 문이라고
감탄한 것이다.

【외국학자 영문해석】

[1] Chapter 1

1. The Tao that can be trodden is not the enduring and unchanging Tao. The name that can
    be named is not the enduring and unchanging name.

2. (Conceived of as) having no name, it is the Originator of heaven and earth; (conceived of as)
    having a name, it is the Mother of all things.

3. Always without desire we must be found,
    If its deep mystery we would sound;
    But if desire always within us be,

Its outer fringe is all that we shall see.

4. Under these two aspects, it is really the same; but as development takes place, it receives the different names. Together we call them the Mystery. Where the Mystery is the deepest is the gate of all that is subtle and wonderful.

(James Legge, *The Texts of Taoism, The Tao Te Ching of Lao Tzu,* Dover Publications, Inc. New York(1962), p. 47)

[2] Stanza 1

1   The way as "way" bespeaks no common lasting Way,

2   The name as "name" no common lasting name.

3   Absent is the name for sky and land's first life,

4   Present for the mother of all ten thousand things.

5   Desire ever-absent:

6   Behold the seed germs of all things;

7   Desire ever-present:

8   Behold their every finite course.

9   Forth together come the two

10 As one and the same

11 But differ in name.

12 As one, a dark recess

13 That probed recedes

14 Past that portal whence

15 The milling seed germs teem.

(Moss Roberts, *Dao De Jing,* University of California Press(2004), p. 27)

天下皆知美之爲美 斯惡已, 皆知善之爲善 斯不善已.
천하개지미지위미　　　　　　사악이　　　　　개지선지위선　　　　　사불선이

故有無相生, 難易相成, 長短相形, 高下相傾, 音聲相和,
고유무상생　　　　　난이상성　　　　　장단상형　　　　　고하상경　　　　　음성상화

前後相隨.
전후상수

是以, 聖人處無爲之事, 行不言之敎.
시이　　　　　성인처무위지사　　　　　행불언지교

萬物作焉而不辭, 生而不有, 爲而不恃.
만물작언이불사　　　　　생이불유　　　　　위이불시

功成而弗居, 夫唯弗居, 是以不去.
공성이불거　　　　　부유불거　　　　　시이불거

해석 | 세상 사람들이 (겉으로) 아름답게 보이는 것을 (속까지) 모두 아름다운 것으로 알고 있지만, 여기에도 또한 추악한 면이 있다. (겉으로) 선하게 보이는 것이 (속까지) 모두 선한 것으로 알고 있지만, 여기에도 또한 불선한 면이 있다.

All the people regard what seems beautiful (on the surface) as what is really beautiful (even its heart), but even this case there is an ugly aspect, too.

그러므로 (美醜, 善惡의) 있음과 없음은 서로 생기고, 어려운 일도 쉬운 일도 서로 발생하며, 긴 것도 짧은 것도 서로 다 모양을 드러낸다. 높은 것과 낮은 것도 서로 뒤섞히고, 음률(musical note)과 소리(sound)도 서로 화음(和音)을 이루게 되고, 앞과 뒤도 서로 좇는다.

Therefore, existence and non-existence (of beauty and ugly, good and bad, wealth and poverty) are generated each other. The difficult and the easy also are produced each other. The long and the short take shape each other. The high and the low are reversed each other. Note and sound harmonize with each other. Being before and being behind follow each other.

이런 까닭으로 (대자연이 만물을 다스리는 것과 같은 그러한 방식으로 나라를 다스리는 성스러운 사람인) 성인은 (인위적으로) 하게 함이 없는 정치방식으로 일을 처리하고, 말 없는 가운데 가르침을 행한다.

Thus the sage, (the holy man who governs a country by such a method as Mother Nature governs all things), manages affairs by the natural method without making the people do something forcibly, and practices teaching without words.

세상 만물이 그에 의하여 만들어지지만 스스로 그렇다고 말하지 않고, 낳고도 소유하지 않으며, 베풀고도 어떤 보답을 기대하지 않으며, 공(功)을 세우고도 얹혀 있지 않는다. 바로 얹혀 있지 않기 때문에 그 공적(功績)이 사라지지도 않는다.

All things are created from it, but it does not say "yes". It gives them life but does not claim possession. It bestows a favor (on all things) but does not expect any reward. It achieves merits but does not rest upon them. Just because it does not rest upon them, its merits do not disappear too.

【주석】

天下 (천하): 온 세상. 온 세상 사람들. the empire; the whole world; all under heaven; all the people in the world.

皆 다 (개): 다. 모두. 함께. all; all the people.

知 알 (지): 알다. 깨닫다. 느끼다. know; recognize; feel.

知美之爲美 (지미지위미): 아름다워 보이는 것이 아름답다고 알다. 겉으로 아름다워 보이는 것이 속까지 아름다운 것으로 안다는 의미이다. 之는 주격조사와 같은 역할을 하고, 爲는 "~이다(be)"의 뜻이다.

美 아름다울 (미): 아름답다. beautiful; pretty.

之 어조사 (지): ① 주격조사와 같은 역할을 한다. 우리말로 옮길 때에는 "은", "는", "이", "가"로 풀이한다. used like a subjective particle; as for; as to; as far as something is concerned. ② 수식어 역할을 한다. "~의", "~하는" 등으로 풀이한다. of. used as a modifier. ③ 대명사 역할을 한다. 그것. it; he; she; they.

爲 될〔위〕: 되다. ~이다. become; be.

斯惡已 (사악이): 여기에도 또한 추함이 있다. Even in this case, there is an ugly aspect, too; Here too, there is a ugly point.

斯 이〔사〕: 이곳. 여기. this; here.

惡 악할〔악〕: 악하다. 추하다. 이를 명사화하면 악한 점, 악한 면, 추한 점, 추한 면 등으로 활용될 수 있다. a wicked point; an evil side; a ugly aspect; a dirty side.

已 이미〔이〕: 이(已)는 여러 가지 의미를 가진 글자인데, 유독 "뿐이다"라는 뜻으로 번역하면 문맥이 통하지 않는다. 여기서는 "또한", "동시에"라는 의미로 본다. 중국에서 발간된『한어대사전』에는 "우(又)"의 의미도 있는 것으로 설명한다(中國 世紀出版集團,『漢語大詞典』, 漢語大詞典出版社(2000), p. 1310). 又는 "또", "다시", "또한", "동시에" 등을 뜻하는 글자이다(『교학 한한사전』제4쇄, 교학사(2005. 1. 25.), p. 292). also; too; in addition to.

有無相生 (유무상생): ① (재물, 美 혹은 善 등의) 있음과 없음은 서로 생긴다. 가진 자의 가진 것이 없어질 수도 있고, 못 가진 자의 못 가진 것이 채워질 수도 있다. 젊었을 때 아름다운 모습이 늙어가면서 추한 모습으로 바뀔 수도 있고, 부유할 때의 선한 자세가 궁핍할 때에 불선한 모습으로 변질될 때도 있다. 있음과 없음은 절대적으로 변치 않는 것이 아니다. 서로 바뀔 수도 있다. 그래서 돈은 있다가도 없어지고, 없다가도 생긴다는 말이 있다. 항상 있을 수만은 없는 것이다. 있고 없음은 상대적인 것이다. Therefore, existence and non-existence (of beauty and ugly, good and bad, wealth and poverty) are generated each other. ② 有에서도 無에서도 서로 생겨난다. 有에서도 생겨나고 無에서도 생겨난다. Both in You(有) and in Wu(無), they are formed.

難易相成 (난이상성): 어려운 일도 쉬운 일도 서로 나타난다. 어려운 일도 일어나고 쉬운 일도 일어난다. 세상을 살다 보면 어려운 경우도 있고, 쉬운 경우도 있다. 쉬운 경우만 계속되는 것은 아니다. 힘든 고갯길을 넘으면 걷기 쉬운 소나무 숲이 나온다. 고생 끝에 낙이 있다는 속담이 있다. 어려움도 쉬움도 모두 상대적이다. The difficult and the easy also are produced each other.

長短相形 (장단상형): 긴 것도 짧은 것도 서로 다 모양을 드러낸다. 긴 것도 모양을 드러내고, 짧은 것도 모양을 드러낸다. 긴 것만이 아름다운 것은 아니다. 다리만 길다고 해서 특별히 아름다운 것은 아니다. 몸매는 균형이 잡혀야 하고, 무엇보다도 몸 전체가 건강하여야 한다. 스포츠에서 키가 크면 유리할 수 있다. 그러나 축구에서 키가 크다고 해서 헤딩의 성공률이 높은 것은 아니다. 키가 작아도 스피드와 기술력으로 키 큰 선수를 제압할 수 있다. 대나무가 키가 크다고 해서 특별히 아름다운 것도 아니고, 선인장이 키가 작다고 해서 특별히 추한 것도 아니다. 대나무는 그 줄기가 곧기 때문에 절개가 강한 것으로 사람들은 믿고, 선인장은 키는 작지만 그 꽃이 화려하기 때문에 사람들은 아름답다고 이야기한다. 길고 짧음 역시 상대적인 것이다. 작은 모래알이 모여 해변이 되고 그 모래알이 쌓여 사막이 된다. 작은 세포가 모여 몸체를 이룬다. 모든 것은 작은 것에서 시작한다. 크다고 해서 대단한 것이 아니다. 당초 작은 것이 모여 형성된 것이기 때문이다. 사람이 사는 저택도 처음에는 작은 동굴에서 시작되었다. 동굴에서 움막으로, 움막에서 작은 집으로, 그리고 작은 집에서 큰 저택으로 변천한 것이다. 큰 것은 모두 작은 것에서 시작되었다. 크다고 해서 작은 것보다 반드시 좋은 것은 아니다. 아무리 크고 웅장한 저택이라도 그 집이 무덤이 있던 자리에 지어졌다거나, 집 주위로 대형 고압선이 지나간다면 크다는 이유만으로 좋은 집으로 평가되지는 않는다. 오히려 아담하고 온기가 흐르는 작은 집이 더 정취가 있는 보금자리로 평가될 수 있다. 모든 것이 다 상대적인 것이다. The long and the short take shape each other.

高下相傾 (고하상경): 높은 것과 낮은 것이 서로 뒤집히다. 높은 데 있는 것이 아래로 내려오고, 낮은 데 있는 것이 위로 올라가는 현상을 가리킨다. 이는 "양지(陽地)가 음지(陰地) 되고 음지가 양지 된다.", "오르막이 있으면 내리막이 있다."라는 우리 속담과 그 맥을 같이한다. 달도 차면 서서히 이지러지고, 해도 중천을 지나면 점차 서쪽으로 기울어지는 자연현상과 같다. 비행기도 이륙할 때는 비스듬히 기울여서 상승하고, 착륙할 때는 비스듬히 기울여서 하강한다. 비행기라고 해서 계속 상승할 수만은 없는 것이다. 이와 같이 높고 낮은 것이 영원히 높고 낮은 상태에 고정되는 것이 아니라 서로 그 위치를 바꾸어가며 공존하는 것이 세상의 이치이다. The high and the low are reversed each other.

傾 기울 [경]: 기울다. 기울어지다. 뒤집히다. 번복(飜覆)되다. be reversed; be inclined.

音聲相和 (음성상화): 악기의 음률(音律, musical note)과 사람의 소리(sound)가 만나야 서로 화음(和音)을 이룬다. 악기의 음률도 필요하고 사람의 소리도 필요하다. 목소리만 아름답다고 좋은 음악이 되는 것은 아니다. 음률도 좋아야 하고, 소리도 아름다워야 한다. 어느 하나만이 존재할 수는 없는 것이다. Note and sound harmonize with each other.

前後相随 (전후상수): 앞과 뒤가 서로 뒤를 좇는다. 둘이 앞서거니 뒤서거니 하면서 서로 뒤를 좇는다. 앞서가던 사람이 뒤지기도 하고, 뒤에 가던 사람이 앞서기도 한다. 시장에서 영원한 1등이란 존재하지 않는다. Being before and being behind follow each other.

随 따를 〔수〕: 따라가다. 뒤를 좇다. 잇다. 이어지다. follow; run after; go in pursuit.

聖人 (성인): ① 우주 대자연이 만물을 다스리는 것과 같은 그러한 방식으로 나라를 다스리는 성스러운 사람. the holy man who governs a country by such a method as the universe or Mother Nature manges all things. ② 道를 터득한 성스러운 위정자. the holy ruler who perceived Dao.

處 처할 〔처〕: 일을 처리하다. 다스리다. manage affairs; govern; deal with.

無爲 (무위): 하게 하는 일이 없다. 하게 하지 않다. 강제로 다스리지도 않고 또 인위적(人爲的)으로 조작하지도 않는다는 뜻이다. 정치는 다스리는 것이므로 통상 강제성이 수반된다. 그러나 노자는 인위적(人爲的)이 아닌 자연적(自然的)인 방식의 다스림을 주장한다. 인위적으로 어떤 기준을 만들어 강제적(強制的)으로 하게 하여서는 안 된다는 내용이 된다. 억지로 하게 하는 것이 아니라 자발적으로 하게 하는 것이므로 자연적인 방법이 된다. 고대 중국의 갑골문자(甲骨文字)에 의하면, 爲는 "사람이 코끼리의 코를 잡아끌고 가면서 일을 시키는 모습을 나타내는 글자"였다고 한다(신정근, 『동양철학의 유혹』, 이학사, pp. 98-104). 그러므로 爲라는 글자에는 "다스리다", "인위적으로 하게 하다", "강요하다"의 의미가 내재되어 있음을 알 수 있다. 『한어대사전』은 爲는 "다스리다(治理)", "베고 자르고 하여 만들다(制作)" 등의 의미가 있다고 설명한다(中國 世紀出版集團, 『漢語大詞典』, 漢語大詞典出版社(2000. 8.), p. 105). 강제성이 없는 방식으로 세상일을 처리한다는 것은 인위적으로 어떤 강제규정을 만들어 이를 근거로 강압적으로 다스리는 것이 아니라 자발적으로 따라오도록 하는 정치를 뜻한다. 그렇게 하려면 위정자의 "남에 대한 배려와 포용", "무사무욕(無私無慾)", "솔선수범(率先

垂範)", "공명정대(公明正大)한 일처리" 등이 선행(先行)되어야 한다. "장자(莊子)" 추수(秋水)에서는 자연과 인위의 차이점에 대하여 "소나 말에게 각기 네 발이 있는 것, 이것을 자연(自然)이라고 한다. 말 머리에 고삐를 달고 소의 코에 구멍을 뚫는 것, 이 것을 인위(人爲)라고 한다."라고 설명한다(牛馬四足, 是謂天, 絡馬首, 穿牛鼻, 是謂人). do not make someone do something forcibly; there is no compulsion to make someone do something; there is no artificial manipulation; the political method without making the people do something forcibly.

事 일 〔사〕: 다스림. 치리(治理). (中國 世紀出版集團, 『漢語大詞典』, 漢語大詞典出版社 (2000), p. 81) 치리(治理)는 정치, 경영, 정치방식 등을 뜻한다. politics; government; management; the political method; the political idea.

行不言之敎 (행불언지교): 말 없는 가르침을 행하다. 말 없는 가운데 가르침을 행한다는 의미이다. practice teaching without words. convey one's instructions without the use of speech.

不 아닐 〔불〕: 아니다. not; not want to.

焉 (언): 於之 또는 於是의 축약형. 그것[기]에 의하여, 그것[기]으로부터. "그것"이란 道 혹은 聖人을 가리킨다. by it. by Dao. by him.

辭 말 〔사〕: 말하다. say; talk; speak.

生而不有 (생이불유): 낳고도 소유하지 않다. It gives them life but does not claim possession; It produces but does not possess them.

而 말 이을 〔이〕: 그리고. ~이지만. 그러나. and; though; but.

爲而不恃 (위이불시): 그것은 베풀지만 어떤 보답도 기대하지 않는다. It bestows a favor (on all things) but does not expect any reward; It grants a favor to all things but expects no reward.

恃 자부할 〔시〕: ① 자랑하다. 뽐내다. boast; vaunt. be proud of. ② 기대하다. 하상공(河上公) 은 이 구절(爲而不恃)에 대하여 "道는 베풀고 행하는 것이며, 그 보답을 바라지 않는 것이다."라고 설명한다(道所施爲, 不望其報). expect (some reward); anticipate.

功成而弗居 (공성이불거): 공적을 이루지만 그것들에 얹혀 있지 않는다. 공적을 이루지만 그것들에 기대지 않는다. 공적을 이루지만 그것들에 의지하지 않는다. It [Dao] achieves merits but does not rest upon them; It achieves merits but does not set its mind on them.

功 공 (공): ① 공(功). 공로(功勞). 공적(功績). merit; achievement. ② 일. 직무. task; work.

成 이룰 (성): 이루다. 완성하다. achieve; accomplish.

弗 아닐 (불): 아니다. 불(不)과 같다. not.

居 있을 (거): 살다. 거주하다. 자리 잡다. 차지하다. 앉다. 얹혀 있다. dwell; take a seat; occupy a position; rest.

夫唯弗居, 是以不去 (부유불거, 시이불거): 바로 얹혀 있지 않기 때문에 그 공적(功績)이 사라지지도 않는다. Just because it does not rest upon them, its merits do not disappear too.

夫唯 (부유): 원인을 진술할 때 사용한다. 원인을 나타내는 문장에서는 맨 앞에 쓰이고, 결과를 나타내는 문장에서는 항상 결과를 나타내는 접속사와 함께 쓰인다. "단지 ~ 때문이다", "바로 ~ 때문이다" 등으로 해석한다(연세대 허사사전편찬실,『허사대사전』, 성보사(2001), p. 276). be just owing to (it). be just due to (it). just because.

是以 (시이): 이 때문에. 이로 인해. 그러므로. for this reason; hence; thus; therefore.

去 갈 (거): 가다. 떠나다. go; leave; disappear.

【해설】

세상 사람들이 겉으로 아름답게 보이는 것을 속까지 모두 아름다운 것으로 알고 있지만, 이 경우에도 또한 추악한 면이 있다. 장미꽃을 보고 사람들은 아름답다고 말하지만 그 넝쿨에는 가시가 돋아 있고, 잘 가꿔진 정원을 보면 사람들은 아름답다고 이야기하지만 그 정원 안에도 잡초가 있다. 그래서 "가시가 없는 장미 없고, 잡초가 없는 정원이 없으며, 썩은 부분이 없는 석류나무가 없다."라는 서양속담이 있다(No rose without a thorn. No garden without its weeds. Every pomegranate has its rotten pit).

이와 같이 세상일은 모두 밝은 면과 어두운 면을 함께 지니고 있다. 겉으로 선하게 보이는 것이 속까지 모두 선한 것으로 알고 있지만, 이 경우에도 불선한 면이 있다. 불우이웃을 돕기 위하여 종교단체에 기부금을 내는 행위는 선(善)한 일이라고 흔히 이야기한다. 부자가 여윳돈이 있어 기부행위를 하는 경우라면 선한 일이라고 볼 수 있다. 그러나 처자식이 끼니를 굶고 있는데, 수입의 대부분을 종교단체에 기부하는 것은 불선(不善)한 행위로 평가된다. 사재(私財)를 털어 고아원을 운영하는 것은 좋은 일을 하는 것이다. 그러나 정부로부터 보조금을 지급받아 그 자금을 고아들의 생활개선에 쓰지 않고 자신의 욕구충족을 위하여 낭비하는 것은 불선한 일이다. 이와 같이 인간사에는 양면성(兩面性)이 있다. 그래서 사람들은 "인간은 천사의 날개와 악마의 날개를 함께 가지고 있다"라고 이야기한다.

어떤 대상에 대한 가치판단, 예컨대 "아름답다(美)", "추하다(惡)", "좋다(善)", "나쁘다(不善)" 등과 같은 말은 주관적인 가치판단에 속한다. 그러므로 모든 경우에 항상 타당(妥當)한 것은 아니다. 타당한 경우도 있고, 그렇지 아니한 경우도 있다. 주관적인 가치판단은 절대적인 것이 아니라 상대적인 것이기 때문이다. 노자(老子)는 당시의 집권세력이 "이것은 최고의 선(善)이니까 이것을 따라야 한다."라고 인위적으로 규정한 윤리도덕 규범에 대하여 이렇게 반론을 제기한 것이다.

그러므로 美와 醜, 그리고 善과 惡의 있음과 없음은 서로 생기고, 어려운 일도 쉬운 일도 서로 발생하며, 긴 것도 짧은 것도 서로 다 모양을 드러낸다. 높은 것과 낮은 것도 서로 뒤집히고, 음률과 소리도 서로 화음(和音)을 이루고, 앞과 뒤도 서로 좇는다고 말한다. 사람들은 미(美)와 선(善), 유(有)와 무(無), 난(難)과 이(易), 장(長)과 단(短), 고(高)와 하(下), 성(聲)과 음(音), 전(前)과 후(後)를 인위적으로 구분하고 있지만, 이것은 가치판단에 관한 사안으로서 절대적인 것이 아니다. 단지 상대적인 가치일 뿐이다. 그런데 사람들이 인위적으로 어떤 기준을 만들어 놓고, 그것을 절대적인 진리인양 규정하고 이를 따르라고 강요한다. 그래서 사람들 사이에 마찰과 다툼이 벌어지는 것이다. 개인의 차원을 넘어 국가 간의 문제로 확대된다면 전쟁이 벌어질 수도 있다. 노자는 전국시대 당시의 이런 상황에 대하여 위와 같이 반기(反旗)를 든 것이다.

이래서 대자연의 이치인 道를 터득한 성스러운 위정자인 성인은 인위적으로 "하게 함이 없는 정치방식"으로 일을 처리하고, 명령을 내리지 않으면서 교화(敎化)를 행한다.

도를 터득한 성인은 도에 관하여 네 가지 사항을 말한다. 첫째 만물을 만들어내지만 스스로 그렇다고 말하지 않고, 둘째 생육(生育)하고도 소유하지 않으며, 셋째 어떤 은혜를 베풀고도 그 보답을 기대하지 않고, 넷째 공(功)을 세우고도 차지하지 않는다. 바로 공

(功)을 차지하지 않기 때문에 그 공적(功績)이 사라지지도 않는다고 말한다.

그러면 과연 이렇게 처신할 수 있는 존재는 누구일까? 우리가 상상할 수 있는 것은 대자연(大自然)뿐이다. 우주(宇宙)라고 표현할 수도 있고, 대자연이 만물을 다스리는 것과 같은 작용인 도(道)라고 말할 수도 있다. 노자는 인간세상에서는 그러한 존재가 성인이라고 상정(想定)한다. 위정자로서 성인과 같은 단계에 이르려면 어떠한 자세를 갖추어야 할까? 위 네 가지 사항을 다른 말로 표현하면 무사무욕(無私無慾)의 정신, 청렴결백한 몸가짐, 공명정대(公明正大)한 행동, 솔선수범(率先垂範)하는 정치로 요약할 수 있을 것이다.

▌【외국학자 영문해석】▌

[1] Chapter 2

All under heaven know beauty as beauty, therefore there is ugliness;

All under heaven know good as good, therefore there is badness.

[Therefore],

Being and beingless generate each other;

Difficult and easy form each other;

Long and short shape each other;

High and low complete each other;

Note and voice match each other;

Front and back follow each other.

(Such are all perennial.)

For this reason,

The Sage

　　abides in the practice of not acting,

　　undertakes teaching without words.

The myriad things act, yet he does not initiate them,

They generate, yet he does not possess them,

They act, yet he does not rely on them;

Tasks come to fruition, yet he does not dwell on them.

Indeed, because he does not dwell on them, for this reason he does not lose them.

(Edmund Ryden, *Laozi Daodejing,* Oxford university press(2008), p. 7)

[2] Chapter 2

If all on earth acknowledge the beautiful as beautiful
  then thereby the ugly is already posited.
If all on earth acknowledge the good as good
  then thereby is the non-good already posited.
For existence and non-existence generate each other.
Heavy and light complete each other.
Long and short shape each other.
High and deep convert each other.
Before and after follow each other.

Thus also is the Man of Calling.
He dwells in effectiveness without action.
He practices teaching without talking.
All beings emerge
  and he does not refuse himself to them.
He generates and yet possesses nothing.
He is effective and keeps nothing.
When the work is done
  he does not dwell with it.
And just because he does not dwell
  he remains undeserted.

(Richard Wilgelm, *Tao Te Ching*, translated into English by H. G. Ostwald, Arkana Penguin Books(1989), pp. 27-28)

不尙賢, 使民不爭, 不貴難得之貨, 使民不爲盜, 不見可欲,
불상현　　　　　사민부쟁　　　　　불귀난득지화　　　　　사민불위도　　　　　불현가욕
使民心不亂.
사민심불란
是以, 聖人之治虛其心, 實其腹, 弱其志, 强其骨.
시이　　　　　성인지치허기심　　　　실기복　　　약기지　　　강기골
常使民無知無欲, 使夫知者不敢爲也. 爲無爲, 則無不治.
상사민무지무욕　　　　　사부지자불감위야　　　　위무위　　　　즉무불치

해석 | (권모술수[權謀術數]에 능한 책사[策士]와 같은) 지략(智略)을 가진 사람을 높이 여기지 않는 것이 백성들로 하여금 다투지 않게 하는 길이고, 구하기 힘든 물건을 귀하게 여기지 않는 것이 백성들로 하여금 도둑질하지 않게 하는 길이며, 그리고 욕심이 날 만한 것을 드러내 보이지 않는 것이 백성들의 마음을 산란(散亂)하게 하지 않는 길이다.

Not to value highly men with such wisdom (as a schemer who is full of wiles) is the way to keep the people from contending with others, not to prize 'things which are hard to get' is the way to keep them from stealing, and not to display them what is worth coveting is the way to keep the people's minds from being in disorder.

이 때문에 성인의 다스림은 (무엇보다도 먼저, 탐욕·시기·증오·어리석은 생각 등으로 가득 찬) 그들의 마음을 비게 하고, 그들의 배를 채워주며, 그들의 (귀세에 대한 과도한) 의지를 약하게 해주고, 그들의 생활토대를 튼튼하게 해준다.

Therefore, the Sage's way of politics, (first of all), empties their minds (which are full of greed, jealousy, hate, stupid ideas, etc.), fills their bellies, weakens their excessive intentions (for power and money), and strengthens their bones.

그리하여 항상 백성들로 하여금 (권모술수(權謀術數)와 같은) 간교(奸巧)한 지혜(知)를 가지지 않게 하고, (재물이나 권력에 대한) 욕심을 품지 않게 하여, (저 재주를 잘 부

리는 책사(策士)와 같은) 뭘 좀 안다고 떠들어대는 자들(知者)로 하여금 감히 손댈 수 없게 한다. 강제로 하게 함이 없는 무위(無爲)의 방식으로 다스린다면, 다스려지지 않는 경우가 없게 된다.

Thus, he does not let the people have the crafty wisdom like tricks of schemers, and not let them cherish desires in their heart. By doing this, he does not let that crafty schemes exploit the people. If a ruler governs the people by the natural way without making them do something forcibly, there will be no case that is not governed.

【주석】

尙 숭상할 〔상〕: 높이 여기다. 높이 평가하다. 숭상(崇尙)하다. highly appreciate; value highly; set a high value on; respect; esteem.

賢 어질 〔현〕: 賢은 "유능하고 덕이 뛰어난 사람"을 가리키는 말이었는데, 노자가 살던 시대는 전쟁으로 얼룩진 전국시대(戰國時代)였으므로 이러한 시대상황과 뒤에 나오는 使民不爭이란 말과 연결시켜 보면, "전략 전술에 뛰어난 능력이 있는 자", "지모(智謀)와 술수(術數)가 뛰어난 자", "권모술수에 능한 책사(策士)" 등을 가리키는 말로 본다. 하상공(河上公)은 "현(賢)이라는 말은, 세속적으로 똑똑한 사람을 가리킨다. (이런 자는) 구변(口辯)에 뛰어나 꾸미기에 밝고, 정도(正道)를 벗어나 임기응변적(臨機應變的)인 방법을 쓰고, 자연 그대로의 순수함을 버리고 꾸며대는 데에 주력한다. (이런 자를) 숭상하지 말라는 것은, 봉록을 주어 그들을 귀하게 만들지 말고, 관직을 주어 그들을 우러러보게 하지 말라는 것이다."라고 설명한다(賢, 謂世俗之賢, 辯口明文, 離道行權, 去質爲文也. 不尙者, 不貴之以祿, 不尊之以官也). 왕필은 "현(賢)이란 능력이란 말과 같다. 상(尙)이란 어떤 것을 뛰어난 것으로 여긴다는 말이다."라고 설명한다(賢, 猶能也. 尙者, 嘉之名也). the man with the wisdom like a schemer who is full of wiles.

使 하여금 〔사〕: 하게 하다. 시키다. make someone do something; force someone to do something; compel.

民 백성 〔민〕: 백성. the people.

爭 다툴 〔쟁〕: 다투다. 경쟁(競爭)하다. compete [contend] with (another for something).

貴 귀할 〔귀〕: 귀하게 여기다. prize; value; appreciate highly.

難 어려울 〔난〕: 어렵다. hard; difficult.

得 얻을 〔득〕: 얻다. get; obtain

貨 재화 〔화〕: 재화. 물품. things; goods; articles.

盜 훔칠 〔도〕: 훔치다. 도둑질하다. steal; thieve.

見 나타낼 〔현〕, 또는 볼 〔견〕: 나타내다. 드러내 보이다. 과시하다. 『한어대사전』은 현현(顯現), 현로(顯露), 현시(顯示) 등으로 설명한다. 이들 말은 글자는 다소 다르게 표시되어 있으나 모두 "드러내 보이다", "과시하다", "나타내다" 등의 의미를 담고 있다(中國 世紀 出版集團, 『漢語大詞典』, 漢語大詞典出版社(2000), p. 1653). display; show; flaunt.

可欲 〔가욕〕: 욕심이 날 만한 것. 탐낼 만한 것. what is worth coveting; what is worth desiring.

不亂 〔불란〕: 산란(散亂)하게 하지 않다. keep (one's mind) from being in disorder; keep (one's mind) from disorder.

治 다스릴 〔치〕: 다스리다. govern; rule; administer; manage.

虛其心 〔허기심〕: 그들의 마음을 비게 하다. empty their minds (which are full of greed, jealousy, hate, stupid ideas, etc.).

虛 비울 〔허〕: 비우다. 비게 하다. empty one's heart and mind; empty oneself; give up one's desires.

心 마음 〔심〕: 마음. mind; heart.

實其腹 〔실기복〕: 그들의 배를 채워주다. fill their bellies; fill up their stomachs.

實 채울 〔실〕: 채우다. 가득 차게 하다. fill; fill up (one's stomach).

腹 배 〔복〕: 배. belly; stomach.

弱其志 〔약기지〕: 그들의 (권세에 대한 과도한) 의지를 약하게 해주다. weaken their excessive intentions (for power and money).

弱 약할 〔약〕: 약하게 하다. 줄이다. 부드럽게 하다. 유연하게 하다. weaken; reduce; decrease;

mitigate; make soft; make tender.

志 뜻〔지〕: 뜻. 마음. 야심. 의지. will; mind; ambition; intention.

强其骨 (강기골): 그들의 뼈를 튼튼하게 해주다. 그들의 생활토대를 튼튼하게 해주다. strengthen their bones; strengthen the foundation [consolidate] of their life; build up firmly the foundation of life.

强 굳셀〔강〕: 견고하게 하다. 튼튼하게 하다. strengthen; solidify.

骨 뼈〔골〕: 뼈. "뼈"는 인체를 떠받치는 기본골격이므로 "체력", "생활토대", "생활기반" 등을 가리키는 것으로 본다. bone. one's physical strength; the foundation of one's life.

常使民無知無欲 (상사민무지무욕): 백성들로 하여금 권모술수(權謀術數)와 같은 간교한 지혜(知)를 가지지 않게 하고, (재물이나 권력에 대한) 욕심(欲)을 품지 않게 한다. 하상공(河上公)은 "無知無欲은 (가공하지 않은) 통나무와 같은 상태로 되돌아가고, (탐욕을 버리고) 순박한 상태를 지키는 것이다."라고 설명한다(無知無欲, 反樸守淳). 통나무는 가공하지 아니한 통째로의 나무로서 외모를 꾸미지 않았으며 거짓이 없는 소박한 것으로 위장과 술수가 없는 순수한 상태를 상징한다. 순박한 상태를 지킨다는 것은 재물이나 권력에 대한 욕심을 품지 않고 순수한 마음으로 머물러 있음을 상징한다. 왕필(王弼)은 "그 참된 본질을 지키게 하는 것이다."라고 설명한다(守其眞也). 하상공이나 왕필이나 모두 "위장(偽裝)과 술수(術數)로 포장된 전략(戰略)"이 아니라 "순박하고 참된 지혜를 갖추도록 하여야 한다."라는 점을 강조하고 있다. 주(周)나라 초기의 지(知)의 대상은 "선왕의 말씀과 지혜를 담은 육례(六藝)를 배우고 익히는 것"이었다. 육례란 예(禮, 예의범절)·악(樂, 음악)·사(射, 활쏘기)·어(御, 말타기)·서(書, 글쓰기)·수(數, 셈하기)를 말한다. 공자는 이것을 배우고 익히면 그 내용을 깨닫게 되고, 깨우친 것을 실천하면 마찰과 충돌이 없는 조화(調和)로운 사회가 된다고 생각하였다. 그런데 춘추전국시대에 접어들면서 소위 육례를 배웠다는 지식계층이 전쟁에 휩싸이게 되자, 이들 순수한 지적(知的) 대상을 "싸워서 이겨야 하는 전략"으로 변환하였다. 이를 위해 위장(偽裝)과 기만(欺瞞), 술수(術數)와 기습공격(奇襲攻擊) 등으로 상대를 섬멸시키는 전략전술에 능한 자를 "뛰어난 책사"로 인정하여 이들을 기용하는 시대로 바뀐 것이다. 간교한 지혜로 무장된 책사들은 "너 죽고 나 살기식 전략전술"로 춘추전국시대 550년을 피로 물들였고 결과적으로 서주(西周) 시기에 존재하였던 1,800개 제후

국 모두가 멸망하는 사태를 초래했다. 노자는 이러한 결과가 오리라는 것을 미리 간파하고 이를 막기 위하여 위와 같이 "항상 백성들로 하여금 권모술수(權謀術數)와 같은 간교한 지혜(知)를 가지지 않게 하고, 재물이나 권력에 대한 욕심을 품지 않게 하여, 저 재주를 잘 부리는 책사(策士)와 같은 뭘 좀 안다고 떠들어대는 지자(知者)들로 하여금 감히 손댈 수 없게 하여야 한다."라고 주장한 것이다(常使民無知無欲, 使夫知者不敢爲也).

知 알 [지]: 권모술수와 같은 간교(奸巧)한 지혜. 노자가 살던 시대상황이 전쟁(戰爭)으로 얼룩진 전국시대(戰國時代)인 점을 감안하면, 여기서 말하는 지(知)란 "권모술수(權謀術數)에 능한 책사(策士)들의 간교(奸巧)한 지혜"를 가리키는 것으로 본다. the crafty wisdom like tricks of schemers; such a wisdom as a crafty [wily] schemer has.

夫 대저 [부]: ① 대체로. 무릇. 蓋와 같다. generally; roughly; about; on the whole; ② 저. 이. 그. that; this; it.

敢 감히 [감]: 감히. 분수도 모르고. 함부로. dare to; venture to; without reason; recklessly; thoughtlessly.

爲 쓸 [위]: ① 쓰다. 사용하다. 이용하다. 용(用)과 같다. use; employ; exploit; take advantage of; ② 다스리다. govern; control; rule over. ③ 행하다. 실천하다. carry out; practice.

知者 (지자): 지식층(知識層). 소위 배웠다고 날뛰는 지식계급. 그리스의 철학자 "소크라테스는 궤변론자(詭辯論者)를 지자(知者, sophos)라 부르고, 철학자를 애지자(愛知者, philosophos)라고 부름으로써 지식을 수단으로 여기는 궤변론자와 삶과 세계의 지혜를 추구하는 철학자를 구분하였다."라고 한다(강영계,『철학의 이해』, 박영사 (1997), p. 20). 지자(知者)를 부정적인 개념으로 여긴 것이다. the educated class; the intellectuals; the intelligentsia; the highbrows.

[해설]

1. 무위(無爲)라는 말이 두 번째로 등장한다. 제2장에서는 무위의 정치를 실현하기 위한 위정자의 자세에 관하여 아래와 같이 말하였다.

    ① 만물을 만들어내지만 스스로 그렇다고 말하지 않는다(萬物作焉而不辭).
    ② 생육(生育)하고도 소유하지 않는다(生而不有).
    ③ 어떤 은혜를 베풀고도 그 보답을 기대하지 않는다(爲而不恃).
    ④ 공(功)을 세우고도 차지하지 않는다(功成而弗居).

    위 네 가지는 우주 대자연이나 이렇게 한다. 범인(凡人)으로서는 행하기 어려운 일이다. 우주 대자연의 방식을 본받은 성인이라야 이런 단계에 도달할 수 있을 것이다.

2. 본 장에서는 무위의 정치를 실현하기 위한 사회풍토의 조성에 관하여 아래와 같이 말한다.

    ① 권모술수에 능한 책사들을 숭상하지 않는다. 그렇게 하면 백성들로 하여금 서로 다투지 않게 할 수 있다(不尙賢, 使民不爭).
    ② 구하기 힘든 물건을 귀하게 여기지 않는다. 그렇게 하면 백성들로 하여금 도둑질하지 않게 할 수 있다(不貴難得之貨, 使民不爲盜).
    ③ 욕심이 날 만한 것을 우러러보지 않는다. 그렇게 하면 백성들로 하여금 그들의 마음을 어지럽게 하지 않을 수 있다(不見可欲, 使民心不亂).

3. 무위의 정치의 방향

    ① 성인의 다스림은 무엇보다도 먼저, 탐욕·시기·증오·어리석은 생각 등으로 가득 찬 사람들의 마음을 비우게 한다(聖人之治虛其心).
    ② 그들의 배를 채워준다(實其腹).
    ③ 재물이나 권세에 대한 과도한 의지를 약하게 한다(弱其志).
    ④ 그들의 생활토대를 튼튼하게 해준다(强其骨).

4. 노자는 왜 현자(賢者)를 숭상하지 않는 것이 백성들로 하여금 다투지 않게 하는 길이라고 말했을까?

노자가 살던 춘추전국시기의 시대배경을 살펴볼 필요가 있다. 주(周)나라 초기 즉 서주(西周)시기에는 1,800개의 나라가 있었는데, 춘추시기에 이르러서는 100여 개 나라로 겸병(兼併)되었으며 그 가운데서 정치적 국면에 영향을 줄 수 있는 나라는 열몇 개 나라밖에 안 되었다고 한다. 전국시기에 이르러서는 7개의 대국(大國)과 열몇 개의 소국(小國)밖에 남지 않았으며, 최종적으로 진(秦)나라에 의하여 통일되었다고 한다(백수이 주필, 양조 · 박병귀 · 공서탁 · 주중옥 편찬, 방성원 · 김영무 번역, 『중국통사요강』, 민족문화사(1980), pp. 90-91). 즉 1,800개의 제후국이 춘추전국시대를 거치면서 단 1개의 나라로 통일된 것이다. 그러나 그 1개의 진(秦)나라도 건립된 지 15년 만에 민란(民亂)에 의하여 멸망하였다. 결국 1,800개의 나라가 모두 멸망한 것이다. 그러고는 농민(農民)들의 봉기(蜂起)에 의하여 한(漢)나라가 탄생하였다. 농민 출신이었던 유방(劉邦)이 최후의 승자로서 한나라를 세우니 그가 바로 한(漢) 고조(高祖)이다. 왜 이런 결과가 빚어졌을까?

제후국들은 주로 황허강 유역에 밀집하여 있으면서 자신들의 관할지역에서 독자적인 조세권(租稅權)과 병권(兵權)을 행사하고 있었는데, 때로는 인접국과 대립(對立)하기도 하고 필요에 따라서는 그들과 연합하기도 하면서 복잡하게 난립(亂立)하고 있었다.

내부의 반란도 있었고 외적(外敵)의 침략도 빈번하였다. 약탈(掠奪)과 살육(殺戮)이 난무하는 소용돌이 속에 약육강식(弱肉強食)의 치열한 생존경쟁에서 살아남기 위해 각국은 경쟁적으로 군비를 증강하고 병력을 늘리는 등 부국강병(富國強兵)의 길을 걷고 있었다. 군비와 병력의 증강도 필요하였지만 무엇보다도 중요한 것은 전쟁을 효율적으로 이끌어갈 유능한 지휘관이었다. 전쟁이란 무슨 일이 있어도 이겨야 하기 때문이다. 그러므로 위장(僞裝), 술수(術數), 기습공격(奇襲攻擊) 등의 전략전술(戰略戰術)에 능한 책사(策士)가 필요한 상황이었다. 그래서 각국은 권모술수(權謀術數)에 능한 책사를 기용하였고 그들을 우대하는 정책을 폈다. 이들이 소위 지자(智者), 지자(知者), 현자(賢者)라고 일컬어지고 있는 권모술수에 능한 지략가(智略家)들이다. 현(賢)은 본래 "재지(才智)와 덕행(德行)이 뛰어난 사람"을 가리키는 말이었다. 그런데 이 말이 전국시대를 맞아 그 의미가 크게 변질되었다. "재지+덕행"에서 덕행이 제거되고 "재지" 하나만이 남겨지게 되었다. 그나마 그 재지도 "재주와 지혜"가 아니라 위장과 술수에 능한 소위 "영리한 전쟁기술자"를 의미하는 쪽으로 변질되었다. 이들은 호전적(好戰的)인 인간들이므로 권모술수를 써서라도 반드시 전쟁을 이기려고 하는 속성이 있다. 이겨야 유능한 책사로 평가되어 대우를 받을 수 있기 때문이다. 상대방도 똑같이 위장과 기만전술을 사용하므로 전쟁은 장기화되고 전투는 한없이 치열해진다. 사상자와 재산손실이 이루 헤아릴 수 없을 정도로 커지게 됨은 당연한 일이다. 주(周)나라 초기에 제후국이 1,800개였는데, 진시황(秦始皇)에 의하여 1개의 중국으로 통일되기까지 1,799개의 제후국이 몰락하였다. 그나마 통일중국인 진(秦)나라도 불과 15년 만에 내란에 의해 멸망하였다. 농민 출신인 유방(劉邦)에 의하여 다시 재통일되어 새로운 왕조인 한(漢)나라가 건국된다. 불과 550년 만에 1,800개 제후국 모두가 멸망한 것이다.

그렇다면 전쟁기술자인 현자(賢者)들의 업적이란 무엇인가? 살상과 약탈 이외에 그들이 무엇을 남겼단 말인가? 수많은 인명피해와 재산손실 이외에도 전쟁후유증을 크게 남겼다. 노자는 "군대가 머물렀던 곳에는 가시덤불만 무성하고 대군(大軍)이 휩쓸고 간 전쟁의 뒤에는 반드시 흉년이 뒤따른다."라고 말한다(『도덕경』 제30장). 폐허(廢墟) 속에서 다시 일어나기까지는 오랜 세월이 소요되기 때문이다.

중국대륙 전체를 통치하는 자는 주(周)나라 천자인데, 천자 휘하의 1,800개 제후국들이 서로 경쟁적으로 전쟁기술자(賢者)를 기용하는 바람에 천자의 나라는 물론 제후국 자체도 전부가 멸망하는 결과를 가져왔다. 홍수라든가 가뭄이라든가, 혹은 내란(內亂)에 의하여 나라가 무너질 수는 있다. 그러나 모든 나라가 100% 다 무너질 수는 없는 것이다. 춘추전국시대처럼 전쟁기술자들의 잔혹한 살상행위(殺傷行爲)에 의해 1,800개 국가가 모두 몰락하는 참변은 일어나지 않았을 것이다.

각국 책사들의 전략이란 "너도 살고 나도 사는 상생(相生)의 게임"이 아니었다. "너 죽고 나는 살기식 무자비한 학살의 게임"이었다. 550년 동안에 얼마나 많은 생명이 사라졌으며, 얼마나 많은 재물이 소실되었겠는가? 이를 주도한 인물은 바로 현자(賢者)로 불리는 전쟁기술자들이었다. 현자들끼리의 각축전으로 결국은 제후국 모두가 파국을 맞게 된 것이다. 그래서 노자는 "권모술수(權謀術數)에 능한 책사(策士)와 같은 현명한 지략(智略)을 가진 사람을 높이 여기지 않아야 백성들로 하여금 다투지 않게 한다."라고 역설한 것이다. 현자들의 과오에 의해 국가가 멸망함에 이르게 된 사실에 대하여 아쉬움과 분노를 토로하는 문장이다. 1,800개의 제후국 모두가 천자인 주(周)나라의 가족과 공신들이 세운 나라로 모두가 중국에 속하는 나라들이다. 우리가 강원도, 경기도, 경상도, 전라도, 충청도 등으로 나누어져 있지만 다 함께 한국에 속하는 지역인 것과 같다. 자치권을 주었다고 해서 각 지역이 전쟁전문가를 기용해서 이웃지역과 전쟁을 벌이게 하는 것은 서로

가 서로를 죽이는 전쟁 게임이 아니고 무엇이겠는가?

5. 爲無爲, 則無不治 (위무위, 즉무불치): "하게 함이 없는 방식"으로 다스린다면,
    다스려지지 않는 경우가 없다.

"하게 함이 없는 방식"이란 "강제로 복종하게 하는 것이 아닌 자연스러운 방식"을 뜻한다. 無爲의 "爲"는 고대 갑골문자(甲骨文字)에서 "사람이 코끼리의 코를 잡고 끌고 가면서 일을 시키는 모습을 나타내는 글자"였다고 한다. 코끼리에게 강제적으로 일을 시키는 것이다. 그러므로 위(爲)는 사역형(使役形)으로 "하게 하다", "시키다"의 의미가 된다. 예로부터 위정자(爲政者)들은 강력한 통치규범을 만들어 이를 근거로 백성을 다스려 왔다. 그런데 노자(老子)가 주장하는 무위(無爲)는 "강제규범을 내세움이 없이 다스리는 것", 다시 말하여 "인위적으로 만든 강제규범에 의하여 다스리는 것이 아니라, 자연 그대로의 방식에 의하여 다스리는 것"을 뜻한다. 사람이 사는 사회에서 인위적으로 남을 다스리려고 할 때에는 어떤 기준이 필요하고, 그 기준에는 강제성이 뒤따르게 마련이다. 그런데 노자는 "인위적 방식이 아닌 무위(無爲)로 다스려야 한다."라고 주장한다. 그러면 그 무위(無爲)는 구체적으로 무엇을 의미하는 것인가? 아마도 "위정자(爲政者)의 애민심(愛民心), 청렴결백(淸廉潔白), 솔선수범(率先垂範), 공명정대(公明正大)" 등을 염두에 두고 한 말로 생각된다. 백성을 사랑하고 청렴한 자세로 솔선수범하며 공명정대하게 일처리를 하면, 백성들이 감동하여 자발적으로 따라올 것이라는 소박한 생각이다. 현실적으로는 무력(武力)이나 기만술(欺瞞術)이 아니라, 대화를 통한 설득(說得)과 포용(包容), 그리고 솔선수범으로 공존공영(共存共榮)할 수 있는 길을 찾자는 것이 무위(無爲)의 정치가 아닌가 생각된다. 맨 앞에 나오는 爲는 "다스리다(治理)"라는 뜻이다.

【외국학자 영문해석】

[1] Chapter 3

Not to honour men of worth will keep the people from contention; not to value goods which are hard to come by will keep them from theft; not to display what is desirable will keep them from being unsettled of mind.

Therefore in governing the people, the sage empties their minds but fills their bellies, weaken their wills but strengthens their bones. He always keeps them innocent of knowledge and free from desire, and ensures that the clever never dare to act.

Do that which consists in taking no action, and order will prevail.

(D. C. Lau, Lao Tzu Tao Te Ching, Penguin Books(1963), p. 7)

[2] Chapter 3

If the worthy is not exalted,

You will not create competition among people.

If rarities are not valued,

You will have no trouble of theft.

If desirable things are kept out of sight,

People will remain calm and unperturbed.

Therefore, when the sage governs a country,

He clarifies the people's mind,

Fills their bellies,

Dilutes their desires,

And strengthens their bones.

When the people remain guileless and desireless,

Clever men dare not act recklessly.

If you act without striving,

Nothing is beyond manageability.

(Yang Liping, The Tao Inspiration, Asiapac Books Pte Ltd. Singapore(2010), p. 16)

道沖而用之, 或不盈. 淵兮. 似萬物之宗.
　　도충이용지　　　　혹불영　　　연혜　　　　사만물지종
挫其銳, 解其紛, 和其光, 同其塵.
　　좌기예　　　해기분　　　화기광　　　동기진
湛兮. 似或存.
　잠혜　　사혹존
吾不知誰之子. 象帝之先.
　오부지수지자　　　　상제지선

해석 | 도(道)는 (이 세상 모든 것을 담을 수 있는) 빈 그릇으로, 그것에 (아무리 많은 것을) 담아도 언제나 차지 않는다. 심오(深奧)하다! (道란) 마치 만물의 근본인 것 같다.

The Dao is like an empty vessel (to be able to contain all things). However much we may contain in it, it does not become full all the time. Truly profound! it is like the origin of all things.

(도는) 날카로운 무기를 사용하지 않고, 얽혀 있는 문제를 풀며, 그 빛을 고르게 비추어주고, 그 티끌과도 같은 천한 존재들과도 함께한다.

The Dao [The universe; Mother Nature] does not use sharp weapons and solves problems entangled complicatedly. It sheds light on all things equally. [It distributes equally the benefits of nature among all things], and it gets along even with humble existence like the dust.

(이러한 도의 이치는) 참으로 깊구나. (그 작용이) 영원히 존속될 것 같다.

Such action of the Dao is really deep! Its mysterious action looks like exist forever.

나는 그것이 누구의 아들인지 모른다. 아마도 하늘보다 먼저인 것 같다.

I do not know whose son it is. It seems to have been before Heaven.

[주석]

沖 빌 〔충〕: ① 빈 것. 비어 있는 것. 비어 있는 상태. emptiness; being empty; an empty state; a state of emptiness. ② 빈 그릇. 충(沖)의 옛 글자는 충(盅)이라고 한다. 설문해자(說文解字)에서는 "충(盅)은 빈 그릇이다."라고 풀이한다(盅器虛也). 그리고 그 예문으로 노자의 도덕경을 인용한다(老子曰; 道盅而用之). an empty vessel; the emptiness of a vessel.

用 쓸 〔용〕: ① 쓰다. 사용하다. 用은 "쓰다", "사용하다"의 뜻이지만 여기서는 앞에 "빈 그릇"이라는 말이 나왔는데, "빈 그릇"은 물건을 담는 기구이므로 "빈 그릇을 쓴다는 것"은 "빈 그릇에 물건을 담는 것"을 의미한다. 그러므로 여기서 用은 "담다"로 해석한다. contain; fill; put in; use.

或 늘 〔혹〕: 늘. 항상. 언제나. 상(常)과 같다. always; all the time.

盈 찰 〔영〕: 차다. 그릇에 가득 차다. become full; be filled.

淵 못 〔연〕: ① 못. 물이 깊이 차 있는 못. abyss. ② 깊다. 심오하다. deep; profound.

宗 근본 〔종〕: 조상(祖上). 근원(根源). the ancestor (of all things); the forebear of the myriad creatures; the origin (of all things).

湛 깊을 〔잠〕: 깊다. "깊다"는 것은, 우주 자연이 만물을 다스리는 이치가 너무 깊어서 인간의 두뇌로는 알지 못한다는 의미가 된다. deep; profound.

挫 꺾을 〔좌〕: ① 꺾다. 자제(自制)하다. deflate; lower; control oneself; do not use.

銳 날카로울 〔예〕: ① 날카롭다. 예리(銳利)하다. sharp; fierce; violent; strong. ② 날카로운 무기. 예리한 병기(兵器). sharp weapons. ③ 예(銳)를 앞에 나온 동사 "꺾다"라는 뜻의 좌(挫)와 연결하여 풀어보면, 정신적인 측면의 "날카로운 생각", 즉 "단칼에 상대를 섬멸시키려는 날카로운 생각을 버리다"라는 의미가 된다. give up the sharp idea of wiping out the enemy with one stroke of the sword, (and settle a dispute). ④ 예(銳)를 물질적인 측면의 "날카로운 무기"로 이해하면 좌(挫)와 연결하여 "날카로운 무기를 자제하다"라는 의미가 된다. control oneself the use of sharp weapons (and settle a dispute); do not use sharp weapons. ⑤ 방법론적 측면에서 보면 "날카로운 공격을 취

하지 않다"라는 의미가 된다. do not make fierce attacks (on; against). ⑥ 하상공은 "挫
其銳" 구절에 대하여, 그 진격하고자 하는 욕망을 꺾는 것으로 풀이한다. 즉 "銳는 '진
격(進擊)하다'의 뜻이다. 사람들은 본능적으로 전진하여 공명을 진취하고자 한다. 그
러나 마땅히 그러한 욕망을 꺾어 멈추게 하고, 도(道)에 따라 자신을 드러내지 말아야
한다."라고 설명한다(銳, 進也. 人欲銳情進取功名, 當挫止之, 法道不自見也).

解 풀 〔해〕: 풀다. 해결하다. settle (a dispute; a grievance).

紛 어지러워질 〔분〕: 어지러워지다. 뒤섞이다. 산란(散亂)하다. 엉키다. 분규(紛糾). 다툼. 분란
(紛亂). confused; tangled; dispute; grievance.

和 화할 〔화〕: 알맞게 하다. 알맞게 조절하다. 골고루 베풀다. adjust something appropriately;
control something properly; grant something equally; bestow something evenly.

光 빛 〔광〕: 빛. 혜택(惠澤). light; benefits; the benefits of government.

塵 티끌 〔진〕: 티끌. 흙먼지. 여기서는 어떤 찌꺼기나 배설물과 같은 오물(汚物) 혹은 티끌과
같은 비천한 사람들 등을 뜻하는 말로 본다. dregs; filth; people of low birth; humble
people; humble persons like worthless dust.

誰 누구 〔수〕: 누구. who.

象 같을 〔상〕: 같다(相似). 비슷하다. (『교학 대한한사전』 제7쇄, 교학사(2006), p. 3106)
seem; look; appear.

帝 임금 〔제〕: ① 임금. emperor. ② 하느님. god. ③ 하늘. heaven. 여기서 帝는 비교대상이
道이므로 "하늘(heaven)"을 뜻하는 것으로 본다.

先 먼저 〔선〕: 조상. 선조. 먼저인 것. 앞선 것. ancestor; forefather; to be earlier than
(heaven); to be before (heaven).

【해설】

1. 도(道)에 대한 정의(定義)

노자는 제1장에서는 유가(儒家)가 신봉하는 도(道)에 대하여 "인간이 나아가야 할 길(道)"은 "이러이러한 것이다"라고 말할 수는 있겠지만, 그러한 말이 항상 타당한 것은 아니라고 비판한다(道可道, 非常道). 그것은 노자가 옹호하는 도가 아니라 노자가 비판하는 도이기 때문이다. 그런데 본장(제4장)에서는 자신이 주장하는 도에 대하여 아래와 같이 정의(定義)한다.

"도(道)란 '빈 그릇'과 같다. 아무리 담아도 언제나 차지 않는다. 심오(深奧)하다! 도란 마치 만물의 근본인 것 같다."

도란 텅 빈 것으로 빈 그릇과 같다는 것이다. 비어 있는 것으로서, 아무리 담아도 차지 않고, 심오하며, 만물의 근원적인 존재라면 그것은 분명 우주(宇宙)일 것이다. 우주는 천지만물을 모두 담고 있기 때문이다. 『한어대사전』에서는 도를 우주 만물의 본원(宇宙萬物的本源)이라고 설명한다(中國 世紀出版集團, 『漢語大詞典』, 漢語大詞典出版社(2000), p. 1287).

"빈 그릇" 혹은 "텅 빈 것"이란 제1장 무(無, 텅 비어 있는 것)에서 본 바와 같이 대폭발(Big Bang) 당시의 우주를 연상(聯想)케 한다. 빅뱅이 일어났을 당시에는 형체를 갖춘 물건은 아무것도 없이 텅 빈 상태였다. 그러나 엄청난 폭발 에너지에 의해 전자기파(電磁氣波) 상태의 빛이 우주를 가득 채우고 있었다고 한다. 눈에 보이지 않는 이 전자기파 상태의 빛이 동양철학에서 말하는 음(陰)의 기운과 양(陽)의 기운으로 생각된다. 이들 두 기운이 융합하여 여러 가지 원소를 만들어 냈으며, 이들의 계속적인 핵융합으로 종국에는 천지(天地)가 생성되었다고 본다.

제1장에서 이미 언급한 바와 같이 천문과학자들에 의하면, 약 137억 년 전 대폭발이 우주가 탄생하는 계기가 되었는데, 이때 우주공간에 발생한 물질은 대부분이 수소였다고 한다. 우주공간에 산재해 있던 수소의 구름덩이가 중력(重力)의 작용으로 뭉쳐지면서 여기저기 별들이 탄생하였다. 별들의 내부온도는 약 1억 도까지 오를 수 있는데, 이러한 고온(高溫)에서는 수소 핵융합 반응이 일어난다고 한다. 수소의 가벼운 원자핵이 융합하여 보다 무거운 원자핵을 형성하는 핵융합 반응을 거치면서 헬륨, 탄소, 질소, 산소, 네온, 마그네슘, 철 등보다 무거운 원소들이 형성되었다. 이처럼 별들은 우주공간에서 새로운

물질을 생성해내는 역할을 수행하였다. 이렇게 하여 생성된 물질이 지구를 비롯하여 생명체를 만드는 기본 성분이 된 것이라고 설명한다(윤석철,『경영학의 진리체계』, 경문사(2005), pp. 270-271; 홍준의 · 최후남 · 고현덕 · 김태일 공저,『살아있는 과학 교과서』, 휴머니스트(2006), pp. 140-141; 이태욱 · 정상윤 · 김득호 · 박성식 · 박승동,『과학상식』, 진선출판사(1996), p. 46).

결국 최초에는 텅 빈 공간이었는데, 그곳에서 핵융합 반응이 계속 일어나고 오랜 시간이 지나면서 서서히 천지가 형성되었다는 내용이 된다. 우리가 살고 있는 지구는 빅뱅이 일어난 후 약 92억 년이 지나서 생성되었다고 한다.

2. 도의 작용은 어떠한가?

도의 작용, 즉 우주가 만물을 다스리는 작용은 어떠한가에 관하여 아래와 같이 설명한다. "도는 날카로운 무기를 사용하지 않고 얽혀 있는 문제를 풀며, 그 빛을 고르게 비추어 줌으로써 자연의 혜택이 만물에게 골고루 돌아가도록 하고, 그 티끌과도 같은 천한 존재들과도 함께한다."라고 말한다(挫其銳, 解其紛, 和其光, 同其塵). 우주는 천지만물을 모두 담고 그들을 다스린다. 특별히 무기나 폭력을 쓰지 않으면서도 세상을 자연스럽게 돌아가도록 한다. 그리고 만물에게 골고루 빛을 비추어주며, 그 티끌과도 같은 천한 존재들과도 함께한다. 그리고 아무런 대가도 요구하지 않는다. 인간사회의 정치(政治)도 이와 같아야 한다는 것이 노자의 생각이다.

3. 우주의 작용에 대한 찬양

우주가 만물을 포용하고 다스리는 그 자연스러운 작용에 대하여 "그 이치가 참으로 깊구나. 그 작용이 영원히 존속될 것 같다."라고 찬양한다.

4. 도(道)가 하늘보다 먼저 존재하였다

공자를 주축으로 하는 유가(儒家)에서는 하늘이 제일 먼저인 것으로 여겨왔으나 노자는 도(도는 우주를 뜻한다)가 하늘보다 먼저라고 주장한다. 그래서 "나는 그것이 누구의 아들인지 모른다. 아마도 하늘보다 먼저인 것 같다."라고 말한다(吾不知誰之子. 象帝之先).

중국 베이징 대학 교수인 장대년(張岱年)은 도(道)와 관련하여 아래와 같이 말한다. "춘추시대(春秋時代) 및 전국시대(戰國時代) 초기에는 아직 우주라는 관념이 없었고, 사람들이 가장 크고 모든 것을 포괄한다고 여긴 것은 하늘(天)이었다. 하늘의 관념은 매우 일찍 나타났는데, 최초의 철학자인 공자(孔子)와 묵자(墨子) 모두가 하늘을 가장 근본적인 것으로 간주하였다."(春秋時及戰國初年, 尙无宇宙的觀念, 人所認爲最大而覆蓋一切的是天. 天的觀念, 起源甚早, 而最初的哲人孔子與墨子都把天看作最根本的) (張岱年, 『中國哲學大綱』, 中國社會科學出版社(1982), 第1版, 第一部分, 「宇宙論」, p. 2)

노자에 이르러서 우주의 개념이 처음 등장한다. 장대년은 "우주는 일체를 총괄하는 것의 이름이다. 온갖 일과 사물, 있는 것과 빈 것, 모두를 총합하여 하나로 된 것, 그것을 우주라고 하는데, 우주는 지극히 크고 경계가 없다."라고 정의한다(宇宙是一个總括一切的名詞. 万事万物, 所有种种, 總合爲一, 謂之宇宙. 宇宙是至大无外的). (同書, 第一部分, 「宇宙論」, p. 1)

그리고 장대년(張岱年)은 계속하여 말한다. 하늘을 일체의 최고 주재자라고 여기는 관념은 노자(老子)에 의해서 타파되었다. 노자의 연대(年代)는 본래 맹자(孟子)보다 앞선다. 그러나 맹자는 여전히 전통 관념을 계승하여 그것을 수정하고 발전시켰다. 이에 반하여 노자는 매우 철저한 사상혁명을 일으켰다. 노자는 하늘이 결코 가장 근본적인 것이 아니고, 오히려 하늘의 근본이 되는 것이 따로 있다고 여겼다.

장대년은 우주론을 제시하면서 그 근거로서 제25장과 제4장을 인용하여 말한다.

① 제25장: 노자는 말했다. 혼돈상태(混沌狀態)로 이루어진 것이 있었는데, 이것이 천지(天地)보다 먼저 생겨났다. … 나는 그 이름을 알 길이 없어 그것에 글자를 붙여 도(道)라고 하였다. … 그러므로 도(道)도 크고, 하늘도 크고, 땅도 크고, 임금 역시 크다고 말한다. 우주 안에는 네 가지 큰 것이 있다. … 인간은 땅의 작용을 따르고, 땅은 하늘의 작용을 따르고, 하늘은 도(道)의 작용을 따르고, 도(道)는 자연의 작용을 따른다.

② 제4장: 도(道)는 (이 세상의 모든 것을 담을 수 있는) 빈 그릇으로, 그것에 (아무리 많은 것을) 담아도 언제나 차지 않는다. 심오(深奧)하다! (道란) 마치 만물의 근본인 것 같다. (이러한 도의 이치는) 참으로 깊구나. (그 작용이) 영원히 존속될 것 같다. 나는 그것이 누구의 아들인지 모른다. 아마도 하늘보다 먼저인 것 같다.

가장 근본적인 것이 도(道)인데, 도는 천지보다 먼저 생겼고, 하늘보다도 먼저 존재하였다. 도가 누구의 아들인지는 모르지만 일체 만물의 궁극적 시원(始原)이며 가장 먼저 존재한 근원이다. 하늘은 도의 다음에 존재하게 되었으며 도를 본받는다. 도는 다른 사물을 본받지 않으며, 자기 스스로 그와 같이 있다. 노자가 말하는 바의 하늘은 땅과 대립하는 물질적인 하늘이며, 최고의 주재자라는 의미를 취소한 것이다. 노자에게 아직 우주라는 표현은 없지만, 노자가 말하는 바의 "역(域)"은 그 의미가 "우(宇)"와 같다. 노자는 중국 우주론의 창시자이다. 그는 하늘을 최고의 주재자라고 여기는 관념을 타파한 후에, 우주철학을 정식으로 성립시켰다. 노자 이후 많은 사상가들이 그의 영향을 받아서, 하늘을 최고의 주재자로 여기지 않게 되었다.

(認天爲一切之最高主宰的槪念, 爲老子所打破. 老子年代本先于孟子, 但 孟子仍承受傳統觀念而修正發揮之. 老子却作了一次徹底的思想革命. 老子以爲天並不是最根本的, 尙有爲天之根本者.)

(老子說, 有物混成, 先天地生. … 吾不知其名, 字之曰道. … 故道大, 天大, 地大, 人亦大, 域中有四大. … 人法地, 地法天, 天法道, 道法自然. [上篇])

(道盅而用之久不盈, 淵兮似萬物之宗. 湛兮似或存, 吾不知其誰之子, 象帝之先. [同上])

(最根本的乃是道, 道先天地而有, 乃在上帝之先. 道更非誰之子, 而是一切之究竟原始, 道才是最先的. 天在道之次, 而以道爲法; 道則更不以它物爲法, 而是自己如是. 老子所謂天, 指与地對待的物質之天, 取消了最高主宰的意謂了. 在老子, 尙无宇宙的名詞, 老子所謂 '域', 其意謂卽同于'宇'. 老子是中國宇宙論之創始者. 以天爲最高主宰的觀念打破后, 宇宙哲學乃正式成立. 老子以后, 大多思想家皆受其影響, 不以天爲最高主宰了.)
[張岱年, 『中國哲學大綱』, 中國社會科學出版社(1982), 第1版, 第一部分, 「宇宙論」, pp. 4-5]

【외국학자 영문해석】

[1] Chapter 4

1. The Tao is (like) the emptiness of a vessel; and in our employment of it we must be on our guard against all fulness. How deep and unfathomable it is, as if it were the Honoured Ancestor of all things!

2. We should blunt our sharp points, and unravel the complications of things; we should attemper our brightness, and bring ourselves into agreement with the obscurity of others. How pure and still the Tao is, as if it would ever so continue!

3. I do not know whose son it is. It might appear to have been before God.

(James Legge, *The Texts of Taoism, The Tao Te Ching of Lao Tzu*, Dover Publications, Inc. New York(1962), pp. 49-50)

[2] Chapter 4 (Sourceless)

The Way is empty,
   used, but not used up.
Deep, yes! ancestral
   to the ten thousand things.

Blunting edge,
   loosing bond,
   dimming light,
   the way is the dust of the way.

Quiet,
   yes, and likely to endure.
Whose child? born
   before the gods.

(Ursula K. Le Guin, *Lao Tzu Tao Te Ching*, Shambhala(1998), p. 7)

제 5 장 │ 천지불인 (天地不仁)

天地不仁, 以萬物爲芻狗.

천지불인　　　　　이만물위추구

聖人不仁, 以百姓爲芻狗.

성인불인　　　　　이백성위추구

天地之間, 其猶橐籥乎. 虛而不屈, 動而愈出.

천지지간　　　　기유탁약호　　　　　허이불굴　　　　동이유출

多言數窮, 不如守中.

다언속궁　　　　불여수중

해석 | 하늘과 땅은 (어떤 특정한 것을) 인애(仁愛)하지 않고, 만물을 (하찮은 물건인) 추구(芻狗)처럼 여긴다(추구는 짚으로 만든 개의 모형으로서 제사 때 사용되고, 제사가 끝나면 길가에 버린다).

Heaven and earth do not love with partiality toward someone or something, and they deal with all things as straw dogs. (Straw dogs were made of straw, took shape of dogs, used as a sacrificial offering, and when the sacrifice ended, they were thrown aside.)

성인도 (어떤 특정한 사람을) 편애(偏愛)하지 않고 백성들을 추구(芻狗)처럼 여긴다.

The Sage also does not love with partiality toward someone, and he regards all the people as straw dogs.

하늘과 땅 사이는 아마도 풀무의 (텅 비어 있는) 통과 같을 것이다. 텅 비어 있어 (아무리 많이 담아도) 한량(限量)이 없다. 움직이면 움직일수록 (바람이) 점점 더 나온다 (결과적으로 더 많은 연장을 만들어 낼 수 있다).

The space between heaven and earth perhaps is like the empty tube of the bellows. As it is empty, (however much we may contain), there is no limit. The more we pump air in the tube of the bellows, the more air comes out of it. (As a result, it can make more tools.)

(어떤 사항을 규제하는) 법령이 많으면, 멸망을 가속화한다. (풀무의 관처럼 비워둔 채로) 속을 지키는 것만 못하다.

Excessive laws and regulations will speed up the progress of the collapse (of the country). They [excessive laws and regulations] are not as good as preserving the empty state of the inside as it is.

【주석】

仁 어질 〔인〕: 어질다. "남을 너그럽게 배려하는 마음"을 뜻하므로, 결국 이는 어떤 사람을 편애(偏愛)하게 된다는 느낌을 준다. 불인(不仁)과 관련하여 왕필(王弼)은 "천지는 스스로 그렇게 돌아가도록 맡기기 때문에, 하게 하는 일도 없고 조작하는 일도 없다. 만물들 스스로가 서로 다스리므로 (어떤 특정 대상을) 인애(仁愛)하지 않는다. 인애하게 되면 반드시 꾸미어 세우고 베풀며 교화하기 때문에, 어떤 특혜가 있게 되고, 하게 함이 있게 된다."라고 말한다(天地任自然, 無爲無造, 萬物自相治理, 故不仁也. 仁者, 必造立施化, 有恩有爲).

以 ~ 爲 〔이-위〕: "~를 ~로 여기다", "~를 ~로 삼다", "~를 ~라고 생각하다". 以~爲는 관용적으로 쓰이는 말이지만, 爲라고 하는 글자 하나만으로도 "삼다", "여기다", "생각하다"의 뜻이 있다. regard as; treat as; take as.

芻狗 〔추구〕: 芻는 "꼴 [추]"로서 "건초(hay)"·"베어 묶은 풀(cut grass)"·"짚(straw)" 등을 뜻하고, 狗는 "개(dog)"를 가리킨다. 추구(芻狗)는 제사(祭祀) 때 쓰는 짚으로 만든 개로 제사가 끝나면 아무데나 내버린다고 한다. 제사의 상차림에는 과일류·나물류·생선류·고기류·전류·과자류 등 먹을 것이 진열(陣烈)되는데, 여기에 추구(芻狗) 역시 진열된다고 한다. 제사가 끝나면 제사에 참여한 사람들이 그 음식을 나누어 먹는다. 그런데 추구는 먹는 음식이 아니므로, 먹는다는 측면에서 보면 전혀 쓸모가 없는 물건이다. 그래서 제사가 끝나면 길가 아무데나 버려진 것으로 보인다. straw dog (used in ancient times as a sacrificial offering, to be discarded when the ritual was over). worthless stuff. [ex] 天地不仁, 以萬物爲芻狗. The universe is ruthless, and treats all things as worthless stuff to be discarded(Beijing, *New Age Chinese-English Dictionary,* The Commercial Press(2001), p. 225).

蒭 꼴 〔추〕: 건초. 베어 묶은 풀. 짚. straw; hay; dried grass.

狗 개 〔구〕: 개. dog.

橐 풀무 〔탁〕: ① 풀무. 풀무의 통은 텅 비어 있다. 풀무는 불을 피울 때, 긴 관(管)을 통하여 그 손잡이를 뒤로 잡아당겨 공기를 끌어들이고, 다시 앞으로 밀어내면서 바람을 일으키는 기구이다. 그렇게 하여 만든 불로 쇠를 달구고 쇳물을 녹여 칼, 솥, 삽, 쟁기 등 각종 연장을 만든다. 농기구를 만드는 대장간에서 흔히 볼 수 있다. 텅 비어 있다는 것은 만물을 담을 수 있음을 뜻한다. 천지자연과 같이 만물을 담아 낳고 자라게 할 수 있다는 의미이다. bellows. ② (의복, 책 등을 넣는) 전대. a kind of bag.

籥 피리 〔약〕: 피리. "피리"에 해당하는 다른 글자로 "피리 [관(管)]"이 있다. 풀무의 "좁고 긴 관(管)"을 의미한다. 피리의 관(管)은 텅 비어 있는데, 공기의 진동으로 소리를 내는 악기이다. 풀무의 통도 텅 비어 있고, 피리의 통도 텅 비어 있다. 텅 비어 있다는 것은 만물을 담을 수 있음을 뜻한다. 천지자연과 같이 만물을 담아 낳고 자라게 할 수 있다는 의미이다. 제1장에서는 "비어 있는 것"이란 뜻으로 무(無)라는 글자를 사용하였고, 제4장에서는 "빈 그릇", 혹은 "빈 것"이라는 뜻으로 도(道)라는 글자를 사용하였고, 여기 제5장에서는 "비어 있는 통"이란 의미로 "풀무의 관(管)"을 뜻하는 "탁약(橐籥)"이라는 말을 사용하였다. flute; pipe; the empty tube of flute.

其 〔기〕: 아마. 어쩌면. 추측을 나타낸다. 여기서는 뒤에 나오는 추측의 어조사 乎와 연계하여 사용되었다. perhaps; maybe.

屈 나할 〔굴〕: 다 없어짐. run out; be gone; be exhausted. 不屈은 한량(限量)이 없니는 의미가 됨. limitless; boundless; endless; there is no limit.

愈 더욱 〔유〕: 더욱. 점점 더. the more ~ the more; still more; more and more.

言 말씀 〔언〕: 호령하는 말. 윗사람의 말은 대개는 명령(命令)에 속한다. 어떤 일을 금지(禁止)하거나 제한(制限)하는 것이 대부분이다. 어떤 주의(主義), 주장(主張), 칙령(勅令), 규제(規制) 같은 것을 상징적으로 표현한 말이다. order; command; yell; shout.

數 빠를 〔속〕: 빠르다. 빨리하다. 가속화하다. 數은 "셀 [수]", "자주 [삭]", "촘촘할 [촉]"으로도

읽는다. accelerate; expedite; hasten.

窮 다할 〔궁〕: (계속 이어지지 않고) 끝나다. 멸망하다. 패망하다. end; come to an end; be not further connected, and come to the end of one's rope; fail; go to ruin; cease to exist; collapse.

不如 〔불여〕: ~하는 것이 낫다. ~하는 것만 못하다. (연세대 사서사전편찬실,『사서집해사전』, 성보사(2003), p. 336). prefer to; had better; be not as good as; inferior to; be not equal to.

【해설】

"하늘과 땅은 인(仁)하지 않아, 만물을 초개(草芥)처럼 내버려 둔다." 이 말은 어떤 특정한 자를 편애(偏愛)하지도 않고 구박(驅迫)하지도 않으며, 억지로 통제하지도 않고, 하찮은 물건처럼 그저 있는 그대로 내버려 둔다는 뜻이다. 사람이나 동물은 사랑과 증오, 탐욕(貪慾)과 편애(偏愛) 그리고 희로애락(喜怒哀樂)의 감정을 가지고 있다. 그러나 천지자연(天地自然)은 이러한 감정을 가지고 있지 않다. 그러므로 특정한 존재에게 더 양질인 햇빛을 주고 더 좋은 공기를 내려보내지는 않는다. 누구에게나 똑같이 대한다. 그래서 천지는 인(仁)하지 않다고 말한 것이다.

성인(聖人)도 또한 이를 본받아 백성들을 초개(草芥)처럼 내버려 둔다. 성인은 어떤 특정인을 편애(偏愛)하지도 않고 특별히 증오하지도 않으며, 공명정대(公明正大)하게 대하며 그들을 있는 그대로 내버려 둔다.

하늘과 땅 사이는 풀무의 통과 같이 텅 비어 있다. 천지자연은, 다시 말하여 광대무변(廣大無邊)한 우주공간(宇宙空間)은, 텅 비어 있어 아무리 많이 담아도 한량(限量)이 없다. 움직이면 움직일수록 점점 더 나온다. 풀무는 불을 피울 때, 긴 관(管)을 통하여 그 손잡이를 뒤로 잡아당겨 공기를 끌어들이고, 다시 앞으로 밀어내면서 바람을 일으키는 기구이다. 풀무의 통이 잡동사니로 가득 차 있다면, 공기를 담을 수도 없고 공기를 내뿜을 수도 없다. 그러나 그 통이 비어 있으므로 바람을 담을 수도 있고 바람을 내뿜어 불을 지필 수도 있다. 그 불로 음식을 익히기도 하고, 단단한 쇳덩어리를 녹여 삶에 필요한 도구를 만들기도 해서 인간 생활을 윤택하게 하는 역할을 한다. 농기구를 만드는 대장간에서 흔히 볼 수 있다.

탁(槖)은 "풀무"를 뜻하고, 약(籥)은 "피리"를 뜻한다. 그런데 "피리"에 해당하는 다른 말은 "피리 [관(管)]"이다. 이는 풀무의 "좁고 긴 관(管)"을 의미한다. 피리의 관(管)도 텅 비어 있는데, 공기의 진동으로 소리를 낸다. 텅 비어 있다는 것은 어떤 것을 담을 수도 있고, 무언가를 창조해 낼 수도 있다는 것이다. 천지자연과 같이 풀무의 통은, 바람을 담아 물건을 만들고 다듬는 역할을 한다. 텅 비어 있어야 바람을 담을 수 있고, 그 바람으로 더 많은 물건을 만들 수 있다.

집권층(執權層)은 명령이나 규제를 많이 한다. 그리고 유가(儒家)의 사람들도 그럴듯하게 말을 많이 한다. 어떤 주의(主義), 주장(主張)을 많이 내세워서, 이를 제도(制度)로 만들어 쌓아 놓고 사람들을 규제하려고 한다. 그러나 그것이 항상 타당한 방법이 될 수는 없는 것이다. 그래서 비워둔 채 속을 지키는 것이 더 낫다고 주장한다. 제4장에서는 도(道)는 '빈 그릇(道沖)'과 같다고 하였다. 천지만물(天地萬物)을 포용할 수 있는 빈 그릇이라는 뜻이다. 여기서는 그 도(道)를 텅 비어 있는 '풀무의 통(橐籥)'에 비유하였다. 어떤 것을 인위적으로 만들지 않고 속을 비워둔 채 자연에 맡기는 무위(無爲)의 방식을 말하고 있다.

▐【외국학자 영문해석】▌

[1] Chapter 5

Heaven-and-Earth is not sentimental;

It treats all things as straw-dogs.

The Sage is not sentimental;

He treats all his people as straw-dogs.

Between Heaven and Earth,

There seems to be a Bellows:

It is empty, and yet it is inexhaustible;

The more it works, the more comes out of it.

No amount of words can fathom it:

Better look for it within you.

(John C. H., Wu, *Tao Teh Ching Lao Tzu*, Shambhala Boston & London(2006), p. 11)

[2] Chapter 5

The heavens and the earth are not partial to institutionalized morality.

They take things (wanwu) and treat them all as straw dogs.

Sages too are not partial to institutionalized morality.

They treat the common people as straw dogs.

The space between the heavens and the earth-

Isn't it just like a bellows!

Even though empty it is not vacuous.

Pump it and more an more comes out.

It is better to safeguard what you have within

Than to learn a great deal that so often goes nowhere.

(Roger T. Ames and David L. Hall, *Dao De Jing*, Ballantine Books New York(2003), p. 84)

제 6 장 | 곡신불사 (谷神不死)

谷神不死, 是謂玄牝.
　곡신불사　　　　시위현빈

玄牝之門, 是謂天地根.
　현빈지문　　　　시위천지근

綿綿若存, 用之不勤.
　면면약존　　　　용지불근

해석 | 계곡의 신비(神秘)스러운 작용은 소멸하지 않는다. 이를 일러 현묘(玄妙)한 암컷이라고 이야기한다.

　　The mysterious action of the valley does not become extinct. This is called the mysterious female.

신비스러운 암컷의 음부(陰部), 이를 일러 천지의 근본이라고 말한다.

The gate of the mysterious female, this is called the root of heaven and earth. (The gate symbolizes the sexual organs of a female.)

연면(連綿)하게 이어져 항상 그대로 존재하며, 그 계곡을 아무리 써도 피곤해하지 않는다.

It continues to exist as before without intermission. However much we may use, it shows no signs of fatigue.

【주석】

谷 골 〔곡〕: 골짜기. 계곡(溪谷). 계곡은 산과 산 사이의 밑부분에 있는 지역이다. 계곡은 두 산(山) 사이에 깊숙하게 파여 있는 텅 빈 공간(空間)으로 물이 흐른다. 그곳에는 초목이 자라나 숲을 형성하고, 곤충들이 서식(棲息)하며, 물고기들이 그 물에서 산다. 그리고 새들과 야생동물들이 숲과 물가에 모인다. 계곡은 동물, 식물, 조류, 어류 등 만물이 태어나고 자라나는 곳이다. 그러므로 우리는 "계곡은 또 하나의 작은 우주이다."라고 말할 수 있다.

A valley is the place which is sunken at the foot between a mountain and mountain. It is an empty space and as a low area water flows. In that place, grasses and trees grow and form a forest, insects inhabit a forest, fishes live in water of the valley, and birds and animals gather at a forest and close by the water. The valley is the site that all things are produced and nourished. Therefore we can say, "A valley is equivalent to another small universe."

A valley is compared to the deeply hidden gate of a female. A gate symbolizes the sexual organs of a female.

A valley is the area which is sunken at the foot between a mountain and mountain. The female sexual organs also are laid at the foot between a leg and leg. Originally the sexual organs of a female were empty like the space of a valley, but when the energy of male is inserted into the womb of a female, then there life becomes to be born. This is the same phenomena as all things are produced and nourished in a valley.

In an empty space of the universe, the sun, the moon, and stars were created. In an empty valley, animals, plants, birds, and fishes were produced and nourished. A strong wind formed through the empty tube of the bellows set afire, and by the fire all sorts of farming tools and implements were produced.

神 귀신 [신]: 불가사의한 존재. 신비스러운 작용. 신의 섭리(攝理). the mysterious action; the Providence of God (to a valley).

谷神不死 (곡신불사): 계곡의 신비한 작용은 소멸하지 않는다. 계곡을 다스리는 신의 섭리는 멈추지 않는다. 계곡의 신비한 작용은 없어지지 않고 영원히 존속한다. The mysterious action of the valley does not become extinct; The Providence of God that governs a valley does not disappear; The mysterious action of the valley does not vanish and continues to exist forever.

玄 검을 [현]: 심오(深奧)하다. 신묘(神妙)하다. 오묘(奧妙)하다. mysterious; profound.

牝 암컷 [빈]: 암컷. 음(陰). female; feminine.

玄牝之門 (현빈지문): 암컷의 신비스러운 문. 깊숙이 숨겨진 암컷의 문. 문은 암컷의 성기를 상징한다. the gate of the mysterious female; the mysterious gate of a female; the deeply hidden gate of a female. A gate symbolizes the sexual organs of a female.

綿 이어질 [면]: 이어지다. 연속하다. continue; continue to exist.

若 같을 [약]: 그대로. 본대로. 항상. 언제나. like that; as before; all the time; always.

勤 괴로워할 [근]: 지치다. 괴로워하다. 피곤해하다. feel fatigued; feel tired.

【해설】

　계곡의 신비(神秘)스러운 작용은 소멸하지 않는다. 계곡의 신비한 작용은 없어지지 않고 영원히 존속한다는 뜻이다. 인간들이 불도저로 파헤쳐 건물을 짓거나 석재(石材)를 채취하여 계곡을 망가트려서 그렇지, 자연 그대로 내버려 둔다면 계곡은 영원히 존속하게 된다는 것이다.
　곡(谷)은 계곡(溪谷)을 뜻하는 말인데, 계곡은 두 산(山) 사이에 깊숙하게 파인 공간(空間)으로 텅 비어 있다. 비어 있는 공간이므로 물이 흘러들고, 초목이 자라고, 물고기가 살고, 새들이 둥지를 틀고 야생동물이 모인다. 비어 있다는 것은 무언가를 받아들일 수 있는 환경이다. 비어 있으므로 무언가가 그곳에 들어와 둥지를 틀고 스스로 삶을 이어간다. 앞 장(제5장)에서는 풀무의 통(橐籥)에 관하여 말하였다. 풀무의 통도 텅 비어 있으므로 공기를 받아들이고 내뿜고 하면서 음식을 익히기도 하고 쇳덩어리를 녹여 도구를 만들기도 한다. 비어 있어야 이런 일이 가능하다. 노자는 제4장에서 "도(道)는 '빈 그릇'과 같은 것으로서 아무리 담아도 언제나 차지 않는다."라고 하였다(道沖而用之, 或不盈). 여기에 해당하는 것은 우주(宇宙)라고 추정하였다. 우주 외에는 아무것도 상상할 수 없기 때문이다. 우주라고 생각되는데, 노자는 이를 도(道)라고 표현하였다. 도(道)가 '빈 것' 혹은 '빈 그릇'으로서 만물의 근본이 된다는 입장이다. 계곡(溪谷) 역시 '빈 공간'으로 우주의 한 부분을 차지한다. '작은 우주'에 해당하는 것이므로 도(道)에 비유될 수 있다. 계곡은 텅 빈 공간으로 만물을 받아들여 그곳에 터를 잡게 하며, 그들이 삶을 스스로 그렇게 계속 이어가도록 한다. 그래서 계곡의 신비스러운 작용은 영원히 멈추지 않는다고 하였다.

이 장(章)에서는 도(道)를 계곡(谷)과 암컷(牝)에 비유하였다. 제4장에서 도(道)는 "빈 그릇"이라고 하였다(道沖). 아무리 담아도 차지 않는 빈 그릇이라는 것이다. 그런데 여기 계곡도 두 산 사이에 텅 비어 있는 공간(空間)이다. 암컷의 음부(陰部) 역시 두 다리 사이에 움푹 파여 있는 빈 곳이다. 당초 암컷의 음부는 비어 있었다. 그런데 이곳이 수컷의 정액을 받아들여 생명체를 자라게 한다. 계곡은 늘 스스로 그렇게 작용하며 만물을 낳고 자라게 한다. 암컷 역시 늘 스스로 그렇게 생명체를 탄생시키는 작용을 한다. 태고시절부터 지금까지 언제나 스스로 그렇게 하면서도 피곤해하지 않는다.

【외국학자 영문해석】

[1] 50 (Chapter 6)

> The valley spirit never dies-
>
>   it is called "the mysterious female";
>
> The gate of the mysterious female
>
>   is called "the root of heaven and earth."
>
> Gossamer it is,
>
>   seemingly insubstantial,
>
>   yet never consumed through use.

(Victor H. Mair, *Tao Te Ching*, Bantam Book(1990), p. 65)

[2] Chapter 6

The Valley Spirit never dies.

It is named the Mysterious Female.

And the doorway of the Mysterious Female

Is the base from which Heaven and Earth sprang.

It is there within us all the while;

Draw upon it as you will, it never runs dry.

(Arthur Waley, *Lao Tzu Tao Te Ching*, Wordsworth Editions Limited(1997), p. 6)

제 7 장 | 천장지구 (天長地久)

天長地久, 天地所以能長且久者, 以其不自生. 故能長生.
천장지구   천지소이능장차구자   이기부자생   고능장생

是以聖人後其身而身先, 外其身而身存, 非以其無私耶.
시이성인후기신이신선   외기신이신존   비이기무사야

故能成其私.
고능성기사

해석 | 하늘은 장구(長久)하고 땅은 영구(永久)하다. 하늘과 땅이 장구할 수 있는 까닭은 그들이 자신을 위하여 살아가지 않기 때문이다. 그러므로 장구(長久)하게 존속할 수 있는 것이다.

　Heaven lasts long, and earth continues long. The reason why heaven and earth can continue long, it is because they do not live for themselves. Thus they can continue to exist long like that.

이런 까닭으로 성인(우주가 만물을 다스리는 것과 같은 방식으로 나라를 다스리는 사람)은 그 자신을 뒤에 두어도 (사람들이) 그를 앞세워 주고, 그 자신을 도외시(度外視)하여도 그 몸을 보존하게 한다.

For this reason the sage (the man who governs a country by such a way as the universe governs all things) puts his own person last, but the people place him at the head. He leaves his own body out of consideration, but the people make him well preserved.

이는 그가 사심(私心)이 없기 때문이 아니겠는가? 그러므로 그는 (공적인 것은 물론) 그의 사적인 것도 이루어 낼 수 있는 것이다.

Is it not because he has no selfish motive? Therefore he can accomplish private affairs (as well as public affairs).

【주석】

生 살 〔생〕: 살아가다. 생존하다. 존재하다. 존속하다. lead a life; get along; live; exist; continue to exist; last.

外 밖 〔외〕: 밖에 두다. 도외시하다. 고려(考慮)할 대상 밖으로 내버려 두다. 돌보지 않다. 제외(除外)하다. leave ~ out of consideration; place (a person) out of protection; do not take care of (a person); do not look after (a person); except (a person) from protection.

耶 〔야〕: 의문을 나타내는 어조사. used to indicate the feeling of question; be equivalent to a question mark.

私 사사 〔사〕: 사적(私的)인 것. 사적으로 하는 일. 개인적으로 하는 일. 사적으로 하고자 하는 일. 예컨대 활쏘기, 사냥, 승마, 문예활동 등 개인적인 취향이 이에 속할 것이다. something personal [private; individual]; a private [personal individual] matter [affair]; the things which one tries to do privately [personally individually]. For example, archery, hunting, horse riding, art and letters, etc.

先 앞설 〔선〕: 앞에 있다. 앞에 놓다. 앞에 세우다. 내세우다. set (a person) up as a leader; place (a person) at the head; make a person represent something.

|【해설】|

제4장에서 "도(道)는 '빈 그릇'과 같은 것으로서 아무리 담아도 언제나 차지 않는다."라고 하였다(道沖而用之, 或不盈). 도는 우주(宇宙)를 가리킨다. 우주를 대표하는 것은 천지(天地)이므로 본 장에서 말하는 천지는 도(道)를 의미한다. 하늘과 땅은 사심(私心)이 없기 때문에 누구를 편애하지 않는다. 그래서 영원히 존재할 수 있다고 말한다. 성인 역시 사심이 없기 때문에 그 자신을 완성할 수 있다고 이야기한다. 나라를 다스리는 사람들이 명심하여야 할 경구(警句)이다.

|【외국학자 영문해석】|

[1] 7th Verse

Heaven is eternal-the earth endures.
Why do heaven and earth last forever?
They do not live for themselves only.
This is the secret of their durability.

For this reason the sage puts himself last
   and so ends up ahead.
He stays a witness to life,
   so he endures.

Serve the needs of others,
   and all your own needs will be fulfilled.
Through selfless action, fulfillment is attained.

(Dr. Wayne W. Dyer, *Living the Wisdom of the Tao*, Hay House, Inc.(2008), p. 17)

[2] Chapter 7

Heaven endures; Earth lasts a long time.

The reason why Heaven and Earth can endure and last a long time-

Is that they do not live for themselves.

Therefore they can long endure.

Therefore the Sage:

Puts himself in the background yet finds himself in the foreground;

Puts self-concern out of his mind, yet finds that his self-concern is preserved.

Is it not because he has no self-interest.

That he is therefore able to realize his self-interest?

(Robert G. Henricks, *Te-Tao Ching Lao-Tzu,* The Modern Library New York(1993), p. 61)

제 8 장 │ 상선약수 (上善若水)

上善若水. 水善利萬物而不爭, 處衆人所惡. 故幾於道.
　상선약수　　　　　수선리만물이부쟁　　　　　처중인소오　　　　고기어도

居善地, 心善淵, 與善仁, 言善信, 政善治, 事善能, 動善時.
　거선지　　심선연　　여선인　　언선신　　정선치　　사선능　　동선시

夫惟不爭. 故無尤.
　부유부쟁　　고무우

해석 │ 최고의 선(善)은 물과 같다. 물은 만물을 아주 이롭게 하면서 다투지 않으며, 많은 사람들이 싫어하는 (낮은) 곳에 머무른다. 그러므로 도(道)에 가까운 것이다.

　Highest goodness is like water. Water benefits all things, but does not try to take credit for its services, and it stays in the low place where all men dislike. Hence it is near to the action of the Dao (Such an action as the universe accepts and nourishes all things).

몸가짐은 땅처럼 하는 것이 좋고, 마음은 깊은 것이 좋고, 함께함에 있어서는 인(仁)
한 것이 좋고, 말에 있어서는 신의를 지키는 것이 좋고, 정치에 있어서는 다스려지는 것
이 좋고, 일에 있어서는 잘하는 것이 좋고, 행동에 있어서는 때에 맞는 것이 좋다.

In one's behavior, it is good to place himself below others like land. In setting one's
mind on something, it is good to consider the other side deeply. In living together,
a benevolent attitude is good (for achieving harmony). In speech, it is good to keep
faith. In politics, it is good to be well governed (without a friction or collision). In
dealing with a matter, it is good to manage it successfully. In making a move, it is
good to take action according to the requirements of the time.

(물은) 대체로 다투지 않기 때문에 잘못되는 일이 없다.

Generally, as it does not contend with others (against its services or position), there
is no blame.

‖【주석】‖

善 잘할 〔선〕: ① 잘. 잘하다. well; do nicely. ② 좋다. 훌륭하다. good; nice; excellent.

若 같을 〔약〕: ~와 같다. like; as; as if.

不爭 (부쟁): 다투지 않다. 그의 공적에 대하여 어떤 인정을 받으려고 다투지 않는다는 의
　　미도 있고, 낮은 자리에 처하여 있지만 높은 자리로 올라가려고 남과 다투지 않는다는
　　의미도 있다. do not contend with (someone about something).

衆人 (중인): 많은 사람. 뭇사람. people; many people.

居 처할 〔거〕: 몸가짐. 처신. behavior; deportment; conduct.

與 더불어 할 〔여〕: 함께하다. 일을 함께 하다. live together; work together; be in mutual
　　communication; be in mutual support; do something together; share a thing with.

居善地 (거선지): 몸가짐은 땅처럼 하는 것이 좋다. 땅은 하늘보다 낮다. 그러므로 처신은 땅처럼 자신을 남보다 낮추는 것이 좋다. In one's behavior, it is good to place himself below others like land. Earth is located lower than heaven. This symbolizes placing himself below others and acting with modesty.

心善淵 (심선연): 마음은 깊은 것이 좋다. 어떤 일에 마음을 둠에 있어서는 상대를 깊게 배려하는 것이 좋다. In setting one's mind on something, it is good to consider the other side deeply.

淵 깊을 〔연〕: 깊다. 고요하다. deep; profound; calm; silent.

與善仁 (여선인): 함께함에 있어서는 인(仁)한 것이 좋다. In living together, a benevolent attitude is good (for achieving harmony).

言善信 (언선신): 말에 있어서는 신의를 지키는 것이 좋다. In speech, it is good to keep faith.

政善治 (정선치): 정치에 있어서는 다스려지는 것이 좋다. In politics, it is good to be well governed (without a friction or collision).

事善能 (사선능): 일에 있어서는 잘하는 것이 좋다. In dealing with a matter, it is good to manage it successfully.

動善時 (동선시): 행동에 있어서는 때에 맞는 것이 좋다. In making a move, it is good to take action according to the requirements of the time.

夫唯 (부유): 원인을 진술할 때 사용한다. 원인을 나타내는 문장에서는 맨 앞에 쓰이고, 결과를 나타내는 문장에서는 항상 결과를 나타내는 접속사와 함께 쓰인다. "단지 ~때문이다", "바로 ~때문이다" 등으로 해석한다(연세대 허사사전편찬실, 『허사대사전』, 성보사(2001), p. 276). be just owing to; be just due to; just because.

尤 허물 〔우〕: 허물. 과실. 비난. 구(咎)와 같다. error; blame.

본 장에서는 만물을 기르는 물의 작용에 대하여 만물을 포용하는 도(道)에 비유하였다. 제4장에서는 "도(道)는 '빈 그릇'과 같은 것으로서 아무리 담아도 언제나 차지 않는다."라고 하였다(道沖而用之, 或不盈). 그래서 천지만물을 모두 담고 있는 우주(宇宙)를 가리키는 것으로 보았다. 우주는 만물을 담고 그곳에서 살아가게 하면서도, 그들에게 어떤 대가(對價)를 요구하지 않기 때문이다. 여기서는 물이 그러한 역할을 하는 것으로 보았다. 물은 만물을 아주 이롭게 하면서 그 공적을 다투지 않고, 언제나 많은 사람들이 싫어하는 낮은 곳에 머무른다. 그래서 물은 도(道)에 가깝다고 한 것이다.

땅은 하늘보다 낮은 곳이다. 특히 계곡은 정상보다 낮은 곳으로 물이 모여드는 땅이다. 그곳에서는 초목이 자라고 야생동물이 모여들고 새들이 날고 물고기가 서식(棲息)한다. 물은 그들에게 자양분을 공급하지만 그의 공적을 자랑하지 않고 어떤 대가를 요구하지 않는다. 물은 연못처럼 가득하게 고여 있어야 주변의 숲과 언덕을 윤택하게 하므로 깊은 것이 좋다. 함께함에 있어서는 물이 만물에 영양분을 공급하듯이 남을 먼저 배려하는 인자(仁慈)함을 베푸는 사람이 좋다. 언어에 있어서는 물이 위에서 아래로 흐르며 역류(逆流)함이 없듯이 신의(信義)가 있어야 좋다. 정치에 있어서는 물이 흐르듯이 아무 마찰 없이 잘 다스려지는 것이 좋다. 일을 할 때에는 물처럼 맑고 매끄럽게 재능(才能)을 발휘하는 것이 좋다. 행동에 있어서는 물이 세상 구석구석을 때에 맞추어 흐르듯이, 그 상황에 맞게 처신함이 좋다. 물은 사리사욕(私利私慾)이 없고 모두에게 공평무사(公平無私)하다. 그러므로 누구와 다툴 일도 없고, 누구로부터 원망을 들을 일도 없으며, 비난받을 일도 없다.

【외국학자 영문해석】

[1] Chapter 8

It's best to be like water,

nurturing the ten thousand things

without competing,

flowing into places people scorn,

very like the Tao.

Make the earth a dwelling place.

Cultivate the heart and mind.

Practice benevolence.

Stand by your word.

Govern with equity.

Serve skillfully.

Act in a timely way.

   without contentiousness,

   free of blame.

(Sam Hamill, *Tao Te Ching*, Shambhala Boston & London(2007), p. 11)

[2] Chapter 8

The supreme good is like water,

   which nourishes all things without trying to.

It is content with the low places that people disdain.

Thus it is like the Tao.

In dwelling, live close to the ground.

In thinking, keep to the simple.

In conflict, be fair and generous.

In governing, don't try to control.

In work, do what you enjoy.

In family life, be completely present.

When you are content to be simply yourself

   and don't compare or compete,

   everybody will respect you.

(Stephen Mitchell, *Tao Te Ching*, Perennial Classics(2000), Ch. 8)

持而盈之, 不如其已, 揣而銳之, 不可長保.
지이영지　　　　불여기이　　　　췌이예지　　　　불가장보

金玉滿堂, 莫之能守, 富貴而驕, 自遺其咎. 功遂身退, 天
금옥만당　　　　막지능수　　　　부귀이교　　　　자유기구　　　　공수신퇴　　　천

之道.
지도

해석 | 가지되 그것을 가득 채우는 것은 (어느 정도 찼을 때) 그만두는 것만 못하다.

To hold something and fill it to the brim is not as good as to stop when it was full to some extent.

쇠를 불리고 갈아서 그것을 날카롭게 하면 오래 보존하지 못한다(적당한 수준에서 그쳐야 한다).

If we temper iron, whet, and sharpen it, its sharpness cannot be preserved for long. (at a reasonable level, we should stop sharpening a sword.)

금(金)과 옥(玉)이 집에 가득 넘치면 그것들을 지킬 수 없고, 부(富)와 귀(貴)로 교만해지면 스스로 그 재앙을 남기게 한다. 공(功)이 이루어지면 자기 스스로 물러나는 것이 하늘이 하는 방식이다.

When gold and jade fill the hall, their owner cannot keep them. If he is possessed with arrogance by riches and honours, it brings calamity on himself. When the work is accomplished, he retires himself from it. This is the way of heaven.

[주석]

持 가질 [지]: 가지다. 지니다. 보존하다. hold; grasp; keep; maintain.

盈 찰〔영〕: 차다. 가득 차다. be full of; be filled with; have a surplus of; pile up.

已 그칠〔이〕: 그치다. 그만두다. stop; cease.

惴 불릴〔췌〕: 불리다. 불린다는 말은 쇠를 불에 달구어 성질을 변화시키는 것을 말한다. 여기서는 "쇠를 불리고 갈다"라는 의미이다. 惴는 "쉬" 혹은 "단"으로도 읽는다. temper iron and whet it.

銳 날카로울〔예〕: 날카롭게 하다. sharpen; make something sharpened.

長 길〔장〕: 오래. 오래도록. long; for long; for a long time; forever.

保 지킬〔보〕: 지키다. 보존하다. keep; preserve.

滿 찰〔만〕: 차다. 가득하다. be full; be filled; overflow.

堂 집〔당〕: 집. house; main room of a house.

驕 교만할〔교〕: 교만하다. haughty; arrogant.

遺 남길〔유〕: 남기다. 끼치다. leave; cause; bring.

咎 허물〔구〕: 허물. 재앙. fault; mistake; error; blame; calamity.

身 몸〔신〕: 몸소. 친히. 자기 스스로. personally; in person; oneself.

退 물러날〔퇴〕: 물러나다. 그만두다. retire; withdraw; retreat; leave.

天之道 (천지도): 하늘의 방식. 하늘의 이치. 하늘이 만물을 다스리는 방식. 여기서 道는 "방법(方法)", "치리(治理)" 등을 가리킨다(中國 世紀出版集團, 『漢語大詞典』, 漢語大詞典出版社(2000. 8.), p. 1287). the way of heaven; the order of heaven; the way that heaven governs all things.

【해설】

재물을 지니려고 하는 것은 인간의 속성상 어느 정도까지는 용인된다. 그러나 가득 채우는 것은 비난받을 일이다. 그래서 가득 채우는 것은 그만두는 것만 못하다고 한 것이다. 금은보석(金銀寶石)이 그러하고, 부귀영화가 그러하다. 무엇이든 적절(適切)한 선에서 그쳐야 한다. 조선왕조시대에 300년 동안 10대에 걸쳐 큰 재산을 유지해 왔다고 하는 최(崔) 부자 집안은, 몇만 석을 넣을 수 있는 곡간을 가지고 있었음에도 불구하고 만 석 이상은 채우지 않았다고 한다. 그나마도 곡간의 곡식 중 3분의 1은 지나가는 과객들의 식사 대접을 위해 사용되었고, 나머지도 대부분이 흉년이 들었을 때에 빈민들에게 나누어 줄 비축분(備蓄分)이었다고 한다. 그래서 숱한 민란(民亂)이나 동학란(東學亂) 속에서도 다른 부자들과는 달리 최(崔) 부자는 화(禍)를 입지 않았다. 크게 소유하였을 뿐 꽉 채운 것은 아니었기 때문이다. 절제와 베풂을 실천하며 겸손(謙遜)한 삶을 살았기 때문에 그 집안은 오늘날까지도 사람들로부터 칭송을 받고 있다.

칼을 두드리고 갈고 해서 그것을 너무 날카롭게 하면 위험하고 또 오래 보존하지 못한다고 한다. 가늘고 날카로운 것은 쉽게 부러지기 때문이다. 연필을 너무 뾰족하게 깎으면 글씨를 쓸 때, 부서지거나 쉽게 닳아 없어지는 것과 같은 이치이다. 적절(適切)한 수준에서 그치는 것이 좋다. 이러한 절제(節制)의 미덕을 날카로운 칼에 비유하였다. 재물도 알맞게 지녀야 하고, 칼도 적절하게 갈아야 한다. 그렇지 않으면 화(禍)를 입을 수 있다.

공(功)이 이루어지면 스스로 물러나는 것이 하늘의 방식이라는 말도 적정(適正)을 지켜야 한다는 의미이다. 공(功)을 이루었을 때가 최고의 순간이다. 그것에 더 연연(戀戀)하면 그것은 욕심(慾心)이 된다. 그 성과(成果)를 활용하여 남보다 더 빨리 출세하려고 하면 화(禍)를 자초(自招)할 수 있다. 적(敵)이 많아지기 때문이다. 이것은 그 자리를 반드시 사퇴(辭退)해야 한다는 뜻은 아니다. 그 공(功)을 기화로 계속 출세하려고 발광해서는 안 된다는 경고의 메시지일 뿐이다. 그러므로 그 공(功)을 전혀 내세우지 말고, 상사에게 그 공을 돌리거나 혹은 부하에게 그 공을 양보하고, 자신은 일에만 열중하라는 의미도 아울러 담고 있다.

【외국학자 영문해석】

[1] Chapter 9

1. It is better to leave a vessel unfilled, than to attempt to carry it when it is full. If you keep feeling a point that has been sharpened, the point cannot long preserve its sharpness.

2. When gold and jade fill the hall, their possessor cannot keep them safe. When wealth and honours lead to arrogancy, this brings its evil on itself. When the work is done,

and one's name is becoming distinguished, to withdraw into obscurity is the way of Heaven.

(James Legge, *The Texts of Taoism, The Tao Te Ching of Lao Tzu,* Dover Publications, Inc. New York(1962), p. 53)

[2] Chapter 9

Hold and fill it-
Not as good as stopping in time.

Measure and pound it-
It will not long survive.

When gold and jade fill the hall,
They cannot be guarded.
Riches and pride
Bequeath error.

Withdrawing when work is done:
Heaven's Tao.

(Stephen Addiss & Stanley Lombardo, *Tao Te Ching Lao-Tzu,* Shambhala Boston & London(2007), Ch. 9)

載營魄抱一, 能無離乎.
　　재영백포일　　　　　능무이호

專氣致柔, 能如嬰兒乎.
　　전기치유　　　　　능여영아호

滌除玄覽, 能無疵乎.
　　척제현람　　　　　능무자호

愛民治國, 能無爲乎.
　　애민치국　　　　　능무위호

天門開闔, 能爲雌乎.
　　천문개합　　　　　능위자호

明白四達, 能無知乎.
　　명백사달　　　　　능무지호

生之畜之, 生而不有, 爲而不恃, 長而不宰, 是謂玄德.
　　생지휵지　　　생이불유　　　위이불시　　　장이부재　　　시위현덕

해석 | 저, 정신(魂)과 육체(魄)가 (道라고 불리는) 시원적(始原的)인 존재를 품어 안고, (그 道로부터) 이탈(離脫)하지 않을 수 있겠는가?

Well, spirit and body embrace the original existence (called the Dao), and can't you deviate from it?

기(氣)를 하나로 합치면 유연(柔然)함에 이르게 되는데, 갓난아이의 상태와 같이 순진해질 수 있겠는가?

When the energy of masculine[Yang] and that of feminine[Yin] are united into one, then the two energies harmonize with each other and reach the flexible state. Can you be simple-minded like a babe?

사악한 생각을 씻어버리고 깊이 살펴본다. (과연 우리가) 한 점의 흠도 없게 할 수 있겠는가?

You wash away a wicked mind and examine yourself carefully. Really can you make everything perfect without a speck of flaw?

백성을 사랑하며 나라를 다스리는 데 있어서, "강제로 하게 함이 없는 방식"으로 행할 수 있겠는가?

In loving the people and governing the country, can you manage affairs by natural ways without making the people do something forcibly (against their will)?

하늘의 문이 열리고 닫히고 하는데, 암컷처럼 행할 수 있겠는가?

The gate of heaven is opened (by day), and is shut (by night). (The gate of a female also look alike.) Can you act like a female? (According to the opening and shutting of the heaven's gate, day and night shift, and the four seasons rotate. In the process of such a change, all things are produced and nourished. The gate of a female also is almost the same as that of heaven. A female accepts a male, and produces and nourishes life. The gate is the place where offsprings are born and all sorts of changes occur.)

자신을 명석(明晳)하고 순백(純白)하게 만들어 사면팔방을 내다보게 한다. 이제 권모술수와 같은 지략을 없애버릴 수 있겠는가?

You make yourself bright and pure white, and make yourself see far into all directions. Now can you give up the wisdom like trickery?

(道는) 만물을 낳고 자라게 한다. 낳고도 소유하지 않고, 베풀고도 어떤 보답을 기대하지 않으며, 그들을 성장하게 하지만 통제권을 행사하지 않는다. 그래서 이를 일러 심오한 덕성(德性)이라고 이야기한다.

Dao [the universe] produces all things and nourishes them. It produces them, but it does not possess them. It bestows a favor on them but does not expect any reward, and it grows them but it exercises no control over them. Therefore this is called the mysterious virtue.

【주석】

載 실을 〔재〕: ① 싣다. 수레에 실어서 운반하다. load; contain. ② 어조사로 쓰여 "이에", "곧" 등의 역할을 한다(『동아 새한한사전』 제2판, 두산동아, p. 1917). well; now. ③ 육희 성(陸希聲)은 "재(載)는 부(夫)와 같으며, 발어사(發語詞)이다."라고 설명한다(載猶 夫也. 發語之端也). 그런데 부(夫)는 "대체로", "대개", "아마", "저", "이", "그" 등으로 해 석된다. generally; roughly; perhaps; maybe; that; this; it. ④ 발어사는 문장의 첫머 리에서 이야기를 이끌어 내고, 청자의 주의를 환기시키는 역할을 하는 어조사이다. used at the beginning of a sentence to introduce a new subject. (*A Chinese-English Dictionary*, Revised Edition, Beijing Foreign Language University (2000), p. 365)

營魄 (영백): 혼백(魂魄). 營은 "경영하다"의 뜻으로 많이 쓰이지만 여기서는 혼(魂)이라는 의미이다. 사전에도 "넋", "혼(魂)"의 뜻으로 설명한다. 하상공(河上公) 역시 영백은 혼 백이라고 설명한다(營魄, 魂魄也). 그런데 "혼(魂)은 양(陽)으로 정신을 주관하고, 백 (魄)은 음(陰)으로 육체(肉體)를 주관한다."라고 한다(『동아 새한한사전』 제2판, 두산 동아, p. 2226, "魂魄").『유교대사전(儒敎大事典)』에서는 혼백에 대하여 "인간을 형성 하고 있는 두 가지 요소로서 정신과 육체를 가리키는 말이다.『성리대전(性理大全)』 권28에서는 魂은 양(陽)의 성질을 갖기 때문에 하늘로 돌아가고, 魄은 음(陰)의 성질 을 갖기 때문에 땅으로 돌아가며 이것이 죽음의 현상이다."라고 설명한다(유교대사전 편찬위원회,『유교대사전』, 성균관(2007), p. 2459 "魂魄"). spirit and body; mind and body.

抱 안을 〔포〕: 안다. 품다. 껴안다. embrace; hold; hug.

一 첫째 〔일〕: 첫째. 첫 번째의 것. 시원적(始原的)인 것[존재]. 근원적(根源的)인 것[존재]. 도 (道)를 가리킨다. 道는 우주를 상징하는 말로 천지만물보다 앞선 시원적인 존재이기 때문이다. the first existence; the original existence; the original existence called the Dao or the universe; the fundamental existence that there was before the creation of the heavens and the earth.

離 떠날 〔이, 리〕: 떠나다. 이탈하다. leave; depart from; deviate; swerve.

乎 인가 〔호〕: ~인가? 문장 끝에 놓여 의문의 어기를 표시한다. 물음표에 해당한다. used to indicate the feeling of question; equivalent to a question mark.

專 오로지 〔전〕: 하나로 되다. 하나로 합치다. unite into one; be united into one.

柔 부드러울 〔유〕: 유순(柔順)하다. 유연(柔軟)하다. 거칠지 않고 순하다. soft; flexible; mild; be not rough and soft.

嬰兒 (영아): 갓난아이. 갓난아이는 꾸밈도 없고 욕심도 없이 자연의 이치에 따라 자라나는 생명체이다. babe; baby.

滌 씻을 〔척〕: 씻다. 세척(洗滌)하다. 청소하다. cleanse; wash.

玄覽 (현람): 깊이 살펴보다. 깊이 꿰뚫어 보다. 깊이 내다보다. examine oneself carefully; see into a person's mind; forsee the future; have insight into the nature of things.

玄 깊을 〔현〕: 깊다. 심오(深奧)하다. 오묘(奧妙)하다. profound; deep; mysterious.

覽 볼 〔람〕: 보다. 살펴보다. see; watch; look around; look into; examine carefully.

疵 흠 〔자〕: 흠. 결점. fault; defect; flaw.

愛民治國, 能無爲乎 (애민치국, 능무위호): 백성을 사랑하며 나라를 다스리는 데 있어서, "강제로 하게 함이 없는 방식"으로 행할 수 있겠는가? In loving the people and governing the country, can you manage affairs by "natural ways without making the people do something forcibly" (against their will)?

開闔 (개합): 열리고 닫히다. 개(開)는 "열리다"의 뜻이고, 합(闔)은 "문짝", "문을 닫다"의 의미인데, 여기서는 자동사로서 "닫히다"의 뜻으로 쓰였다. be opened and closed.

爲 할 〔위〕: ① 행하다. 성취하다. 이루다. do; act; achieve; accomplish. ② 베풀다. bestow a favor (on a person); grant (a person a favor). ③ 하게 하다. 시키다. make someone do something (forcibly).

明 밝을 〔명〕: 밝다. 사리에 밝다. bright; intellectual; wise; clear.

雌 암컷 〔자〕: 조류(鳥類)의 암컷. 짐승의 암컷은 빈(牝)이다. 조류의 암컷과 수컷을 자웅(雌雄)이라고 하고, 짐승의 암컷과 수컷을 빈모(牝牡)라고 한다. female; a female bird.

白 흰 〔백〕: 희다. 꾸미지 않다. white; bright; clear; do not decorate.

四達 (사달): ① 사방으로 통하다. run [stretch] in all directions. ② 모든 방면의 일에 정통

하다. be well acquainted with affairs of all directions. ③ 사면팔방으로 멀리 내다보다. see far into all directions.

知 알 〔지〕: 지식(知識). 권모술수와 같은 간교(奸巧)한 지략(智略). 노자가 살던 시대상황이 전쟁(戰爭)으로 얼룩진 전국시대(戰國時代)인 점을 감안하면, 여기서 말하는 지(知)란 "책사(策士)들의 권모술수(權謀術數)와 같은 간교(奸巧)한 계략(計略)"을 가리키는 것으로 본다. 無知를 "무지한 체하다(pretend ignorance about)"의 의미로 풀어도 뜻은 통한다. the wisdom like trickery; the crafty wisdom like tricks; such a wisdom as a crafty schemer has.

畜 기를 〔휵〕: 기르다. 양육하다. 畜은 "쌓을 [축]"으로도 읽는다. nourish; nurture; cultivate; feed; raise.

恃 믿을 〔시〕: ① 의지하다. 기대하다. lean; rely on; depend on; expect. ② 자랑하다. 뽐내다. boast; vaunt; be proud of.

爲而不恃 (위이불시): ① 그것[우주, 도]은 베풀지만 어떤 보답도 기대하지 않는다. 하상공(河上公)은 "道는 베풀어 행하는 것이며, 그 보답을 기대하지 않는 것이다(道所施爲, 不望其報)."라고 설명한다(『도덕경』 제2장). 제10장의 설명에서는 "도는 베풀어 행하는 것이며, 그 보답을 기대하지도 바라지도 않는 것이다."라고 설명한다(道所施爲, 不恃望其報也). It bestows a favor (on all things), but does not expect any reward. [or expect nothing]. ② 어떤 일을 이루고서도 자랑하지 않는다. It accomplishes some work, but it does not boast of the result. 본서에서는 하상공의 견해와 같이 ①번의 해석을 따랐다. ②번의 해석도 문맥은 통한다.

長 어른 〔장〕: 어른 노릇을 하다. 이끌다. 주관(主管)하다. lead; play a role of leader; lead a person to a place or a direction; preside over.

宰 주관할 〔재〕: 주관하다. 주재하다. preside over; superintend; supervise; manage.

|【해설】|

본 장(章)은 자연의 질서에 관하여 이야기한다. "우주 대자연을 상징하는 도(道)는 만물을 낳고 자라게 한다. 그러나 낳고도 자기 소유로 차지하지 않고, 베풀고도 어떤 보답을 기대하지 않으며, 모든 것을 주관하면서도 통제(統制)하지 아니한다. 그래서 이를 일러 심오한 덕성(德性)이라고 이야기한다.”라고 주장한다. 자연의 질서와 수양(修養)에 관하여 노자는 몇 가지 질문을 던진다. 한 나라를 다스리는 위치에 있는 위정자(爲政者)에 대한 질문이다.

첫 번째로 “정신과 육체가 도(道)라고 불리는 시원적(始原的)인 존재를 품어 안고, 그 道로부터 이탈(離脫)하지 않을 수 있겠는가?”라고 묻는다.

두 번째로 “기(氣)를 하나로 합치면 유연(柔然)함에 이르게 되는데, 갓난아이의 상태와 같이 순진해질 수 있겠는가?”라고 묻는다. 위정자라면 그렇게 되도록 심신(心身)을 갈고 닦으며 수양(修養)해야 한다.

세 번째로 “사악한 생각을 씻어버리고 깊이 살펴본다. 과연 우리가 한 점의 흠도 없게 할 수 있겠는가?”라고 묻는다. 어려운 일이겠지만 그렇게 하도록 최선을 다해야 한다. 통치권자라면 반드시 백성을 최우선순위에 두어야 한다.

네 번째로 “백성을 사랑하며 나라를 다스리는 데 있어서, ‘강제로 하게 함이 없는 방식’으로 행할 수 있겠는가?”라고 묻는다. 우주는 만물을 포용하고 다스림에 있어서 강제적인 방법을 쓰지 않는다. 그리고 그 안에 존재하는 것들에 대하여 어떤 대가도 요구하지 않는다. 한 나라를 다스리는 통치권자라면 우주의 작용을 본받아 강압적인 방법을 쓰지 말고 자발적으로 따라오도록 선정(善政)을 베풀어야 한다.

다섯 번째로 “하늘의 문이 열리고 닫히고 하는데, 암컷처럼 행할 수 있겠는가?”라고 묻는다. 하늘의 문이 열리면 생명체가 태어나고 하늘의 문이 닫히면 생명체가 사라진다. 또한 하늘의 문이 열리면 밝은 낮이 되고, 하늘의 문이 닫히면 어두운 밤이 된다. 낮이 되면 일을 하고, 밤이 되면 잠을 잔다. 때에 맞게 행동하는 것이다. 이것이 자연의 변화에 맞추어 살아가는 방식이다. 텅 비어 있었던 태초의 우주는 문을 열어 만물을 받아들이고 그들로 하여금 그곳에서 생명을 이어가게 한다. 암컷 또한 그러한 역할을 한다. 일반적으로 암컷은 수컷을 포용하는 성질이 있다. 수컷을 받아들여 생명체를 탄생시킨다. 물론 태어나고 사라지기를 반복하며 대를 이어간다. 암컷처럼 남을 포용하고 그들로 하여금 편안하게 살아갈 수 있도록 좋은 정치를 베풀어야 한다는 교훈의 말이다.

여섯 번째로 “자신을 명석(明晳)하고 순백(純白)하게 만들어 사면팔방을 내다보게 한다. 이제 권모술수와 같은 지략(智略)을 없애버릴 수 있겠는가?”라고 묻는다. 자신을 갈고 닦아 만사를 꿰뚫어 볼 수 있게 되면 더 이상 탐욕을 부릴 필요가 없다. 그러므로 이제 권모술수와 같은 지략을 써서는 안 된다.

노자는 한 나라를 다스리는 통치자라면 이 정도의 윤리적 품성은 지니고 있어야 한다고 생각한 것이다. 여기서의 질문의 상대는 위정자이다. 일반 백성과는 달리 위정자라면 성인(聖人)이 가지는 엄격한 도덕적 책무를 지녀야 한다.

〖외국학자 영문해석〗

[1] Chapter 10

> Can you unite your spirit with the One and not let it leave?
>
> In concentrating on your breath, can you make it soft like an infant's?
>
> Can you purify your thoughts and clarify your mind
>
> So that they are spotless?
>
> Can you love your country and people without effort?
>
> In opening and closing the celestial gate,
>
> Can you become the female?
>
> In understanding everything in the universe,
>
> Can you do it without using knowledge?
>
> Give birth to them and nourish them,
>
> But do not possess them.
>
> Help them know that they are not dependent on you.
>
> Guide them but do not control them.
>
> This is the most profound virtue.
>
> (Eva Wong, *Teachings of the Tao*, Shambhala Boston & London(1997), p. 31)

[2] Chapter 10

> Can you marry your spirit and body to
>
>   the oneness and never depart from it?
>
> Can you ride your breath until your entire
>
>   being is as supple as the body of an infant?
>
> Can you cleanse your inner vision until you
>
>   see heaven in every direction?

Can you love people and govern them without

conniving and manipulating?

Can you bear heaven's children in all that

you do and are?

Can you give the wisdom of your heart precedence

over the learning of your head?

Giving birth,

nourishing life,

shaping things without possessing them,

serving without expectation of reward,

leading without dominating:

These are the profound virtues of nature,

and of nature's best beings.

(Brian Browne Walker, *the Tao Te Ching of Lao Tzu*, St. Martin's Griffin New York(1995), Ch. 10)

제11장 | 삼십복공일곡 (三十輻共一轂)

三十輻共一轂, 當其無, 有車之用.
삼십복공일곡　　　당기무　　　유거지용

埏埴以爲器, 當其無, 有器之用.
선식이위기　　　당기무　　　유기지용

鑿戶牖以爲室, 當其無, 有室之用.
착호유이위실　　　당기무　　　유실지용

故有之以爲利, 無之以爲用.
고유지이위리　　　무지이위용

해석│서른 개의 바큇살이 하나의 바퀴통을 향하여 모여 있지만, 바로 그 바퀴통이 비어 있기 때문에 수레의 쓰임새가 있다.

Thirty spokes converge in one hub, but only when there is the empty space (for the axle) within the hub, the usefulness of the wheel comes into existence.

찰흙을 반죽하여 그릇을 만들지만, 바로 그 그릇의 속이 비어 있을 때에, 그릇으로서의 쓰임새가 있다.

We knead clay and make a vessel. But only when there is the empty space within the vessel, the usefulness of the vessel comes into existence.

문과 창을 뚫어 방을 만들지만, 바로 그 방이 비어 있을 때에, 방으로서의 쓰임새가 있다.

We make doors and windows by cutting out parts in the wall, and at last forms a room. But only when there is the empty space within the room, the usefulness of the room comes into existence.

그러므로 (존재하고 있는) 유(有)가 편리(便利)함을 주는 까닭은 무(無)가 작용하기 때문인 것이다.

Therefore the reason why "what is in existence(有)" provides convenience to us, it is because "the state of emptiness(無)" causes some action.

‖【주석】‖

輻 바큇살 〔복〕: 바큇살. spoke.

共 함께 〔공〕: 함께하다. 한곳으로 향하여 모이다. converge.

轂 바퀴통 〔곡〕: 바퀴통. 바퀴의 한가운데 있어 바큇살로 버티어져 있으며 그 중심에 굴대가 끼어 있는 것(『동아 새한한사전』 제2판, 두산동아, p. 1925). 수레바퀴 한복판의 둥근 구멍으로 수레의 축을 부착시키는 곳이다. hub; nave.

當 마땅할 〔당〕: 때를 만나다. 당면하다. 여기서는 "~때에"를 가리키는 접속사 역할을 한다.

when; at the time when.

無 없을 〔무〕: 비어 있다. "없다"는 말을 다른 측면에서 보면 "비어 있는 것"을 뜻한다. 새로
　　지은 아파트가 아직 입주가 시작되지 않았다면, 우리는 "그 아파트는 비어 있다."라고
　　말할 수도 있고, "그 아파트는 아직 입주자가 없다."라고 말할 수도 있다. empty.

用 쓸 〔용〕: 쓰임새. 작용. 용도. use; usefulness; operation; action.

埏 이길 〔선〕: 이기다. 흙에 물을 부어 반죽하다. 埏은 "땅의 끝 〔연〕"으로도 읽는다. knead.

埴 찰흙 〔식〕: 찰흙. 진흙. clay.

器 그릇 〔기〕: 그릇. vessel.

鑿戶牖 〔착호유〕: 문과 창을 뚫다. 문을 내고 창을 내다. 문을 만들고 창을 만들다. make
　　doors and windows.

鑿 뚫을 〔착〕: 뚫다. bore; make a hole; dig; drill; chisel.

戶 지게 〔호〕: 문. 집. door; house.

牖 창 〔유〕: 창문. window.

室 집 〔실〕: 집. 방. house; room.

|【해설】|

　노자는 제1장에서는 "텅 빈 상태에 있는 것을 뜻하는 無는 천지의 시작을 일컫는 이름
이고, 그 無에서 생겨나 존재하고 있는 천지인, 유(有)는 만물의 어머니임을 일컫는 이름
이다."라고 말한다(無, 名天地之始. 有, 名萬物之母). 제4장에서는 "도(道)는 (이 세상의
모든 것을 담을 수 있는) 빈 그릇으로, 그것에 (아무리 많은 것을) 담아도 언제나 차지 않
는다. 심오(深奧)하다! (道란) 마치 만물의 근본인 것 같다."라고 주장한다(道沖而用之, 或
不盈. 淵兮. 似萬物之宗). 비어 있는 상태가 만물 생성의 근본이라는 의미이다. 여기서는
비어 있는 부분이 있기 때문에 해당 물건이 효용성을 갖는다는 사실을 세 가지 예를 들어
설명한다.

　서른 개의 바큇살이 하나의 바퀴통을 향하여 모여 있지만, 바로 그 바퀴통의 가운데 구
멍이 비어 있을 때에, 수레가 굴러간다. 비어 있으면, 그곳에 굴대를 끼워 수레를 굴러가

게 할 수 있다. 바퀴통의 가운데에 비어 있는 구멍이 없으면 차축(車軸)을 끼울 수 없으므로 수레로서의 작용을 하지 못한다.

찰흙을 반죽하여 그릇을 만들지만, 바로 그 그릇의 속이 비어 있을 때에, 그릇으로서의 쓰임새가 있다. 그릇의 속이 비어 있지 않으면 아무리 겉이 아름다워도 그릇으로서의 역할을 하지 못한다.

문과 창을 뚫어 방을 만들지만, 바로 그 방이 비어 있을 때에만 방으로서의 쓰임새가 있다. 그 방이 단단한 벽돌로 가득 채워 견고하게 만들어졌다 하더라도 비어 있지 않으면 방으로서의 역할을 하지 못한다.

그러므로 유(有)가 편리(便利)함을 주는 까닭은 무(無)가 작용하기 때문인 것이다. 무(無)가 유(有)를 존재하게 하는 원천(源泉)이 된다. 그림을 그릴 때에는 도화지(圖畫紙)라고 하는 '빈 종이'를 사용한다. 백색(白色)의 도화지에 선(線)과 색채(色彩)를 집어넣어 어떤 모양을 만든다. 그리기 직전의 상태는 하얀 여백(餘白)뿐이다. 아무것도 들어간 것이 없이 텅 비어 있는 상태다. 무(無)의 상태인 것이다. 무(無)는 "없다"라는 뜻이 되기도 하지만 "비어 있다"라는 뜻이 되기도 한다. 이 비어 있는 공간에 선(線)과 색채(色彩)가 들어가 어떤 모양을 형성한다. 이제 유(有)의 세계가 전개되는 것이다. 그러면서도 유(有)로 꽉 차는 것은 아니다. 여전히 여백이 남는다. 여백의 위치와 많고 적음이 그림의 생명을 좌우한다. 만약 여백 없이 선과 색채로 가득 차 있다면 그것은 그림이 아니라 색칠일 뿐이다. 그림은 여백이 기초가 되어야 그림이라고 할 수 있다. 그래서 동양화는 여백을 어떻게 둘 것인가가 그림을 그리는 데 중요한 과제가 된다. 무(無)가 유(有)를 만드는 원천(源泉)이 되기 때문이다.

【외국학자 영문해석】

[1] Chapter 11

> Thirty spokes are made one by holes in a hub
>
> By vacancies joining them for a wheel's use;
>
> The use of clay in moulding pitchers
>
> Comes from the hollow of its absence;
>
> Doors, windows, in a house,
>
> Are used for their emptiness:

Thus we are helped by what is not

To use what is.

(Witter Bynner, *The Way of Life according to Lao Tzu*, A Perigee Book(1994), p. 39)

[2] Chapter 11

Thirty spokes converge at the hub.

A cart becomes useful

Because of the hole in the centre.

A vessel is made of clay,

The vessel is useful because of the emptiness within.

A house is built when doors and windows are made,

It functions as a house because of the empty spaces within the walls.

Thus, what is present is beneficial,

And what is absent is useful.

(Yang Liping, *The Tao Inspiration*, Asiapac Books Pte Ltd. Singapore(2010), p. 32)

제 12 장 │ 오색영인목맹 (五色令人目盲)

五色令人目盲, 五音令人耳聾, 五味令人口爽, 馳騁田獵,
　오색영인목맹　　　　　　　오음영인이롱　　　　　　　오미영인구상　　　　　치빙전렵

令人心發狂, 難得之貨令人行妨.
　영인심발광　　　　　　　　난득지화영인행방

是以, 聖人爲腹, 不爲目. 故去彼取此.
시이　　　성인위복　　　불위목　　　고거피취차

해석 │ 다섯 가지 색채는 사람의 눈을 멀게 하고, 다섯 가지 소리는 사람의 귀를 먹게 하

고, 다섯 가지 맛은 사람의 입을 상하게 한다.

The five colours make man's eyes blind, the five tones make man's ears deaf, and the five tastes make man's palate injured.

말을 타고 달리며 사냥하는 것은 사람의 마음을 미치게 하고, 구하기 어려운 물건은 사람의 행동을 그릇되게 한다.

Hunting running on horseback drives man's mind mad, and goods that are hard to obtain make a man's conduct become wrong.

이 때문에 (대자연이 만물을 다스리는 것과 같은 방식에 의하여 나라를 다스리는 성스러운 사람인) 성인(聖人)은 배를 채우는 행위를 하지만, 눈을 즐겁게 하는 행위는 하지 않는다. 그러므로 저것(그의 눈을 즐겁게 하는 것)을 버리고, 이것(배부름)을 취하는 것이다.

Hence the sage [the holy man who governs a country by such a way as Mother Nature manges all things] seeks the satisfaction of the belly, and does not delight his eyes looking around the world. Therefore he discards that [the latter; to delight his eyes] and takes this [the former; the satisfaction of the belly].

【주석】

五色 (오색): 청(青, blue) · 황(黃, yellow) · 적(赤, red) · 백(白, white) · 흑(黑, black)의 다섯 가지 색채(色彩). live colours.

令 하여금 〔영, 령〕: 하게 하다. 시키다. let [make] a person do something.

目 눈 〔목〕: 눈. eye.

盲 소경 〔맹〕: 눈이 멀다. 눈멀게 하다. blind.

五音 (오음): 동양음악의 궁(宮) · 상(商) · 각(角) · 치(徵) · 우(羽)의 다섯 음계(音階). 음악에 쓰이는 음(音)을 그 높이의 차례대로 배열한 것으로 서양음악의 도, 레, 미, 파, 솔, 라, 시 등에 비유된다. five tones. five notes.

耳 귀 〔이〕: 귀. 귀가 밝음은 총명(聰明)함을 상징한다. ear.

聾 귀머거리 〔롱〕: 귀가 멀다. deaf.

五味 (오미): 신맛(sour) · 쓴맛(bitter) · 매운맛(pungent) · 단맛(sweet) · 짠맛(salty)의 다섯 가지 맛. five tastes; five flavors.

爽 상할 〔상〕: 상하다. 다치다. 망하다. injure; hurt; ruin.

馳 달릴 〔치〕: 달리다. 달려가다. 질주하다. run; run at full speed.

騁 달릴 〔빙〕: 말을 달리다. ride; run on horseback; run horseback.

田 사냥할 〔전〕: 사냥을 함. 수렵(狩獵)을 함. hunting.

獵 사냥 〔엽, 렵〕: 사냥. hunting.

發狂 (발광): 미친 듯이 날뛰다. go [run] mad; become insane [lunatic. crazy]; become mentally deranged.

貨 재화 〔화〕: 재화(財貨). 재물(財物). 금은보화(金銀寶貨)와 같은 재물은 사람의 행동을 그르치게 한다. 호화스러운 생활을 즐기려는 욕심에 사로잡히게 하기 때문이다. 호화판 생활은 많은 돈이 필요하다. 그러므로 세금을 가혹하게 거두거나 누구에게 특혜를 주거나 누구로부터 뇌물을 받거나 하는 부정(不正)과 쉽게 타협하는 경향이 있다. 그래서 얻기 어려운 재물은 사람의 행동을 비뚤어지게 한다고 한 것이다. goods.

行妨 (행방): 행동을 그르치게 하다. 사람의 행동을 비뚤어지게 하다. 행동이 법도를 벗어나게 하다. 바른 행동을 방해하다. make one's behavior go wrong; make someone commit an error.

妨 방해할 〔방〕: 해치다. 해롭게 하다. 방해하다. injure; make something go wrong.

腹 배 〔복〕: 배. 마음. 앞쪽. 중앙부. belly; stomach.

去彼取此 (거피취차): 저것을 버리고, 이것을 취하다. 저것(쾌락)을 버리고, 이것(배부름)을 취하다. discard that [the latter; to delight his eyes] and take this [the former; the satisfaction of the belly].

【해설】

노자는 오관(五官)으로부터 발생하는 다섯 가지 본능을 자제(自制)할 것을 말하고 있다. 이들이 도(度)를 지나치면 위험을 야기하기 때문이다.

색채의 화려함에 정신을 잃으면 사물을 보는 시각이 흐트러지고, 소리의 아름다움에 사로잡히면 총명(聰明)함이 흐려지고, 산해진미(山海珍味)에 도취되면, 자연이 준 본래의 미각이 상실되고 비만과 동맥경화를 가속시킨다.

조수(鳥獸)를 살상(殺傷)하는 사냥을 즐기면 인간성(人間性)을 상실(喪失)하여 미친개와 같은 상태로 전락한다. 금은보화(金銀寶貨)에 집착하면 도둑질이나 사기 같은 부정(不正)을 거리낌 없이 저지르게 된다.

그래서 노자는 "다섯 가지 색채는 사람의 눈을 멀게 하고, 다섯 가지 음률은 사람의 귀를 먹게 하고, 다섯 가지 맛은 사람의 입을 상하게 한다. 말을 타고 달리며 사냥함은 사람의 마음을 미치게 하고, 얻기 어려운 재물은 사람의 행동을 비뚤어지게 한다."라고 이야기한다.

배를 채우는 것은 생존을 위하여 필수적인 사항이다. 그래서 수도자들도 밥을 먹는다. 이들은 모두 도(道)를 깨닫기 위하여 수도원에 들어온 것이다. 밥을 먹지 아니하면 도중에 죽게 된다. 깨달음을 얻지 못한 채 죽게 되는 것이다. 그래서 그들은 하루에 세끼 밥을 꼬박꼬박 챙겨 먹는다. 물론 배를 채우는 행위도 도를 지나치면 사회에 해악을 끼칠 수 있다.

자연계의 사자는 얼룩말을 잡아먹고, 얼룩말은 풀을 뜯어먹는다. 인간의 손길이 닿지 않는 아프리카 오지에서는 사자도 얼룩말도 풀도 멸종하지 않고 모두 그대로 존재한다고 한다. 잡아먹는 쪽은 배가 부르면 사냥행위를 중단하고, 먹히는 쪽은 번식력이 왕성하여 몇 마리 잡아먹혀도 종(種)을 유지하는 데 아무 지장이 없기 때문이다. 초목 역시 햇빛을 받고 비를 맞으며 스스로 영양분을 만들어 자생(自生)한다. 자생력이 강하여 초식동물에게 어느 정도 뜯어 먹혀도 초토화되지는 않는다. 초식동물 역시 배가 부르면 풀을 뜯는 행위를 중단하기 때문이다. 이것이 우주의 자연스러운 질서이다.

인간만이 탐욕으로 가득 차 있는 존재이다. 인간은 배가 아무리 불러도 계속 축적하려고 한다. 예금통장에 돈이 가득 차 있어도 계속 더 쌓으려고 한다. 그래서 가진 자와 가지지 못한 세력 간에 갈등이 생기고 사회 전체가 불안해지게 된다. 양극화가 심해지면 그 사회는 결국 무너질 수밖에 없다. 그래서 노자는 배부름을 추구하고, 외부세계(外部世界)를 둘러보는 쾌락을 추구하지 말라고 경고한다.

【외국학자 영문해석】

[1] 12th Verse

The five colors blind the eye.

The five tones deafen the ear.

The five flavors dull the taste.

The chase and the hunt craze people's minds.

Wasting energy to obtain rare objects

only impedes one's growth.

The master observes the world

but trusts his inner vision.

He allows things to come and go.

He prefers what is within to what is without.

(Dr. Wayne W. Dyer, *Living the Wisdom of the Tao*, Hay House, Inc.(2008), p. 27)

[2] Chapter 12

The five colors can confuse your sight.

The five sounds can dull your hearing.

The five flavors can injure your sense of taste.

Racing and hunting can drive you mad.

Material goods that are hard to get will hinder your movement.

Therefore enlightened people care about stomach and not their senses.

They discard one and take the other.

(Eva Wong, *Teachings of the Tao*, Shambhala Boston & London (1997), p. 31)

寵辱若驚, 貴大患若身.
<small>총욕약경   귀대환약신</small>

何謂寵辱若驚, 寵爲上, 辱爲下, 得之若驚, 失之若驚, 是
<small>하위총욕약경   총위상   욕위하   득지약경   실지약경   시</small>

謂寵辱若驚.
<small>위총욕약경</small>

何謂貴大患若身, 吾所以有大患者, 爲吾有身, 及吾無身,
<small>하위귀대환약신   오소이유대환자   위오유신   급오무신</small>

吾有何患.
<small>오유하환</small>

故貴以身爲天下者, 可以寄天下, 愛以身爲天下者, 及可
<small>고귀이신위천하자   가이기천하   애이신위천하자   급가</small>

以託天下.
<small>이탁천하</small>

해석 | 사람들은 총애(寵愛)를 받거나 치욕을 당할 때 놀라는 것 같다. 큰 재앙이 될 수 있는 것을 자기 몸처럼 소중하게 여기기 때문이다.

People seem to be startled both when someone wins favor and when he falls into disgrace. This is because they regard "the things [to win a person's favor and to suffer disgrace from someone] that can become great calamity" as important things like their body.

"사람들은 총애(寵愛)를 받거나 치욕을 당할 때 놀라는 것 같다."라는 말은 무엇을 뜻하는 것인가? 총애를 받는 것을 상급(上級)으로 여기고 치욕을 당하는 것을 하급(下級)으로 여긴다는 것이다. 그래서 총애를 받았을 때 놀라는 것 같고, 또 총애를 잃었을 때 놀라는 것 같다고 말한다. 이것이 이른바 총애와 치욕은 모두 사람들을 놀라게 하는 요인 같다고 언급되는 것이다.

What does it mean, "People seem to be startled both when someone wins favor and when he falls into disgrace."? It means that they regard winning favour as an upper grade, and suffering disgrace as a lower grade. Therefore people say that when they won favour, they seem to be surprised, and when they lost it, they also seem to be surprised. This is what is called "favour and disgrace all seem to be causes that startle people".

"큰 재앙인 부귀(富貴)를 자기 몸처럼 소중하게 여긴다."라는 말은 무엇을 뜻하는 것인가? 내가 큰 재앙을 가지고 있는 까닭은, 내가 몸을 가지고 있기 때문이다. 나에게 몸이 없다고 여기기에 이르면, 나에게 무슨 재앙이 있겠는가?

What does it mean, "People regard 'wealth and honor that can become great calamity' as important things like their body."? The reason why I have a possibility of great calamity is because I have a body. If I have no body, what calamity can I have?

그러므로 (부귀영화보다) 자신의 몸을 소중히 하는 자세로 천하를 다스린다면, 그에게 천하를 맡길 수 있고, 자신의 몸을 사랑하는 자세로 천하를 다스린다면, 그에게 천하를 맡길 수 있다.

Therefore if he governs the country with attitude holding his body dearer (than wealth and honor), the people can entrust the country to him, and if he governs the country with attitude loving his body (than wealth and honor), the people can entrust the country to him.

【주석】

寵 영화 〔총〕: 총애(寵愛). 영화(榮華). 영예(榮譽). favor; grace; glory; splendor; honour.

辱 욕되게 할 〔욕〕: 욕(辱). 수치(羞恥). 굴욕(屈辱). disgrace; humiliation; shame.

若 같을 〔약〕: ~ 같다. ~처럼 보이다. 마치 ~ 듯하다. ~처럼 여기다. seem; look like; regard ~ as

貴 귀할 〔귀〕: ① 부귀(富貴). wealth and honor; riches and honours; wealth and rank. ② 소중히 하다. 소중히 여기다. prize; treasure; keep (things) with greatest care; hold (things)

with jealous care.

大患 (대환): 큰 재앙. great calamity; great trouble; great misfortune.

是謂 (시위): 이를 가리켜 ~라고 한다. 이를 일러 ~라고 한다. This is called "something"; This is what is called "something".

天下 (천하): 나라. 세상. country; state; world; all under heaven.

身 몸 〔신〕: 몸. 몸을 소중히 한다는 것에는 자신의 몸을 주지육림(酒池肉林)과 같은 방탕한 세계로 내몰지 않는다는 뜻도 있고, 매사를 가벼이 처리하지 않는다는 의미도 내포되어 있다. 몸이라는 말은 제26장 및 제44장에도 나온다. 제26장에서는 "어찌 병거(兵車)가 만 대나 되는 대국(大國)의 군주로서 일신(一身)의 쾌락을 위하여 천하를 가벼이 하겠는가? 가벼이 하면(경거망동하면) 곧 근본을 잃게 되고, 시끄럽게 하면(백성을 불안하게 하면) 임금 자리를 잃게 된다(奈何萬乘之主, 而以身輕天下. 輕則失根, 躁則失君)."라는 구절이 보이고, 제44장에서는 "명예와 자신 중에서 어느 것이 (나에게) 더 가깝고, 자신과 재물은 어느 것이 (나에게) 더 소중하고, 얻는 것과 잃는 것은 어느 것이 (나에게) 더 괴로운 것인가(名與身孰親, 身與貨孰多, 得與亡孰病)?"라는 구절이 보인다. body; oneself.

吾 나〔오〕: 나. I; me; oneself.

寄 맡길 〔기〕: 맡기다. 위탁하다. 위임하다. entrust; give (someone, something) to take care of; entrust (a task) to (a person); entrust (a person) with (a task).

託 맡길 〔탁〕: 맡기다. 위탁하다. 위임하다. 기(寄) 또는 위(委)와 같다. entrust.

【해설】

사람들은 부귀영화(富貴榮華)를 얻으면 기뻐하며 놀라고, 빈천굴욕(貧賤屈辱)에 처하면 슬퍼하며 놀란다. 그러나 부귀영화이든 빈천굴욕이든 이것은 사람의 몸에 잠깐 걸친 장식품에 불과한 것이다. 총(寵)은 머리에 영예스러운 감투를 쓰는 것이고, 욕(辱)은 가슴에 비난의 주홍글씨를 붙이는 것이다. 그것이 영예스러운 지위이든 비난의 상징물이든 이들은 모두 외부(外部)에 붙인 장식물(裝飾物)일 뿐이다.

그가 정작 추구하여야 할 일은 내면(內面)에 자리하고 있는 자신의 속마음을 갈고닦는 일이다. 그렇게 다듬어진 맑고 밝은 마음의 눈으로 우주자연의 이치를 깨닫고 실천하여야 한다. 우주자연은 만물을 포용하여 그곳에서 그들이 삶을 이어가게 한다. 어떤 강압적인 명령을 내리는 것도 아니고, 어떤 대가(對價)를 치르도록 요구하는 것도 아니다. 만물을 포용하고 스스로 그렇게 각자의 길을 가도록 하는 것이다. 한 나라를 다스리는 통치자도 이를 본받아 만백성을 포용하고, 그들이 편안하게 삶을 이어가도록 선정(善政)을 베풀어야 한다.

자신의 몸을 귀하게 여긴다는 것은 경거망동(輕擧妄動)하지 않고, 자신의 몸과 마음을 갈고닦아 밝고 빛나게 하는 일이다. 자신을 명석(明晳)한 인격체로 만드는 작업이다. 이는 마치 거친 돌을 갈고 다듬어 빛나는 보석으로 만드는 과정과도 같다. 심신(心身)을 갈고닦으면 어떤 탐욕이나 집착에서도 벗어날 수 있고, 유혹을 물리칠 수 있으며, 위험에 빠지지 아니할 수 있다. 자신의 몸을 사랑하는 자세로 천하를 다스린다는 것은 자신의 몸을 위태로운 상태로 내몰지 않고 어려운 일을 해결하는 것이다. 그리하여 우주(宇宙)가 만물을 포용하고 다스리듯이, 그 자신도 만백성을 포용하고 무사(無私)·무욕(無慾)의 정신으로 세상을 다스린다면 백성들은 편안한 삶을 누릴 수 있을 것이다.

【외국학자 영문해석】

[1] Chapter 13

1. Favour and disgrace would seem equally to be feared; honour and great calamity, to be regarded as personal conditions (of the same kind).

2. What is meant by speaking thus of favour and disgrace? Disgrace is being in a low position (after the enjoyment of favour). The getting that (favour) leads to the apprehension (of losing it), and the losing it leads to the fear of (still greater calamity):- this is what is meant by saying that favour and disgrace would seem equally to be feared.
   And what is meant by saying that honour and great calamity are to be (similarly) regarded as personal conditions? What makes me liable to great calamity is my having the body (which I call myself); if I had not the body, what great calamity could come to me?

3. Therefore he who would administer the kingdom, honouring it as he honours his own

person, may be employed to govern it, and he who would administer it with the love which he bears to his own person may be entrusted with it.

(James Legge, *The Texts of Taoism, The Tao Te Ching of Lao Tzu,* Dover Publications, Inc. New York(1962), p. 56)

[2] Chapter 13

"Favor and disgrace are cause for alarm."
"Value your gravest anxieties as you do your own person."

What does it mean in saying "Favor and disgrace are both cause for alarm?"
It means that whenever favor is bestowed, both gaining it and losing it should be cause for alarm.

What does it mean in saying "Value your gravest anxieties as you do your own person?" The reason we have grave anxieties is because we are embodied persons. If we were not such persons, what anxieties would we have? Thus those who value the care of their own persons more than running the world can be entrusted with the world. And those who begrudge their persons as though they were the world can be put in charge of the world.

(Roger T. Ames and David L. Hall, *Dao De Jing,* Ballantine Books New York(2003), p. 93)

視之不見, 名曰夷, 聽之不聞, 名曰希, 搏之不得, 名曰微,
　시지불견　　　　명왈이　　　　　청지불문　　　　명왈희　　　　박지부득　　　　　명왈미

此三者, 不可致詰, 故混而爲一.
　차삼자　　　　　불가치힐　　　　고혼이위일

其上不皦, 其下不昧, 繩繩不可名, 復歸於無物, 是謂無狀
　기상불교　　　　기하불매　　　　승승불가명　　　　복귀어무물　　　　　시위무상

之狀, 無物之象, 是謂惚恍.
　지상　　　무물지상　　　　시위홀황

迎之不見其首, 隨之不見其後.
　영지불견기수　　　　　수지불견기후

執古之道, 以御今之有, 能知古始, 是謂道紀.
　집고지도　　　　　이어금지유　　　　능지고시　　　　시위도기

해석 | (道가 무엇인지) 그것을 보려고 하여도 보이지 않아, 이를 일컬어 "색채가 없는 것 (夷)"이라 하고, 그것을 들으려고 하여도 들리지 않아, 이를 일컬어 "소리가 없는 것(希)" 이라 하고, 그것을 붙잡으려고 하여도 잡히지 않아, 이를 일컬어 "형체가 없는 것(微)"이 라 말한다. 이 세 가지로는 (도의 형상이) 규명될 수 없다. (모든 것이) 뒤섞여 한 덩어 리로 되어 있기 때문이다.

We try to look at it [the Dao], but it does not see, and we name it "something without color". We try to listen to it, but it does not hear, and we name it "something without voice". We try to grasp it, but it does not get caught, and we name it "something without form". With these three sensory organs, it cannot be examined closely. It is because all are blended and formed into one.

(道는) 그 위라고 해서 (특별히) 밝은 것도 아니고, 그 아래라고 하여 (특별히) 어두운 것도 아니다. (道의 작용으로 만물이) 끊임없이 계승(繼承)되고 있지만, 그것을 딱 잘라 무엇이라고 이름 붙일 수가 없다. (이렇게 만물의 삶이 이어지면서도) 물체가 없었던 상태로 다시 돌아가게 되는데, 이를 가리켜 모양이 없게 되는 상태(狀態), 물체가 없게

되는 현상(現象)이라고 말한다. (또한) 이를 가리켜 "있는 것 같기도 하고 없는 것 같기도 한 신비스러운 세계"라고 말하기도 한다.

(In the action of the Dao) its upper part is not particularly bright, and its lower part is not particularly dark. (By the action of the Dao) all things carry on their species without becoming extinct, but we cannot name it exactly. (Like this, their species are continuously preserved, but) in the end they again return to the state that their bodies did not exist. This is called the state that has no shape, and the phenomenon that has no substance. Also this is called "the mysterious world that it seems to be both existent and nonexistent."

(道는) 그것을 앞에서 보아도 그 머리가 보이지 않고, 그것을 뒤따라가 보아도 그 꼬리가 보이지 않는다.

(About the action of the Dao) even if we meet it in front, its head is not seen, and even if we pursue it, its tail is not seen.

(성인은) 예로부터 내려오는 "도(道)" 즉 "우주가 만물을 다스리는 방식"을 지키고, 그것에 따라 지금 존재하는 것들을 다스린다. (이런 과정에서) 능히 우주가 만물의 시원이라는 사실을 알게 된다(즉 우주가 만물의 생성, 소멸을 관장하는 근원적인 존재라는 사실을 알게 된다는 것이다). 이를 가리켜 "우주의 질서[道紀]"라고 말한다.

The sage keeps the Dao descended from ancient times, namely he follows the way that the universe governs all things, and by it he governs the things that exist at present. In such a process, he easily comes to know that the universe is the origin of all things, (namely he comes to know the fact that the universe is the original existence that manages creation and extinction of all things). This is called the order of the universe.

‖【주석】‖

視 볼 [시]: 보다. 바라보다. see; look at.

之 (지): 그것. "그것"이란 도(道)를 가리킨다. 도는 제4장의 내용으로 보아 "우주" 혹은 "우주의 작용"을 뜻하는 것으로 본다. it. It means Dao. Judging from the mention of the fourth chapter, Dao seems to indicate the universe or the action of the universe.

見 볼〔견〕: 보이다. see; be seen; come in sight.

夷 평평할〔이〕: ① 평평하다. flat; equable. ② 멸(滅)하다. "멸하다"라는 말은 "없어지다", "멸망하다"의 뜻이다. disappear; ruin. ③ 색채가 없는 것(無色). 하상공(河上公)은 주석에서 "색(色)이 없음을 이(夷)라고 하고, 소리가 없음을 희(希)라고 하며, 형체가 없음을 미(微)라고 한다."라고 설명한다(無色曰夷, 無聲曰希, 無形曰微). something without color; colorlessness; the state of colorlessness.

聽 들을〔청〕: 듣다. hear; listen to.

聞 들을〔문〕: 듣다. 들리다. hear.

希 드물〔희〕: ① 드물다. 희소하다. rare; scarce; sparse. ② 고요하다. 조용하다. calm; quiet. ③ 소리가 없는 것(無聲). something without voice; voicelessness; the state of voicelessness.

搏 잡을〔박〕: 잡다. 붙잡다. take; catch; grasp.

得 얻을〔득〕: 얻다. 손에 넣다. 잡히다. get; get caught; be seized.

微 작을〔미〕: ① 작다. 희미하다. minute; tiny; slight. ② 형체가 없는 것(無形). something without form; formlessness; the state of formlessness.

詰 물을〔힐〕: 묻다. 따지다. 규명(糾明)하다. inquire; examine (a matter) closely; look into (a matter).

故 연고〔고〕: 연고. 까닭. 때문. reason; cause; because.

皦 밝을〔교〕: 밝다. 희다. 또렷하다. bright; brilliant; pure; clear.

昧 어두울〔매〕: 어둡다. dim; dark.

繩 이을〔승〕: 뒤를 잇다. 계승하다. continue; carry on.

復歸於無物 (복귀어무물): 물체(형체, 육체)가 없었던 상태로 다시 돌아가다. 육체가 없었던

상태에서는 고통이나 번뇌와 같은 잡념이 없었다. 그러므로 이는 그러한 세계로 다시 돌아간다는 의미이다. return to the state that a body did not exist in this world. In the state that the body did not exist, there were not both agony and lust. Therefore this means returning to the state that their bodies did not exist.

狀 형상 〔상〕: 형상(形狀). 모양. 상태(狀態). shape; form; state; condition; situation.

象 모양 〔상〕: 모양. 현상(現象). shape; form; phenomenon; appearance.

惚恍 〔홀황〕: 미묘하여 헤아려 알기 어려운 상황. 있는 것 같기도 하고 없는 것 같기도 한 신비스러운 세계. 하상공(河上公)은 "있는 것 같기도 하고 없는 것 같기도 하여 (정확히) 변별할 수가 없는데, 그것을 가리켜 홀황이라고 말한다."라고 설명한다(若存若亡, 不可見也, 謂之恍惚).

惚 황홀할 〔홀〕: 황홀하다. 미묘하여 헤아려 알기 어렵다. be in ecstasies; be in raptures; hard to know as it is deep and somewhat delicate.

恍 황홀할 〔황〕: 황홀하다. 미묘하여 헤아려 알기 어렵다. be in ecstasies; be in raptures; hard to know as it is deep and somewhat delicate.

迎 맞이할 〔영〕: 맞이하다. 오는 것을 맞아들이다. go to meet; meet; receive.

執 잡을 〔집〕: 잡다. 가지다. 지키다. 고집하다. hold; grasp; stick to (one's views, etc.); persist.

御 어거할 〔어〕: 다스리다. 지배하다. 통치하다. 부리다. manage; control; rule; drive a carriage.

始 처음 〔시〕: 처음. 근본. 근원. start; beginning; source; origin; root.

古始 (고시): 글자의 의미는 "태고(太古)의 시원(始原)"이라는 뜻인데, 『한어대사전』은 "우주의 시원(始原)" 혹은 "도(道)의 근원이 되는 시작점"이라고 풀이한다(宇宙的 原始 或 '道'的 端始). 그리고 그 예문으로 "能知古始, 是謂道紀"를 인용한다(中國 世紀出版集團, 『漢語大詞典』, 漢語大詞典出版社(2000), p. 791).

道 길 〔도〕: ① 길. 방법(方法). 방식(方式). 치세(治世)의 방식. way; method; political method. ② 우주(宇宙) 혹은 우주의 작용. 도(道)는 우주가 만물을 다스리는 것과 같은 작용을 뜻한다. 우주는 만물을 받아들이고, 그들을 그곳에서 살게 하며, 그들의 종

(種)을 보존하게 한다. 또한 우주는 만물에게 어떤 것을 강제로 하게 하는 일 없이 자연적인 방식으로 그들을 다스리며, 어떤 명령을 내리지도 않고 어떤 비용도 청구하지 않는다. Dao means such an action as the universe governs all things. The universe accepts all things, makes them live there, lets their species preserve continuously. Also the universe manages all things by the natural ways without making them do something forcibly, and neither issues an order nor demands any cost. ③『한어대사전』은 "길(道路). 방법(方法). 정치(治理). 정치주장 혹 사상체계(政治主張 或 思想體系). 좋은 정치국면 혹은 올바른 정치를 베푸는 것(好的 政治局面 或 政治措施). 우주만물의 본원, 본체(宇宙萬物的 本源, 本體)." 등으로 설명한다(中國 世紀出版集團,『漢語大詞典』, 漢語大詞典出版社(2000), p. 1287 "道").

道紀 (도기): 우주의 질서. 『한어대사전』은 "도의 규율(道的 規律)"이라고 풀이하고, 본 문장 "執古之道, 以御今之有, 能知古始, 是謂道紀"를 예문으로 인용한다(中國 世紀出版集團,『漢語大詞典』, 漢語大詞典出版社(2000), p. 1288). 그런데 도는 우주를 가리키고, 규율은 질서(秩序)를 뜻하는 말이므로, "도의 규율"이란 결국 "우주의 질서"를 뜻하게 된다. 우주의 질서란 우주가 만물을 포용하고 어떤 강압적인 명령을 내리지 않고 무위자연의 방식으로 다스리는 것을 의미한다. the order of the universe; such a natural political way as the universe accepts all things and governs them without compulsion.

【해설】

노자는 제4장에서 "도(道)는 '빈 그릇'과 같은 것으로서 아무리 담아도 언제나 차지 않는다."라고 하였다(道沖而用之, 或不盈). 천지만물(天地萬物)을 모두 포용하고 있는 우주(宇宙)의 작용과 같은 것으로 본 것이다. 여기서는 도(道)의 작용은, 그것을 보아도 보이지 않아 "색채가 없는 것(夷)"이라 말하고, 그것을 들어도 들리지 않아, "소리가 없는 것(希)"이라 말하고, 그것을 붙잡아도 붙잡히지 않아, "형체가 없는 것(微)"이라 말한다. 그리고 이 세 가지 감각(感覺)으로는 도(道)의 형상을 규명할 수가 없다고 이야기한다. 이 세 가지가 뒤섞여 한 덩어리로 되어 있어 도(道)의 본체를 파악할 수가 없기 때문이다. 우주의 작용을 상상하며 이 문장을 읽어야 이해가 쉽다.

우주는 만물을 포용하고 자라게 하는 작용을 한다. 그러면서도 무엇을 강요하거나 어떤 대가를 치르라고 요구하지 않는다. 우주는 자신의 잇속을 챙기지 않는다. 무욕무사(無

慾無私)한 존재이다. 사리사욕(私利私慾)을 챙기지 않는다는 뜻이다. 자신을 비우고 남을 받아들인다. 그리고 그들이 그곳에서 삶을 이어가도록 한다. 인간이 본받아야 할 대상이다. 인간도 우주처럼 탐욕과 집착, 시기와 질투, 미련과 증오, 원한과 복수 따위의 사적(私的) 감정에서 벗어나 남을 포용하고 그들의 삶을 돕는 자세를 가져야 한다. 흔히 마음을 비워야 한다고 이야기한다. 우주처럼 하여야 한다는 뜻이다. 보석을 만들려면 돌을 끊임없이 갈고 닦고 다듬어야 한다. 자신의 마음을 갈고닦아 마음속의 어떤 집착과 탐욕 같은 감정을 모두 벗겨내어야 한다.

道의 작용은 그 위라고 해서 특별히 밝은 것도 아니고, 그 아래라고 하여 특별히 어두운 것도 아니다. 道의 작용으로 만물이 끊임없이 계승(繼承)되고 있지만, 그것을 무엇이라고 표현할 수가 없다. 이렇게 삶이 계속 이어지면서도 다시 물체가 없는 상태로 되돌아가고 있는데, 이는 모양이 없는 상태이고 물체가 없는 형상(形象)으로 바뀌는 것이다. 이를 일컬어 미지의 세계로 들어가는 홀황(惚恍)이라고 이야기한다. 하상공(河上公)은 "있는 것 같기도 하고 없는 것 같기도 하여 볼 수가 없는데, 그것을 가리켜 홀황"이라고 설명한다 (若存若亡, 不可見也, 謂之恍惚). 생명은 계속 이어진다. 그러나 어느 한 시점에서 개체의 삶에 초점을 맞추어 단편적으로 보면, 그것이 이 세상에서 없어지는 것이므로 그것의 형체가 무(無)의 세계로 돌아가는 것이다. 그러나 그가 남긴 후손(後孫)들이 계속 대(代)를 잇는 것이므로 이어지고 또 이어져 한없이 계속된다. 기독교에서는 죽어서 천당에 가고 지옥에 떨어지고를 이야기하고, 불교에서는 윤회(輪廻)를 이야기한다. 그러나 노자는 무(無)에서 나왔다가 다시 무(無)로 돌아간다고 이야기한다.

도(道)의 작용에 관하여는, 그것을 앞에서 만나 보아도 그 머리가 보이지 않고, 그것을 뒤따라가 보아도 그 꼬리가 보이지 않는다고 하였다. 도대체 도(道)가 무엇인지 알 수 없다는 말이다.

그러나 성인(聖人)은 예로부터 내려오는 "우주가 만물을 다스리는 방식(道)"을 지키고, 그것에 따라 지금 존재하는 것들을 다스린다. 이런 과정에서 그는 능히 "우주가 만물의 시원(古始)"이라는 사실을 알게 된다. 즉 우주가 만물의 생성, 소멸을 관장하는 근원적인 존재라는 사실을 알게 된다는 것이다. 이를 가리켜 "우주의 질서(道紀)"라고 말한다.

사람과 동식물이 사는 곳은 지구이다. 지구는 우주 안에 존재한다. 우리가 살고 있는 지구를 중심으로 우주의 질서를 살펴본다면, 그 대표적인 것이 지구의 공전(公轉)과 자전(自轉), 그리고 지구 상에서 일어나는 생(生)과 사(死)의 반복이다. 지구의 공전에 의하여 춘하추동 사계절이 순환하고, 자전에 의하여 낮과 밤이 교대한다. 그리고 생명체는 태어나고 사라지기를 반복한다. 이것은 우주 안에서 일어나는 일이며, 영원히 지속되는 일이다. 우주의 질서의 한 단면이다.

【외국학자 영문해석】

[1] Chapter 14

Look at it but you cannot see it!
Its name is Formless.

Listen to it but you cannot hear it!
Its name is Soundless.

Grasp it but you cannot get it!
Its name is Incorporeal.

These three attributes are unfathomable;
Therefore they fuse into one.

Its upper side is not bright:
Its under side is not dim.
Continually the Unnameable moves on,
Until it returns beyond the realm of things.
We call it the formless Form, the imageless Image.
We call it the indefinable and unimaginable.

Confront it and do not see its face!
Follow it and you do not see its back!
Yet, equipped with this timeless Tao,
You can harness present realities.

To know the origins is initiation into the Tao.

(John C. H., Wu, *Tao Teh Ching Lao Tzu*, Shambhala Boston & London(2006), p. 29)

[2] Chapter 14

Look at her and you do not see her: name her invisible;

Listen to her and you do not hear her, name her inaudible;

Touch her and you do not feel her, name her intangible.

These three cannot be investigated further and so they merge and become one.

One: there is nothing brighter above her nor darker below her.

Winding and twisting: she cannot be named;

She reverts back to when there was beingless.

She is called 'the shape without a shape'; 'the image of what is not a thing'.

She is obscure light!

Welcoming her you do not see her head;

Following her you do not see her tail;

Grasping the Way of old so as to guide the beings of today;

Know that the ancient beginning is called 'the beginning of the Way'.

(Edmund Ryden, *Laozi Daodejing*, Oxford university press(2008), p. 31)

古之善爲士者, 微妙玄通, 深不可識.
　　고지선위사자　　　　　미묘현통　　　　　심불가식

夫唯不可識, 故强爲之容.
　　부유불가식　　　　　고강위지용

豫兮若冬涉川, 猶兮若畏四隣, 儼兮其若客, 渙兮若氷之
　　예혜약동섭천　　　　　유혜약외사린　　　엄혜기약객　　　　　환혜약빙지

將釋, 敦兮其若樸, 曠兮其若谷, 渾兮其若濁.
　장석　　돈혜기약박　　　　광혜기약곡　　　　혼혜기약탁

孰能濁, 以靜之徐淸, 孰能安, 以動之徐生.
　숙능탁　　이정지서청　　　숙능안　　　이동지서생

保此道者, 不欲盈, 夫唯不盈, 故能蔽不新成.
　보차도자　　　불욕영　　　부유불영　　　고능폐불신성

해석 | 옛날에 선비 노릇을 잘 수행한 사람은 미묘(微妙)하고 오묘(奧妙)한 문제까지 통달하고 있었으므로 (보통 사람으로서는) 그를 깊이 알 수가 없었다.

In old times, the man who played well the role of a leader was well versed in even subtle and mysterious matters. Therefore the ordinary men could not know him deeply.

바로 알 수가 없기 때문에 억지로 그를 (아래와 같이) 형용(形容)하고자 한다.

Just because I cannot know (exactly) him, I am going to force myself to describe him (as follows).

겨울철에 걸어서 강을 건너는 사람처럼 머뭇거리고, 사방의 적을 두려워하는 사람처럼 신중하고, 마치 초대받은 손님처럼 그렇게 점잖고, 얼음 덩어리가 녹아서 없어지게 되는 것처럼 마음속에 자리 잡고 있는 모든 욕심을 흩어져 없어지게 하고, 아직 다듬지 않은 통나무같이 그렇게 질박(質樸)하고, 계곡과 같이 그렇게 텅 비어 있고, 흐린 물과 같이 그렇게 뒤섞여 있다.

He is hesitant like the man who wades across a river in winter, cautious like the man who is afraid of his neighboring countries on all sides, so dignified like an invited guest, dissipate all the desires from his mind as if a block of ice would come to melt away, so simple and unadorned like wood that has not yet been worked into anything, so empty like a valley, and so mixed like muddy water.

누가 흐린 것을 깨끗하게 하여 그것을 서서히 맑아지게 할 수 있겠는가? 누가 쾌락에 빠져 있는 사람을 움직이게 하여 서서히 생기(生氣)를 되찾도록 할 수 있겠는가?

Who can make the muddy water become clear gradually, by purifying it? Who can make the man who wallowed in pleasure recover vitality gradually, by awakening him?

이러한 치세(治世)의 방식[道]을 가진 사람은 가득 채우려고 하지 않는다. 바로 가득 채우려고 하지 않기 때문에 오래된 것을 새것으로 개조하지도 않는다.

The man who possesses these ways of governing the world does not want to be full. Just because he does not want to be full to the brim, even if it is old and wornout, he does not remodel it into something new.

【주석】

古之 (고지): 옛날의. 옛날에. in ancient times; in old days.

士 선비 (사): ① 선비. 지도자. 군대의 경우에는 장수(將帥)를 가리킨다. a leader; a general; a commander in chief. ② 도를 터득한 사람. 하상공은 "道를 터득한 군주"로 해석한다 (古之善爲士者謂得道之君也). the man who perceived Dao [the principles of such an action as the universe governs all things].

微妙 (미묘): 미묘하다. delicate; subtle.

玄 오묘할 (현): 오묘하다. deep and mysterious; profound and mysterious.

深 깊을 (심): 깊이. deeply; depth.

識 알 [식]: 알다. know.

夫唯 (부유): 원인을 진술할 때 사용한다. 원인을 나타내는 문장에서는 맨 앞에 쓰이고, 결과를 나타내는 문장에서는 항상 결과를 나타내는 접속사와 함께 쓰인다. "단지 ~ 때문이다", "바로 ~ 때문이다" 등으로 해석한다(연세대 허사사전편찬실, 『허사대사전』, 성보사(2001), p. 276). be just owing to (it); be just due to (it); just because.

强 굳셀 [강]: 억지로. 억지로 시키다. force oneself to do.

爲 할 [위]: 막 ~하려고 한다. be going to; be about to.

容 꾸밀 [용]: 형용(形容)하다. describe; explain with words; represent.

豫 미리 [예]: 주저하다. 머뭇거리다. hesitate.

涉 건널 [섭]: 걸어서 건너다. wade; ford.

猶 망설일 [유]: 망설이다. 주저하다. 결단력이 없다. 신중하게 행동하다. hesitate; vacillate; be irresolute; cannot make up one's mind (as to whether to fight or not); be prudent; be cautious.

畏 두려워할 [외]: 두려워하다. fear; be afraid of.

四隣 (사린): 사방(四方)에 이웃하고 있는 나라. 사방의 적(敵). the countries neighboring within four sides; one's neighboring countries on all sides. the enemies in four quarters.

隣 이웃 [인, 린]: 이웃. 이웃집. 이웃 나라. neighbors; neighboring countries; neighbor nations.

儼 의젓할 [엄]: 의젓하다. 점잖다. 말이나 행동이 점잖고 무게가 있다. be dignified.

渙 흩어질 [환]: 흩어지게 하다. 하상공은 "환(渙)이란 녹아 흩어지는 것이고, 석(釋)이란 사라져 없어지는 것이다. 정욕(情慾)과 욕심(慾心)을 제거하는 것으로 나날이 마음을 텅비게 하는 것을 말한다."라고 설명한다(渙者, 解散也, 釋者, 消亡也, 謂除情去欲, 日以空虛). dissipate; cause to disperse; dissipate all the desires from one's mind.

將 장차 [장]: 장차. 막 ~하려고 하다. 되다. be going to; be about to; will; shall; come to; become.

釋 풀 〔석〕: 녹아 없어지다. melt away.

敦 도타울 〔돈〕: 돈후(敦厚)하다. 河上公은 "돈(敦)이란 질박하고 두텁다는 뜻이다."라고 설명한다(敦者質厚也). simple and unadorned; simple and thick.

樸 통나무 〔박〕: 통나무. 자르거나 다듬지 아니한 통째의 나무로서 모든 목재·목기(木材木器)의 근원이 된다. 순박함을 상징한다. simple and unadorned like wood that has not yet been worked [processed] (into anything).

曠 빌 〔광〕: ① 비다. 공허하다. empty; vacant. ② 넓다. 광활(廣闊)하다. wide; vast.

渾 섞일 〔혼〕: 뒤섞이다. 혼탁하다. be mixed; be jumbled.

濁 흐릴 〔탁〕: 흐리다. 흐린 것. 흐린 물. be muddy; the thing that is muddy; the muddy water.

靜 깨끗이 할 〔정〕: 깨끗이 하다. 정결(淨潔)하게 하다. purify; cleanse.

徐 천천히 〔서〕: 천천히. 서서히. gradually; slowly.

淸 맑을 〔청〕: 맑다. clear; fresh; clean.

安 편안할 〔안〕: 편안하다. 즐기다. 쾌락(快樂)에 빠지다. comfortable; enjoy; be given [give oneself up] to pleasure; wallow [revel] in pleasure.

保此道者 (보차도자): ① 이러한 방식[道]을 보유한 사람. the man who possesses this way [The Dao]. ② 이러한 치세(治世)의 방식을 지닌 사람. the man who possesses these ways of governing the world. ③ 무위자연(無爲自然)의 정치사상을 지닌 사람. the man who possesses political thought to leave everything to take its natural course without compulsion. (This means governing the world by such a natural way as the universe governs all things. In other words, this denotes ways of governing the world by the method to leave everything to take its natural course without coercion.)

不欲盈 (불욕영): 가득 차기를 원하지 않다. do not want [wish] to be full.

蔽 덮을 〔폐〕: ① 덮다. 싸다. 숨기다. 가리다. cover; shelter; hide. 蔽를 이런 의미로 풀이하면, "能蔽不新成"은 "덮어두고 새로 만들지 않다."로 해석된다. ② 그런데 蔽라는 글자를 "敝(해지다, 오래되다)"의 뜻으로 이해하면, "오래되었어도 새것으로 개조하지 않다"라는 의미가 된다. 이에 대하여는 여러 가지 의견이 있다. 그러나 뒤에 나오는 글자

신(新)과 관련지어 볼 때 문맥상 ②의 해석이 부드러워 보인다. be old and worn out.

【해설】

　앞 장(章)에서는 도(道)가 어떤 것인가에 관하여 그 윤곽을 언급하였으나, 본 장에서는 도를 터득한 사람의 외관(外觀)에 관하여 말한다. 매사에 신중하고, 남을 두려워하고, 예의 바르고, 꾸밈이 없고, 순박하고, 마음을 비우고, 남과 어울려 사는 무욕(無慾)·무아(無我)의 자연적인 삶을 즐긴다고 이야기한다.

　그들은 겨울철에 맨발로 강을 건너려는 사람처럼 모든 일에 머뭇거렸고, 사방을 둘러싼 적을 두려워하며 신중하게 대처하는 것 같았고, 초대받은 손님처럼 그 언행이 점잖았고, 얼음이 녹아 없어지듯이 마음속의 탐욕을 날려 보내는 것처럼 자연스러웠고, 돈후(敦厚)한 모습이 아직 다듬지 않은 통나무같이 순박했고, 광활(廣闊)한 계곡처럼 마음을 비웠고, 흐린 물처럼 속세와 뒤섞여 살았다고 말한다.

　흙탕물이라고 해서 항상 흐린 것은 아니다. 청결하게 하려고 노력하고 시간이 흐르면 맑아진다. 그러므로 세상을 살아감에 있어서는 때로는 기다릴 줄도 알아야 하고, 그칠 줄도 알아야 한다. 생활이 안정되면 사람들은 안일(安逸)에 빠져 나태해지고 사치를 즐기며 일하기를 싫어하는 경향이 있다. 몰락(沒落)의 나락에 빠질 위험이 있는 것이다. 때에 따라서는 기다리기도 하고, 위험한 상황에 휩싸이지 않도록 항상 생동(生動)하는 힘을 축적하여야 한다. 이러한 치세(治世)의 방법을 구사할 수 있는 사람이 바로 도(道)를 지닌 사람이라는 것이다. 이러한 사람은 부귀영화를 탐하지 않는다. 가득 채우려고 하지 않기 때문에 몰락하는 일도 없다. 고색창연(古色蒼然)한 상태를 그대로 유지한다. 낡았다고 새로 뜯어고치는 일도 하지 않는다. 자연 그대로 내버려 두는 것이다.

【외국학자 영문해석】

[1] Chapter 15

　Of old he who was well versed in the way

　Was minutely subtle, mysteriously comprehending,

　And too profound to be known.

　It is because he could not be known

　That he can only be given a makeshift description:

Tentative, as if fording a river in winter,

Hesitant, as if in fear of his neighbours;

Formal like a guest;

Falling apart like thawing ice;

Thick like the uncarved block;

Vacant like a valley;

Murky like muddy water.

Who can be muddy and yet, settling, slowly become limpid?

Who can be at rest and yet, stirring, slowly come to life?

He who holds fast to this way

Desires not to be full.

It is because he is not full

That he can be worn and yet newly made.

(D. C. Lau, *Lao Tzu Tao Te Ching*, Penguin Books(1963), p. 19)

[2] Stanza 15

1   The ancient master workers of the way

2   Had vision to perceive the subtlest force.

3   Too deep they were to recognize,

4   And since they can't be recognized,

5   One can but strain to picture them:

6   Wary, as if wading a winter river;

7   Watchful, as if threatened from all sides;

8   Stately and restrained, like a guest;

9   Smooth and even, like dissolving ice;

10 Impassive, even as the spacious sea;

11 Unfettered, like a restless windstorm;

12 Rough and solid, like an unwrought bole;

13 Compact and dense, like something unrefined;

14 Wide and open-stretching, like a vale.

15　If sullied they kept calm and stayed pure;

16　If secure they moved with care and stayed alive.

17　But who can do so now?

18　Those who embrace the Way do not grow too great;

19　And thus survive and overcome defeat.

(Moss Roberts, *Dao De Jing*, University of California Press(2004), p. 62)

제 16 장 | 치허극수정독 (致虛極守靜篤)

致虛極, 守靜篤, 萬物竝作, 吾以觀其復.
　치허극　　　수정독　　　만물병작　　　오이관기복

夫物芸芸, 各復歸其根, 歸根曰靜, 靜曰復命, 復命曰常,
　부물운운　　　　각복귀기근　　　귀근왈정　　　정왈복명　　　복명왈상

知常曰明, 不知常妄作凶.
　지상왈명　　　부지상망작흉

知常容, 容乃公, 公乃王, 王乃天, 天乃道, 道乃久, 沒身不殆.
　지상용　　　용내공　　　공내왕　　　왕내천　　　천내도　　　도내구　　　몰신불태

해석 | 마음을 비우는 일에 지극히 힘쓰고 (그렇게 하면 마음은 고요해진다), 고요한 마음을 흔들림 없이 굳게 지켜야 한다. 그렇게 하면 만물이 모두 생거나지만 결국은 그들이 원점으로 되돌아간다는 사실을 우리는 그것을 통하여 알게 된다.

　We should devote all our energies to the thing that makes our mind empty, (then our mind becomes tranquil), and keep firmly our tranquil mind without being shaken.

　If we do like that, we get to see the fact that 'myriad things all come into existence but they all return to the origin'.

　그토록 만물이 번성하고 있지만, 제각각 그 근원으로 되돌아가는데, 근원으로 되돌아

가는 것을 (고통이나 번뇌가 없는) 고요한 세계[靜]로 돌아간다고 말하고, 그 고요한 세계는 천명에 의하여 돌아가는 것이라고 이야기한다. 천명에 의하여 돌아간다는 것은 (살아 있는 생명체는 언젠가는 반드시 죽는다는) 일정한 법칙을 두고 하는 말이다. 그 법칙을 아는 자는 현명(賢明)하다고 말한다. 그러나 그 법칙을 모르는 자는 망령(妄靈)되게 행동하여 재앙을 맞게 된다.

Like that, all things are flourishing, but they all return to their root. People say, "To return to the root is to go back to the tranquil world (without physical pain or mental anguish)." Also it is said that the tranquil world is decided by God's will. That the tranquil world is decided by God's will, it means the regular and unchanging principle (that all animate things are sure to die some day). We call 'the man who knows this principle' intelligent. But 'the man who does not know that principle' behaves like a dotard and comes to meet with a calamity.

일정한 원칙을 깨달으면 그것을 받아들이게 되고, 그것을 받아들이면 (그 원칙을 지킬 것이므로) 공평무사(公平無私)하게 된다. 공평무사하면 왕(王)이 될 만하고, 왕이 되면 하늘과 같이 행하게 된다. 하늘과 같이 행하면 우주의 작용인 도(道)에 이르게 된다. 도(道)에 이르면 장구(長久)해져 육신(肉身)이 없어질 때까지 위태롭지 않게 된다.

If he knows the unchanging rule of nature, he gets to accept it. When he accepts it, he acts fair and just (as he keeps the rule). If he acts fair and just, he is qualified for performing the duties of a king, and when he becomes a king, he comes to act like heaven. If he acts like heaven, he comes to perceive the Dao [the principles of such an action as the universe governs all things]. When he gets to the stage where he perceives the Dao, he endures long, and to the end of his bodily life he will meet with no danger.

【주석】

致 다할 (치): 힘쓰다. 끝까지 다하다. 지극히 하다. make efforts; endeavor; give one's mind to (a thing); concentrate one's mind upon; devote all one's energies to; do one's best.

靜 고요할 〔정〕: 고요함에 들어감. 입적(入寂). 죽음. 살아 움직임(生動)이 멈춘 고요함에 잠긴 상태. 고통과 번뇌를 벗어나 고요함에 잠긴 죽음의 세계. 즉 죽어서 무(無)의 세계로 들어간 것을 뜻한다. 날씨가 따뜻해지면 꽃이 피고 나뭇잎이 나온다. 그러나 날씨가 추워지면 꽃도 지고 나뭇잎도 떨어진다. 그들은 모두 땅에서 나와서 다시 땅으로 돌아간다. 근원(根源)으로 되돌아간다. 영웅호걸(英雄豪傑)도 유명인사(有名人士)도 모두 땅에서 태어나서 땅에 묻힌다. 그들도 초목(草木)과 마찬가지로 땅으로 되돌아가는 것이다. 노자(老子)는 이렇게 "근원(根源)으로 되돌아가는 것"을 정(靜)이라고 하였다(歸根曰靜). 근원으로 되돌아간다는 것은 본래의 상태로 다시 돌아가는 것을 뜻한다. 본래의 상태란 그것이 존재하지 않았던 상태를 말한다. 예컨대 사람의 경우는 부모가 아직 혼인을 하지 않아 자식이 태어나지 아니한 상태를 의미한다. 사람이든 동물이든 부모의 결혼으로 자식이 태어난다. 그러니까 부모가 결혼을 하기 전까지는 자식이란 "존재하지 않는 무(無)의 상태"에 있는 것이다. 그러나 부모의 결혼으로 자식이 태어나면, 그 자식은 이 세상을 제 나름대로 살다가 때가 되면 죽게 된다. 살아 숨쉬는 생명활동(生命活動)을 마감하고 "고요함에 잠기는 죽음의 세계"로 들어가는 것이다. 이것이 정(靜)이다. 본래 있었던 무(無)의 세계로 다시 돌아감을 의미한다. "고요함"을 뜻하는 "정(靜)"과 같은 뜻을 지닌 글자로 "고요할 적(寂)" 자가 있다. 불교에서는 고승(高僧)들이 죽었을 때 "입적(入寂)"했다고 이야기한다. "고요한 세계로 들어갔다"라는 뜻이다. "죽었다"라고 말하지 않고 "고요한 세계로 들어갔다(入寂)"라고 달리 표현하는 것이다. 보통 사람이 죽으면 사망(死亡)하였다고 표현하고, 대통령이 죽으면 서거(逝去)하였다고 표현하고, 추기경이 죽으면 선종(善終)하였다고 표현하고, 고승(高僧)이 죽으면 입적(入寂)하였다고 표현하는 것과 같이, 이를 다소 다르게 표현한 것이다. 그러나 정(靜)은 특정인을 겨냥하지 않고, 모든 사람, 모든 동식물을 포괄하여 그 뿌리로 돌아감을 표현한 말이다. the state of stillness; the tranquil world (without physical pain or mental anguish); enter into the world of death (All things each) go back to [return to] their original state.

命 목숨 〔명〕: 천명. 운명. 자연의 섭리. God's will; fate; destiny; the dispensation of nature.

篤 단단할 〔독〕: 견고(堅固)하게. 굳게. 흔들림 없이. firmly; unwaveringly; without being shaken; without being disturbed.

竝 아우를 〔병〕: 모두. 다. 전부. 함께. together; all.

作 일어날 〔작〕: 일어나다. 생기다. come into existence; be born; come into the world.

吾 우리 〔오〕: 우리. we.

以 〔이〕: 以之 혹은 以是의 생략형. "이것으로써", "이것을 통하여", 여기서 이것이란 앞에 나온 "致虛極, 守靜篤"을 가리킨다. by this; with this.

夫 〔부〕: ① 저. 이. 그. that; this; it. (including plural) ② 그처럼. 그렇게. 이처럼. 이렇게. like that; like this; so; in that way; in such a way. ③ 대체. 도대체. 대관절. 문장의 첫 머리에서 이야기를 이끌어 내고, 청자의 주의를 환기시키는 역할을 하는 어조사. 발어 사(發語詞)라고도 한다. on earth; in the world; the deuce.

芸 많을 〔운〕: 많이 있는 모양. 芸芸은 "성(盛)한 모양", "많은 모양"을 나타낸다. many; much; large amount of; numerous.

知 알 〔지〕: 알다. 깨닫다. know; perceive; realize; become aware of.

常 항상 〔상〕: 불변의 법칙. 일정한 원칙. 일정한 법칙. the unchanging rule of nature; fixed rule; constant rule; permanent principle; principle that is remaining unchanged forever.

容 받아들일 〔용〕: 받아들이다. 포용(包容)하다. accept; tolerate; embrace.

乃 이에 〔내〕: 동작이나 행위가 일정한 조건을 갖춘 후에야 비로소 발생하는 것을 나타낸다. "곧", "비로소" 등으로 해석한다(연세대 허사사전편찬실, 『허사대사전』, 성보사(2001), p. 159). hereby; thus; just; at last; as a result of this; hereupon; if; when.

沒 가라앉을 〔몰〕: 가라앉다. 다하다. 없어지다. 죽다. sink; be exhausted; disappear; vanish; be finished; die.

【해설】

　마음을 비우고, 비워서 가라앉은 고요한 마음을 흔들림 없이 굳게 지키면, 만물이 뒤서 거니 앞서거니 하며 모두 생겨나지만, 일정한 시간이 지나면 그것들이 결국은 원점으로 다시 되돌아가는 사실을 우리는 알 수 있다. 마음을 비우고 그 비운 마음을 잘 지켜야 이 러한 생멸(生滅)의 이치를 알게 된다는 뜻이다. 하늘에 먹구름이 가득 끼면 밝은 태양이 보이지 않는 것처럼, 우리의 마음도 탐욕이라든가 집착이라든가 하는 잡동사니가 가득 차면 우주 안의 생명체가 태어났다가 사라지고 사라졌다가 다시 태어나는 생멸(生滅)이 반복되는 현상을 보지 못한다.

만물은 태어나서 번성하지만, 때가 되면 각각 그 근원으로 되돌아간다. 근원으로 되돌아가는 것을 "고요한 세계[靜]로 돌아간다고 말한다. 그 고요한 세계는 고통이나 번뇌가 없는 적정(寂靜)의 세계이다. 불교에서는 적정의 세계를 "번뇌(煩惱)를 떠나 고(苦)를 멸(滅)한 해탈(解脫) 열반(涅槃)의 경지"라고 이야기한다. 여기서는 천명(자연의 섭리)에 의하여 그렇게 돌아가는 것이라고 말한다. 천명에 의하여 돌아간다는 것은, 살아 있는 생명체는 언젠가는 반드시 죽게 된다는 일정한 법칙을 두고 하는 말이다. 그 법칙을 아는 자는 현명(賢明)하다고 말하고, 그 법칙을 모르는 자는 망령(妄靈)되게 행동하여 재앙을 맞게 된다고 이야기한다.

상(常)은 일정한 법칙 혹은 일정한 질서를 뜻한다. 그 법칙이란 예로부터 익히 알려진 "생명이 있는 것은 반드시 죽게 된다."라는 자연의 법칙인 생자필멸(生者必滅)의 이치, "사람은 모두 태어나서 늙고 병들어 결국은 죽게 된다."라는 생로병사(生老病死)의 이치, "사라졌다가 생기고, 가득 찼다가 텅 비는 자연현상"인 소식영허(消息盈虛)의 이치 같은 것을 뜻한다.

일정한 원칙을 깨달으면 그것을 받아들이고, 그 원칙을 지키게 된다. 그렇게 되면 그의 자세는 공정(公正)해진다. 공정한 자세를 견지할 수 있으면 한 나라를 통치(統治)할 수 있는 왕(王)이 될 만하다는 것이다. 왕이 되면 하늘과 같이 행하여야 한다. 하늘은 빛을 비추고, 비를 내리고, 공기를 주어 만물(萬物)을 자라게 하는 환경을 제공한다. 왕도 하늘과 같이 선정(善政)을 베풀어 백성들을 먹고살게 하는 환경을 만들어야 한다. 그러므로 하늘과 같이 행하면 우주(宇宙)의 작용인 도(道)를 터득하게 된다고 말한다. 도(道)는 우주와 같은 작용을 말한다. 우주는 만물을 받아들이고 그들을 그곳에서 살게 한다. 그러나 일정한 시간이 지나면 그들을 원점(原點)으로 돌아가게 한다. 우주는 생멸(生滅)을 반복하게 하는 불멸(不滅)의 존재이다. 그래서 생멸(生滅)이라고 하는 영구불변(永久不變)의 진리를 깨닫게 되면 죽을 때까지 위태롭지 않다고 말한다. 많은 사람들은 자기가 죽는다는 사실을 모르고 산다. 그래서 부(富)를 탐하고 지위에 집착한다. 부와 명예에 집착하면 위험한 일이 생길 수 있다. 자기가 죽는다는 사실을 깨닫는다면 돈이나 명예에 그렇게 크게 집착하지 않을 것이라는 게 노자의 생각이다.

[1] Chapter 16

Create emptiness up to the highest!

Guard stillness up to the most complete.

Then all things may rise together.

I see how they return.

Things in all their multitude:

each one returns to its root.

Return to the root means stillness.

Stillness means return to fate.

Return to fate means eternity.

Cognition of eternity means clarity.

If one does not recognize the eternal

   one falls into confusion and sin.

If one recognizes the eternal

   one becomes forbearing.

Forbearing leads to justice.

Justice leads to mastery.

Mastery leads to Heaven.

Heaven leads to DAO.

DAO leads to duration.

All one's life long one is not in danger.

(Richard Wilhelm, *Tao Te Ching*, translated into English by H. G. Ostwald, Arkana Penguin Books(1989), p. 33)

[2] Chapter 16

Achieve emptiness.

Attain tranquility.

While the ten thousand things

arise in unison,

    we recognize temporality.

Things flourish, each by each,

    only to return to the source,

    to what is and what is to be.

Knowing the cycle is understanding one's own fate.

Becoming attuned to one's own original nature

    is eternal harmonious light.

Not knowing

    leads to eternal disaster.

The all-embracing mind

    achieves impartiality;

    through impartiality, nobility;

    through nobility, heaven;

    through heaven, realizes the Tao.

By Tao, the eternal.

The self perishes,

    released from peril.

(Sam Hamill, *Tao Te Ching*, Shambhala Boston & London(2007), pp. 23-24)

제 17 장 | 태상하지유지 (太上下知有之)

太上下知有之. 其次親之譽之. 其次畏之, 其次侮之. 信不
　태상하지유지　　　　　　기차친지예지　　　　　　기차외지　　　　　기차모지　　　　신부

足焉, 有不信.
　족언　　　유불신

猶兮, 其貴言. 功成事遂. 百姓皆曰我自然.
　유혜　　　기귀언　　　공성사수　　　　백성개왈아자연

해석 | 최상(最上)의 군주(君主)는, 백성들이 "그런 사람이 있다"라는 정도만 알 뿐이다.
그다음은 (백성들이) 그를 따르고 그를 칭송(稱頌)하는 경우이다. 그다음은 (백성들이)
그를 두려워하는 경우이고, 그다음은 (백성들이) 그를 업신여기는 경우이다. 그에게(군
주에게) 성실성(誠實性)이 부족하면 (백성들은) 그를 신뢰하지 않는다.

In case of the ruler of the highest grade, the people know him only to the degree
that there is such a man. In case of the ruler of the next grade, the people follow and
praise him. In case of the ruler of the grade after next, the people fear him. In case
of the ruler of the lowest grade, the people despise him. When a ruler is deficient in
sincerity, the people distrust him.

그는(최상의 군주는) 머뭇거리며 일을 신중하게 처리하고, 말을 귀하게 여긴다(말을
많이 하지 않는다). 공(功)을 이루고 일을 완수한다(그러나 이를 자기의 공로라고 자랑하
지 않는다). 그러나 백성들 모두는 "우리가 스스로 그렇게 한 것이다."라고 이야기한다.

He [the ruler of the highest grade] administrates state affairs hesitatingly without
making a hasty conclusion, and does not fling out the words thoughtlessly. He
achieves merit and brings a thing to a successful completion. The people all say, "We
ourselves made it developed like that."

【주석】

太上 (태상): 최상의 군주. 최상의 정치. the ruler of the highest grade; politics of the highest grade.

下知有之 (하지유지): 아랫사람들이 그런 사람(之)을 가지고 있음을 알다. 백성들이 "그런 사람이 있다."라는 정도를 알 뿐이다. the people know him (only to the degree) that there is such a man.

親之譽之 (친지예지): 그를 따르고 칭송한다. follow him and praise him.

猶兮 (유혜): 머뭇거리며 일을 신중하게 처리한다. act with prudence; conduct [administrate] state affairs hesitatingly without making a hasty conclusion.

貴 귀할 〔귀〕: ① 귀하다. 드물다. rare. "드물다"를 뜻하는 영어는 "rare"인데 "rarely"로 부사화 하면 "좀처럼 ~하지 않다", "거의 ~하지 않다"라는 의미로 관용적으로 쓰인다. ② 귀히 여기다. 소중히 여기다. hold a thing dear; take care of a thing; value a thing highly.

貴言 (귀언): ① 말을 귀하게 여기다. hold one's words dear. ② 그는 좀처럼 말을 하지 않는다. He rarely talks [speaks; says]. ③ 말을 함부로 하지 않는다. do not fling out the words thoughtlessly.

我 나 〔아〕: 나. 우리. 자신. 자신들. 우리들. 그들. 간접화법의 문장으로 이해하면 "그들 (they)"의 의미가 된다. I; we; oneself; they.

百姓皆曰我自然 (백성개왈아자연): ① 백성들은 모두 "우리 스스로 그렇게 한 것이다."라고 말한다(직접화법). The people all say, "We ourselves made it developed like that." or The people all said, "We ourselves achieved it like that." ② 백성들은 모두 자신들이 그렇게 되도록 한 것이라고 말한다(간접화법). The people all say that they made it developed like that.

【해설】

1. 노자는 군주의 등급을 넷으로 나누었다. 최상(最上)의 군주는, 백성들이 "그런 사람이 군주로 있다."라는 정도만 알 뿐이다. 강제로 하게 하는 일이 없는 무위(無爲)의

방식으로 나라를 다스리는 군주의 경우이다. 이런 군주는 우주가 만물을 다스리는 방식과 같이 정치(政治)를 한다. 우주는 빛을 비춰주고 비를 뿌려주고 공기를 주면서도 아무 대가도 요구하지 않는다. 우주가 만물을 다스리는 것과 같은 방식으로 나라를 다스리는 것이다. 그러므로 백성들은 그것을 당연한 것으로 받아들이고 특별히 고맙게 느끼지 못한다. 단지 그런 사람이 군주로 있다는 정도만 알고 있다. 태평성대(太平聖代)를 구가하던 요(堯) 임금 시대의 격양가(擊壤歌)의 노랫말에서 이런 사실을 엿볼 수 있다. "해가 뜨면 농사짓고, 해가 지면 휴식하고, 우물 파서 물 마시고, 밭을 갈아 먹고사니, 제왕(帝王)의 다스림이 나에게 무슨 소용이 있겠는가?"(日出而作, 日入而息, 鑿井而飮, 耕田而食, 帝力于我何有哉.) 강제로 하게 하는 것이 아니라 스스로 하게 하는 무위자연(無爲自然)의 정치이다.

2. 그다음의 군주는 백성들이 그에게 호감(好感)을 가지고 그를 칭찬하는 경우이다. 인의(仁義)에 바탕을 둔 왕도정치(王道政治)의 경우가 이에 해당한다. 왕도정치는 인의(仁義)에 바탕을 두고, 백성을 사랑하고, 예악(禮樂)으로 그들을 교화(敎化)하며, 공평무사하게 그들을 배려하는 군주의 정치이다. 이렇게 하면 백성들은 군주에게 호감을 갖고 그를 칭송하며 따르게 된다. 지금도 중국은 홍수에 시달리고 있지만 고대에는 홍수가 아주 자주 일어났다고 한다. 순 임금의 손자인 우(禹)는 치수(治水)에 전념하며 9년 이상 범람하던 황하유역에 물길을 터 홍수를 막았다. 치수업무에 몰두하다 보니 어떤 때는 자기 집 문 앞을 지나갈 때 처자(妻子)의 울음소리를 듣고서도 들리지 않아 일터로 달려갔다고 사기(史記)는 전한다. 우왕(禹王)의 선정(善政)에 힘입어 백성들은 잘살게 되었다. 오직 백성만을 위하여 동분서주하던 우왕의 정치, 그리고 하(夏)나라의 폭군(暴君)인 걸왕(桀王)을 제거하고 은(殷)나라를 세워 어진 정치를 베풀었다고 전해지는 탕왕(湯王)의 정치 등을 학자들은 왕도정치의 예로 삼는다. 이러한 정치행태를 흔히 덕치(德治)라고도 한다.

3. 그다음은 백성들이 그를 두려워하는 경우이다. 형벌로써 백성을 다스리고, 모든 일을 무력(武力)에 의하여 해결하려는 군주의 정치이다. 춘추전국시대의 강대국(强大國) 제후(諸侯)들이 선호한 정치 행태이다. 이들은 영토를 확장하기 위해 무자비한 살상을 자행하였고, 병력을 증강하기 위하여 백성들을 형벌로써 강제 동원하였다. 법가(法家)의 정치를 이에 비유하기도 한다. 전국시대(戰國時代)에 천하를 다스리는

데는 덕치(德治)보다는 법치(法治)가 더 효율적이라고 강조했다. 관자(管子)나 한비자(韓非子) 같은 사람들이 이런 주장을 편다. 인간의 본성을 들여다보고 나온 이론이다.

　인간(人間)은 본래 이기적(利己的)인 동물이다. 자원(資源)은 한정되어 있는데, 수요(需要)는 항상 넘친다. 그러므로 인간들은 본능적(本能的)으로 이기심(利己心)과 소유욕(所有慾)에 휩싸이게 된다. 그래서 독식(獨食)하려고 하고, 독점(獨占)하려고 하고, 독주(獨走)하려고 한다. 다른 사람들도 마찬가지로 독식·독점·독주하려고 한다. 그러므로 마찰과 충돌이 끊임없이 발생한다. 이것이 인간사회이다. 이를 방지하기 위하여 인간들 스스로가 만든 것이 윤리도덕 규범이다. 공자(孔子)를 비롯한 유가(儒家)에서 이를 특히 강조한다. "강제로 하게 하지 않는다"라는 무위(無爲)의 방식으로는 본능적으로 솟구치는 인간의 욕망을 통제할 수가 없다. 그래서 "사람을 죽이지 마라.", "남의 것을 빼앗지 마라.", "강간하지 마라." 같은 윤리도덕 규범을 만들어낸 것이다. 그러나 강제성이 없는 이러한 도덕 규범만으로 다양한 인간의 욕구를 통제할 수는 없다. 여기에도 한계가 있다. 윤리도덕 규범만으로 어떻게 조직폭력배를 소탕할 수 있겠는가? 윤리도덕 규범만으로 어떻게 알 카에다 같은 테러리스트를 근절할 수 있겠는가? 그래서 다시 여기에 "강제성"을 부여하는 법령(法令)을 만들어낸 것이다. "사람을 죽인 자는 사형 또는 무기징역에 처한다.", "타인의 재물을 절취한 자는 6년 이하의 징역에 처한다.", "폭행 또는 협박으로 부녀를 강간한 자는 3년 이상의 유기징역에 처한다."처럼 강제성을 부여하여 실질적인 통제효과를 높이고자 시도한 것이다. 학자들은 이를 법가(法家)의 정치라고 말한다.

4.　그다음은 백성들이 그를 업신여기고 불평하는 경우이다. 가혹한 세금과 과도한 부역(賦役)으로 백성들의 생계(生計)를 궁핍하게 만드는 인간이다 그러면서도 그 자신은 호의호식(好衣好食)하며 주지육림(酒池肉林) 속에서 방탕한 생활을 한다. 아무런 원칙도 없고 철학도 없는 폭군(暴君)의 정치이다. 폭정의 대표적인 인물로는 은(殷)나라의 마지막 임금인 주왕(紂王)을 꼽는다. 주왕은 하(夏)나라의 마지막 임금인 걸왕(桀王)과 함께 폭군으로 유명하다. 특히 주(紂)는 달기(妲己)라는 요녀(妖女)에게 빠져 주지육림(酒池肉林) 속에서 음란한 행위로 쾌락을 좇았으며, 구리기둥에 기름을 발라 숯불에 걸치어 달군 후, 정적(政敵)들을 그 위로 맨발로 건너가게 하여 미끄러져 불에 타 죽게 하는 잔인한 형벌인 포락지형(炮烙之刑)을 즐겼다고 한다. 결국

그는 주(周)나라 무왕(武王)에게 멸망당하였다.

5. 최상의 군주는 머뭇거리며 일을 신중하게 처리하는 자이다. 그는 자기의 말을 귀하
게 여겨 말을 많이 하지 않는다. 공(功)을 이루고 일을 완수하더라도 이를 자기의 공
로라고 자랑하지 않는다. 오히려 백성들이 그들이 스스로 그렇게 만든 것이라고 이
야기한다. 즉 그 자신들이 그 일을 성취하였다는 주장이다. 위 1번의 무위자연(無爲
自然)의 정치이다.

6. 오늘날의 정치는 세습적(世襲的)인 왕(王)이 나라를 다스리는 정치가 있고, 국민이
투표로 뽑은 대통령이 나라를 다스리는 민주주의 정치가 있으며, 공산당의 당원이
뽑은 주석(主席)과 같은 대표자가 나라를 다스리는 공산주의 정치가 있고, 무력(武
力)을 사용하여 정권을 탈취한 군인이 나라를 다스리는 쿠데타 정치가 있다. 그러나
노자는 정치의 방법을 무위(無爲)의 방식으로 다스리는 성인(聖人)의 정치, 인의(仁
義)로 다스리는 덕치(德治), 강제법규로 다스리는 법치(法治), 포악(暴惡)하게 다스
리는 폭군의 정치 등으로 구분하였다.

【외국학자 영문해석】

[1] 61 (Chapter 17)

Preeminent is one whose subjects barely know he exists;

The next is one to whom they feel close and praise;

The next is one whom they fear;

The lowest is one whom they despise.

When the ruler's trust is wanting,

  there will be no trust in him.

Cautious,

  he values his words.

When his work is completed and his affairs finished,

  the common people say,

"We are like this by ourselves."

(Victor H. Mair, *Tao Te Ching,* Bantam Book(1990), p. 79)

[2] Chapter 17 (Acting simply)

True leaders

　　are hardly known to their followers.

Next after them are the leaders

　　the people know and admire;

　　after them, those they fear;

　　after them, those they despise.

To give no trust

　　is to get no trust.

When the work's done right,

　　with no fuss or boasting,

　　ordinary people say,

Oh, we did it.

(Ursula K. Le Guin, *Lao Tzu Tao Te Ching,* Shambhala Boston & London(1998), p. 24)

| 제 18 장 | 대도폐유인의 (大道廢有仁義)

大道廢, 有仁義, 智慧出, 有大僞, 六親不和, 有孝慈, 國家
　　대도폐　　　　유인의　　　　지혜출　　　　유대위　　　　육친불화　　　　유효자　　　　국가
昏亂, 有忠臣.
혼란　　　유충신

해석 | 위대한 정치(우주가 만물을 다스리는 것과 같은 무위자연의 정치)가 무너지자 인(仁)과 의(義)가 생겨나게 되었고, 교활한 지혜가 나오자 (권모술수와 같은) 크게 잘못된 정치가 생겨나게 되었고, 육친(六親) 간에 화목하지 못하자 효도(孝道)와 자애(慈愛)가 생겨나게 되었고, 국가가 혼란에 빠지자 충신이 생겨나게 되었다.

　When great politics [such a natural politics without compulsion as the universe governs all things] fell down, the moral standard like benevolence and righteousness came out. When crafty wisdom arose, the politics that went wrong terribly (like tricks of schemers) followed after it. When harmony broke between six kinships, filial piety and love between families were formed. When the state was plunged in confusion, loyal ministers appeared.

【주석】

大道 (대도): ① 위대한 정치(政治). great politics. ② 무위자연의 위대한 정치. 어떤 일을 강제로 하게 함이 없이 그 일의 자연적인 진로를 취하도록 맡기는 위대한 정치. great politics to leave a matter to take its natural course without compulsion. ③ 우주(宇宙)가 만물(萬物)을 다스리는 것과 같은 무위자연의 정치사상. a political idea to leave a matter to take its natural course without coercion, such as the universe [or Mother Nature] governs all things.

道 다스릴 (도): 다스리는 일. 정치(政治). 『한어대사전』은 도를 "치리(治理)"라고 설명한다

(中國 世紀出版集團, 『漢語大詞典』, 漢語大詞典出版社(2000), p. 1287). 그런데 치리(治理)는 "정치(政治)", "정사(政事)"를 뜻한다(『한한대자전』, 민중서림(1997), p. 1129). to govern; to rule; to administer the affairs of state; politics.

仁 어질 〔인〕: ① 남을 먼저 배려하는 마음. benevolence; humanity; (having) a mind to consider others first. ② 사욕(私慾)을 버리고 남을 먼저 배려하라는 도덕 규범. the moral regulation that one should put aside one's self-interest and consider others first.

義 옳을 〔의〕: 올바르게 행동하라는 도덕 규범. the moral regulation to behave correctly; the moral standard to do what is right.

智慧 (지혜): 권모술수(權謀術數)와 같은 지략(智略). the crafty wisdom; the wisdom like a schemer who is full of wiles; the bad wisdom like tricks of schemers.

大僞 (대위): 크게 잘못된 것. 크게 잘못된 정치를 가리킨다. 이것은 독재정치나 포악한 정치, 또는 목적을 위해서는 수단과 방법을 가리지 않는 권모술수 정치인 마키아벨리즘 같이 크게 잘못된 정치를 의미한다. 이 구절[大僞]은 大道와 뚜렷한 대조를 이루고 있다. the thing which went wrong terribly; the politics that is full of wiles; This indicates the politics that went wrong terribly like dictatorial government, tyrannical rule, or Machiavellism. This phrase presents a striking contrast to Dadao(大道).

六親 (육친): 부모(父母), 형제(兄弟), 부부(夫婦)를 가리킨다. the six kinships; the six relations; These indicate parents, brothers, and husband and wife.

孝慈 (효자): 자식은 부모에게 효도하여야 하고, 윗사람은 아랫사람을 사랑하여야 한다는 도덕 규범. filial piety and love between families; the moral standard that children should be obedient to their parents and the one above love the one below.

忠臣 (충신): 충성스러운 신하. 충성을 다하는 신하. loyal ministers; faithful subjects.

【해설】

우주가 만물을 다스리는 것과 같이 "억지로 하게 하는 것이 아니라 스스로 그렇게 하도록 맡기는 무위자연(無爲自然)의 정치(政治)"가 무너지자 인위적(人爲的)으로 만든 인의(仁義)로 다스리는 덕치(德治)가 생겨났다는 것이다. 그리고 권모술수와 같은 교활한 지혜가 나오자 크게 잘못된 정치가 생겨나게 되었고, 육친(六親) 간이 화목하지 못하자 효도(孝道)와 자애(慈愛)와 같은 개념이 생겨나게 되었고, 국가가 혼란에 빠지자 충신(忠臣)이 생겨나게 되었다고 말한다. 가장 좋은 것은 자연적인 것인데 그 자연적인 것이 황폐화되니 인위적인 대응책인 인의효충(仁義孝忠) 같은 유교적인 덕목이 생겨났다는 것이다.

현실세계에서 보면, 신선한 공기를 오염시키는 이산화탄소가 과다 배출되면 이를 규제하는 법령이 나오고, 물이 오염되면 수질오염 방지를 위한 각종 법령이 등장한다. 그러나 옛날에는 공기오염도 없었고 물도 더럽지 않았다. 일시적으로 어떤 이상 현상이 일어난다 하더라도 자연정화작용에 의해 불순물이 자연스럽게 걸러졌다. 그러나 지금은 자연정화작용이 잘 이루어지지 않는다. 환경이 너무 많이 황폐화되었기 때문이다. 이 이상 황폐화되면 지구가 파괴되고 인류도 멸망할는지 모른다. 그래서 환경 파괴를 방지하기 위한 각종 규제법령이 쏟아져 나오고 있는 것이다.

무위자연의 정치와 무언(無言)의 가르침 속에서도 다스려지지 않는 것이 없었던 아득한 옛날의 정치를 아쉬워하며 쓰인 문장으로 보인다.

‖【외국학자 영문해석】‖

[1] Verse 18

> When the greatness of Tao is present
> > action arises from one's own heart
> When the greatness of Tao is absent
> > action arises from the rules
> > of "kindness" and "justice"
> If you need rules to be kind and just,
> > if you act virtuous,
> > this is a sure sign that virtue is absent
> Thus we see the great Hypocrisy
>
> Only when the family loses its harmony
> > do we hear of "dutiful sons"

Only when the state is in chaos

   do we hear of "loyal ministers"

(Jonathan Star, *Tao Te Ching*, The Definitive Edition, Tarcher(2001, 2003), p. 22)

[2] Chapter 18

When the great Tao is forgotten,

   goodness and piety appear.

When the body's intelligence declines,

   cleverness and knowledge step forth.

When there is no piece in the family,

   filial piety begins.

When the country falls into chaos,

   patriotism is born.

(Stephen Mitchell, *Tao Te Ching*, Perennial Classics(2000), Ch. 18)

제 19 장 │ 절성기지 (絕聖棄智)

絕聖棄智, 民利百倍, 絕仁棄義, 民復孝慈, 絕巧棄利, 盜
　절성기지　　　　民利百倍　　　절인기의　　　　民復孝慈　　　절교기리　　　도
賊無有.
　적무유
此三者, 以爲文不足. 故令有所屬, 見素抱樸, 少私寡欲.
　차삼자　　　이위문부족　　　　고령유소촉　　　　견소포박　　　　소사과욕

해석 | (위정자가) 성인(聖人)처럼 총명(聰明)하다는 생각을 끊어버리고, 권모술수(權謀術數)와 같은 간교(奸巧)한 지혜를 내던지면 백성들의 이익은 백배나 더해진다.

If a ruler gives up the idea that he is superior (to the common people) like a sage, and discards the crafty wisdom like tricks of schemers, the benefit of the people would increase a hundredfold.

인위적(人爲的)으로 만들어 놓은 인(仁)을 끊고 의(義)를 버리면, 백성들은 군주를 부모처럼 받들고 사랑하는 상태로 돌아가게 된다.

If a ruler gives up the demand for benevolence and righteousness that is made up artificially, the people will return to the state that they look up to a ruler like their parents and love him.

간교(奸巧)한 술책(術策)을 끊어버리고, 이욕(利慾)을 포기하면, 도둑은 존재하지 않게 된다.

If a ruler cuts off a crafty scheme and gives up his desires, thieves do not come into existence.

(한 나라를 다스림에 있어서) 이들 셋은 통치 규범으로 삼기에는 부족하다. 그러므로 덧붙여지는 것이 있어야 하는데, (위정자는) 자기가 기본 바탕이 갖추어져 있는지 들여다보아야 하고, 가공하지 않은 통나무와 같은 순박함을 간직하여야 하며, 사적인 것을 축소하고 탐욕을 줄여야 한다.

It is deficient (in ruling a country) to take these three as rules for governing a country. Therefore there should be something to be attached to them. A ruler should examine himself whether he has a basic quality as a ruler, and keep a simplicity and honesty like unworked wood. Also he should diminish selfishness, and reduce desires.

【주석】

絶聖棄智, 民利百倍 (절성기지, 민리백배): ① (위정자가) 성인(聖人)처럼 총명(聰明)하다는 생각을 끊어버리고, 권모술수(權謀術數)와 같은 간교(奸巧)한 지혜를 내던지면 백성들의 이익은 백배나 더해진다. If a ruler gives up the idea that he is superior (to the common people) like a sage, and discards the crafty wisdom like tricks of schemers, the benefit of the people would increase a hundredfold. ② (聖과 智를 "사람"으로 가정하면), 위정자가 성인(聖人)처럼 총명(聰明)하다고 일컬어지는 사람을 끊고, 책사(策士)처럼 지략(智略)이 뛰어나다고 일컬어지는 사람을 버리면, 백성들의 이익은 백배나 더해진다. If a ruler gives up the clever man who is called bright like a sage, and discards the man who possesses a crafty wisdom like a schemer, the benefit of the people would increase a hundredfold.

絶 끊을 〔절〕: 끊다. 그만두다. give up; renounce.

聖 성인 〔성〕: ① 성인(聖人). sage; wise man. ② 성인처럼 총명하다고 불리는 사람(풍자적인 의미). the clever man who is called bright like a sage(a satirical meaning).

智 슬기 〔지〕: 슬기. 지혜(智慧). "지혜로운 사람"을 가리키는 말이지만, 유가(儒家)에서 숭상(崇尙)하는 것을 조롱(嘲弄)하는 표현이므로 여기서는 "책사(策士)처럼 지략(智略)이 뛰어나다고 일컬어지는 사람", "권모술수(權謀術數)와 같은 지략(智略)을 가진 사람", "간교(奸巧)한 지혜를 가진 사람" 등을 의미하는 것으로 본다. 당시 지혜로운 인재라는 사람들 대부분이 책사(策士)라는 이름으로 군주 주위에 포진하여 백성들을 수탈하고 인접국을 침략하는 일에 두뇌 역할을 하고 있었기 때문이다. wisdom; a crafty wisdom like that of a schemer; the man who possesses a crafty wisdom like a schemer.

仁 어질 〔인〕: ① 선행(善行). 자비(慈悲). 좋은 일을 하려는 마음. benevolence; desire to do good. ② 사욕을 버리고 남을 먼저 배려하라는 도덕 규범. the moral regulation that one should put aside one's self-interest and consider others first. ③ 인위적으로 강요된 선행. benevolence that is made up artificially; forced benevolence.

義 옳을 〔의〕: ① 올바르게 행동하라는 도덕 규범. the moral regulation to behave correctly; the moral standard to do what is right. ② 인위적으로 강요된 의리. righteousness that is forced artificially, for example, the forced duty that the one below must obey those above, and a subject must render devoted service to his king.

巧 계교 〔교〕: 교묘하게 꾸미는 일. 계교(計巧). 계략(計略). trick; trickery; tricks to deceive a person.

此三者, 以爲文不足 (차삼자, 이위문부족): 이들 셋은 통치규범으로 삼기에는 부족하다. It is deficient (in ruling a country) to take these three as rules for governing a country.

文 무늬 〔문〕: 무늬. 장식. '겉으로 보기에 아름답게 꾸며 놓은 것'으로 법령(法令), 제도(制度), 예의(禮儀), 통치 규범(統治規範) 등을 가리킨다. pattern; adornment; decoration. rules for governing a country; rules and regulations governing a country.

令 영 〔영, 령〕: ① 명령을 나타낸다. 하여야 하다. order; must; should. ② 하게 하다. 시키다. make; let; have.

屬 붙을 〔촉〕: 붙다. 붙이다. 덧붙이다. 앞에 나온 문언(此三者, 以爲文不足)과 연관시켜 볼 때, 此三者로는 부족하니까 덧붙여져야 하는 것이 필요하다는 의미가 된다. 덧붙여져야 할 사항으로는 뒤에 나오는 "見素抱樸, 少私寡欲"이 있다. attach; add one thing to another; append something to. (attach something to these three.)

見 볼 〔견〕: 생각해보다. 돌이켜보다. 반성하다. see; catch sight of; examine closely; look back on.

素 바탕 〔소〕: 바탕. 근본(根本). basic element; basic quality; unbleached and undyed; plain; simple; a simple state without decorations.

抱 안을 〔포〕: 지니다. 안다. 품다. keep; harbor; cherish; embrace.

樸 순박할 〔박〕: 통나무. 통나무는 인위적 가공 없이 자연 그대로 보존된 존재이다. 그것은 모든 목기(木器)의 기본 소재가 되고, 소박함과 정직함을 상징한다. 또한 통나무는 부(富)나 명예(名譽)나 권력(權力)에 대한 어떤 욕심도 가지고 있지 않다. unworked wood; wood that has not been fashioned into anything. This wood is in a state of nature without being trimmed off artificially. It becomes the basic materials of all the wooden wares, and symbolizes a simplicity and honesty. Also this wood does not have any desire for wealth, glory, and power.

寡 적을 〔과〕: 적게 하다. reduce.

【해설】

성인(聖人)처럼 총명(聰明)하다고 일컬어지는 사람과 책사(策士)처럼 지략(智略)이 뛰어나다고 일컬어지는 사람은, 대체적으로 이기적(利己的)이고, 권모술수(權謀術數)에 능한 인간들이다. 이들은 제 것을 먼저 챙기는 습성이 있고, 전쟁을 좋아하는 성향이 있으며, 일을 크게 벌이는 특성이 있다. 이들이 일을 저지르면 백성들은 피폐해진다. 그래서 이런 인간들을 끊어버리면 백성들의 이익은 백배나 더해진다고 말한 것이다.

인의(仁義)라는 말은 본래는 좋은 뜻을 나타내는 말이었다. 그러나 이것이 정치적으로 악용되면, 그 본래의 의미와는 달리 백성들의 생활을 속박하는 족쇄(足鎖)로 둔갑하게 된다. 인(仁)을 핑계 삼아 선행(善行)과 헌납(獻納)을 강요하고, 의(義)를 내세워 충성(忠誠)과 복종(服從)을 강요하기 때문이다. 그러므로 인의(仁義)를 강압적으로 요구하지 않으면 백성들이 자연스럽게 군주를 부모처럼 받들고 사랑하는 상태로 돌아가게 된다고 말한다.

위정자가 교활(巧猾)한 행정(行政)을 중단(中斷)하고, 이욕(利慾)을 밝히지 않으면, 탐관오리(貪官汚吏)와 같은 도적들은 없어지게 된다. 간교한 행정이란 위정자가 인재등용(人材登用)을 공정(公正)하게 하지 않고, 조세부과(租稅賦課)에 형평성(衡平性)을 기하지 않으며, 특정인에게 특혜를 주고 금품(金品)을 받는 행위 등과 같은 부정한 행위를 뜻한다.

위정자는 자기가 기본 바탕이 갖추어져 있는지 스스로 들여다보아야 하고, 자연 그대로의 순박(淳朴)한 무위(無爲)의 정치를 하겠다는 신념을 항상 마음속에 간직하고 있는지 점검하여야 한다. 그리고 사리사욕(私利私慾)의 고리를 끊고 공명정대(公明正大)한 정치를 펼쳐야 한다.

성지(聖智), 인의(仁義), 교리(巧利)는 모두 인위적으로 꾸며 놓은 장식품에 불과한 것들이다. 이것들을 끊어버리는 깃을 가지고 '백성을 다스리는 법도(法度)'로 삼기에는 부족하다는 것이다. 그러므로 추가하여야 하는 것이 있어야 한다고 주장한다. 그것이 바로 "見素, 抱樸, 少私, 寡欲" 등 네 가지 덕목이다. 이는 위에서 본 바와 같이 "위정자는 자기가 기본 바탕이 갖추어져 있는지 들여다보아야 하고, 가공하지 않은 통나무와 같은 순박함을 간직하여야 하며, 사적인 것을 축소하고 탐욕을 줄여야 한다."라는 것이다.

‖【외국학자 영문해석】‖

[1] Chapter 19

> Eliminate sageliness, throw away knowledge,
>
> And the people will benefit a hundredfold.
>
> Eliminate humanity, throw away righteousness,
>
> And the people will return to filial piety and compassion.
>
> Eliminate craftiness, throw away profit,
>
> Then we will have no robbers and thieves.
>
>
> These three sayings-
>
> Regarded as a text are not yet complete.
>
> Thus, we must see to it that they have the following appended:
>
> Manifest plainness and embrace the genuine;
>
> Lessen self-interest and make few your desires;
>
> Eliminate learning and have no undue concern.
>
> (Robert G. Henricks, *Te-Tao Ching Lao-Tzu,* The Modern Library New York(1993), p. 73)

[2] Chapter 19

> Banish learning, discard knowledge:
>
> People will gain a hundredfold.
>
>
> Banish benevolence, discard righteousness:
>
> People will return to duty and compassion.
>
>
> Banish skill, discard profit:
>
> There will be no more thieves.
>
>
> These three statements are not enough.
>
> One more step is necessary.

Look at plain silk; hold uncarved wood.

The self dwindles; desires fade.

(Stephen Addiss & Stanley Lombardo, *Tao Te Ching Lao-Tzu,* Shambhala Boston & London(2007), Ch. 19)

제 20 장 │ 절학무우 (絶學無憂)

絶學無憂.
절학무우

唯之與阿, 相去幾何. 善之與惡, 相去若何.
유지여아　　　　　상거기하　　　　선지여악　　　　상거약하

人之所畏, 不可不畏, 荒兮, 其未央哉.
인지소외　　　　불가불외　　　황혜　　　기미앙재

衆人熙熙, 如享太牢, 如春登臺, 我獨泊兮其未兆, 如嬰兒
중인희희　　　　여향태뢰　　　여춘등대　　　　아독박혜기미조　　　여영아

之未孩. 儽儽兮, 若無所歸.
지미해　　　누루혜　　　약무소귀

衆人皆有餘, 而我獨若遺. 我愚人之心也哉. 沌沌兮.
중인개유여　　　　이아독약유　　　　아우인지심야재　　　돈돈혜

俗人昭昭, 我獨若昏. 俗人察察, 我獨悶悶. 澹兮其若海,
속인소소　　　　아독약혼　　　속인찰찰　　　아독민민　　　담혜기약해

飂兮若無止.
표혜약무지

衆人皆有以, 而我獨頑且鄙. 我獨異於人, 而貴食母.
중인개유이　　　　이아독완차비　　　　아독이어인　　　이귀식모

해석│소위 배웠다고 하는 사람들을 버리면, 근심할 일이 사라진다.

When a ruler gives up what is called "those who learned something", he will become free from troubles.

"예" 하는 대답(존대하는 대답)과 "응" 하는 대답(격식을 차리지 아니한 대답) 사이의 차이는 얼마나 되는가?

Between "yes" (an honorific answer) and "yeah" (an informal response), how much difference is there?

선(善)과 악(惡) 사이의 차이는 얼마나 된단 말인가? (천재와 바보는 종이 한 장 차이라는 속담이 있다.)

Between good and evil, what difference is there? (There is a proverb which says "The difference between a genius and a fool is paper-thin.")

남들이 두려워하는 것은 나도 두려워하지 않을 수 없다. 광대(廣大)하다. (道란) 참으로 끝이 없구나.

About what others fear, I also cannot but fear it. Dao is vast. It is indeed endless.

세상 사람들은 희희낙락(喜喜樂樂)하는데, 그것은 마치 큰 잔치를 향유(享有)하는 것 같기도 하고, 봄에 누각(樓閣)에 올라가는 것 같기도 하다. 그런데 나만 홀로 활동하지 않거니와 어떤 일을 시작할 생각조차 없으니, 나는 아직 웃음도 알지 못하는 어린아이 같구나. 그리고 너무 힘이 빠진 상태에 있어 돌아갈 곳이 없는 사람 같다.

Many people are rejoicing together, it seems as if they enjoyed a great banquet, and as if mounted on a tower in spring. But as I alone do not move and have no mind to start something yet, I am like an infant that has not yet known a sense of smile. I am in a state of being too much exhausted, I am like a man that has not yet had home to return.

많은 사람들이 모두 여유(餘裕)를 가지고 있는데, 나만 홀로 많은 것을 잃어버린 것 같고, 나의 마음이 우매한 사람의 마음과 같다. 혼란스럽다.

Lots of people all have enough and to spare, while I alone seem to have lost much. My mind is like that of a stupid man. I am in a state of confusion.

세상 사람들은 사리(事理)에 밝은데, 나만 홀로 어두운 것 같다. 세상 사람들은 (세상이 어떻게 돌아가고 있는지) 잘 살피는데, 나만 홀로 세상사에 무지한 것 같다. 조용히 머물러 있다. 잠잠한 바다와 같다. 거센 바람의 모습이다. 마치 머물 곳이 없는 것처럼 이곳저곳을 떠돌고 있구나.

Worldly people all have good sense, while I alone seem to know little of the world. People see well (how things go on), but I alone seem to be ignorant of the world. I remain quietly. I am like a calm sea I am like the appearance of a strong wind. I wander from place to place, as if I had no where to rest.

사람들은 모두 쓰이는 일이 있지만, 나는 유독 재주가 없고 비천한 것 같다. 나만이 유독 다른 사람과 달라서 길러주는 어머니를 귀하게 여긴다.

People all have their usefulness, but I alone seem to be dull and humble. As I alone am different from other men, I consider the nursing-mother [Mother Nature or Dao] as dear.

【주석】

絕 끊을 [절]: 끊다. 그만두다. give up; renounce.

學 배울 [학]: ① 학문. 당시 배움의 대상은 육예(六藝)였다. 육예는 인위적(人爲的)으로 만들어진 학문이다. 자연적인 것이 아니며 도(道)와는 대조되는 개념이다. 주(周)왕조 시대의 육예(六藝)는 학자들이 반드시 익혀야 하는 여섯 가지 기예(技藝)로서, 예를 들면 예(禮, rites)·악(樂, music)·사(射, archery)·어(御, driving a chariot)·서(書, writing), 그리고 수(數, arithmetic)이다. 이들 육예를 크게 두 그룹으로 나눈다면 도덕규범(道德規範)과 전술(戰術)로 요약할 수 있다.

Learning. The objects of learning at that time were to study "six arts(六藝)". It is learning made by human skill, so it is not natural. It is a conception which is in contrast to Dao [道]. In the age of the Zhou Dynasty, learning was widely known as "six arts" which ancient scholars were required to master, for example, rites(禮), music(樂), archery(射), driving a chariot(御), writing(書), and arithmetic(數). If we divide these six arts into two groups in a large sense, these may be summed up in moral standards and tactics.

② 배운 사람들. 무언가를 배웠다고 불리는 사람들. what is called "those who learned [studied] something"; what is called the men who studied a lot.

③ 학문의 본래의 목적은 교양을 높이고 체력을 단련하는 것이었다. 그런데 위정자들은 이것을 그들의 정치적 목적에 이용하였다. 문제는 선비들이 백성을 위하여 일을 하려고 하지 않고 자신의 출세를 위하여 행동하였다는 것이다. "배웠다는 사람들"은 출세하려는 특성을 지니고 있다. 그래서 그들은 권력자에게 아부(阿附)하고 전쟁에서 뛰어난 공적(功績)을 세우려고 한다. 그 결과 그들은 위정자의 앞잡이인 책사(策士)로 전락하였다. 이 때문에 그들은 백성을 착취하고 인접국을 침탈(侵奪)하는 데 주도적 역할을 하였다. 고대 중국 춘추전국시대에 이런 일이 많이 발생하였다. 그래서 노자는 위에 말한 바와 같이 "학문을 버리면 (혹은 무언가 배웠다는 사람들을 버리면) 근심할 일이 사라진다."라고 비판한 것이다.

The original purpose of learning was to enhance the level of one's culture and build up one's physical strength. But those who govern the people employed this learning in their political aim. The question was that scholars were not going to work for the people, but tried to seek their own promotion. What is called "those who learnt something" possess the characteristics trying to rise to a high position. Therefore they flatter a power holder, and seek to render distinguished services in war. As a result, they degraded into a tool of a ruler, a schemer. For this reason, they played a leading role in exploiting the people and invading neighboring countries. This kind of events occurred a lot during the Spring & Autumn period and the Warring States age in ancient China. Therefore Laozi(老子) criticized as described above, "When one gives up one's learning, one becomes free from troubles."

唯 예 (유): 예. 공손하게 대답하는 말. 성현영(成玄英)은 "유(唯)는 공손하게 대답하는 것이고, 아(阿)는 거만하게 응답하는 것이다"라고 설명한다(唯, 敬諾也. 阿, 慢應也). yes; an honorific word; a term of respect.

之 (지): ~와. ~과. (연세대 허사사전편찬실, 『허사대사전』, 성보사(2001), p. 749) 접속사로서 "여(與)"에 상당하고 연합을 나타내며, 단어와 단어 사이에 사용한다. "~와"라고 해석한다(김원중 편저, 『허사사전』, 현암사(2001), p. 816). 여기서는 지(之)도 "~와"의 역할이고, 여(與)도 "~와"의 역할이다. and.

阿 대답하는 소리 〔아〕: 거만하게 응답하는 소리. yea; a haughty expression; rough talk; words lacking in respect; impolite speech.

相去 〔상거〕: 서로 떨어짐. 서로 간의 거리. 서로 간의 차이. 상호 간의 차이. each other's difference; mutual difference; a difference between the two; a difference between ("yes" and "yea").

相 서로 〔상〕: 서로. 차이가 나다. each other; one another; there is a difference.

去 갈 〔거〕: 떨어지다. 떨어져 있는 것. 시간·공간적으로 떨어져 있음을 나타낸다. there is a difference (between); disagree (with); differ (from).

幾 몇 〔기〕: 몇. 얼마. 어느 정도. what distance; how far; some distance; how different; to some degree; to some extent.

何 어찌 〔하〕: 얼마. 어느 정도. 어찌. how; how long; to some degree; to some extent.

若 같을 〔약〕: ① 같다. same; like. ② 어떠한가. 어찌하는가. how; be like what.

人 사람 〔인〕: 남. 타인. 하상공은 "人이란 도를 추구하는 사람을 말한다(人謂道人也)."라고 설명한다. others; other people; the men who seek to know Dao [such an action as the universe governs all things].

畏 두려워할 〔외〕: 두려워하다. 하상공은 "도를 추구하는 사람이 두려워하는 것은 '배웠다고 불리는 사람들'을 끊지 못한 임금이다. 아첨을 잘하는 사람을 가까이 하고, 어진 사람을 죽여 버리는 것을 두려워하지 않을 수 없다(人所畏者, 畏不絶學之君, 不可不畏近令色殺賢人)"라고 설명한다. fear.

不可不 〔불가불〕: ~하지 않을 수 없다. cannot but do; cannot help doing; cannot help but do.

荒 클 〔황〕: 광대하다. 넓다. vast and boundless; great.

兮 어조사 〔혜〕: 잠시 말을 멈추었다가 다시 어세를 높이는 어조사. 음조(音調)를 고르는 데 쓰이기도 하고, 운문(韻文)의 구말(句末)이나 중간에 놓여 어세(語勢)를 멈추었다가 다시 어세를 높이는 데 쓰이기도 한다(『동아 새한한사전』 제2판, 두산동아, p. 267). 말을 잠깐 멈추었다가 다시 시작할 때 쓰는 어법으로 쉼표(comma)와 같은 역할을 한다고 볼 수 있다. ① equivalent to comma. ② used to indicate the feeling of exclamation.

③ used as poetical language.

未 아닐 〔미〕: 아니다. 없다. 不, 弗, 非와 같다. not; no; not yet.

央 다할 〔앙〕: 다하다. 끝나다. 진(盡)과 같다. 여기서는 명사로서 "끝"을 뜻한다. end.

哉 〔재〕: 감탄의 어기를 나타내는 어조사(하구나. 하도다). used in exclamations(*A Chinese-English Dictionary*, Revised Edition, Beijing Foreign Language University(1997), p. 1563). used to indicate the feeling of exclamation; equivalent to an exclamation mark.

熙 기뻐할 〔희〕: 기뻐하다. "熙熙"는 희희낙락(喜喜樂樂)한 모양을 나타낸다. rejoice.

享 누릴 〔향〕: 누리다. 향유(享有)하다. enjoy.

太牢 〔태뢰〕: 큰 잔치. 소, 양, 돼지의 고기를 갖춘 큰 잔치를 뜻한다. 뇌(牢)는 소, 양, 돼지의 세 희생을 말한다. a great banquet; a full banquet.

登臺 〔등대〕: 누각에 올라가 놀다. mount on a tower; clime a terrace.

泊 머무를 〔박〕: 머무르다. 정지하다. 움직이지 않다. stay; remain; do not move.

兆 개시할 〔조〕: 시작. 시작 신호. 어떤 일을 시작할 마음. start; a starting signal; a mind to begin something.

孩 웃을 〔해〕: 웃다. 어린아이가 웃다. laugh; smile.

衆人 〔중인〕: 많은 사람들. a great [large] number of people; a multitude.

有餘 〔유여〕: 여유가 있다. have (things; something) in reserve; have enough and to spare.

遺 잃을 〔유〕: 잃다. 실(失)과 같다. lose.

也哉 〔야재〕: 감탄(感歎) 및 반문(反問) 등의 어기(語氣)를 나타낸다. (연세대 허사사전편찬실,『허사대사전』, 성보사(2001), p. 414) indicating exclamation, and used to pose a question or counter question.

沌 기운 덩어리 〔돈〕: 혼돈(混沌). 혼돈은 천지가 아직 개벽(開闢)되지 않아 모든 사물이 확실히 구별되지 않는 상태. (『한한대자전』, 민중서림(1997), p. 1121) a state of chaos [confusion, disorder].

昭 밝을 〔소〕: 밝다. 사리(事理)에 밝다. have good sense; listen to reason; be sensible.

昏 어두울 〔혼〕: 어둡다. 사리에 어둡다. 깨닫지 못하고 헤매다. know little of the world; be ignorant of the world.

察 살필 〔찰〕: 살피다. see; watch; look into the causes.

悶 어두울 〔민〕: 어둡다. 사리에 어둡다. 깨닫지 못하다. be impervious [inaccessible] to reason; do not perceive the requirements of the time and wander about.

澹 조용할 〔담〕: 고요하다. 조용하다. calm; quiet.

飇 폭풍 〔표〕: 폭풍(暴風). 세찬 바람. 표(飆)와 같다. a storm. a gale; a strong wind.

止 그칠 〔지〕: 그치다. 멈추다. 머무르다. cease; stay; remain.

以 써 〔이〕: 쓸모. usefulness.

頑 둔할 〔완〕: 둔하다. 재주가 없다. dull; thick-headed; slow-witted; dull-brained.

鄙 천할 〔비〕: 비천(鄙賤)하다. 어리석다. humble; low; mean; vulgar; foolish.

食母 (식모): 유모(乳母). 밥을 주며 길러주는 어머니. 왕필(王弼)은 "식모(食母)는 삶의 근본이 된다. 사람들이 모두 백성을 살리는 근본을 저버리고 말단적인 장식의 화려함을 귀하게 여기므로, 나 혼자라도 남들과 다르게 가려고 한다고 말한다."라는 의견이고 (食母生之本也. 人皆棄生民之本, 貴末飾之華, 故曰我獨欲異於人), 범응원(范應元)은 "식 (食)은 사람을 기르는 물건으로, 사람에게 없어서는 안 되는 것이다. 모(母)는 도(道) 를 가리켜 말한 것이다."라고 주장한다(食者養人之物, 人之所不可無者也. 母者指道 而言也). 결국 "백성을 살리는 근본"은 "길러주는 어머니(食母)"이고, 길러주는 어머니 는 "대자연(大自然, Mother Nature)", "우주(宇宙)", 혹은 "도(道)"를 가리키는 말이 된 다. 대자연은 만물을 품고 먹여주고 재워주고 길러주기 때문이다. 위정자(爲政者)도 대자연이 만물을 다스리는 것을 본받아 만백성(萬百姓)을 포용하고 그들이 편안한 삶 을 영위할 수 있도록 선정(善政)을 펴야 한다는 뜻을 담고 있다. the nursing-mother; This indicates Mother Nature, Dao.

貴 귀할 〔귀〕: 귀하게 여기다. 소중히 여기다. value; hold a person dear; consider a person as dear.

【해설】

하상공(河上公)은 절학무우(絶學無憂)란, "진리가 아닌 학문을 끊고, '도(道)의 겉치장' 같은 것과 야합(野合)하지 않는 것인데, 진실성 없이 '겉만 화려한 것'을 제거하면 근심과 걱정이 없게 된다."라고 말한다(絶學不眞, 不合道文, 除浮華則無憂患). 왕필(王弼)은 "하편(제48장)에서 학문을 하면 날마다 (지략이) 늘어나지만, 도(道)를 익히면 날마다 (지략이) 줄어든다. 그래서 학(學)이란 능력을 길러서 지략(智略)을 진척(進陟)시키는 것이다. 만약 아무런 욕심이 없이 만족한다면 어찌 늘려나가는 일을 구하겠는가?'라고 말한다(下篇云, 爲學者日益, 爲道者日損. 然則學求益所能, 而進其智者也. 若將無欲而足, 何求於益).

부귀영화(富貴榮華)를 노리고 공부하려는 생각, 출세(出世)를 위해 배우겠다는 욕망을 버리면 근심걱정할 일이 없어진다. 근심걱정과 같은 번뇌(煩惱)는 부귀영화에 대한 집착(執着)에서 일어나기 때문이다.

사회생활을 하는 데 있어서 "예"라고 하는 공손한 말투와 "응"이라고 하는 속된 말투가 있다. 인간들이 만들어 놓은 예의범절(禮儀凡節)에서는 "예"를 쓰라고 강요한다. 그러나 어느 것이나 의사소통에는 문제가 없다. 또한 선(善)은 좋은 것이고 악(惡)은 나쁜 것이라고 규정하지만. 선(善)과 악(惡)도 인간이 만들어 놓은 잣대일 뿐이다. 이는 도둑질하는 것은 악(惡)이고 충성(忠誠)을 다하는 것은 선(善)이라고 규정한다. 그러나 오래 굶주린 사람이 남의 사과밭에 들어가 사과를 따 먹는 것과 야생의 사과를 자기 밭으로 옮겨다 심은 사과밭 주인의 행위가 얼마나 다르단 말인가? 폭군에게 간언(諫言)을 하는 것은 악(惡)이고, 그에게 아부하며 맹종(盲從)하는 것은 선(善)이란 말인가? 인간이 그렇게 만들어 놓았을 뿐이다. 행정당국은 각종 인허가(認許可), 위생검사(衛生檢査) 등에 관한 규제(規制)를 까다롭게 만들어 놓고 누군가가 걸려들기를 기다린다. 걸려들면 약자(弱者)에게는 법적 책임을 묻지만, 강자(强者)에게는 뇌물을 받고 풀어준다. 예나 지금이나 흔히 있는 일이다. 인간들이 인위적(人爲的)으로 만들어 놓은 덫이기 때문에 그 처리도 인간들이 마음대로 하는 것이다. 선악(善惡), 귀천(貴賤), 미추(美醜), 시비(是非) 등에 대한 가치판단은 상대적(相對的)이다. 시대(時代)에 따라 변하고, 처한 환경(環境)에 따라 달리 해석될 수 있다. 이를 절대적(絶對的)인 것인 양 강요하는 것은 옳지 않다. 그래서 노자는 "예' 하는 대답과 '응' 하는 대답 사이의 차이는 얼마나 되고, 선(善)과 악(惡) 사이의 차이는 얼마나 되느냐?'라고 반문한 것이다.

강제규정이 없다 하더라도 남들이 두려워하는 것은 본인도 두려워하기 마련이다. 그러므로 스스로 자제(自制)하게 된다. 강제로 인간의 행위를 속박(束縛)할 필요는 없다는 입장이다. 자연의 작용이란 망망대해처럼 광대(廣大)하고 심오(深奧)한 것이다. 그것을 모두 다 깨달을 수는 없다. 그런데 유가(儒家)에서는 이를 다 파악한 양 예법(禮法)이라는 이름으로 3,300개의 조항을 만들어 "이것은 선(善)이고, 이것은 악(惡)이다."라고 규정한다.

세상 사람들은 부귀공명(富貴功名)이 인생의 전부인 것처럼 착각하고, 출세(出世)를 위해 날뛰고, 그것을 얻으면 희희낙락(喜喜樂樂)하며 큰잔치를 벌인다. 누각(樓閣)에 올라 가무(歌舞)를 즐기기까지 한다. 그런데 노자는 함부로 행동하지 않고 웃음조차 잃어버린 사람처럼 조용히 묵상(黙想)한다. 세상 사람들은 모두 사리(事理)에 밝고, 세상일을 세밀하게 잘 살피는데, 그는 홀로 깨닫지 못하고 헤매는 어리석은 인간이 아닌가 하고 자성(自省)하기도 한다. 그는 스스로 "어리석은 사람(愚人)임"을 자처한다. 노자가 생각하는 "어리석은 사람"이란 세파(世波)에 때 묻지 않고 순박하고 진실된 사람을 의미하며, 자연의 섭리에 따라 사는 사람을 뜻한다. 2009년 2월 16일에 선종(善終)한 김수환 추기경의 나눔의 정신을 이어가는 단체 중에 "바보의 나눔"이라는 자선단체가 있다. 이 역시 세속적인 이해관계를 떠나 순박하고 진실된 사람들의 나눔의 정신을 상징적으로 나타낸 이름이다. "바보 같은 사람", "어리석은 사람"이란 이러한 상징적인 의미를 지닌 이름이다.

사람들은 모두 등용되고 있지만, 그는 유독 융통성 없이 완고하고 비천하여 이렇다 할 지위에 머물러 있지 못한다고 여긴다. 그러나 그만이 유독 다른 사람과 달라서 길러주는 어머니를 귀하게 여긴다고 자신 있게 말한다. 貴食母는 글자 그대로 "길러주는 어머니를 귀하게 여기다."라는 뜻이다. 이것은 길러준 어머니와 같은 근원적인 존재인 도(道) 즉 우주 대자연을 귀중하게 여긴다는 뜻이다. 자연은 만물을 먹여주고 길러주는 근원적인 모체(母體)이기 때문이다.

【외국학자 영문해석】

[1] Chapter 20

1. When we renounce learning we have no troubles.
   The (ready) 'yes,' and (flattering) 'yea;'-
   Small is the difference they display.

But mark their issues, good and ill;-

What space the gulf between shall fill?

What all men fear is indeed to be feared; but how wide and without end is the range of

   questions (asking to be discussed)!

2.   The multitude of men look satisfied and pleased; as if enjoying a full banquet, as if

   mounted on a tower in spring. I alone seem listless and still, my desires having as yet

   given no indication of their presence. I am like an infant which has not yet smiled. I

   look dejected and forlorn, as if I had no home to go to.

   The multitude of men all have enough and to spare. I alone seem to have lost

   everything. My mind is that of a stupid man; I am in a state of chaos.

   Ordinary men look bright and intelligent, while I alone seem to be benighted. They

   look full of discrimination, while I alone am dull and confused. I seem to be carried

   about as on the sea, drifting as if I had nowhere to rest. All men have their spheres of

   action, while I alone seem dull and incapable, like a rude borderer. (Thus) I alone am

   different from other men, but I value the nursing-mother (the Tao).

(James Legge, *The Texts of Taoism, The Tao Te Ching of Lao Tzu,* Dover Publications, Inc. New York(1962), pp. 62-63)

[2] Chapter 20

   Be done with knowing and your worries

      will disappear.

   How much difference is there between yes and no?

   How much distinction between good and evil?

   Fearing what others fear, admiring

      what they admire-

      nonsense.

   Conventional people are jolly and reckless,

      feasting on worldly things and carrying

on as though every day were the

beginning of spring.

I alone remain uncommitted, like an

infant who hasn't yet smiled:

lost, quietly drifting, unattached

to ideas and places and things.

Conventional people hoard more than they need,

but I possess nothing at all,

know nothing at all,

understanding nothing at all.

They are bright; I am dark.

They are sharp; I am dull.

Like the sea, I am calm and indifferent.

Like the wind, I have no particular direction.

Everyone else takes his place and does his job;

I alone remain wild and natural and free.

I am different from others: my sustenance

comes directly from the mother.

(Brian Browne Walker, *the Tao Te Ching of Lao Tzu*, St. Martin's Griffin New York(1995), Ch. 20)

제 21 장 | 공덕지용 (孔德之容)

孔德之容, 唯道是從, 道之爲物, 惟恍惟惚.
공덕지용   유도시종   도지위물   유황유홀

惚兮恍兮, 其中有象, 恍兮惚兮, 其中有物.
홀혜황혜   기중유상   황혜홀혜   기중유물

窈兮冥兮, 其中有精, 其精甚眞, 其中有信.
요혜명혜   기중유정   기정심진   기중유신

自古及今, 其名不去, 以閱衆甫. 吾何以知衆甫之狀哉, 以此.
자고급금   기명불거   이열중보   오하이지중보지상재   이차

해석 | 큰 덕을 지닌 사람의 모습을 보면, 오직 도(道)만을 따르고 있다. 도(道)라는 것은 (우주가 만물을 다스리는 것과 같이) 있는 것 같기도 하고, 없는 것 같기도 하여 그 실체를 잘 알 수가 없다.

When we look into the appearance of a man who possesses great virtue, we can know that he follows only the Dao. What is called the Dao, it is something that seems to be both existent and nonexistent (as if the universe governs all things). (Therefore we cannot grasp its real aspects.)

없는 것 같기도 하고, 있는 것 같기도 하여 잘 볼 수는 없지만 그 가운데에 어떤 형상(形象)이 있다. 있는 것 같기도 하고, 없는 것 같기도 하여 확실히 분간되는 것은 아니지만, 그 안에서 온갖 물건이 생겨난다.

It seems to be both nonexistent and existent. Therefore we cannot see well what it is, but there is an image within it. It seems to be both existent and nonexistent. Therefore we cannot distinguish exactly what it is, but all kinds of things are formed within it.

깊고 멀고 어두워서 잘 보이지는 않지만, 그 가운데에 만물생성의 근본이 되는 음양(陰陽)의 기운(氣運)이 있다. 그 기운은 아주 순수(純粹)하고, 그 안에는 '끊어지지 않고

계속 이어지는 속성(屬性)'이 있다.

As it is deep, far away, and dim, it is invisible clearly, but there are vital energies of Yin and Yang (that become the constituent elements for the formation of all things). As such energies are very genuine (without an artificial manipulation), those possess the characteristics that are continuously preserved without becoming extinct within it.

예부터 지금에 이르기까지 (道라고 하는) 그 이름이 떠나가지 않았으니, 그것으로써 만물의 시원(始原)을 살펴볼 수가 있다. 내가 무엇으로써 만물의 시원(始原)의 모습을 알 수 있겠는가? 이것으로써 아는 것이다.

From ancient times till now, its name [the name called the Dao] has not disappeared. Thereby we can look into the beginning of all things. By what means can I know the beginning of all things? I know it by these.

(이것이란 앞에 나온 문장 전체 "道之爲物, 惟恍惟惚, 惚兮恍兮, 其中有象, 恍兮惚兮, 其中有物, 窈兮冥兮, 其中有精, 其精甚眞, 其中有信"를 가리키는데, 핵심은 '道 가운데 음양의 기운이 있다.'고 하는 '其中有精'이다.)

(These indicate the sentences mentioned above, namely, "What is called the Dao, it is something that seems to be both existent and nonexistent. It seems to be both nonexistent and existent. Therefore we cannot see well what it is, but there is an image within it. It seems to be both existent and nonexistent. Therefore we cannot distinguish exactly what it is, but all kinds of things are formed within it. As it is deep, far away, and dim, it is invisible clearly, but there are vital energies of Yin and Yang that become the constituent elements for the formation of all things. As such energies are very genuine without an artificial manipulation, those possess the characteristics that are continuously preserved without becoming extinct within it." The heart of the above sentences is that there are the energies of Yin and Yang which is immanent in the Dao.)

【주석】

孔 클 〔공〕: 크다. 위대하다. great; grand.

孔德 〔공덕〕: 대덕(大德). 위대한 덕(德). 노자가 생각하는 덕(德)이란, "우주가 만물을 다스리는 것과 같은 작용인 '도(道)'를 배우고 익혀 이를 실천할 수 있는 능력을 마음속에 쌓아 놓은 것"을 뜻한다. 이에 비하여 유가(儒家)의 덕은, "인의예지(仁義禮智)와 같은 '사람으로서의 도리'를 배우고 익혀, 이를 실천할 수 있는 능력을 마음속에 쌓아 놓은 것"을 의미한다. 나라를 다스린다는 측면에서 보면 공덕(孔德)은 불편부당(不偏不黨)과 무사무욕(無私無慾)의 자세로 모든 사람을 포용하는 "위대한 정치", "큰 정치"를 뜻하게 된다. great virtue; grand virtue; boundless virtue.

是 옳을 〔시〕: 문장의 가운데에 쓰여 목적어가 전치(前置)된 것을 나타낸다. 일반적으로 범위를 나타내는 부사인 유(唯), 유(惟) 등과 호응하는데, 이 경우 해석하지 않는다(예: 皇天無親, 惟德是輔(황천무친, 유덕시보). 하늘은 친함이 없이 오직 덕이 있는 사람을 돕는다[尙書. 蔡仲之命]). (연세대 허사사전편찬실, 『허사대사전』, 성보사(2001), p. 371) 위 문장의 "오직 도만을 따르고 있다."의 唯道是從의 경우에도 동사인 從의 목적어가 앞에 나와 있다. the objective case marker.

物 만물 〔물〕: 만물. 일. 것. "것"이란 사물, 현상, 사상, 존재 등의 이름 대신으로 쓰는 말. 예컨대 "이 물건", "저 물건" 대신에 "이것", "저것"으로 표현하는 것과 같다. thing.

惟 오직 〔유〕: ① 오직. only. ②『한어대사전』은 연사(連詞)로서 "여(與), 화(和)에 상당하다(相當于'與', '和')"라고 설명한다(中國 世紀出版集團, 『漢語大詞典』, 漢語大詞典出版社(2000), p. 1163). 그런데 與 혹은 和는 모두 "~와", "~과", "~와 함께", "~와 같이" 등의 의미를 지니고 있다. and; with; together; same; like.

恍惚 〔황홀〕: ① 황홀하다. 恍도 "황홀하다"의 뜻이고 惚도 "황홀하다"의 뜻이다. be in ecstasies; be in raptures. ② 미묘하여 그 속내를 헤아려 알 수 없는 모양(『동아 새 한한사전』 제2판, 두산동아, p. 711). subtle; hard to notice by means of the senses. ③ 있는 것 같기도 하고 없는 것 같기도 한 신비스러운 것. a mysterious thing that seems to be both existent and nonexistent. ④ 글자의 의미를 보면 심(忄)은 마음 혹은 생각을 뜻하고 두 글자 모두 공통적으로 가지고 있다. 광(光)은 "빛나다"는 뜻이고, 홀(忽)은 "없어지다(滅, 亡)"라는 의미이다. 두 글자를 합쳐 생각해 보면, "눈부시게 빛

나는 것 같기도 하고 (그 빛이) 사라져 희미하게 반짝이는 것 같기도 하다.”라는 의미
가 된다. seem to be both dazzle and shimmer. ⑤ 중국의 학자인 감산(憨山, 釋德淸)은
“황홀이란 있는 것 같기도 하고 없는 것 같기도 하여 그 뜻을 (정확히) 지적할 수 없는
것을 말한다.”라고 설명하고(恍惚, 謂似有若無, 不可指之意), 하상공(河上公)은 제14
장의 황홀에서 “있는 것 같기도 하고 없는 것 같기도 하여 볼 수가 없는데, 그것을 황
홀이라고 말한다.”라고 설명한다(若存若亡, 不可見也, 謂之恍惚). a mysterious world
that seems to be both existent and nonexistent.

物 만물〔물〕: 만물. 사물(事物). 일. 사실관계. 사물이 처한 상황(예컨대 남북문제, 한미동맹,
노사문제, 환경문제 등은 “일”에 관한 것이고, 육류, 곡물, 과일, 채소 등의 과부족은 물
건에 관한 사항이다. 이런 것들이 처한 상황이 사물이 처한 상황이다. thing; creature;
matter; material; outside world as distinct from oneself; people other than oneself;
other people; content; essence; substance. (The Commercial Press. Beijing, New Age
Chinese-English Dictionary, (2001), p. 1636 “物”)

有 있을〔유〕: 일어나다. 생기다(『한한대자전』, 민중서림(1997), p. 964). “있기도 하다”, “없는 일
이 보통인데, 생겨나기도 하다”의 뜻이다(『동아 새한한사전』제2판, 두산동아, p. 902).

窈 그윽할〔요〕: 그윽하다. 심원하다. 깊고 멀다. subtle and profound; deep and far away.

冥 어두울〔명〕: 어둡다. 깊숙하다. 아득하다. dark; dim; far; far away; remote.

精 찧을〔정〕: 만물 생성의 기본이 되는 음양(陰陽)의 기운(氣運). 사전(辭典)에서는 “정기(精
氣)”, “생명의 근원”, “만물을 생성하는 음양의 기운”, “정액(精液)” 등으로 설명한다(『교
학 한한사전』제4쇄, 교학사(2005. 1. 25.), p. 1542). 옛날에 곡식을 찧을 적에는 절구
를 사용하였다. 절구에는 곡식을 찧는 방망이인 절굿공이가 있고, 찧는 행위를 받아들
이는 절구통이 있다. 이들의 합작으로 알곡이 산출된다. 음과 양의 결합에 의하여 자
식이 탄생하는 일에 비유할 수 있다. vital qi [氣] of yin [陰] and yang [陽]; the energies
of Yin and Yang which produce and maintain all things.

甚 심할〔심〕: 매우. 몹시. 대단히. very; much; greatly.

眞 참〔진〕: 참. 진짜. 순수한 것. 인위적이거나 거짓이 섞이지 아니한 순수한 것, 자연 그대
로인 것을 뜻한다. pure; genuine.

信 믿을 〔신〕: ① 진실(眞實). 신뢰(信賴). 성실(誠實). 증거(證據). 증험(證驗). 신험(信驗) 등 다양한 의미로 해석하고 있으나 문맥이 잘 통하지 않는다. ② 지키다. 보전하다. 따르다. 좇다. (『동아 새한한사전』 제2판, 두산동아, p. 209) 보전되는 것, 즉 계속 이어지는 것을 나타낸다. 信(신용, 믿음)이란 하루아침에 형성되는 것이 아니다. "계속 이어져야 하는 성격"을 지닌다. 신(信)에 "일회용(一回用)"은 통하지 않는다. 처음부터 끝까지 일관되게 따르는 영속성(永續性)을 지녀야 한다. 중간에 끊어지거나 이탈하면 "신용(信用)을 잃는다."라고 이야기한다. 그러므로 신(信)이란 글자는 "끊어지지 않고 계속 이어지는 속성"을 지니고 있다고 볼 수 있다. 또한 신(信)은 성(誠)과도 통한다. 성(誠)은 "시종일관(始終一貫) 계속하는 것"을 의미하는 글자이다. 『중용(中庸)』 제25장에서는 "성(誠)은 온갖 물건에 있어서 '처음부터 끝까지 한결같이 하는 것'으로, 성(誠)이 없다면 만물은 존속하지 않게 된다."라고 말한다(誠者, 物之終始, 不誠無物). 태초(太初) 이래 음양의 교감(交感)이 계속되어, 종족번식(種族繁殖)이 연면하게 이어져 왔음을 뜻한다. to be continuously connected without being exterminated in one's energies; the characteristics that one's energies are continuously preserved without becoming extinct.

何以 〔하이〕: 어떻게. 무엇으로. 무슨 방법으로. 어떤 방법으로. how; in what way or manner; by what means.

衆 무리 〔중〕: 많은 물건(萬物). 많은 일(萬事). 많은 사람(萬人). all things; many people.

甫 비로소 〔보〕: 시원(始原). 근원(根源). origin; root; beginning.

狀 형상 〔상〕: 상태(狀態). 형상(形狀). state; situation; circumstances; shape; form; phenomena.

【해설】

노자는 제4장에서 "도(道)는 '빈 그릇(道沖)'으로서 (그것에 아무리 많은 것을) 담아도 언제나 차지 않는다. 심오(深奧)하다! (도란) 마치 만물(萬物)의 종주(宗主)인 것 같다."라고 하였다(道沖而用之, 或不盈. 淵乎. 似萬物之宗). 그리고 제25장에서는 "(하늘과 땅이 아직 나뉘지 않고, 사물(事物)의 구별이 확연(確然)하지 않은) 혼돈상태(混沌狀態, Chaos)로 이루어진 것이 있었는데, 이것이 천지(天地)보다 먼저 생겼는데, '천하(天下)의 어머니'

가 될 만하다."라고 주장한다(有物混成, 先天地生. 可以爲天下母). 그렇다면 그것은 무엇을 뜻하는 것일까? 만물의 근본이 되는 주체로서 천지보다 먼저 있었던 존재라면, 그것은 천지(天地)가 아직 나누어지기 이전의 혼돈상태(混沌狀態)의 우주(宇宙)일 것이다. 우주는 천지만물을 모두 담고 있기 때문이다. 장자(莊子) 대종사(大宗師) 편에도 "대체로 도(道)란 터득할 수는 있으나 볼 수는 없다. (다른 것에 의존하지 않고) 스스로 그 자체가 근본이 되고, 천지(天地)가 생겨나기 이전의 옛날부터 본래 존재하여 왔다."라고 주장한다(夫道, … 可得以不可見, 自本自根, 未有天地, 自古以固存).

옛사람들은 태초의 우주는 형체를 갖춘 물건 없이 텅 비어 있었다고 여겼다. 그러나 그 공간에는 눈에 보이지 않는 기(氣)가 흐르고 있다고 생각하였다. 그 기운(氣運)이 바로 음(陰)의 기운과 양(陽)의 기운이다. 이 두 기운이 융합하여 생명체를 만들었다는 생각이다. 이는 오늘날 천문학자들이 주장하는 대폭발이론과도 통한다. 서울대 물리학부 김수봉 교수는 "우주는 137억 년 전, 지구는 45억 년 전에 생성되었다. 우주대폭발 뒤 3분쯤 됐을 때 수소와 헬륨이 생겨났고, 이 두 원소가 핵융합을 일으켜 더 복잡한 원소가 만들어졌고, 이들이 모여 별(星)이 되었으며, 인간을 포함한 우주의 모든 물질이 이들 원소에서 비롯됐다."라고 이야기한다(2011. 5. 17. 조선일보). 그러므로 대폭발 당시에는 지구도 없었고 인간도 없었고, 그리고 다른 생명체도 없는 텅 빈 상태였다는 이야기가 된다. 형체를 갖춘 물건이 없는 무(無)의 상태이다. 빅뱅이 일어난 후 92억 년이 지나서 지구가 생성되었다면, 지구가 생성된 이후에야 동물과 식물 그리고 인류가 생겨났을 것이다. 소립자물리학 및 우주론 분야에서 세계적인 석학으로 꼽히는 김정욱 고등과학원 명예교수는 "현대 물리학에 따르면 137억 년 전 우주가 만들어진 대폭발(Big Bang) 당시, 모든 입자는 질량이 없는 상태였다. 빅뱅 당시 용광로와 같아 +전기와 -전기를 띤 입자들이 대칭을 이루며 균일하게 있었다."라고 말한다(2013. 10. 21. 조선일보). 또한 위에서 언급한 바와 같이 대폭발이 일어난 뒤 3분쯤 되었을 때 수소와 헬륨이 생겨났다고 말하였는데, 이들 원소 속에는 양의 기운을 가진 양자(+)와 음의 기운을 가진 전자(-)가 내재되어 있으므로 빅뱅에 의하여 음양의 기운이 발생하였고 지금까지 그 기운이 존재하고 있으며, 그들 기운의 융합으로 다른 물질이 계속 생성되었다는 추론(推論)이 가능해진다.

아무튼 우주는 천지만물을 모두 포용하고, 그들로 하여금 그곳에서 삶을 이어가게 하면서도 '무엇을 어떻게 하라'라고 강요하지 않는다. 우주는 자신의 영역에 대한 사용료를 청구하지도 않고 어떤 대가를 요구하지도 않는다. 만물은 그런 기반 위에서 계속 스스로의 삶을 이어가고 있는 것이다. 도(道)는 우주의 작용을 뜻한다. 우주가 만물을 다스리는 것과 같은 작용을 의미한다. 예를 들면, 지구로 하여금 태양의 둘레를 공전(公轉)케 하여 춘하추동(春夏秋冬) 사계절을 순환(循環)하게 하고, 스스로 자전(自轉)케 하여 낮과 밤을 교대하게 한다. 강제로 그렇게 하게 하는 것이 아니라 스스로 그렇게 하게 하는 것이다. 위정자(爲政者)들은 "우주가 만물을 다스리는 것과 같은 정치방식"을 본받아야 한다. 우주 안에는 하늘과 땅 그리고 바다가 있다. 하늘에는 해와 달을 비롯하여 수많은 별들이 운행(運行)하고 있고, 땅에서는 인간과 동물, 조류와 식물이 살고 있으며, 바다에는 물고기와 해조류(海藻類)가 서식(棲息)한다. 우주는 이들 천지와 만물을 모두 받아들여 그곳에서 터를 잡고 살아가게 한다. 오늘날까지 천지만물은 모두 우주 안에서 함께 살며 존재하고 있다. 하늘에서 빛을 비추어주고 비를 뿌려주고 공기를 내려주면, 땅은 이를 받아들여 만물을 낳고 기른다. 수컷이 정액을 보내주면 암컷은 이를 받아들여 생명체를 잉태한다. 음(陰)의 기운과 양(陽)의 기운이 교감(交感)하여 일어나는 현상이다. 우주가 생긴 이래 수십억 년의 세월이 흘렀지만 만물은 아직도 태어나고 사라지기를 반복하며 종족(種族)을 보존하고 있다. 음(陰)의 기운과 양(陽)의 기운이 교감을 시작하면 생명체가 태어나지만, 그 기운이 다하여 중단(中斷)되면, 스스로가 사라져 버린다. 우주에서 태어나서 우주로 돌아가는 것이다.

위 문장 중 "窈兮冥兮, 其中有精, 其精甚眞, 其中有信" 부분은 다소 논란이 있지만, "깊고 멀고 어두워서 잘 보이지는 않지만, 그 가운데에 만물생성의 근본이 되는 음양(陰陽)의 기운(氣運)이 있다. 그 기운은 아주 순수(純粹)하고, 그 안에는 '끊어지지 않고 계속 이어지는 속성(屬性)'이 있다."로 해석하였다. 정(精)은 "만물 생성의 기본이 되는 음양(陰陽)의 기운(氣運)"을 뜻하기 때문이다. 이 음양의 기운은 우주가 생성된 이래 계속되어 온 자연의 섭리(攝理)이다. 음양의 기운이 교감하지 않으면 만물은 생성되지 않는다. 사람들은 "음(陰)의 기운과 양(陽)의 기운이 교감(交感)하여 어떤 일을 생성하기도 하고, 변화하기도 하고, 소멸하기도 한다."라고 이야기한다. 음과 양의 두 기운이란 가까이는 수컷과 암컷의 두 기운을 뜻하고, 멀리는 하늘과 땅의 두 기운을 뜻한다. 그런데 이 두 기운은 '끊어지지 않고 계속 이어지는 속성(屬性)'을 지니고 있다. 영속성을 지니므로 만물은 멸종되지 않고 계속 그 생명을 이어가는 것이다.

[1] Chapter 21

That utmost life force includes all things only because it comes from the Way.

The Way is without action: uniquely vague, uniquely elusive.

Elusive Ah! Vague Ah! Within her womb there is a vague shape.

Vague Ah! Elusive Ah! Within her womb there is a something.

Recess Ah! Obscure Ah! Within her womb there is the seed.

That seed is most authentic. Within her womb it is sure.

From of old till now, her name does not fade.

By this we observe the emergence of all things.

How do I know the shape of the beginning of all things?

By this.

(Edmund Ryden, *Laozi Daodejing*, Oxford university press(2008), p. 45)

[2] Chapter 21

In his every movement a man of great virtue

Follows the way and the way only.

As a thing the way is

Shadowy, indistinct.

Indistinct and shadowy,

Yet within it is an image;

Shadowy, indistinct,

Yet within it is a substance.

Dim and dark,

Yet within it is an essence.

This essence is quite genuine

And within it is something that can be tested.

From the present back to antiquity

Its name never deserted it.

It serves as a means for inspecting the fathers of the multitude.

How do I know that the fathers of the multitude are like that? By means of this.

(D. C. Lau, *Lao Tzu Tao Te Ching,* Penguin Books(1963), p. 26)

제 22 장 │ 곡즉전 (曲則全)

曲則全, 枉則直, 窪則盈, 敝則新, 少則得, 多則惑. 是以聖
　곡즉전　　　　왕즉직　　　　와즉영　　　　폐즉신　　　　소즉득　　　　다즉혹　　　　시이성
人抱一爲天下式.
　인포일위천하식
不自見, 故明, 不自是, 故彰, 不自伐, 故有功, 不自矜, 故長.
　부자현　　　고명　　　부자시　　　고창　　　부자벌　　　고유공　　　부자긍　　　고장
夫唯不爭, 故天下莫能與之爭.
　부유부쟁　　　　고천하막능여지쟁
古之所謂曲則全者, 豈虛言哉. 誠全而歸之.
　고지소위곡즉전자　　　　기허언재　　　　성전이귀지

해석 │ 몸을 낮추면 보전되고, 구부리면 펴면서 나아가게 된다. 속을 비우면 채워지고, (진부한 사고방식의 틀을) 깨면 새로워진다. 적게 가지면 얻게 되고, 많이 가지면 미혹에 빠진다(미혹의 대상은 성(性), 술, 도박, 마약, 오만, 자신의 능력에 대한 과신 등이다). 이런 까닭으로 성인(聖人)은 최초의 존재인 도(道)를 품고서 세상을 살아가는 법칙으로 삼는다.

If he lowers himself, he can preserve his body. If he bends himself, he can go straight ahead stretching his body. If he keeps empty, his mind will be filled. If he breaks (the mold of the conventional way of thinking), he will be renewed. If one has a little, he can get, but if he has much, he can be captivated by something. (something indicates woman, wine, gambling, narcotics, arrogance, excessive confidence in one's ability, etc.) Therefore the sage embraces the first existence, Dao, and makes it a rule to get along in the world according to Dao.

스스로 나타내지 않으므로 밝게 빛나게 되고, 스스로 옳다고 주장하지 않으므로 옳은 것으로 드러나게 되고, 스스로 자랑하지 않으므로 공(功)이 인정되고, 스스로 뽐내며 으스대지 않으므로 오래가게 된다.

He doesn't display himself, therefore he shines brightly. He doesn't assert himself that he is right, therefore he is distinguished to be right. He doesn't boast himself, therefore his merit is acknowledged. He doesn't square his shoulders himself, therefore his position comes to continue long.

다투려고 하지 않으므로 천하에 그와 다툴 자가 아무도 없는 것이다.

As he does not seek to strive, there is no one who is able to strive with him in the world.

옛날의 소위 "굽히고 있으면 몸은 보전된다(曲則全)"라는 말이, 어찌 빈말이었겠는가? 정성을 다하여 몸을 보전하고 그에게 돌아가는 것이다('그에게'란, 道 즉 宇宙自然을 가리킨다).

There is the ancient saying that 'When one is bent, then he is preserved.' How can this be an empty saying? One preserves oneself with all one's heart, and then turns to it [Dao, Mother Nature].

【주석】

曲 굽을 〔곡〕: 굽히다. 낮추다. bend; bend one's back; bend oneself at the waist; lower oneself to; place oneself below others.

枉 굽을 〔왕〕: 굽히다. 구부리다. bend; crook; warp.

直 곧을 〔직〕: 곧다. 곧게 나아가다. straight; go straight; go straight ahead.

窪 우묵할 〔와〕: 우묵하다. 속이 비다. hollow; empty.

敝 해질 〔폐〕: 해지게 하다. 깨다. break; smash.

惑 미혹할 〔혹〕: 미혹되다. be deluded [captivated] by.

抱 안을 〔포〕: 안다. 품다. 지키다. preserve; hold; keep; embrace.

一 첫째 〔일〕: 첫째. 첫 번째의 것. 시원적(始原的)인 존재. 도(道)를 가리킨다. 도는 우주를 상징하는 말로 천지만물보다 앞선 시원적인 존재이다. the first existence; the original existence; the original existence called the Dao or the universe; the fundamental existence that there was before the creation of the heavens and the earth.

式 법 〔식〕: 법. 법칙. 원칙. 본받다. 기준으로 삼고 따르다. 하상공(河上公)은 "抱는 지키는 것이다. 式은 法則이다. 성인은 하나를 지켜서 곧 만사를 알게 되기 때문에 이에 천하의 법칙으로 삼은 것이다."라고 설명한다(抱, 守也. 式, 法也. 聖人守一, 乃知萬事, 故能爲天下法式也). rule; make it a rule [a principle] to do~.

見 나타낼 〔현〕: 나타내다. 보이다. show; display.

是 옳을 〔시〕: 옳다. 바르다. correct; right.

彰 드러낼 〔창〕: 밝히다. 드러내다. be distinguished; become known (famous; prominent; conspicuous).

伐 자랑할 〔벌〕: 자랑하다. 공적을 자랑하다. boast (of); brag (of); be proud of.

功 공 〔공〕: 공적. 성과. 결과. merit; distinguished services; meritorious services.

矜 자랑할 〔긍〕: ① 자랑하다. boast (of); brag (of); be proud of. ② 뽐내고 으스대다. (『교학한한사전』, 교학사(2005), p. 1413) swagger; assume a haughty attitude; square [perk up] one's shoulders; give oneself [put on] airs.

莫 없을 〔막〕: ① 아무도 ~하지 않다. no one. none. nothing. (*A Chinese-English Dictionary*, 1997 Revised Edition, Beijing Foreign Language University(2000), p. 851) ② ~한 사람이 없다. ~한 곳이 없다. ~한 것이 없다. (연세대 사서사전편찬실,『사서집해사전』, 성보사(2003), p. 239) there is not the person (the place. the thing) that ~. ③ 아무도 없다.

아무것도 없다(김원중 편저, 『허사사전』, 현암사(2001), p. 225). no one; nobody.

長 길 〔장〕: 길다. 오래가다. continue long; last long.

歸 돌아갈 〔귀〕: 돌아가다. return (to nature); go back.

‖【해설】‖

  곡즉전(曲則全)은 굽히고 있으면 몸은 보전된다는 뜻이다. 곧고 반듯하게 자란 나무는 좋은 재목으로 인정되어 수명을 다 누리지 못하고 베어진다. 그러나 구불구불하게 자란 나무는 좋은 재목으로 인정되지 않으므로 베어질 염려가 없다. 우리말에 "모난 돌이 정 맞는다.", "곧은 나무 먼저 찍힌다(直木先伐)."라는 속담이 있다. 曲則全은 다소 소극적인 자세의 표현이다.

  왕즉직(枉則直)은 구부리면 펴진다는 뜻이다. 구부리고 펴기를 반복하며 앞으로 나아간다는 의미이다. 구부리는 것이 목적이 아니다. 구부리는 것은 펴서 나아가기 위한 것이다. 세로로 서 있는 나무의 경우에는 굽힌다는 것은 구부러짐을 뜻한다. 그러나 가로로 누워 있는 지렁이 같은 동물의 경우에는 굽힌다는 것은 허리 부분을 쳐드는 것을 뜻한다. 허리 부분을 위로 쳐들면 머리 부분과 몸통 부분 그리고 꼬리 부분이 고리 모양을 형성하게 된다. 고리 모양의 몸을 오므렸다 폈다 하면서 앞으로 나아가는 것이다. 특히 자벌레(measuring worm; cankerworm; inchworm)의 경우에는 앞부분의 머리와 중간의 배 그리고 뒷부분이 고리 모양을 형성하고, 그 고리를 구부렸다 폈다 하며, 자로 잰 듯이 똑같은 거리를 움직인다. 몸을 굽혔다가 펴기를 반복하면서 앞으로 나아가는 것이다. 위에 나오는 "曲則全"이 소극적으로 단순히 목숨만을 건지려는 처세라면, "枉則直"은 적극적으로 온 힘을 다하여 조금씩 조금씩 앞으로 나아가려는 처세이다. 그러나 "曲則全"의 경우이든 "枉則直"의 경우이든, 두 경우 모두 뻣뻣하고 잘난 체하며 우쭐대는 처세는 아니다. 공동점은 겸손(謙遜)한 방식으로 처세하는 것이다.

  와즉영, 폐즉신(窪則盈, 敝則新)은 속을 비우면 채워지고, 진부한 사고방식의 틀을 깨면 새로워진다는 뜻이다. 땅이 움푹 패게 되면 그곳에 물이 고인다. 자신을 낮추고 겸손하게 행동하면 남들의 시기(猜忌)와 질투(嫉妬)를 피할 수 있고, 또 사람들이 모인다. 그러므로 진로(進路)에 방해를 받지 않는다. 시기하거나 질투하는 적(敵)도 없이 사람들로부터 호감을 받는다면 수직상승(垂直上昇)할 수 있는 기회를 얻을 수 있다. 겸손은 살아남는 정도가 아니라, 자신의 야망을 펼칠 수 있는 기회를 얻게도 한다. "겸손한 사람은 모든 사람으로부터 호감을 산다. 우리들은 누구나 모든 사람으로부터 호감을 받는 사람이 되고 싶어 한다. 그런데, 왜 겸손한 사람이 되려고 사람들은 노력하지를 않을까?' 하고 L. N. 톨스토이는 안타까워했다고 한다. 해지면 새것으로 바뀌게 된다. 옷도 해지면 새 옷으로 바뀌게 되고, 집도 무너지면 새집으로 바뀐다. 마찬가지로 사고의 틀도 깨뜨려버리면 새로운 모습으로 바뀐다. 낡은 것은 항상 새것을 불러들인다. 낙엽이 지면 새순이 돋아나는 것도 같은 이치이다.

소즉득, 다즉혹(少則得, 多則惑)은 적게 가지면 얻게 되고, 많이 가지면 미혹에 빠진다는 뜻이다. 부귀영화(富貴榮華)에 대한 욕심을 적게 가지면 마음의 평화를 얻을 수 있다. 운동선수가 과욕(過慾)을 부리면 평정심(平靜心)을 잃어 경기를 망칠 수 있다. 많이 가지면 미혹(迷惑)에 빠지기 쉽다. 미혹의 대표적인 것은 성(性), 술, 도박, 마약, 오만, 자신의 능력에 대한 과신 등이 될 것이다. 하상공(河上公)은 "재물이 많으면 지키는 데 미혹(迷惑)되고, 학식이 많으면 들은 여러 가지 말에 현혹(眩惑)된다."라고 설명한다(財多者惑於所守, 學多者惑於所聞). 돈이든 학식이든 너무 많이 가지면 도리어 미혹에 빠질 위험이 있다는 비유의 말이다.

이런 까닭으로 도(道)를 터득한 성인(聖人)은 최초의 근원적인 존재인 도를 마음속에 품고서 세상을 살아가는 법칙으로 삼는다. 성인은 스스로 나타내지 않지만 밝게 빛나고, 스스로 옳다고 주장하지 않지만 옳은 것으로 드러나고, 스스로 자랑하지 않지만 공(功)을 인정받고, 스스로 뽐내며 으스대지 않으므로 오래가게 된다. 겸손의 미학을 상징한 글이다.

【외국학자 영문해석】

[1] Chapter 22

Bend and you will be whole.

Curl and you will be straight.

Keep empty and you will be filled.

Grow old and you will be renewed.

Have little and you will gain.

Have much and you will be confused.

Therefore, the Sage embraces the One,

And becomes a Pattern to all under Heaven.

He does not make a show of himself,

Hence he shines;

Does not justify himself,

Hence he becomes known;

Does not boast of his ability,

Hence he gets his credit;

Does not brandish his success,

Hence he endures;

Does not compete with anyone,

Hence no one can compete with him.

Indeed, the ancient saying: "bend and you will remain whole" is no idle word.

Nay, if you have really attained wholeness, everything will flock to you.

(John C. H. Wu, *Tao Teh Ching Lao Tzu,* Shambhala Boston & London(2006), p. 47)

[2] Chapter 22

Crimped then whole,

Warped then true,

Hollow then full,

Worn then new,

Modest then satisfied,

Demanding then bewildered.

It is for this reason that the sages grasp oneness

To be shepherds to the world.

Those who are not self-promoting are distinguished,

Those who do not show off shine,

Those who do not brag have lots to show,

Those who are not self-important are enduring.

It is only because they do not contend
That none are able to contend with them.

Isn't what the ancients called "giving up the crimped for the sake of the whole"
Getting close to what these words mean!
This expression indeed says it all.

(Roger T. Ames and David L. Hall, *Dao De Jing,* Ballantine Books New York(2003), p. 110)

제 23 장 | 희언자연 (希言自然)

希言自然, 故飄風不終朝, 驟雨不終日, 孰爲此者, 天地.
　희언자연　　　　　고표풍부종조　　　　　취우부종일　　　　숙위차자　　　　천지

天地尙不能久, 而況於人乎.
　천지상불능구　　　　　이황어인호

故從事於道者, 道者, 同於道, 德者, 同於德, 失者, 同於失.
　고종사어도자　　　　도자　　동어도　　덕자　　동어덕　　실자　　동어실

同於道者, 道亦樂得之, 同於德者, 德亦樂得之, 同於失者,
　동어도자　　　　도역낙득지　　　　동어덕자　　　　덕역낙득지　　　　동어실자

失亦樂得之.
　실역낙득지

信不足焉, 有不信焉.
　신부족언　　　유불신언

해석 | 좀처럼 말을 하지 않는 것이 자연이다. 그러므로 회오리바람은 아침 내내 불지 않고, 소나기는 하루 종일 내리지 않는다. 누가 이것들을 일으키는가? 그것은 하늘과 땅, 즉 대자연의 작용 때문이다. 하늘과 땅도 또한 오래도록 계속하지 못하는데, 하물며 인

간에게 있어서랴! (인간이 계속해서 행할 수는 없는 일이다.)

It is nature to speak rarely. Therefore violent winds do not last a whole morning, and torrential rains do not last a whole day. Who is the existence that produces these two things? It is heaven and earth, namely, it occurs owing to the action of Mother Nature. Even heaven and earth cannot last for long either, much less can man! (Men cannot continue to act this kind of thing.)

그러므로 도(道, 우주가 만물을 다스리는 것과 같은 그러한 자연적인 작용)를 추구(追求)하는 사람인 도자(道者)는 도(道)에 동조(同調)하고, 덕자(德者, 도를 배우고 익혀서 자신에게 획득된 도덕성을 마음속에 품고 있는 사람)는 덕(德)에 동조하며, (道와 德을 모두 잃은 사람인) 실자(失者)는 암흑세계(暗黑世界)에 동조한다.

Therefore a man of the Dao(道), namely, the man who seeks to know the Dao [such a natural action as the universe governs all things] acts in concert with the Dao. A man of De(德者, the man who cherishes moral character that has been acquired to himself through learning and practicing the Dao), follows De[virtue], and goes along with De. But the man who lost both the Dao and De, namely, the man who deviated from the normal follows only the rules of the world of evil.

도(道)에 동조(同調)하면, 도(道, 도를 터득한 사람들) 역시 그를 기꺼이 받아들이고, 덕(德)에 동조하면, 덕(德, 덕을 쌓은 사람들 혹은 도를 실천하는 사람들) 역시 그를 기꺼이 받아들이는데, 만약 그가 악행에 동조하면, 악(惡)의 세계가 또한 그를 기꺼이 받아들인다.

If he acts in concert with the Dao, "those who perceived the Dao [the principles of such an action as the universe governs all things]" also would accept him willingly. If he acts in accordance with De, "those who have accumulated virtue or those who have carried out the Dao(道)" also would accept him with pleasure. But if he accepted something wrong, the world of evil also would accept him gladly.

그에게 신뢰(信賴)가 부족하면, 불신(不信)이 생겨난다.

When there is deficiency of faith in him, distrust ensues.

【주석】

希 드물 〔희〕: 드물다. 희소하다. 별로 없다. 좀처럼 ~하지 않다. 여간해서는 ~하지 않다. rarely; seldom.

言 말씀 〔언〕: 말. 호령하는 말. 명령. 윗사람의 말은 대개 명령(命令)에 속한다. 어떤 일을 금지하거나 제한하는 것이 대부분이다. 장석창(蔣錫昌)은 "다언(多言)은 호령이나 법령이 많은 정치이고, 희언(希言)은 호령이나 법령이 적은 다스림이다. 즉 하나는 유위(有爲)이고, 하나는 무위(無爲)이다."라고 설명한다(多言者, 多聲教法令之治, 希言者, 少聲教法令之治, 故一卽有爲一卽無爲也). words; command; order; decree; laws and regulations.

飄風 (표풍): 회오리바람. 질풍(疾風). violent wind; whirlwind; a gusty wind.

驟雨 (취우): 소나기. a sudden shower; a sudden rain; a sudden downpour.

不終朝 (부종조): 아침 내내 계속되지 않다. do not last a whole morning.

不終日 (부종일): 온종일[하루 종일] 계속되지 않다. do not last a whole day; do not last all day long [all the day].

者 (자): ~인 것. ~한 것. ~한 사람. 此者는 "이것들", "이런 것들"이란 의미로서 앞에 나온 "飄風不終朝, 驟雨不終日"을 가리킨다. the thing which ~; the person who ~.

尙 오히려 〔상〕: 강한 반문의 어기를 나타낸다. "또한"으로 해석한다. (연세대 허사사전편찬실, 『허사대사전』, 성보사(2001), p. 311) 尙 뒤에 부정을 뜻하는 말이 나온다. "尙不"은 "~도 또한 아니다"의 의미가 된다. not ~ either; neither.

同 한가지 〔동〕: 동조(同調)하다. 함께하다. follow; agree with; sympathize with; accord with; go along with.

失 어긋날 〔실〕: 잃다. 잘못되다. lose(both Dao and De. or moral character); go wrong; deviate from the normal; do an evil thing; fall into the world of evil; sink into criminal quarters.

得 얻을 〔득〕: 얻다. 받다. 받아들이다. get; receive; accept.

焉 어조사 〔언〕: 그에게. 그를. 그로부터. 그에게서. 焉은 於之, 於是와 같다. in him; to him.

[해설]

"좀처럼 말을 하지 않는 것이 자연이다(希言自然)." 이 말은 도(道)를 가리킨다. 자연은 어떠한 명령도 하지 않고 어떠한 요구조건도 내걸지 않기 때문이다. 도(道)가 그렇다는 것이다. 도(道)는 우주가 만물을 다스리는 것과 같은 인위적이지 않은, 자연적인 다스림을 뜻한다. 도(道)는 말이 없다(無言). 만물을 스스로 그렇게 돌아가게 할 뿐이다(自然). 그리고 도자(道者)는 자연의 이치에 따르는 삶을 추구(追求)하는 사람을 의미한다.

물은 높은 데서 낮은 데로 흐르고, 곡식은 익을수록 고개를 숙인다. 겸손하게 순리(順理)를 따르는 모습을 나타낸다. 해와 달은 언제나 뜨고 지며, 낮과 밤은 항상 바뀌고, 사계절은 늘 순환한다. 질서정연하게 움직이는 모습을 나타낸다. 이런 것이 자연(自然)이다. 스스로 그렇게 존재하고 있는 것이다. 여기서 우리는 자신을 낮추며 겸손하게 행동하여야 평화로운 세상을 만들 수 있고, 질서를 잘 지켜야 안정된 생활을 지속시킬 수 있다는 교훈을 얻는다. 자연의 이치에서 배우는 것이다.

공직자(公職者)들을 교육시킬 때, 그 기관의 장(長)은 "백성이 나라의 주인이고, 공직자는 머슴에 해당한다. 그러므로 공직자는 백성을 하늘같이 섬겨야 한다."라고 훈시(訓示)하는 경우가 있다. 이러한 교육을 받은 공직자들이 실무(實務)에 임하여 겸손하게 봉사하는 자세를 몸에 익힌다면, 이것이 쌓이고 쌓여 덕성(德性)을 형성한다.

덕(德)은 "우주가 만물을 다스리는 것과 같은 자연적인 정치질서인 '도(道)'를 본받아 배우고 익혀 이를 실천할 수 있는 능력을 마음속에 쌓아 놓은 것"을 뜻한다. 혹은 "우주가 만물을 포용하고 다스리는 것과 같은 작용인 '도(道)'를 배우고 익혀 이를 실천할 수 있는 능력을 터득한 것"을 뜻한다. 덕(德)은 "얻다"라는 뜻이다. 득(得)과 같다. 인위적인 노력에 의하여 어떤 것을 배우고 익혀 지혜와 능력을 얻는 것이다. 도(道)가 우주의 작용과 같은 무한(無限)한 자연의 질서라고 한다면, 덕은 자연의 이치를 배우고 익혀 그 작용을 몸에 배게 하는 작업이다. 도(道)를 깨달아 그 이치를 얻으면 그것이 그의 몸에 덕(德)으로 자리 잡는다. 자전거 타는 연습을 하다 보면 몸의 균형을 잡아 자유자재로 전진(前進)하는 능력을 얻고, 수영 연습을 하다 보면 물에 떠서 속도를 내는 능력을 얻는 것과 같다. 덕은 인위적인 노력과 수양에 의하여 얻어지는 것이다. 그렇게 쌓이고 쌓여 얻어진 지혜와 능력이 마음속에 자리 잡으면, 그 사람의 고유한 품성(品性)이 형성된다. 이렇게 형성되어 얻은 성품(性品)이 "말"로 나타나면 덕담(德談)이 되고, "행동"으로 나타나면 덕행(德行)이 될 수 있다. 이것이 "정치"에 반영된다면 덕치(德治)가 될 것이다. 덕은 마음속에 자리 잡은 어떤 성격, 지혜 또는 능력을 뜻한다. 그러나 나쁜 것을 얻는 경우도 있다. 상습적으로 불량식품을 우량식품으로 속여 파는 장사꾼을 우리는 악덕상인(惡德商人)이라고 부르는 것과 같다.

도(道)는 인위적으로 하게 하는 것이 아니라 스스로 그렇게 돌아가게 하는 것이다(無爲自然). 인위적인 강제나 제재가 없는 자연적인 방식의 다스림(정치)이다. 이에 비하여 덕은 노력과 수양에 의하여 얻어지는 인위적인 다스림이다(德治). 그러므로 덕치에는 인위적으로 어떤 기준을 만드는 과정이 필요하다. 그 기준이 바로 윤리도덕(倫理道德) 규범으로 나타난다. 덕치는 이 규범을 가지고 세상을 다스리는 것이다.

그러나 인간(人間)은 본래 이기적(利己的)인 동물이다. 누구나 본능적(本能的)으로 이기심(利己心)과 소유욕(所有慾)에 휩싸인다. 그래서 독식(獨食)하려고 하고, 독점(獨占)하려고 한다. 다른 사람도 마찬가지다. 그러므로 인간사회에서는 마찰과 충돌과 투쟁이 끊임없이 발생한다. 이를 "강제로 하게 함이 없는 무위(無爲)의 정치방식"이나 "윤리도덕 규범을 가지고 하는 덕치(德治)의 방식"으로 제압할 수는 없다. 그래서 사회질서를 어지럽히는 자에게는 "법령에 의거 형벌을 가하는 법치(法治) 방식"의 정치가 등장한다. 이 법치가 오늘날까지 이어져 오는 통치방식이다. 미국과 같은 민주주의 국가도 법치를 하고 북한과 같은 독재체제의 국가도 법치를 한다. 그러나 법치는 폭정으로 변질될 요소를 그 자체에 다분히 담고 있다. 그래서 삼권분립(三權分立)과 같은 견제와 균형의 장치를 마련하고 있는 것이다.

【외국학자 영문해석】

[1] Chapter 23

> To speak less is natural.
>
> A gale does not blow a whole morning,
>
> A shower does not last a whole day.
>
> What makes them so?
>
> Heaven and Earth.
>
> If Heaven and Earth cannot have them last long,

Let alone men.

Therefore, people who follow Tao,

Are united with Tao;

People who follow Virtue are united with Virtue;

And people wanting Tao and Virtue go amiss.

Those who are united with Tao,

Are readily accepted by Tao.

Those who are united with Virtue

Are readily accepted by Virtue.

Those who have lost Tao and Virtue

    will also be forsaken by them.

No sufficient credit

Means no popular trust.

(Yang Liping, *The Tao Inspiration*, Asiapac Books Pte Ltd. Singapore(2010), p. 56)

[2] 23rd Verse

To talk little is natural:

Fierce winds do not blow all morning;

    a downpour of rain does not last the day.

Who does this? Heaven and earth.

But these are exaggerated, forced effects,

    and that is why they cannot be sustained.

If heaven and earth cannot sustain a forced action,

    how much less is man able to do?

Those who follow the Way

    become one with the Way.

Those who follow goodness

    become one with goodness.

Those who stray from the Way and goodness

become one with failure.

If you conform to the Way,

its power flows through you.

Your actions become those of nature,

your ways those of heaven.

Open yourself to the Tao

and trust your natural responses …

then everything will fall into place.

(Dr. Wayne W. Dyer, *Living the Wisdom of the Tao*, Hay House. Inc(2008), p. 49)

제 24 장 │ 기자불립 (跂者不立)

跂[企]者不立, 跨者不行.
　　기자불립　　　　　과자불행
自見者不明, 自是者不彰, 自伐者無功, 自矜者不長.
　자현자불명　　　　자시자불창　　　　자벌자무공　　　　자긍자부장
其在道也, 曰餘食贅行, 物或惡之. 故有道者, 不處.
　기재도야　　　　알여식췌행　　　　물혹오지　　　　고유도자　　　불처

해석 │ (발뒤꿈치를 들고) 발끝을 딛고 선 사람은 오래 서 있지 못하고, 가랑이를 벌리고 걷는 사람은 멀리 가지 못한다.

　He who stands on his tiptoes (lifting the heel) can not stand long, and he who walks astride can not go far.

스스로 나타내려는 사람은 밝게 빛나지 않고, 스스로 옳다고 주장하는 사람은 뚜렷하게 드러나지 못한다. 스스로 자랑하는 사람은 공(功)을 크게 인정받지 못하고, 스스로 뽐내며 으스대는 사람은 오래가지 못한다.

He who displays himself does not shine brightly, and he who asserts his own views to be right is not distinguished. He who boasts himself to be an able man does not receive much recognition about his merit, and he who squares his own shoulders does not continue long.

그러한 행위는 도(道)에 있어서는, 음식찌꺼기나 군더더기 같은 행위라고 부른다. 사람들은 항상 이를 싫어한다. 그러므로 (우주가 만물을 다스리는 것과 같은 작용인) 도(道)를 깨달은 사람은 그런 데에는 마음을 두지 않는다.

From the point of view of the Dao, it is said that those acts are like leftovers of food, or useless excrescences. People always dislike them. Therefore the man who perceived the Dao [such a natural action as the universe governs all things] does not set his mind on them.

【주석】

跂 발돋움할 〔기〕: 발돋움하다. 발끝으로 서다. 기(企)에도 "발돋움하다"의 의미가 있다. stand on tiptoe.

跨 사타구니 〔과〕: 사타구니. 가랑이. 가랑이를 벌리고 걷다. walk astride; walk with one's legs apart.

矜 자랑할 〔긍〕: ① 자랑하다. boast (of); brag (of); be proud of. ② 뽐내고 으스대다. swagger; assume a haughty attitude; square [perk up] one's shoulders; give oneself [put on] airs.

餘食 (여식): 남은 음식. 밥의 찌꺼기. leftovers of food; remnants of food; residue of rice.

贅行 (췌행): 군더더기 같은 행동. 췌(贅)는 "혹", "군더더기", "쓸모없는 것" 등을 나타내는 말이다. a superfluous one; a superfluity; an excrescence; useless excrescences; a tumour on the body.

物 만물 〔물〕: 만물. 무리. 속물(俗物). 여기서는 "사람들"이란 뜻으로 쓰였다. 물건이나 물체를 나타내는 영어의 "thing"도 "사람"이란 뜻으로 사용되기도 한다. all things; people.

〖해설〗

　자기의 키를 크게 보이기 위하여 발뒤꿈치를 들고 발끝으로 서려는 사람은 오래 버티지 못한다. 또한 남보다 빨리 가기 위하여 가랑이를 넓게 벌리고 큰 걸음으로 가려는 사람은 멀리 가지 못한다. 남을 배려할 줄 아는 마음, 겸손한 행동, 그리고 무사무욕(無私無慾)의 정신자세를 지닌 사람을 흔히 무위자연(無爲自然)의 도(道)를 터득한 사람(有道者)이라고 이야기한다. 여기서는 그러한 사람과 반대되는 모습에 대해 역설적으로 "발끝을 딛고 선 사람은 오래 서 있지 못하고, 가랑이를 벌리고 걷는 사람은 멀리 가지 못하고, 스스로 나타내려는 사람은 밝게 빛나지 못하고, 스스로 옳다고 주장하는 사람은 뚜렷하게 드러나지 못하며, 스스로 자랑하는 사람은 공(功)이 없어지고, 스스로 뽐내며 으스대는 사람은 오래가지 못한다."라고 말한다. 이와 유사한 표현은 노자의 다른 장(章)에서도 발견된다. 제2장에서는 "세상만물이 그에 의하여 만들어지지만 스스로 그렇다고 말하지 않고, 낳고도 소유하지 않으며, 베풀고도 어떤 보답을 기대하지 않으며, 공(功)을 세우고도 얹혀 있지 않는다. 바로 얹혀 있지 않기 때문에 그 공적(功績)이 사라지지도 않는다."라고 말한다(萬物作焉而不辭, 生而不有, 爲而不恃. 功成而弗居, 夫唯弗居, 是以不去). 제22장에서는 "스스로 나타내지 않으므로 밝게 빛나게 되고, 스스로 옳다고 주장하지 않으므로 옳은 것으로 드러나게 되고, 스스로 자랑하지 않으므로 공(功)이 인정되고, 스스로 뽐내며 으스대지 않으므로 오래가게 된다."라고 이야기한다(不自見, 故明, 不自是, 故彰, 不自伐, 故有功, 不自矜, 故長).

〖외국학자 영문해석〗

[1] Chapter 24

　'He who stands on tip-toe, does not stand firm;

　He who takes the longest strides, does not walk the fastest.'

　He who does his own looking sees little,

He who defines himself is not therefore distinct.

He who boasts of what he will do succeeds in nothing;

He who is proud of his work, achieves nothing that endures.

Of these, from the standpoint of the Way, it is said:

'Pass round superfluous dishes to those that have

   already had enough,

And no creature but will reject them in disgust.'

That is why he that possesses Tao does not linger.

(Arthur Waley, *Lao Tzu Tao Te Ching*, Wordsworth Editions Limited(1997), p. 25)

[2] Chapter 24

Standing tiptoe a man loses balance,

Walking astride he has no pace,

Kindling himself he fails to light,

Acquitting himself he forfeits his hearers,

Admiring himself he does so alone.

Pride has never brought a man greatness

But, according to the way of life,

Brings the ills that make him unfit,

Make him unclean in the eyes of his neighbor,

And a sane man will have none of them.

(Witter Bynner, *The Way of Life according to Lao Tzu*, A Perigee Book(1994), p. 52)

有物混成, 先天地生, 寂兮寥兮, 獨立而不改, 周行而不殆,
유물혼성　　　　선천지생　　　　적혜요혜　　　　독립이불개　　　　주행이불태

可以爲天下母.
가이위천하모

吾不知其名, 字之曰道, 强爲之名曰大, 大曰逝, 逝曰遠,
오부지기명　　　자지왈도　　　강위지명왈대　　　대왈서　　　서왈원

遠曰反.
원왈반

故, 道大, 天大, 地大, 王亦大, 域中, 有四大, 而王居其一焉.
고　　도대　　천대　　지대　　왕역대　　역중　　유사대　　이왕거기일언

人法地, 地法天, 天法道, 道法自然.
인법지　　지법천　　천법도　　도법자연

해석 │ 혼돈상태(混沌狀態)로 이루어진 것이 있었는데, 이것이 천지(天地)보다 먼저 생겨났다. (아무 소리도 없이) 고요하고, (형체를 갖춘 물건도 없이) 텅 비어 있다. (어느 누구의 도움도 없이) 독자적으로 존재하면서 (만물을 포용하고 자라게 하는 그것의 작용은 언제나) 변함이 없다. 그것의 작용은 어디에나 두루 미치고, 멈추는 일이 없다. (모든 곳에 두루 미치며 만물을 낳고 기르는 일을 멈추지 않으므로) 천하(天下)의 어머니가 될 만하다.

There was something formed as a state of chaos, and it existed before Heaven and Earth. It was calm (without a sound), and was empty (without things with a shape). It exists independently (without anyone's help), but its action (embracing and governing all things) remains unchanged. Its action pervades all things, and there is no stop on the way. (It reaches everywhere, and does not stop the working that produces and nourishes all things.) Therefore It can be regarded as the mother of all things.

나는 그 이름을 알 길이 없어 그것에 글자를 붙여 도(道)라고 하였다. 내가 억지로 그것의 이름을 짓자면, "큰 것"이라고 할 수 있다(道는 우주처럼 광대한 것으로 천지만물

을 모두 포용하고 그들에게 두루 영향을 미치고 있기 때문이다). "큰 것"은 그 기운이 널리 퍼져 나간다. 그것이 널리 퍼져 나가면 멀리 가게 되고, 먼 곳에 이르게 되면 되돌아온다.

I don't know its name, so I appended a letter to it and called it the Dao. If I forced myself to give it a name, I can call it "great one". (because the Dao embraces all things and influences all round as a great one like the universe.) Great one, its energy spreads wide. When it spreads wide, it goes afar. When it goes afar and reaches the limit, it comes to return.

그러므로 도(道)도 크고, 하늘도 크고, 땅도 크고, 왕(王) 역시 크다고 말한다. 우주 안에는 네 가지 큰 것이 있는데, 왕(王)도 그중 하나를 차지한다.

Therefore the Dao is great, heaven is great, earth is great, and the (sage) king is also great. In the universe there are four great things, and the king too is one of them.

인간은 땅의 작용을 따르고, 땅은 하늘의 작용을 따르고, 하늘은 도(道)의 작용을 따르고, 도(道)는 자연의 작용을 따른다.

Man follows the actions of the Earth, the Earth follows the actions of Heaven, Heaven follows the actions of the Dao, and the Dao follows the actions of nature (The actions of nature mean natural phenomena that make all things go on themselves like that, independently of people).

【주석】

物 물건 〔물〕: 것. 물건. "것"이란 사물, 현상, 사상, 존재 등의 이름 대신으로 쓰는 말이다. thing.

混 덩어리질 〔혼〕: ① 혼돈(混沌). 혼돈상태(混沌狀態). chaos; a state of chaos; a chaotic state. ② 웹스터 영어사전은 카오스(Chaos)란 "'질서가 잡힌 우주' 이전에 존재하였던 것으로 생각되는, 형체가 없는 물질과 무한한 공간으로 이루어진 혼돈상태"라고 설명한다. Chaos: the disorder of formless matter and infinite space, supposed to have existed before the ordered universe. (*Webster's New World Dictionary of the American Language,* college edition, The World Publishing Company, Cleveland and New York(1966), p. 245). ③ 중국에서 발간된 한영사전은 혼돈(混沌)을 "Chaos"로 번역하고, Chaos를 "중국 전설에 의하면, 우주의 태초상태"라고 설명한다. chaos: the primeval state of the universe according to Chinese legend. (*New Age Chinese-English Dictionary,* The Commercial Press Beijing(2001), p. 690)

先 먼저 〔선〕: 앞에 있다. 앞서다. 먼저 존재하다. exist before; come into existence before (the heavens and the earth are formed).

天 하늘 〔천〕: 하늘. 웹스터 영어사전은 하늘이란 땅을 둘러싸거나 땅 위를 활 모양으로 둘러싸고 있는 공간(空間)으로, 그 공간에 태양과 달 그리고 별들이 존재하고 있다고 설명한다. heavens; the space surrounding or overarching the earth, in which the sun, the moon, and stars appear. (*Webster's New World Dictionary of the American Language,* college edition, The World Publishing Company, Cleveland and New York(1966), p. 670).

地 땅 〔지〕: 지구(地球). 땅. "땅"이란 지구의 겉부분을 뜻한다. 그러나 바다도 땅 위에 물이 흐르고 있을 뿐 땅에 속해 있다고 볼 수 있다. 결국 땅은 지구를 뜻하게 된다. 지구에는 사람을 포함하여 수많은 동식물이 살고 있다. earth.

寂兮寥兮 (적혜요혜): (아무 소리도 없이) 고요하고, (형체를 갖춘 물건도 없이) 텅 비어 있다. 하상공(河上公)은 "적(寂)은 소리가 없는 것이고, 요(寥)는 텅 비어서 형체를 갖춘 물건이 없는 것이다."라고 설명한다(寂者, 無聲音, 寥者, 空無形). 우주 탄생 당시는 오늘날과 같은 지구(地球)가 아직 생성된 것이 아니었으므로 사람도 동식물도 없었다. 사람이 생겨나고 귀나 눈이 있어야, 듣거나 보거나 하는 것인데, 사람 자체가 아직 생겨나지 않았으므로, 노자는 상상(想像)으로만 "아무 소리도 없이 고요하고, 형체를 갖춘 물건도 없이 텅 비어 있었다."라고 표현한 것이다. It was calm (without a sound), and was empty (without things with a shape).

寂 고요할 〔적〕: 고요하다. 적막하다. still; calm (without a sound).

寥 쓸쓸할 〔요, 료〕: 쓸쓸하다. 텅 비다. 공허(空虛)하다. lonely; empty (without things with a shape).

殆 게으를 〔태〕: ① 위태하다. dangerous. ② 게으르다. 그만두다. 중단하다. 벗어나다. neglect; do not follow; interrupt; stop; deviate.

强 굳셀 〔강〕: ① 억지로. by force; against one's will; under compulsion; under coercion. ② 억지로 ~를 하게 하다. press upon (a person); force; compel.

大 큰 〔대〕: 큰 것. great one. limitlessly great one.

大曰逝 (대왈서): 큰 것은 그 기운이 널리 퍼져 나간다. 큰 것은 광대한 것으로 우주를 가리킨다. 우주의 기운이 퍼져 나가 만물에 두루 영향을 미치고 있음을 가리킨다. 노자는 "우주가 천지만물을 다스리는 작용"을 도(道)라고 하였다. 그러므로 도(道)가 두루 퍼져 나가 만물의 생장화육(生長化育)에 두루 영향을 미치고 있다는 의미가 된다. 광대한 것의 기운이란 "만물을 생장변화(生長變化)하게 하는 음양(陰陽)의 기운"을 뜻한다. Great one, its energy spreads wide; the energy of limitlessly great one pervades.

曰 (왈): ① 허사(虛辭)로서 말을 잠깐 멈추고 다음 내용을 환기시키는 역할을 한다. 쉼표(comma) 역할을 한다고 볼 수 있다. 우리말 표현으로는 "~는", "~란" 정도로 해석하면 된다. "즉(則)"과 비슷한 역할이다. equivalent to a comma. ② 실사(實辭)로서는 "말하다(云)"의 의미이다. say. tell.

逝 갈 〔서〕: 흘러 나가다. 퍼져 나가다. 오징(吳澄)은 "서(逝)는 쉬지 않고 흘러 나가는 것을 말한다."라고 설명한다(逝謂流行不息). 광대한 것, 즉 우주의 기운이 널리 퍼져 나가는 것을 의미한다. 왕필(王弼)은 "逝는 '나아가는 것'이다(그 기운이 널리 퍼져 나가는 것을 의미한다). 하나의 커다란 몸체만을 고수하는 것이 아니라 (그 기운이) 두루 퍼져 나가 이르지 않는 곳이 없기에 '逝'라고 했다."라고 설명한다(逝, 行也. 不守一大體而已, 周行無所不至, 故曰逝也). go; spread wide; spread out; pervade; penetrate far and wide.

逝曰遠 (서왈원): 퍼져 나가면 멀리 간다. When it spreads wide, it goes afar.

遠 멀 〔원〕: 멀다. 지극히 먼 곳에 이르다. 하상공(河上公)은 "원(遠)을 말한 것은 '끝에 이르더라도 끝이 없는 것이고, 기(氣)를 천지에 펼치는 데 있어서 통(通)하지 않음이 없음을 말한 것이다."라고 설명한다(言遠者, 窮乎無窮, 布氣天地, 無所不通也). far; reach far away; reach a distant place.

遠曰反 (원왈반): 먼 곳에 이르면 되돌아온다. When it goes afar and reaches the limit, it comes to return.

反 돌아올 [반]: 돌아오다. 복귀하다. 제자리로 되돌아가다. return; come back.

域中 (역중): 온 세상. 지상(地上)과 천상(天上)을 모두 포함하는 개념이므로 "우주 안에"의 의미로 본다. in the universe; within the realm; in space.

法 본받을 [법]: 본받다. 모범으로 삼아 좇다. 본보기로 삼아 따르다. 근본으로 삼고 따르다. model; imitate; follow; follow the model of; follow the example [model] of (a person); follow the model [example] of (a person); take (someone; something) for a model.

【해설】

① 앞의 제4장에서 "도(道)는 (이 세상 모든 것을 담을 수 있는) 빈 그릇과 같다. 그것에 (아무리 많은 것을) 담아도 언제나 차지 않는다. 심오(深奧)하다! (道란) 마치 만물의 근본인 것 같다."라는 구절이 나온다(道沖, 而用之, 或不盈. 淵兮. 似萬物之宗). 이 문장의 내용으로 볼 때, 도란 우주를 가리키는 것으로 보인다. 본 장 제25장에서는 "혼돈상태(混沌狀態)로 이루어진 어떤 것이 있었는데, 이것이 천지(天地)보다 먼저 생겨났다. … 나는 그 이름을 알 수 없어 '도(道)'라고 이름 붙였다."라고 말한다(有物混成, 先天地生. … 吾不知其名, 字之曰道). 노자는 단지 그것의 이름을 알 수가 없어 "도(道)"라고 이름 붙였다는 것이다. 천지보다 먼저 생겨난 것으로 혼돈상태(chaos)에 있었던 것이라면, 그것은 태초(太初)의 우주(宇宙)일 것이다. 과학자들은 137억 년 전 대폭발(Big Bang)이 우주가 탄생하는 계기가 되었다고 말한다. 대폭발이 일어났을 때 수소(Hydrogen)가 제일 먼저 생겨났고, 형체를 갖춘 물건 없이 텅 비어 있었다고 한다. 그리고 그로부터 92억 년이 지나 지구가 생겨났다고 말한다. 그러니까 사람이나 동식물은 지구가 생겨난 후에 나타났을 것으로 추정된다. 우주라는 이름은 후세의 학자들이 붙인 명칭이다. 노자가 살던 시대에는 그런 이름을 알 길이 없어 "도(道)"라고 이름 붙였다는 것이다.

② 道와 宇宙와의 관계에 관하여 중국 베이징 대학의 교수를 지낸 장대년(張岱年)은 "우주는 일체를 총괄하는 것의 이름이다. 온갖 일과 사물, 있는 것과 빈 것, 모

두를 총합하여 하나로 된 것, 그것을 우주라고 하는데, 우주는 지극히 크고 경계가 없다."라고 말한다(宇宙是一个總括一切的名詞. 万事万物, 所有种种, 總合爲一, 謂之宇宙. 宇宙是至大无外的). (張岱年, 『中國哲學大綱』, 中國社會科學出版社 (1982), 第1版, 第一部分, 「宇宙論」, p. 1) 우주는 천지만물을 모두 포괄하는 존재라는 의미이다. 그런데 "우주의 가장 궁극적인 성격으로 고대철학에서는, (천지만물의) '근원이 되는 뿌리(本根)'를 말한다."라고 설명한다(宇宙中之最究竟者, 古代哲學中謂之爲本根). (同書, 第一篇「本根論」, p. 6). 그런데 "근원적인 뿌리(本根)가 무엇인가'에 관하여 가장 일찍 나온 학설이 도(道)라고 하는 이론이다. 궁극적인 근원을 도(道)라고 본 것이다. 최초로 도론(道論)을 주장한 사람은 노자(老子)이다. 노자는 근원이 되는 뿌리가 무엇인가의 문제를 가장 먼저 제기한 사람이다. 노자 이전의 사람들은 모두 만물의 아버지는 하늘(天)이며, 하늘이 온갖 사물을 생성하는 존재라고 여겼다. 노자에 이르러서 하늘이 생성된 유래를 탐구했다. 노자는 하늘이 존재하기 이전에 하늘의 근본이 되는 것이 있다고 여겼는데, 이것이 도(道)이다. 도(道)는 천지보다 앞서 존재하였으며, 모든 것의 어머니가 된다."라고 주장한다(關於本根, 最早的一个學說是道論, 認爲究竟本根是道. 最初提出道論的是老子. 老子是第一个提起本根問題的人. 在老子以前, 人們都以爲萬物之父卽是天, 天是生成一切物的. 到老子, 乃求天之所由生. 老子以爲有在天以前而爲天之根本的, 卽是道. 道生於天地之先, 爲一切之母). (同書, 宇宙論, 第二章「道論」, p. 17)

③ 천지보다 먼저 생긴 것이라면, 그것은 우주일 터인데, 노자는 왜 그것을 道라고 하였을까? 그것은 노자 생존 당시에는 우주라는 용어가 없었기 때문이다. 장대년(張岱年)은 "춘추시대 및 전국시대 초기에는 아직 우주라는 관념이 없었고, 사람들이 가장 크고 모든 것을 포괄한다고 여긴 것은 하늘(天)이었다. 하늘의 관념은 매우 일찍 나타났는데, 최초의 철학자인 공자(孔子)와 묵자(墨子) 모두가 하늘을 가장 근본적인 것으로 간주하였다."라고 주장한다(春秋時及戰國初年, 尙无宇宙的觀念, 人所認爲最大而覆蓋一切的是天. 天的觀念, 起源甚早, 而最初的哲人孔子與墨子都把天看作最根本的). (同書, 第一部分, 「宇宙論」, p. 2).

④ 문제는 도(道)와 자연(自然)과의 관계이다. 위 문장에서 도와 자연을 구분한 것으

로 볼 때, 도는 해, 달, 지구, 별들이 존재하는 공간인 우주를 가리키는 것으로 보이고, 자연은 우주 안에 존재하는 것들이 스스로 그렇게 돌아가도록 하는 작용을 나타내는 것으로 생각된다. 우주는 천지만물이 자리 잡는 공간이다. 그 공간을 스스로 움직이게 하는 것이 자연(自然)이다. 대표적인 예가 지구의 공전과 자전이다. 지구가 태양의 둘레를 공전(公轉)하면서 춘하추동(春夏秋冬) 사계절이 순환하고, 스스로 자전(自轉)하면서 낮과 밤이 교대한다. 우주가 그렇게 회전(回轉)하라고 명령하는 것이 아니다. 지구 스스로가 그렇게 돌아가고 있는 것이다. 우주가 어떤 일을 하기 위한 기계설비와 같은 실체를 가진 하드웨어(Hardware)에 속한다면, 자연은 그것을 가동시켜주는 운영프로그램인 소프트웨어(Software)에 비유할 수 있다. 우주는 천지의 기운이 교감(交感)하는 공간이다. 천지의 기운이란 음양(陰陽)의 기운을 의미한다. 음양의 교감으로 만물이 생겨나고, 만물의 교접(交接)으로 후손이 태어난다. 자연이란 인간의 의지와는 무관하게 스스로 그렇게 돌아가는 신비한 작용이다. 우리가 숨을 쉬고 잠을 자는 것도 누가 강제로 그렇게 시키는 것이 아니다. 스스로 그렇게 하는 것이다. 이것이 자연(自然)이다.

【외국학자 영문해석】

[1] Chapter 25

1. There was something undefined and complete, coming into existence before Heaven and Earth. How still it was and formless, standing alone, and undergoing no change, reaching everywhere and in no danger (of being exhausted)! It may be regarded as the Mother of all things.

2. I do not know its name, and I give it the designation of the Tao (the Way or Course). Making an effort (further) to give it a name I call it The Great.

3. Great, it passes on (in constant flow). Passing on, it becomes remote. Having become remote, it returns. Therefore the Tao is great; Heaven is great; Earth is great; and the (sage) king is also great. In the universe there are four that are great, and the (sage) king is one of them.

4. Man takes his law from the Earth; the Earth takes its law from Heaven; Heaven takes its law from the Tao. The law of the Tao is its being what it is.

(James Legge, *The Texts of Taoism, The Tao Te Ching of Lao Tzu,* Dover Publications, Inc. New York(1962), pp. 67-68)

[2] Chapter 25

There is one thing that is invariably complete.

Before Heaven and Earth were, it is already there:

   so still, so lonely.

Alone it stands and does not change.

It turns in a circle and does not endanger itself.

One may call it 'the Mother of the World'.

I do not know its name.

I call it DAO.

Painfully giving it name

I call it 'great'.

Great: that means 'always in motion'.

'Always in motion' means 'far away'.

'Far away' means 'returning'.

Thus DAO is great, Heaven is great, Earth is great,

   and Man too is great.

There are in space four Great Ones,

   and Man is one of them.

Man conforms to Earth.

Earth conforms to Heaven.

Heaven conforms to DAO.

DAO conforms to itself.

(Richard Wilhelm, *Tao Te Ching,* translated into English by H. G. Ostwald, Arkana Penguin Books(1989), pp. 37-38)

제 26 장 | 중위경근 (重爲輕根)

重爲輕根, 靜爲躁君.
중위경근   정위조군

是以, 聖人終日行, 不離輜重, 雖有榮觀, 燕處超然.
시이   성인종일행   불리치중   수유영관   연처초연

奈何萬乘之主, 而以身輕天下. 輕則失根, 躁則失君.
내하만승지주   이이신경천하   경즉실근   조즉실군

해석 | 무거운 것은 가벼운 것을 억제하는 근본이 되고, 고요한 것은 시끄러운 것을 억누르는 군주가 된다(신중(愼重)하게 처신하면 경솔한 행위를 막을 수 있고, 평정심(平靜心)을 유지하면 시끄러운 문제를 해결할 수 있다).

Heaviness becomes the root restraining lightness. Stillness becomes the ruler controlling trouble. (If one thinks cautiously, he can prevent rash acts, and if he keeps his calmness, he can settle a troublesome problem.)

이 때문에 성인은 종일 걸어도 (병기나 식량 등) 보급품을 실은 수레를 떠나지 않고, 비록 화려한 볼거리가 있어도 조용하게 자신의 위치를 지키며 그런 일에는 관심을 두지 않는다.

For this reason, even if a wise ruler marches all day, he does not part from his baggage wagons (loading weapons and provisions), and even though there are brilliant scenes to see, he quietly keeps his place, indifferent to such things.

어찌 병거(兵車) 만 대를 가진 군주로서 자신의 한 몸을 위하여 천하를 가벼이 하겠는가? 가벼이 하면 근본을 잃게 되고, 시끄럽게 하면 임금 자리를 잃게 된다.

As a ruler of ten thousand of chariots, how should slight the affairs of the empire for his own interests? If he acts lightly, he loses his root, and if he creates disturbance in the mind of people, he will lose his throne.

‖【주석】‖

靜 고요할 〔정〕: 고요하다. 고요한 것은 평정심을 잃지 않고 침착한 것을 뜻한다. calmness; peace of mind; composure.

躁 성급할 〔조〕: 시끄럽다. 시끄럽게 하다. 소란하게 하다. cause a disturbance; create an uproar; create disturbance in the mind of people; stir up public sentiment.

君 임금 〔군〕: 임금. 군주. ruler; king; lord.

聖人 (성인): 성인. 현명한 군주. 무위자연(無爲自然)의 도(道)를 지닌 사람. the sage; a wise ruler; a man who manages affairs by natural ways without appealing [resorting] to compulsory measures.

輜重 (치중): 군대에서 무기나 식량 등 보급품을 싣고 뒤에 따라가는 수레. 소중하게 취급되는 짐을 싣는 수레. a baggage waggon that follows after troops carrying weapons and provisions; the waggon loading the baggage that should be handled with care and importance.

輜 짐수레 〔치〕: 짐을 싣는 수레. a baggage waggon.

重 중히 여길 〔중〕: 중히 여기다. 소중하게 다루다. handle with care and importance.

榮觀 (영관): 화려한 볼거리. brilliant scenes to see; gorgeous sights to see; brilliant prospects to look at.

燕處 (연처): 편안하게(조용하게) 자신의 위치를 지키다. quietly keep one's place; stay at ease in his proper place.

燕 편안할 〔연〕: 편안하다. 조용하다. easy; comfortable; quiet; calm.

超然 (초연): (속세나 명리 따위에) 관계하려는 태도가 없다. stand [hold, keep] aloof from; pay [give] no attention to; be indifferent to.

萬乘 (만승): 군사용 수레 10,000대. 고대 중국에서는 천자(天子)는 병거(兵車) 10,000대(萬乘), 제후(諸侯)는 1,000대(千乘), 그리고 대부(大夫)는 100대(百乘)를 가질 수 있었다고 한다. 전쟁용 수레 1대를 1승이라고 불렀다. ten thousand chariots; myriad chariots.

以 써 〔이〕: "위하여". "때문에". 목적, 이유, 수단 등을 나타낸다. in order to; so as to; for; because of. (*A Chinese-English Dictionary*, 1997 Revised Edition, Beijing Foreign Language University(2000), p. 1482). (*New Age Chinese-English Dictionary*, The Commercial Press. Beijing(2001), p. 1833).

身 몸 〔신〕: 자기 자신. (for) one's own sake [interests].

輕 가벼울 〔경〕: 가벼이 하다. 경시하다. 소홀히 하다. slight; treat lightly; despise; neglect.

天下 (천하): 나라. 국가. 온 세상. the empire; the whole world; all under heaven; all the people in the world.

【해설】

이 장(章)은 중심(中心)을 지키고 탐욕을 버려야 안정(安定)을 얻을 수 있고, 조급함과 경솔함을 버리고 신중하게 행동하여야 나라도 지키고, 임금의 지위도 유지할 수 있다는 경계(警戒)의 말을 담고 있다.

무겁다는 것은 "흔들리지 않음"을 뜻한다. 바람직한 군주의 자세를 상징한다. 나무의 잎이나 가지는 바람이 불면 쉽게 흔들리지만 뿌리는 바람이 불어도 쉽게 흔들리지 않는다. 그리고 뿌리는 잎과 가지에 영양분을 공급하고 나무를 지탱해주는 버팀목 역할을 한다. 위정자(爲政者)는 이러한 역할을 하여야 한다.

또한 무겁다는 것은 가볍지 않다는 것이다. 경솔(輕率)하게 행동하지 않는다는 말과 통한다. 한 국가를 책임지고 있는 군주는 신중(愼重)한 자세로 확고부동한 사명감을 가지고 백성을 다스려야 한다. 그래서 무거운 것은 가벼운 것들이 지향(指向)하여야 하는 목표가 되고, 또한 가벼운 행동을 통제할 수 있는 수단이 된다.

정적(靜的)인 것은 동적(動的)인 것이 본받아야 할 으뜸이 되는 덕목이라고 이야기한다. "서 있는 것"이 정적(靜的)인 것이라면 "움직이는 것"은 동적(動的)인 것이다. "움직임"은 "서 있는 자세"에서 출발한다. 결국 정적(靜的)인 것은 동적(動的)인 것의 근원이 되는 셈이다. 산(山)은 항상 그곳에 서 있는 정적(靜的)인 존재이다. 그러나 산(山)은 모든 것을 다 받아들이고 그곳에서 터를 잡고 살게 한다. 풀과 나무를 받아들이고, 동물을 받아들이고, 새들을 받아들인다. 계곡에서는 가재나 송사리 등 물고기를 받아들인다. 산은 정적(靜的)인 존재이지만 움직이는 동적(動的)인 생물들을 모두 받아들여 그곳에서 둥지를 틀고 편안하게 살게 한다. 위정자라면 이러한 역할을 하여야 한다.

또한 정(靜)은 "고요함"이라고 말하기도 한다. 고요함이란 말이 없는 것이다. 말이 없다는 것은 "어떤 강압적인 명령을 내리지 않음"을 의미한다. 강제로 하게 하는 것이 아니라 스스로 그렇게 하게 하는 것이다. 이렇게 하려면 위정자의 무사무욕(無私無慾)의 자세와 솔선수범(率先垂範)이 선행(先行)되어야 한다. 제2장에서 말하는 "말을 내세우지 않는 가운데 가르침을 행한다(行不言之敎)."라는 문언 및 제23장의 "좀처럼 말을 하지 않는 것이 자연이다(希言自然)."라는 문언과 맥(脈)을 같이하는 문장이다. 결국 정(靜)은 "무위자연(無爲自然)의 정치"를 뜻하게 된다.

정(靜)은 평정심을 나타낸다. 위급한 상황에 처했을 때, 마음의 평정을 잃으면 그 위기를 해결하지 못한다. 평정심(平靜心)은 시끄러운 문제를 해결하는 열쇠가 된다. 또한 정(靜)은 강압적인 명령을 내리지 않는 것을 의미한다. 창의력과 도전정신은 강압적인 명령에서 나오지 않는다. 엄한 규율과 혹독한 벌칙으로 나쁜 행동을 일시적으로 멈추게 하는 효과는 있을지 몰라도 바람직한 행동을 이끌어내는 효과는 없다. 명령이나 벌칙 이전에 만남과 소통이 먼저 이루어져야 하고, 대화를 통하여 설득하는 과정이 필요하다. 무엇보다도 위정자의 무사무욕의 정신과 솔선수범이 선행(先行)되어야 한다.

학자들 중에는 "奈何萬乘之主而以身輕天下"를 "어찌 만승의 군주가 되어서 자신을 천하보다도 가벼이 할 수가 있겠는가?"라고 해석하는 사람이 많은데, 이는 "이(以)"를 잘못 이해하였기 때문이다. 여기서 "以"는 "위하여(for, in order to)"라는 의미로, 목적을 나타낸다. 앞의 문장에서 "이 때문에 성인은 종일 걸어도 병기나 식량 등 보급품을 실은 수레를 떠나지 않고, 비록 화려한 볼거리가 있어도 조용하게 자신의 위치를 지키며 그런 일에는 관심을 두지 않는다."라고 말한다. 여기서 말하는 "병기나 식량 등 보급품을 실은 수레"는 자기가 지켜야 하는 중심인 "나라(國)"를 뜻하고, "화려한 볼거리(榮觀)"란 가무(歌舞)나 주지육림(酒池肉林) 같은 사적(私的)인 호화생활(豪華生活)을 나타낸다. 그러므로 "奈何萬乘之主而以身輕天下"라는 구절은 "어찌 병거(兵車) 만 대나 되는 대국(大國)의 군주로서 일신(一身)의 욕망을 위하여 천하를 가벼이 하겠는가?"로 풀이하여야 마땅하다.

[1] Chapter 26

The serious creates the frivolous.

Tranquility masters agitation.

Therefore the enlightened may travel all day

    without departing from the luggage cart,

    and even when confronted by splendor

    remain detached, composed.

When a master

    takes this world too lightly,

    the root is lost;

    too much haste,

    and mastery itself is lost.

(Sam Hamill, *Tao Te Ching*, Shambhala Boston & London(2007), p. 38)

[2] Chapter 26 (Power of the heavy)

Heavy is the root of light.

Still is the master of moving.

So wise souls make their daily march

    with the heavy baggage wagon.

Only when safe

    in a solid, quiet house

    do they lay care aside.

How can a lord of ten thousand chariots

let his own person

weigh less in the balance than his land?

Lightness will lose him his foundation,

movement will lose him his mastery.

(Ursula K. Le Guin, *Lao Tzu Tao Te Ching,* Shambhala Boston & London(1998), p. 36)

제 27 장 | 선행무철적 (善行無轍迹)

善行無轍迹, 善言無瑕讁, 善數不用籌策, 善閉無關楗而
　선행무철적　　　　　선언무하적　　　　　선수불용주책　　　　　선폐무관건이
不可開, 善結無繩約而不可解.
　불가개　　　　선결무승약이불가해

是以聖人常善救人, 故無棄人, 常善救物, 故無棄物, 是謂
　시이성인상선구인　　　　　　고무기인　　　　상선구물　　　　　고무기물　　　　시위
襲明.
　습명

故善人者, 不善人之師, 不善人者, 善人之資, 不貴其師,
　고선인자　　　　불선인지사　　　　불선인자　　　　선인지자　　　　불귀기사
不愛其資, 雖智大迷, 是謂要妙.
　불애기자　　　　수지대미　　　　시위요묘

해석 | 걷기를 바르게 하는 사람은 흔적을 남기지 않는다. 언어를 잘 구사하는 사람은 트집을 잡히거나 책망을 당할 일이 없다. 계산을 잘하는 사람은 (주판과 같은) 계산도구를 사용하지 않는다. 닫는 것을 잘하는 사람은 빗장을 지르지 않지만 다른 사람이 열지 못한다. 묶는 것을 잘하는 사람은 밧줄을 쓰지 않지만 다른 사람이 풀지 못한다.

The man who walks correctly leaves no traces of his footsteps. The man who talks well says nothing that can be found fault with or be scolded. The man who reckons well does not use a calculating tool (like an abacus). The man who closes well does not bolt the gate; nevertheless, others cannot open what he has shut. The man who binds well does not use any strings or knots; nevertheless, others cannot unloose what he has bound.

이런 까닭으로 (道를 지닌) 성인은 항상 (고난에 빠진) 사람들을 잘 구제(救濟)한다. 그래서 사람들을 버리는 일이 없다. 또한 그는 만물을 항상 잘 관리한다. 그래서 물건들을 어느 하나 버리는 일이 없다. 이를 일러 "밝은 지혜를 지니고 있다."라고 말한다.

Hence, the sage, the holy ruler who perceived Dao, always saves well people (fallen into trouble), so he does not cast away any man. He always saves things well, so he does not cast away any thing. This is called "He possesses bright wisdom".

그러므로 선(善)한 사람은 선하지 못한 사람의 스승이 되고, 선(善)하지 않은 사람은 선한 사람이 '도와주어야 하는 대상'이 된다. 그의 스승을 귀중하게 여기지 않고, 그가 도와주어야 하는 대상을 사랑하지 않는다면, 비록 밝은 지혜가 있을지라도 크게 미혹된 것이다. 이를 일러 "(道의) 깊고 신비스러운 작용"이라고 이야기한다.

Therefore, the good man becomes the teacher of the bad man, and the bad man becomes the object for support. If the one did not regard his teacher as valuable, and if the other did not love the object for support, even though he has a worldly knowledge, it is to go greatly astray. This is called "A deep and mysterious action of Dao".

【주석】

轍 바큇자국 [철]: 바큇자국. 흔적. the track of a wheel; trace; rut.

迹 자취 [적]: 자취. 흔적. mark; trace; remains; an outward sign.

瑕 티 [하]: ① 흠. 하자(瑕疵). flaw; defect. ② 책잡히다. get blamed [reproached] for; be found fault with; be called to account; be taken to task.

謫 꾸짖을 [적]: ① 꾸짖다. 책망(責望)하다. 적(謫)과 같다. censure; blame. ② 책망을 듣다.

get reproached; be reproved [rebuked]; be scolded; receive a reproof [reprimand]; get reprimanded.

籌策 (주책): 계산용 기구. a calculating tool; a kind of calculation instrument in ancient times, made of wood or bamboo.

籌 셀 (주): 세다. 계산하다. 수효를 셀 때 쓰던 젓가락처럼 생긴 물건. count; a calculating tool [appliances; machine].

策 채찍 (책): 채찍. 대쪽. 수. 수효. whip; bamboo or wooden slips; number.

關 빗장 (관): 빗장. 잠금장치. bolt; bar; bar the gate.

楗 문빗장 (건): 문빗장. door bar; door bolt.

繩 줄 (승): 줄. 새끼. rope; cord; string.

約 묶을 (약): 묶다. bind; tie; fasten; cord.

救 건질 (구): 건지다. 구조(救助)하다. 구제(救濟)하다. rescue; save; help; relieve.

襲明 (습명): (그는) 밝은 지혜를 지니고 있다. (He) possesses bright wisdom.

襲 물려받을 (습): 잇다. 계승하다. 받다. 물려받아 간직하고 있음을 뜻한다. follow the pattern of; carry on as before; copy; hold; possess; lay (a matter) up in one's mind.

資 도울 (자): 돕다. 도와주다. 여기서는 "도와주어야 할 대상", "포용하여야 할 대상" 등을 뜻하는 말로 본다. the object of support; the object for good man to support.

要妙 (요묘): (道의) 중요하고 오묘(奧妙)한 작용. (道의) 심오(深奧)하고 신비스러운 작용. 학자들은 유묘(幽妙), 요묘(窈妙) 등으로 설명한다. an important and mysterious action of Dao; a deep and recondite action of Dao.

【해설】

도(道)를 터득한 사람은 자신의 행적(行蹟)을 겉으로 드러내려 하지 않는다. 물고기는 바다를 헤엄치되 자신의 자취를 남기지 않고, 새는 하늘을 날아오르되 자신의 자국을 남기지 않으며, 바람은 만물에 부딪히며 지나가되 자신의 흔적을 남기지 않는다. 인위(人

爲)가 섞이지 아니한 대자연(大自然)의 순수한 모습이다. 그런데 인간세상에서는 무언가 흔적을 남기려고 열망한다. 남을 복종시키기 위해 윤리 규범을 만들고, 남을 지배하기 위해 법률을 제정하고, 남을 억압하기 위해 명령을 만들고 긴급조치를 발동한다. 무위자연의 질서에 반하는 행위를 하는 것이다. 그래서 노자는 "걷기를 바르게 하는 사람은 흔적을 남기지 않고, 언어를 잘 구사하는 사람은 말실수가 없으며, 계산을 잘하는 사람은 계산도구를 사용하지 않고, 닫는 것을 잘하는 사람은 빗장을 지르지 않으며, 묶는 것을 잘하는 사람은 밧줄을 쓰지 않는다."라고 역설적(逆說的)으로 이야기한다. 모든 것이 스스로 그렇게 돌아가게 하여야 한다는 의미이다.

선(善)과 불선(不善)을 구분하는 것은 인위적인 "편 가르기"에 속하는 일이다. 그러나 무위자연의 도의 세계에서는 이를 구분하여 대립시키지 않는다. 그래서 "선(善)한 사람은 선하지 못한 사람의 스승이 되고, 선(善)하지 않은 사람은 선한 사람이 '도와주어야 하는 대상'으로 삼는다. 그의 스승을 귀중하게 여기지 않고, 그가 도와주어야 하는 대상을 사랑하지 않는다면, 비록 밝은 지혜가 있을지라도 크게 미혹된 것이다."라고 경고한다. 선과 불선을 구분하지 않고, 좋든 그르든 어느 하나 버리지 않고 모두 공존하며 상생(相生)하게 한다. 이것이 道의 깊고 신비스러운 작용이다.

【외국학자 영문해석】

[1] Chapter 27

The good traveler leaves no track behind;

The good speaker speaks without blemish or flaw;

The good counter doesn't use tallies or chips;

The good closer of doors does so without bolt or lock,
    and yet the door cannot be opened;

The good tier of knots ties without rope or cord, yet
    his knots can't be undone.

Therefore the Sage is constantly good at saving men
    and never rejects anyone;

And with things, he never rejects useful goods.

This is called Doubly Bright.

Therefore the good man is the teacher of the good,

And the bad man is the raw material for the good.

To not value one's teacher and not cherish the raw

   goods-

Though one had great knowledge, he would still be

   greatly confused.

This is called the Essential of the Sublime.

(Robert G. Henricks, *Te-Tao Ching Lao-Tzu,* The Modern Library New York(1993), p. 82)

[2] Verse 27

A knower of the truth

   travels without leaving a trace

   speaks without causing harm

   gives without keeping an account

The door he shuts, though having no lock,

   cannot be opened

The knot he ties, though using no cord,

   cannot be undone

The Sage is always on the side of virtue

   so everyone around him prospers

He is always on the side of truth

   so everything around him is fulfilled

The path of the Sage is called

"The path of Illumination"

He who gives himself to this path

is like a block of wood

　　that gives itself to the chisel-

Cut by cut it is honed to perfection

Only a student who gives himself

　　can receive the master's gift

If you think otherwise,

　　despite your knowledge, you have blundered

Giving and Receiving are one

This is called,

"The great wonder"

"The essential mystery"

"The very heart of all that is true"

(Jonathan Star, *Tao Te Ching,* The Definitive Edition, Tarcher(2001, 2003), pp. 34-35)

知其雄, 守其雌, 爲天下谿, 爲天下谿, 常德不離, 復歸於
지기웅　　　수기자　　　위천하계　　　위천하계　　　상덕불리　　　복귀어

嬰兒.
영아

知其白, 守其黑, 爲天下式, 爲天下式, 常德不忒, 復歸於
지기백　　　수기흑　　　위천하식　　　위천하식　　　상덕불특　　　복귀어

無極.
무극

知其榮, 守其辱, 爲天下谷, 爲天下谷, 常德乃足, 復歸於樸.
지기영　　　수기욕　　　위천하곡　　　위천하곡　　　상덕내족　　　복귀어박

樸散則爲器, 聖人用之, 則爲官長, 故大制不割.
박산즉위기　　　　성인용지　　　즉위관장　　　고대제불할

해석 | 그가 수컷처럼 강한 성격임을 깨닫고 암컷처럼 유순(柔順)한 자세를 지키면, 온 천하의 물이 다 모여드는 골짜기와 같은 존재가 된다. 그가 천하의 골짜기와 같은 존재가 되면, 언제나 변함없는 덕성(德性)이 떠나지 않고, (천진난만한) 어린아이와 같은 상태로 되돌아간다.

If he knows that he has a strong character like a male, and keeps to the soft attitude like a female, he will become the existence like a valley that all the water in the world flows into. If he becomes the existence like a valley that all the water in the world flows into, he will not swerve from the constant moral character, and he will return to the state of (a simple and innocent) baby.

그에게 흰 것(밝은 지혜)이 있음을 깨닫고 (세상 물정을 모르는) 어리석은 사람과 같은 겸손한 자세를 지키면, 천하의 모범이 된다. 천하의 모범이 되면, 변함없는 덕성(德性)의 길에 어긋나지 않고, 무한(無限)한 대자연의 품으로 돌아가게 된다.

If he knows that he has white (bright wisdom), and takes a humble attitude like a foolish man (who is ignorant of the world), he will become the model of modesty to the whole world. If he becomes the model of modesty to the whole world, he will not run contrary to the path of the constant moral character, and he will return to the bosom of Mother Nature without limit.

그가 부귀영화(富貴榮華) 속에 살고 있음을 깨닫고, 언젠가 닥쳐올지 모르는 욕(辱)된 일에 대비한다면, 천하의 골짜기와 같은 존재가 된다. 천하의 골짜기와 같은 존재가 되면, 변함없는 덕성(德性)이 가득 차, 통나무와 같은 순박한 상태로 되돌아간다.

If he knows that he lives in wealth and honor, and provides against disgrace that may happen some day, he will become the existence like the greatest valley in the world. If he becomes the existence like the greatest valley in the world, he will be full with the unchanging moral character, and he will return to the simple state like an unworked block of wood.

통나무가 흩어지면 기물(器物)이 되는데, 성인도 (통나무와 같은) 그러한 역할을 한다. 즉 군주가 되는 것이다. 그러므로 큰 정치를 함에 있어서 해(害)를 끼치지 아니한다 (통나무가 그 속에 기물이 될 재료를 모두 내포하고 많은 물건을 만들어 내듯이, 성인도 만백성을 모두 포용하고 그들을 먹여 살린다. 그러므로 성인의 정치는 백성들에게 해를 끼치지 아니한다).

When an unworked wood is divided, it becomes vessels, and the sage also performs such a role (as an unworked wood). In other words, he is to become a ruler. Therefore his great ruling does not inflict injury upon the people. (As if the unworked wood contained all the materials within it and made wooden products, the sage also tolerates all the people and allows them to live on. Therefore the great ruling of the sage does not cause injury to the people.)

【주석】

雄 수컷 (웅): 수컷. 수컷처럼 강한 성격. a male; a strong character like a male; male strength.

守 지킬 〔수〕: 지키다. keep; take.

雌 암컷 〔자〕: 암컷. 암컷처럼 부드러운 성격. a female; a flexible character like a female; female softness; female flexibleness.

谿 시내 〔계〕: 시냇물. 계곡(溪谷). 산골짜기에서 흐르는 작은 시내. a valley; a brook.

常德 (상덕): 언제나 변함없는 덕성. 영원불변의 덕성. the virtue remaining unchanged forever; the constant virtue; the virtue that remains unchanged forever.

嬰兒 (영아): 갓난아이. 어린아이. 어린아이처럼 꾸밈도 없고, 술수(術數)도 쓰지 않는 천진난만(天眞爛漫)한 상태. an infant; a baby; the state of a simple and innocent baby; the state like a simple and innocent child without disguise and trickery.

白 흰 〔백〕: 희다. 밝다. 밝은 것. 밝은 지혜. white; bright; something bright; bright wisdom.

黑 어두울 〔흑〕: 어둡다(暗). 黑은 白에 대조되는 개념으로 나쁜 것을 의미한다. black; dark; something foolish; a foolish attitude; (to keep) a modest attitude as if one was ignorant of the world.

式 법 〔식〕: 법규. 모범. 본보기. 왕필은 식(式)은 "본보기"라고 설명한다(式, 模則也). model; pattern.

忒 틀릴 〔특〕: 어긋나다. 틀리다. run contrary to; vary; deviate from one's order; make an error.

無極 (무극): 무한(無限)한 우주자연의 세계. 끝이 없는 무위자연의 도(道). the infinite; the limitless universe; Mother Nature without limit.

榮 영화 〔영〕: 영화(榮華). 영달(榮達). glory; splendor; prosperity; luxury.

辱 욕되게 할 〔욕〕: 치욕. 수치. disgrace; shame; insult.

散 흩을 〔산〕: 흩어지다. 나누어지다. be divided; be scattered.

用 쓸 〔용〕: 하다. 행하다. 爲와 같다. act; conduct.

則 곧 〔즉〕: 전후 상황이 서로 연관됨을 나타낸다. "그렇다면", "곧", "즉" 등으로 해석한다(연세대 허사사전편찬실, 『허사대사전』, 성보사(2001), p. 743). namely; that is to say; in other words.

大制不割 (대제불할): 큰 정치(위대한 정치)는 해를 끼치지 않는다. 성인의 정치는 백성들에게 해를 끼치지 아니한다. His great governing does not inflict injury upon the people; The great ruling of the sage does not cause injury to the people.

制 마를 (제): ① 마르다. 다스리다. cut; rule; govern; ② 정치(政治). politics; government.

割 해칠 (할): 손해를 끼치다(『한한대자전』, 민중서림(1997), p. 302). cause injury to; inflict injury upon; inflict damage upon.

【해설】

"그가 수컷처럼 강한 성격임을 깨닫고 암컷처럼 유순(柔順)한 자세를 지키면, 온 천지의 물이 다 모여드는 골짜기와 같은 존재가 된다."라는 것은, 온 천지의 물이 다 모여드는 골짜기와 같이 만백성이 모두 그에게로 귀의(歸依)하게 된다는 뜻이다.

골짜기는 두 산(山) 사이에 깊숙하게 패어 있는 공간으로 물이 흐르는 곳이다. 모든 물이 흘러 들어온다. 물은 자기 마음대로 흐르지 않고 높은 곳에서 낮은 곳으로 흐른다. 물이 흐르는 골짜기에는 초목이 자라고, 물고기가 살고, 새들이 둥지를 틀고 야생동물이 모인다. 이와 같이 계곡은 비어 있는 낮은 공간이지만 초목, 조류, 동물, 물고기 등을 모두 받아들이고, 그들로 하여금 그곳에서 터를 잡고 삶을 이어가도록 한다. 그가 골짜기와 같이 모든 것을 포용하는 존재가 되면, 언제나 변함없는 덕성(德性)이 떠나지 않고, 수컷처럼 강한 성격의 욕심도 없고 권모술수도 쓰지 않는 어린아이와 같은 순박한 상태로 되돌아간다고 말한다. 계곡은 만물이 사는 곳이므로 작은 우주에 해당한다. 만물을 받아들이고 스스로 그렇게 돌아가도록 하는 도(道)에 비유한 말이다.

그가 흰 것을 알고서 검은 것을 지키면 천하의 모범이 되고, 천하의 모범이 되면 언제나 변함없는 덕성(德性)에 어긋나지 않아, 무한(無限)한 우주자연의 세계로 되돌아간다고 말한다. 여기서 백(白)은 "흰 것"이란 뜻이지만, "밝은 지혜"를 뜻할 수도 있고, "맑은 물"을 뜻할 수도 있으며, "밝은 면"을 뜻할 수도 있다. 반대로 흑(黑)은 "어리석은 듯이 처신하는 겸손"을 뜻할 수도 있고, "탁한 물"을 뜻할 수도 있으며, "어두운 면"을 뜻할 수도 있다. 물은 상류에서 하류로 흘러간다. 상류의 물은 맑고 깨끗하지만, 하류의 물은 맑지 못하고 흐리다. 아래로 흘러갈수록 더 탁해지고 부유물(浮遊物)이 많아진다. 계곡은 맑은 물이든 흐린 물이든 모두 다 받아들인다.

　그가 밝은 지혜가 있다 하더라도, 잘난 체하지 않고 어리석은 듯이 겸손한 자세를 지키면 천하의 모범(模範)이 된다. 밝은 지혜도 있어야 하지만 어리석은 듯 하는 겸손함도 지녀야 한다. 밝은 면도 볼 줄 알아야 하고, 어두운 면도 볼 줄 알아야 한다. 이와 같이 노자는 긍정적인 면도 살펴보아야 하고, 부정적인 면도 살펴보아야 한다고 주장한다. 양면(兩面)을 모두 포용하여 조화로운 세상을 만들고자 하는 것이다.

　부귀영화에는 위태로움이 뒤따르게 마련이다. 이를 깨닫고 욕된 일이 닥칠 것에 항상 대비하면, 천하의 골짜기와 같은 존재가 된다고 말한다. 천하의 골짜기와 같은 존재가 되면, 언제나 변함없는 덕성(德性)이 이에 가득 차, 통나무와 같은 순박한 상태로 되돌아간다고 이야기한다. 통나무는 자르거나 다듬지 아니한 통째의 나무로서 모든 목재목기(木材木器)의 근원이 된다. 통나무는 자신의 몸의 일부를 떼어내어 대들보를 만들기도 하고 기둥을 만들기도 하며 그릇을 만들기도 한다. 대들보나 기둥이나 그릇이나 이 모든 것들은 그 집을 지탱하는 기초가 된다. 이를 국가에 비유한다면 총리나 장관, 국장이나 일반 관리 등 나라를 이끌어가는 인재(人材)에 비유할 수 있다. 통나무와 같은 작용을 하는 존재는 그 나라를 통치하는 군주에 비유할 수 있다. 큰 정치를 하는 사람은 해(害)를 끼치지 아니한다. 사리사욕을 버리고 공명정대하게 일을 처리하며 솔선수범하기 때문이다. 큰 정치를 하는 사람은 인위적으로 통나무를 자르거나 쪼개지도 않는다. 그 통나무가 굵고 곧은 것이라면 자연히 대들보나 기둥 같은 용도로 쓸 것이고, 그것이 구불구불하게 휘어진 것이라면 자연히 문틀이나 작은 그릇, 장식용 목재 같은 용도로 사용할 것이다. 성인은 억지로 곧고 굵게 자란 나무를 갈기갈기 쪼개어 장기짝을 만들거나 윷 같은 놀이기구를 만들지는 않는다. 나무의 생김새와 재질(材質)에 따라 자연스럽게 그 쓰임새가 정해진다. 큰 정치를 하는 사람은 내 편과 네 편을 가르지 않고, 남(南)과 북(北)을 가르지 않고, 영남과 호남을 가르지 않고, 남(男)과 여(女)를 가르지 않고, 능력과 전문성에 따라 공정하게 골고루 인재(人材)를 기용하여 통합의 정치를 편다.

[외국학자 영문해석]

[1] Chapter 28

1.　Who knows his manhood's strength,
　　Yet still his female feebleness maintains;

As to one channel flow the many drains,

All come to him, yea, all beneath the sky.

Thus he the constant excellence retains;

The simple child again, free from all stains.

Who knows how white attracts,

Yet always keeps himself within black's shade,

The pattern of humility displayed,

Displayed in view of all beneath the sky;

He in the unchanging excellence arrayed,

Endless return to man's first state has made.

Who knows how glory shines,

Yet loves disgrace, nor e'er for it is pale;

Behold his presence in a spacious vale,

To which men come from all beneath the sky.

The unchanging excellence completes its tale;

The simple infant man in him we hail.

2. The unwrought material, when divided and distributed, forms vessels. The sage, when employed, becomes the Head of all the Officers (of government); and in his greatest regulations he employs no violent measures.

(James Legge, *The Texts of Taoism, The Tao Te Ching of Lao Tzu,* Dover Publications, Inc. New York(1962), p. 71)

[2] 72 (Chapter 28)

Know masculinity,

Maintain femininity,

   and be a ravine for all under heaven.

By being a ravine for all under heaven,

Eternal integrity will never desert you.

If eternal integrity never deserts you,

You will return to the state of infancy.

Know you are innocent,

Remain steadfast when insulted,

   and be a valley for all under heaven.

By being a valley for all under heaven,

Eternal integrity will suffice.

If eternal integrity suffices,

You will return to the simplicity of the unhewn log.

Know whiteness,

Maintain blackness,

   and be a model for all under heaven.

By being a model for all under heaven,

Eternal integrity will not err.

If eternal integrity does not err,

You will return to infinity.

When the unhewn log is sawn apart,

   it is made into tools;

When the sage is put to use,

   he becomes the chief of officials.

For

Great carving does not cutting.

(Victor H. Mair, *Tao Te Ching*, Bantam Book(1990), p. 93)

將欲取天下而爲之, 吾見其不得已. 天下神器, 不可爲也.
　　장욕취천하이위지　　　　　　오견기부득이　　　　　천하신기　　　　　불가위야
爲者敗之, 執者失之.
　　위자패지　　　집자실지
凡物, 或行或隨, 或噓或吹, 或强或羸, 或載或隳. 是以, 聖
범물　　　혹행혹수　　　　혹허혹취　　　　혹강혹리　　　　혹재혹휴　　　시이　　　성
人, 去甚, 去奢, 去泰.
인　　거심　　거사　　거태

해석 | 천하를 탈취하여 (강제로) 다스리려고 한다면, 나는 그가 그것을 얻지 못할 것으로 본다. 천하는 신비스러운 그릇이어서 인위적으로 다스릴 수는 없는 것이다. 억지로 하려고 하면 그 일에 실패하고, 억지로 잡으려고 하면 그것을 잃는다.

If anyone wishes to take the entire world and to govern it (by force), I see that he will not get it. As the entire world is a mysterious vessel, he cannot govern it artificially. "The man who seeks to govern it forcibly" meets with failure, and "the man who seeks to seize it forcibly" loses it.

대체로 세상일이란 어떤 때는 먼저 가기도 하고 어떤 때는 뒤따르기도 한다. 어떤 때는 입김을 불어 따뜻하게 하기도 하고, 어떤 때는 입김을 불어 식히기도 한다. 어떤 때는 강성(强盛)하기도 하고 어떤 때는 쇠약(衰弱)해지기도 한다. 어떤 때는 실어 올리기도 하고 어떤 때는 아래로 떨어지기도 한다. 이런 까닭으로 (道를 터득한) 성인은 과도(過度)한 것을 버리고, 사치(奢侈)를 버리고, 교만(驕慢)을 버리는 것이다.

Generally in the affairs of the world, sometimes they go ahead and sometimes they follow behind. Sometimes they make both warm by blowing out and sometimes they make cool by blowing out. Sometimes they become strong and sometimes they become weak. Sometimes they pile up and sometimes they fall down. Hence the sage throws away excess, extravagance, and arrogance.

將 만약 〔장〕: 만약(如也). 만일. (『교학 대한한사전』 제7쇄, 교학사(2006), p. 877) if; when; in case of.

不得 (부득): ① 얻지 못하다. 성공하지 못하다. do not get; do not succeed. ② 할 수 없다. 불가능하다. cannot; be impossible.

已 그칠 〔이〕: 어조사(語助辭). 『허사사전』은 "진술문의 끝에 쓰인다. 긍정(肯定)이나 종결 (終結)의 어기(語氣)를 나타낸다."라고 설명한다(연세대 허사사전편찬실, 『허사대사 전』, 성보사(2001), p. 593). a particle in classical Chinese; equivalent to a period.

噓 불 〔허〕: 불다. 숨을 밖으로 내보내다. 숨을 내쉬다. 입김을 내쉬어 따뜻하게 하다. blow; breathe out; give out breath; exhale; blow on something to warm it up; blow the steam of breath on something and make it warm up.

吹 불 〔취〕: 불다. 입김을 내어 불다. 입김을 내쉬어 식히다. blow; breathe out; give out breath; exhale; blow on something to cool it; blow the steam of breath on something and make it cool.

物 만물 〔물〕: 세상일. 만물. 일. "凡物, 或行或隨"에서 "物" 앞에, 판본에 따라서는 "고(故)", "부(夫)" 등의 글자가 오기도 한다. things; all things; world affairs; the affairs of the world.

或 혹 〔혹〕: 어떤 때. 어떤 경우. 어떤 이. 어떤 것. sometimes; some case; something; someone.

或行或隨 (혹행혹수): 어떤 때는 먼저 가기도 하고 어떤 때는 뒤따르기도 한다. '혹(或)'을 사람을 뜻하는 말로 보면 "어떤 이는 먼저 가기도 하고 어떤 이는 뒤따르기도 한다."라는 해석이 된다. sometimes it goes ahead and sometimes it follows behind; someone goes ahead and someone follows behind.

或噓或吹 (혹허혹취): 어떤 때는 입김을 불어 따뜻하게 하기도 하고, 어떤 때는 입김을 불어 식히기도 한다. 여기에 있어서도 '혹(或)'을 사람을 뜻하는 말로 보면 "어떤 이는 입김을 불어 따뜻하게 하기도 하고, 어떤 이는 입김을 불어 식히기도 한다."라는 해석이 된

다. 실제 상황에서도 입김을 호호 불어 손을 따뜻하게 하기도 하고, 입김을 불어 뜨거운 커피를 식히기도 하는 경우가 있다. 고형(高亨)은 "서서히 입김을 불어 넣어 사물을 따뜻하게 하는 것을 '허(噓)'라고 하고, 빠르게 입김을 불어 넣어 사물을 차갑게 하는 것을 '취(吹)'라고 하므로, 뜻이 상반된다."라고 설명한다(煖吐氣以溫物謂之噓, 急吐氣以寒物謂之吹, 義正相反). sometimes it makes both warm by blowing out and sometimes it makes cool by blowing out.

贏 약할〔이, 리〕: 약하다. weak; exhausted.

載 실을〔재〕: 싣다. load; pile up; heap up; accumulate.

隳 무너뜨릴〔휴〕: 무너뜨리다. 무너지다. pull down; destroy; drop; fall down.

甚 심할〔심〕: 지나친 것. 과도한 것. excess; something more than is reasonable.

奢 사치할〔사〕: 사치. extravagance; luxury; lavishness.

泰 교만할〔태〕: 교만. arrogance; haughtiness.

【해설】

노자는 인위적인 방식으로 세상을 다스리려고 하는 것을 비판한다. 억지로 추진하면 일을 그르치게 된다는 것이다. 그래서 "천하를 억지로 취득하려고 하는 사람들이 있지만, 그것을 얻지 못한다. 천하는 신비스러운 그릇이어서 인위적으로 얻어질 수는 없는 것이다. 억지로 하려고 하면 그 일에 실패하고, 억지로 잡으려고 하면 그것을 잃는다."라고 말한다.

세상일은 상대적(相對的)이다. 그래서 "어떤 때는 먼저 가기도 하고 어떤 때는 뒤따르기도 한다. 어떤 때는 입김을 불어 따뜻하게 하기도 하고, 어떤 때는 입김을 불어 식히기도 한다. 어떤 때는 강성(强盛)하기도 하고 어떤 때는 쇠약(衰弱)해지기도 한다. 어떤 때는 실어 올리기도 하고 어떤 때는 기껏 실어 올린 것을 떨어뜨리기도 한다. 이런 까닭으로 道를 터득한 성인은 과도(過度)한 것을 버리고, 사치(奢侈)를 버리고, 교만(驕慢)을 버리며 남과 함께한다."라고 이야기한다.

제64장에서도 "억지로 하는 자는 그 일에 실패하고, 집착하는 자는 그것을 잃게 된다. 이런 까닭으로 성인은 인위적으로 하는 일이 없다. 그러므로 실패하는 일도 없다. 집착하

는 일이 없으므로 잃는 일도 없다."라고 말한다(爲者敗之, 執者失之, 是以聖人無爲故無敗, 無執故無失).

〖외국학자 영문해석〗

[1] Chapter 29

Do you want to improve the world?
I don't think it can be done.

The world is sacred.
It can't be improved.
If you tamper with it, you'll ruin it.
If you treat it like an object, you'll lose it.

There is a time for being ahead.
   a time for being behind;
   a time for being in motion,
   a time for being at rest;
   a time for being vigorous,
   a time for being exhausted;
   a time for being safe,
   a time for being in danger.

The Master sees things as they are,
   without trying to control them.
She lets them go their own way,
   and resides at the center of the circle.

(Stephen Mitchell, *Tao Te Ching*, Perennial Classics(2000), Ch. 29)

[2] Chapter 29

Trying to control the world?
I see you won't succeed.

The world is a spiritual vessel
And cannot be controlled.

Those who control, fail.
Those who grasp, lose.

Some go forth, some are led,
Some weep, some blow flutes,
Some become strong, some superfluous,
Some oppress, some are destroyed.

Therefore the Sage
Casts off extremes,
Casts off excess,
Casts off extravagance.

(Stephen Addiss & Stanley Lombardo, *Tao Te Ching Lao-Tzu,* Shambhala Boston & London(2007), Ch. 29)

제 30 장 | 이도좌인주 (以道佐人主)

以道佐人主者, 不以兵强天下. 其事好還. 師之所處, 荊棘
이도좌인주자   불이병강천하   기사호환   사지소처   형극

生焉, 大軍之後, 必有凶年.
생언   대군지후   필유흉년

故善者, 果而已矣, 不敢以取强焉.
고선자   과이이의   불감이취강언

果而勿矜, 果而勿伐, 果而勿驕, 果而不得已, 果而勿强.
과이물긍   과이물벌   과이물교   과이부득이   과이물강

物壯則老, 是謂不道, 不道早已.
물장즉노   시위부도   부도조이

해석 | 도(道)로써, 즉 우주가 만물을 다스리는 것과 같은 자연스러운 방식(道)으로, 군주를 보좌하는 사람은 병력(兵力)에 의하여 천하에 자신의 강함을 나타내지 않는다. 그렇게 하는 것은 되돌아오기를 잘하기 때문이다(그렇게 하면 보복이 뒤따르기 때문이다). 군대가 머물렀던 곳에는 가시덤불이 생겨나고, 대군(大軍)이 휩쓸고 간 전쟁의 뒤에는 반드시 흉년이 뒤따른다.

He who assists a ruler of the people according to the Dao, namely such a natural way as the universe governs all things, does not show his strong colours in the whole world by force of arms. Because a corresponding retaliation comes back without fail, in case of such a thing. At the place where troops were stationed, thorny bushes grow, and after a war that great armies swept over, years of bad harvests follow without fail.

그러므로 전쟁을 잘 수행하는 사람은 결정적인 전과(戰果)를 거두면 전투행위를 중단한다. 감히 (군사력을 앞세워) 강(强)함을 나타내려고 하지 않는다.

Therefore one who conducts a war well stops a battle in case he obtains a decisive result in the war. He does not dare to show off his strength (by continuing his military operations).

전과를 이루어 내고도 으스대지 않고, 전과를 이루어 내고도 자랑하지 않고, 전과를 이루어 내고도 교만하게 행동하지 않고, 전과를 이루어 내고도 다른 방법이 없어 어쩔 수 없이 그렇게 된 것이라고 하고, 전과를 이루어 내고도 강하다고 여기지 않는다.

He obtains war results, but he does not square his shoulders. He obtains war results, but he does not brag. He obtains war results, but he does not behave arrogantly. He obtains war results, but he thinks it to be attained so inevitably only because there is no choice. He obtains war results, but does not think him to be strong.

세상일이란 강성(强盛)해지면 곧 노쇠(老衰)해지게 마련이다. (계속 강성해지려고 하는 것,) 이것은 우주자연의 질서[道]에 어긋나기 때문이다. 우주자연의 질서에 어긋나면 조기에 사라진다.

If things flourish to the highest degree, those come to fade away. (To continue to pursue prosperity artificially or by force,) this is due to being against the Dao [the order of the universe and nature]. When it is not in accordance with the Dao, it disappears in its early stage.

【주석】

人主 (인주): 임금. 군주. 백성을 통치하는 사람. ruler; king; ruler of the people.

兵 병사 (병): 병력(兵力). 군대(軍隊). military power; force of arms; the strength of an army; troops.

强 굳셀 (강): 굳셈. 강함. strength; a strong quality; a strong characteristic.

還 갚을 (환): 보복(報復). 반격(反擊). 중국의『한어대사전』은 "돌아오다"의 뜻을 지닌 반회(返回), 보복의 뜻을 지닌 회보(回報), 반격의 뜻을 지닌 회격(回擊) 등으로 설명한다. (中國 世紀出版集團,『漢語大詞典』, 漢語大詞典出版社(2000), p. 1244 "還") (『중한사전』초판 15쇄, 진명출판사(2003. 4. 11.), p. 794 "回", p. 796 "回擊") return; retaliation; counterattack.

師 군사 (사): 군사. 군대. 사단(師團) 규모의 군사. soldiers; troops; army; an army division.

荊 가시나무 〔형〕: 가시가 있는 작은 관목(灌木)의 총칭. chaste tree; brambles; bushes; thorns; thistles and thorns.

棘 가시나무 〔극〕: 가시가 있는 초목. thorn bushes; brambles; thistles and thorns.

善者 (선자): 잘하는 자. 앞에 군대에 관한 표현이 나오므로 "전쟁을 잘 수행하는 사람", "군대를 잘 부리는 사람", "용병(用兵)을 잘하는 자" 등으로 풀이한다. one who conducts a war well; one who manages soldiers skilfully; one who deals with troops well.

果 해낼 〔과〕: 해낸 일. 성과(成果). 果가 전쟁에 관한 문장에 등장한 글자이므로 여기서는 전과(戰果)를 뜻하는 말로 본다. result; the things which carried out [achieved]; war results; military achievements; results in war.

果而已 (과이이): 전과(戰果)를 이루면 그친다. 학자들은 다음과 같이 설명한다. ① 사마광 (司馬光)은 "果는 '이루다(成)'와 같다. 대체로 포악한 짓을 못 하게 하고 난동을 제거 해서 일이 완결되고 공(功)이 이루어지면, 그치는 것에 지나지 않는다."라고 주장한다 (果猶成也. 大抵禁暴除亂, 不過事濟功成則止). ② 왕필(王弼)은 "果는 '(위난을) 구제 하다(濟)'와 같다. 군대를 잘 부린다고 일컬어지는 사람은 달려가서 위난을 구제할 뿐 이다."라고 주장한다(果猶濟也. 言善用師者, 趣以濟難而已矣). ③ 고형(高亨)은 "果 는 '이기다(勝)'의 뜻이다. (그러므로 이기고 그친다는 의미의) '果而已'는 '勝而止'와 같 다."라고 설명한다(果, 勝也. 果而已猶勝而止). 위 설명은 모두 문제점만 제거되면, 그 것으로 종결하지 더 이상의 확전은 하지 않는다는 의미를 지닌다.

矜 자랑할 〔긍〕: ① 자랑하다. boast (of); brag (of); be proud of. ② 뽐내고 으스대다. (『교학 한한사전』제4쇄, 교학사(2005. 1. 25.), p. 1413) swagger; assume a haughty attitude; square [perk up] one's shoulders; give oneself [put on] airs.

以 (이): ~하려고. ~하기 위하여. 목적을 나타낸다. for; in order to; so as to.

已 그칠 〔이〕: ① 그치다. 그만두다. 끝내다. stop; do not go on. ② 완성하다. 완결하다. be completed; be accomplished.

壯 왕성할 〔장〕: 번성하다. 우거지다. flourish (to the highest degree); thrive(to the utmost); become strong (extremely).

謂 까닭 〔위〕: 까닭. 이유. 때문. because; owing to; due to.

不道 (부도): 도에 부합하지 않다. 도에 어긋나다. 우주자연의 질서에 부합하지 않다. be against Dao; be not in accordance with Dao; be against such a natural way as the universe governs all things; be not in accordance with the order of the universe and nature.

【해설】

위급한 상황을 구제하는 전과(戰果)가 이루어지면 이제는 전투행위를 중단하여야 한다. 문제가 해결되었으므로 더 이상의 전투행위가 필요하지 않게 된 것이다. 확전(擴戰)으로 살상행위를 계속하는 것은 범죄행위라는 생각이다. 노자는 전쟁을 좋아하지 않는 사람이다. 그러나 백성들의 생명과 재산을 지키기 위하여 부득이한 경우에는 전쟁을 피할 수 없다고 이야기한다. 외적의 침략은 막아야 백성들의 생명과 재산이 보전되고, 내부의 적은 소탕하여야 백성들의 안녕을 보장할 수 있기 때문이다. 그러나 패권(覇權)을 취득하기 위하여 전쟁을 일삼는 자는 반드시 보복을 받는다고 말한다. 그래서 "군대가 머물렀던 곳에는 논밭은 황폐해지고 가시덤불만 무성하게 생겨나고, 대군(大軍)이 휩쓸고 간 전쟁의 뒤에는 반드시 흉년이 뒤따른다."라고 말한다. 옛사람들은 죄를 지으면 반드시 벌을 받게 된다는 업보(業報) 의식이 있었다. 죽은 자들의 원혼(冤魂)이 가시덤불로 변하여 사람들의 손발을 찔러 피를 흘리게 하고, 흉년을 들게 하여 재앙을 내린다는 것이다. 그리고 우주자연의 질서인 "도(道)"에 어긋나면 결국 망하게 된다고 말한다.

동물의 경우에는 "배가 고픈 것"이 가장 큰 위기이다. 굶어 죽는 상황이 올 수도 있기 때문이다. 그래서 호랑이는 배가 고프면 닥치는 대로 사냥을 한다. 그러나 배가 부르면 더 이상 사냥을 하지 않는다. 돼지 또한 게걸스럽게 음식을 많이 먹는다. 그러나 배가 차면 더 이상 먹지 않는다. 그러나 인간은 지극히 이기적인 동물이다. 배가 아무리 불러도 계속 모으려고 한다. 예금통장에 돈이 많이 쌓여 있고, 장롱 서랍에 현금이 가득 찼어도 계속 더 축적하려고 한다. 인간은 탐욕으로 똘똘 뭉쳐 있는 존재이기 때문이다. 우주자연의 질서에 어긋나는 행위이다. 자연계에서 사자는 얼룩말을 잡아먹고, 얼룩말은 풀을 뜯어 먹는다. 인간의 손길이 닿지 않는 아프리카 오지에서는 사자도 얼룩말도 풀도 멸종하지 않고 상생하고 있다. 잡아먹는 쪽은 배가 부르면 사냥행위를 중단하고, 먹히는 쪽은 번식력이 왕성하여 몇 마리 잡아먹혀도 종(種)을 유지하는 데 아무 지장이 없기 때문이다. 풀 역시 햇빛을 받고 비를 맞으며 스스로 영양분을 만들어 자생(自生)한다. 생명력이 강하여 초식동물에게 어느 정도 뜯어 먹혀도 초토화되지는 않는다. 초식동물 역시 배가 부르면 풀을 뜯는 행위를 중단하기 때문이다. 이것이 우주자연의 질서이다. 더욱 강해지려고 계속 먹거나 축적하려는 행위는 하지 않는다. 우주자연의 질서에 어긋나는 것이기 때문이다. 우주자연의 질서에 어긋나면 모두가 조기에 사라지게 된다. 만약 사자가 얼룩말을 모두 먹어치운다면 결국 사자도 먹잇감이 떨어져 조기에 굶어 죽게 될 것이고, 초식동물도 풀을 모조리 먹어치운다면 먹을 것이 없어 얼마 안 있어 굶어 죽게 될 것이다. 모두가 사라지게 된다. 우주자연의 질서에 부합하지 않기 때문에 그러한 것이다. 그러므로 더욱 강성해지려고 발버둥치는 것은 도(道), 즉 우주자연의 질서에 어긋나는 행위이다. 도(道)에 어긋나면 조기에 사라진다. 공룡이 지구 상에서 사라진 것도 풀을 모두 먹어치웠기 때문이라는 이야기가 있다. 물론 자연재해 때문에 그렇게 되었다고 주장하는 다른 견해도 있지만 말이다. 옛사람들은 이러한 현상을 보고 "달도 차면 기울고, 낮이 지나면 밤이 온다. 오르막이 있으면 내리막도 있듯이 흥망성쇠와 부귀빈천이 물레바퀴 돌듯 한다. 이것이 세상사(世上事)이다."라고 표현했다.

‖【외국학자 영문해석】‖

[1] Chapter 30

> Those who wish to use Tao to influence others
>> don't rely on force or weapons or
>> military strategies.
> Force rebounds.
> Weapons turn on their wielders.
> Battles are inevitably followed by famines.
>
> Just do what needs to be done, and then stop.
> Attain your purpose, but don't press
>> your advantage.
> Be resolute, but don't boast.
> Succeed, but don't crow.
> Accomplish, but don't overpower.

Overdoing things invites decay,

and this is against Tao.

Whatever is against Tao ceases to be.

(Brian Browne Walker, *the Tao Te Ching of Lao Tzu*, St. Martin's Griffin New York(1995), Ch. 30)

[2] Verse 30

Those who rule in accordance with Tao

do not use force against the world

For that which is forced is likely to return-

Where armies settle

Nature offers nothing but briars and thorns

After a great battle has been fought

the land is cursed, the crops fail,

the Earth lies stripped of its motherhood

A knower of the truth does what is called for

then stops

He uses his strength but does not force things

In the same way

complete your task

seek no reward

make no claims

Without faltering

fully choose to do what you must do

This is to live without forcing

to overcome without conquering

Things that gain a place by force

will flourish for a time

but then fade away

They are not in keeping with Tao

Whatever is not in keeping with Tao

  will come to an early end

(Jonathan Star, *Tao Te Ching*, The Definitive Edition, Tarcher(2001, 2003), pp. 38-39)

| 제 31 장 | 부가병자불상 (夫佳兵者不祥)

夫佳兵者, 不祥之器, 物或惡之. 故有道者不處. 君子居則
부가병자   불상지기   물혹오지   고유도자불처   군자거즉
貴左, 用兵則貴右.
귀좌   용병즉귀우
兵者不祥之器, 非君子之器. 不得已而用之, 恬淡爲上.
병자불상지기   비군자지기   부득이이용지   염담위상
勝而不美, 而美之者, 是樂殺人, 夫樂殺人者, 則不可得志
승이불미   이미지자   시낙살인   부낙살인자   즉불가득지
於天下矣.
어천하의
故吉事尙左, 凶事尙右, 是以偏將軍處左, 上將軍處右, 言
고길사상좌   흉사상우   시이편장군처좌   상장군처우   언
以喪禮處之. 殺人衆多, 以悲哀泣之, 戰勝, 以喪禮處之.
이상례처지   살인중다   이비애읍지   전승   이상례처지

해석 | 대체로 훌륭한 병기란 상서롭지 못한 기물(器物)이다. (인간뿐만 아니라) 만물도 또한 그것을 싫어하기 때문이다. 그러므로 "도를 지닌 자" 즉 "우주가 만물을 다스리는 것과 같은 방식의 정치사상을 지닌 사람"은 그런 데에 마음을 두지 않는다. (이런 까닭으로) 군자는 평소에는 왼편(예컨대, 내무부 장관의 자리)을 귀하게 여기지만, 군대를 움직일 때는 오른편(예컨대, 국방부 장관의 자리)을 귀하게 여긴다.

Generally, fine weapons of war are instruments of evil omen. It is because (not only human beings but also) all things hate them. Therefore the man who has perceived the Dao, namely he who possesses such a political way as the universe governs all things, does not set his heart on such things (as weapons of war). (For this reason) in ordinary times, a gentleman regards the left side (for example, the seat of the Minister of Home Affairs) as the seat of honour, but in time of war, he regards the right side (for example, the seat of the Minister of National Defence) as the seat of honour.

병기라는 것은 상서롭지 못한 물건이어서 군자가 다룰 기물이 아니다. 부득이하게 그것을 사용할 때에는 (적들의 살상(殺傷)을 즐기지 말고) 담담(淡淡)한 태도로 임하는 것이 상책(上策)이다.

Things like weapons of war are instruments of evil omen, and they are not the instruments that a gentleman handles. When we have no choice but to use them, it becomes the best policy to assume a disinterested attitude toward them (without taking pleasure in killing and injuring the enemies).

전쟁에 이겨도 경사로 여겨서는 안 되는데, 그것을 경사로 여긴다면 이것은 사람 죽이기를 즐기는 것이다. 사람 죽이기를 즐기는 자는 천하에서 자신의 뜻을 실현할 수가 없다.

Even if one wins a war, he should not think it to be a glorious thing. If he thinks it glorious, he is to delight in slaughtering others. He who delights in slaughtering others cannot realize his will in the whole world.

그러므로 (평화시(平和時)와 같은) 상서로운 때에는 왼쪽을 존중하고, (전시(戰時)와 같은) 흉한 때에는 오른쪽을 존중한다. 이런 까닭으로 부장군(副將君)은 왼쪽에 위치하고, (대량 학살의 총책임자인) 상장군(上將軍)은 오른쪽에 위치하는데, 이는 전쟁을 상례의 의식으로 간주하였음을 말하는 것이다. 사람을 죽인 일이 과다(過多)하면 슬피 울어 애도하여야 하고, 전쟁에 이길지라도 상례로서 삼아야 한다.

Therefore on auspicious occasions (like peacetime) they honor the left side, and on ominous occasions (like wartime) they honor the right side. For this reason the second in command of the army stands on the left, and the commander-in-chief (a supreme commander of mass murder) stands on the right. This means that they regarded war as the rites of mourning. When one has killed great numbers of people, he should weep for them with the bitterest grief, and even if the war is won, one should treat it as the rites of mourning.

‖【주석】‖

佳 좋아할 〔가〕: 좋아하다. 즐기다. like; be fond of; enjoy; take delight in.

物或惡之 (물혹오지): (인간뿐만 아니라) 만물도 또한 그것을 싫어한다. all things also hate them; not only human beings but also all things hate them.

或 혹 〔혹〕: 또는. 또한. or; either; not only ~ but also.

有道者 (유도자): 도를 지닌 자. 우주가 만물을 다스리는 것과 같은 방식의 정치사상을 지닌 사람. 무위자연의 방식으로 다스려야 한다는 정치사상(政治思想)을 가진 사람. one who has perceived the Dao; the man who possesses such a political way as the universe governs all things; the man who has the political ideas to leave a matter to take its natural course without applying any artificial force.

處 처할 〔처〕: (어떤 일에) 마음을 두다. 힘을 쏟다. 진력하다. bear [have, keep] (something) in mind.

居 있을 〔거〕: 평상시. 보통 때. (at, in) ordinary times; (at, in) normal times.

左 왼쪽 〔좌〕: 왼쪽. 고대 중국의 군주들은 정무(政務)를 처리하기 위하여 자리에 앉을 때에는 북(北)을 능지고 남(南)을 향하여 신하와 대면(對面)하였다고 한다. 이러한 자세에서 왼쪽은 동쪽이 되고 오른쪽은 서쪽이 된다. 동쪽은 해가 뜨는 방향으로 양(陽)이 되고, 서쪽은 해가 지는 방향으로 음(陰)이 된다. 양은 밝은 것으로 평상시의 평화로움을 상징하고, 음은 어두운 것으로 병기를 사용하는 전쟁을 상징한다. left; left side.

恬 편안할 〔념, 염〕: ① 조용한. quiet; tranquil; peaceful; calm. ② 무관심한. 마음에 두지 않는. not care at all; be indifferent; remain unperturbed.

淡 묽을〔담〕: ① 묽다. thin; light. ② 담백하다. indifferent; cool; with little enthusiasm.

爲上 (위상): 상책이 되다. 좋은 방법이다. become the best policy; be [become] a good idea.

美 아름다울〔미〕: 좋은 일. 경사스러운 일. a good thing; happy occasion; a glorious thing.

樂 즐길〔낙, 락〕: 즐기다. enjoy; delight.

偏將軍 (편장군): 부장군(副將軍). 지휘체계에 있어서 상장군 아래에 있는 장군. lieutenant commander; lieutenant general; the second in command of the army.

上將軍 (상장군): 총사령관. commander-in-chief; supreme commander.

喪禮 (상례): 상중(喪中)에 행하는 모든 예절. the rites of mourning; a funeral service.

【해설】

앞의 제30장에서 노자는 전쟁의 기본에 관하여 말하였는데, 본 장에서는 그에 이어 전쟁이 도(道)에 어긋나는 것임을 주장한다. 전국시대(戰國時代) 당시 군주를 보좌하는 관리 중 왼편은 주로 내정(內政)을 담당하고 오른편은 주로 군사(軍事)를 담당하였던 것으로 보인다. 평시에는 내정을 담당하는 관리가 군사를 담당하는 관리보다 윗자리에 배치되었다. 그러나 전쟁이 발생하면 우선 전쟁에서 이겨야 하므로 군사담당자가 윗자리에 서게 된다. 그래서 평시에는 왼쪽을 존중하고, 전쟁과 같은 흉(凶)한 일이 생긴 때에는 오른쪽을 존중한다고 말한 것이다. 지금도 내란이나 외적의 침략이 발생하면 비상사태(非常事態)가 선포되어 국가의 주요업무가 군사령관에게 위임되는 경우를 흔히 보게 된다.

조선시대의 의정부(議政府)에 좌의정(左議政)이라는 벼슬 이름이 있었는데, 이것이 우의정(右議政)보다 윗자리이고, 승정원(承政院)에 있어서도 좌승지(左承旨)라는 벼슬이 우승지(右承旨)보다 윗자리였다고 한다. 여기서 편장군(偏將軍)은 부장군(副將軍)의 지위로 상장군(上將軍)보다 낮은 지위에 있으나, 살상(殺傷)행위를 주도하지 않기 때문에 왼쪽에 거처한다고 하였다. 하상공은 "편장군은 낮은 지위이면서 양(陽)의 자리에 위치하는데, 이는 그가 죽이는 일을 전담하지 않기 때문이다. 상장군은 높은 지위에 있으면서도 음(陰)의 자리에 위치하는데, 이는 그가 죽이는 일을 주관(主管)하기 때문이다."라고 설명한다(偏將軍卑而居陽位, 以其不專殺也. 上將軍尊而居陰位, 以其主殺也).

【외국학자 영문해석】

[1] Chapter 31

1. Now arms, however beautiful, are instruments of evil omen, hateful, it may be said, to all creatures. Therefore they who have the Tao do not like to employ them.

2. The superior man ordinarily considers the left hand the most honourable place, but in time of war the right hand. Those sharp weapons are instruments of evil omen, and not the instruments of the superior man;-he uses them only on the compulsion of necessity. Calm and repose are what he prizes; victory (by force of arms) is to him undesirable. To consider this desirable would be to delight in the slaughter of men; and he who delights in the slaughter of men cannot get his will in the kingdom.

3. On occasions of festivity to be on the left hand is the prized position; on occasions of mourning, the right hand. The second in command of the army has his place on the left; the general commanding in chief has his on the right;-his place, that is, is assigned to him as in the rites of mourning. He who has killed multitudes of men should weep for them with the bitterest grief; and the victor in battle has his place (rightly) according to those rites.

(James Legge, *The Texts of Taoism, The Tao Te Ching of Lao Tzu,* Dover Publications, Inc. New York(1962), pp. 73-74)

[2] Chapter 31

Now as for weapons, they are instruments of bad luck;
   Such things: there are those that hate them;
Therefore those who have the Way do not dwell on them.

The Gentleman
   when at peace appreciates the left;
   when at war appreciates the right.
For this reason it is said:

Weapons are instruments of bad luck;

They are not the instruments of a gentleman.

Only as a last resort may they be used.

Even then, concealing sharp edges is the priority,

They should not be indulged in.

To indulge in them is to enjoy slaughtering others.

Now one who enjoys slaughtering others cannot realize his will in the world.

Therefore,

On festive occasions the left is the place of honour;

At funerals the right is the place of honour.

For this reason,

The lieutenant-general stands on the left;

The commander-in-chief stands on the right.

In other words, they take position as at a funeral.

Therefore,

When others are slaughtered in numbers, weep over it with sorrow and grief;

When victory is won, mark it with a funeral ceremony.

(Edmund Ryden, *Laozi Daodejing*, Oxford university press(2008), p. 65)

道常無名, 樸雖小, 天下不敢臣, 侯王若能守, 萬物將自賓.
　　도상무명　　　　박수소　　　천하불감신　　　후왕약능수　　　만물장자빈
天地相合, 以降甘露, 民莫之令而自均.
　　천지상합　　　　이강감로　　　　민막지령이자균
始制有名, 名亦旣有, 夫亦將知止, 知止, 所以不殆.
　　시제유명　　　　명역기유　　　부역장지지　　　지지　　　소이불태
譬道之在天下, 猶川谷之於江海.
　　비도지재천하　　　　유천곡지어강해

해석 | 도(道), 즉 우주(宇宙)가 만물을 포용하고 다스리는 것과 같은 그러한 작용은, 언제나 이름이 없다. 통나무는 비록 작다 하더라도 천하 누구도 그것을 함부로 신하처럼 대해서는 안 된다. 제후국의 왕이 만약 이를 잘 지킬 수 있다면, (첫 번째로) 모두가 스스로 복종하게 될 것이다.

The Dao, namely, such a natural action as the universe accepts and governs all things, always has no name. Though the unworked wood is small, none of the whole world should treat her harshly as a subordinate. If a king of a feudal state could follow it [the teachings of Laozi that one should not treat unworked wood harshly as a subordinate], (first) all the people would spontaneously submit themselves to him.

(두 번째로), 천지가 화합하여 달콤한 이슬을 내릴 것이고, (세 번째로) 백성들은 어떤 명령이 없어도 고르게 다스려질 것이다.

(Second) as heaven and earth unite each other, the sweet dew will fall, and (third) the people will be governed evenly by themselves in natural order without any command from above.

시원적(始原的)인 것, 즉 통나무가 쪼개져서 이름을 갖게 된다(목제품의 시원적인 존재는 통나무이다. 통나무가 쪼개져서 목기, 목재 등의 구체적 이름을 갖게 된다). 또한

명성을 이미 얻게 되었으면, (더 이상 나아가려고 하지 말고) 이제 또한 그칠 줄도 알아야 한다. 그칠 줄을 알면 위태로운 상황을 피할 수 있기 때문이다.

Fundamental existence, namely unworked wood, is cut into parts, and then they get a name. (the fundamental existence of the wooden products is an unworked wood. This is cut into parts, and comes to have an actual name of wooden ware.) Also if one has already gained fame, (without trying to advance further) now he ought to know also when to stop, It is because if he knows when to stop, he can avoid danger.

비유하건대 우주의 작용(道)이 천하에 골고루 미치고 있음은, 마치 내와 계곡의 물이 강과 바다에 흘러 들어가고 있는 것과 같다(물이 높은 곳에서 낮은 곳으로 흐르듯 우주의 작용은 자연스러운 것이다).

Metaphorically speaking, that the action of the Dao [the universe] reaches all the world far and wide is like that the waters of brooks and valleys flow into great rivers and seas. (As water always flows from a higher to a lower place, the action of the universe is natural.)

|【주석】|

常 항상 [상]: 항상. 늘. 언제나. always; all the times; constantly.

名 이름 [명]: 어떤 사물(事物)을 다른 사물과 구별하기 위하여 특별히 붙여놓은 기호(記號)이다. 이 기호는 그 사물의 용도나 특성을 나타내기도 하고, 그 사물의 실체를 밝히기도 한다. a sign that distinguishes between some and others. This shows the uses or special character of things and discloses real shapes of them.

敢 감히 [감]: ① 함부로. thoughtlessly; rashly; recklessly. ② 감히. dare [venture; presume] (to do).

王侯 (왕후): ① 제왕(帝王) 또는 제후(諸侯). a king or feudal lords. ② 제후국의 왕. a king of a feudal state.

賓 따를 [빈]: 따르다. 복종하다. follow; submit.

莫 없을 〔막〕: 없다. no; not; no one; nothing.

均 고를 〔균〕: 고르다. 조화를 이루다. 공평하다. 고르게 다스리다. equal; even; harmonize; govern fair; govern evenly.

始 처음 〔시〕: 처음. 근원. 근원적인 것. begin; start; origin; something original; fundamental existence.

制 마를 〔제〕: 마르다. 자르다. 베다. cut; cut into parts; cut down.

將 장차 〔장〕: ① 장차. 미래를 나타내는 말이므로 동사로 쓰일 경우에는 미래를 나타내는 조동사 "will", "shall"과 같은 역할을 한다. ② 막 ~하려고 한다. be going to; be about to. ③ 마땅히 ~하여야 한다. ought to do; it is proper that (one) should (do).

譬 비유할 〔비〕: 비유하다. 비유해서 말하자면. 비유적으로 말하자면. compare to; use a simile; figuratively [metaphorically] speaking; to use metaphor.

川谷 〔천곡〕: 시내와 계곡의 물. the waters of brooks and valleys.

【해설】

도(道)는 우주를 뜻한다(제4장, 제25장 참조). 우주가 만물을 다스리는 것과 같은 자연적인 작용을 의미한다. 이름(名)이란 만물(萬物) 중에서 "어떤 사물(事物)"을 "다른 사물"과 구별하기 위하여 특별히 붙여놓은 기호(記號)이다. 이 기호는 그 사물의 용도나 특성을 나타내기도 하고, 그 사물의 실체를 밝히는 역할을 하기도 한다.

우주 안에는 무수히 많은 사물이 존재하므로 현실적으로 이들을 구별하여야 할 필요성이 있다. 그래서 사물의 이름이 존재하게 된 것이다. 그러나 우주는 개별적인 사물이 아니다. 천지만물 모두를 포용하고 그들을 다스리는 근원(根源)적인 존재이다. 우주 안에 존재하는 개체들과 구분하기 위한 이름 같은 것은 필요가 없다.

기독교인들은 흔히 하나님(God)께서 천지만물을 창조하시고 만사를 주관하고 계신다고 말한다. 하나님이 만든 사람들은 개개인이 모두 이름을 가지고 있다. 그러나 하나님은 오직 한 분으로 전지전능(全知全能)한 존재이므로 이름 같은 것은 필요가 없다고 주장하는 논리와 같다. 노자는 "도(道)란 애초부터 이름이 필요 없는 것이다."라고 주장한다. 학자들은 이 구절을 흔히 "道는 항상 이름이 없다."라고 풀이한다.

우주가 만물을 다스리는 것과 같은 자연적인 작용은 우리가 상상할 수 없을 정도로 무한히 많다. 일일이 다 열거할 수는 없지만 설명의 편의상 몇 가지만 이야기하면 다음과 같다.

태양이 빛을 비추고, 지구가 태양의 둘레를 공전(公轉)하며 사계절이 바뀌고, 스스로 자전(自轉)하며 낮과 밤이 교대하고, 달은 지구의 둘레를 공전하고, 땅에서는 동식물(動植物)이 자라나고, 바다에서는 물고기들이 서식한다. 동물이든 식물이든 조류이든 어류이든 만물은 모두 암컷과 수컷의 짝짓기로 태어난다. 이들은 우주에서 태어나서 일정 기간을 지내다가 때가 되면 사라진다. 우주로 다시 돌아가는 셈이다. 이런 것들이 우주의 작용 중 한 부분을 차지한다. 이렇듯 우주는 천지만물을 포용하고 그들이 그곳에서 살아가게 하는 본원적인 존재일 뿐 그 특성을 나타내거나 그 실체를 밝히는 이름 같은 것은 필요 없는 것이다. 그래서 우주의 작용을 뜻하는 도(道)는 애초부터 이름이 없다고 한 것이다. "우주의 작용"은 노자가 주장하는 도(道)이다. 그것은 무위자연(無爲自然)의 다스림이다. 강제로 하게 하는 것이 아니라 스스로 그렇게 돌아가게 하는 것이다. "우주의 작용"에 대조되는 개념이 "인간의 작용"이다. 공자(孔子)를 비롯하여 유가(儒家)에서 주장하는 도(道)인데, 이는 "무위자연의 다스림"과는 반대로 "인간이 만든 예(禮)나 혹은 법령"을 가지고 인위적(人爲的)으로 다스리는 것이다.

통나무는 자르거나 다듬지 아니한 통째의 나무로서 모든 목재(木材), 목기(木器)의 근원이 된다. 통나무는 아무리 작다 하더라도 사소한 그릇이 아니다. 어떤 목기(木器)도 될 수 있는 근원적인 바탕이다. 천지만물의 근원이 우주인 것에 비유된다. 그러므로 통나무에 마치 신하에게 형벌을 내리듯이 사지(四肢)를 자르거나 목을 베는 등의 해악(害惡)을 끼쳐서는 안 된다. 통나무는 그 재질에 따라 자연스럽게 사용하면 된다. 굵고 곧게 자란 것이라면 대들보나 기둥 같은 용도로 쓰면 되고, 구불구불하게 휘어진 것이라면 규격이 작은 문틀이나 작은 그릇, 지팡이, 방망이, 장식용 목재, 약품의 원료 등과 같은 용도로 사용하면 된다.

[1] Chapter 32

Tao is always nameless.

Small as it is in its Primal Simplicity,

It is inferior to nothing in the world.

If only a ruler could cling to it,

Everything will render homage to him.

Heaven and Earth will be harmonized

And send down sweet dew.

Peace and order will reign among the people

Without any command from above.

When once the Primal Simplicity diversified,

Different names appeared.

Are there not enough names now?

Is this not the time to stop?

To know when to stop is to preserve ourselves from danger.

The Tao is to the world what a great river or an ocean is to the streams and brooks.

(John C. H. Wu, *Tao Teh Ching Lao Tzu*, Shambhala Boston & London(2006), p. 73)

[2] Chapter 32

The way is for ever nameless.

Though the uncarved block is small

No one in the world dare claim its allegiance.

Should lords and princes be able to hold fast to it

The myriad creatures will submit of their own accord,

Heaven and earth will unite and sweet dew will fall,

And the people will be equitable, though no one so decrees.

Only when it is cut are there names.

As soon as there are names

One ought to know that it is time to stop.

Knowing when to stop one can be free from danger.

The way is to the world as the River and the Sea are to rivulets and streams.

(D. C. Lau, *Lao Tzu Tao Te Ching*, Penguin Books(1963), p. 37)

제 33 장 | 지인자지 (知人者智)

知人者智, 自知者明.
　지인자지　　　　자지자명

勝人者有力, 自勝者强.
　승인자유력　　　　자승자강

知足者富, 强行者有志.
　지족자부　　　　강행자유지

不失其所者久, 死而不亡者壽.
　부실기소자구　　　　사이불망자수

해석 | 다른 사람을 알아보는 자는 영리함을 지닌 것이고, 자기 자신을 아는 자는 빛나는 지혜를 지닌 것이다.

He who knows others is to have cleverness, and he who knows himself is to have a brilliant wisdom.

다른 사람을 이기는 자는 물리적인 힘이 있는 것이고, 자기 자신을 이기는 자는 내적인 힘이 강한 것이다.

He who overcomes others is to have a physical strength, and he who overcomes himself is to have inner strength, namely a strong mental power.

만족할 줄 아는 자는 부유한 것이고, 힘써 일하는 사람은 뜻이 있는 것이다.

He who is satisfied with his lot is to have richness, and he who works hard is to have firm purpose.

그 본분을 잃지 않는 사람은 오래가게 되고, 죽을 지경에 처하여도 (자연의 이치인) 道를 잃지 않는 사람은 자신을 오래 보존하게 된다.

He who does not neglect his duty continues long, and even though he is placed in a deadly situation, he who does not lose Dao(道) comes to preserve himself for a long time.

【주석】

智 슬기 [지]: 지혜(智慧). 영리(怜悧). 지략(智略). 남을 쓰러뜨리는 데 이용되는 지혜이므로 뒤에 나오는 명(明)보다 가치적 측면에서 다소 뒤처지는 개념이다. cleverness; wisdom; resourcefulness.

明 밝을 [명]: 밝은 것. 사리에 밝은 것. 현명함. brilliant wisdom; far seeing wisdom; a brilliant insight into the nature of things; a bright wisdom to know how to control himself.

强 힘쓸 [강]: ① 강하다. strong; firm. ② 힘쓰다. 힘써 일하다. work hard; endeavor; strive; exert one's energies in a work.

所 곳 [소]: 지위. 자리. 위치. 본분. 분수. position; place; duty; sphere; station.

壽 목숨 [수]: 장수(長壽)하다. live long; enjoy longevity.

亡 잃을 [망]: 잃다. lose.

【해설】

자연의 이치와 개인의 수양(修養)에 관하여 언급한 글이다. 타인(他人)을 알아보는 사람은 영리한 사람으로 지략(智略)을 써서 상대를 거꾸러뜨릴 수 있다. 자기 자신을 아는 사람은 빛나는 지혜를 지닌 사람으로 자신의 입장을 알 수 있고, 멀리 내다볼 수 있으며,

자신의 사욕(私慾)을 스스로 통제할 수 있다. 그러나 남도 모르고 자기 자신도 알지 못한다면 전혀 쓸모없는 인간으로 전락하게 된다. 그래서 『손자병법(孫子兵法)』은 "적을 모르고 나를 모르면 백 번 싸워도 백 번 모두 진다."라고 말한다(不知彼不知己每戰必敗).

　타인(他人)을 이기는 사람은 물리적인 힘이 있는 것이고, 자기 자신을 이기는 사람은 정신적인 힘이 강한 것이다. 그러나 힘으로 타인을 제압하는 것은 속된 인간의 만용(蠻勇)이다. 용맹(勇猛)이란 자기 자신을 이기는 일이다. 사리사욕을 버리고 불의(不義)에 항거하는 것과 같은 용기야말로 대인(大人)으로 가는 길이다.

　만족할 줄 아는 사람은 부유한 사람이다. 사람의 욕심이란 한이 없다. 백만 원을 가지면 천만 원을 가지고 싶어 하고, 천만 원을 가지면 1억 원을 가지고 싶어 한다. 이렇게 한없는 욕심에 쫓기다 보면 그 사람의 마음은 한평생 가난에서 벗어나지 못한다. 그래서 마음을 비우고 현재에 만족할 줄 알면 마음은 부유해진다고 한 것이다.

　열심히 일하는 사람은 뜻이 있는 사람이다. 그 본분을 잃지 않는 사람은 오래갈 것이고, 죽을 지경에 처하여도 무위자연의 도(道)를 잃지 않는 사람은 자신의 삶을 오래 보존하게 된다. 왜냐하면 사람들의 기억 속에 오래 남을 것이기 때문이다.

‖【외국학자 영문해석】‖

[1] 33rd Verse

One who understands others has knowledge;
One who understands himself has wisdom.
Mastering others requires force;
　mastering the self needs strength.

If you realize that you have enough,
you are truly rich.

One who gives himself to his position
　surely lives long.
One who gives himself to th Tao
　surely lives forever.

(Dr. Wayne W. Dyer, *Living the Wisdom of the Tao*, Hay House. Inc(2008), p. 69)

[2] Stanza 33

1   Knowledge knows others

2   But wisdom the self.

3   Power conquers others

4   But strength the self.

5   To know contentment is wealth,

6   To act with strength resolve.

7   Long as those who do not lose their place may last,

8   Timeless those who die but perish not.

(Moss Roberts, *Dao De Jing*, University of California Press(2004), p. 97)

제 34 장 │ 대도범혜 (大道汎兮)

大道汎兮, 其可左右.
대도범혜　　기가좌우
萬物侍之以生而不辭, 功成不有, 衣養萬物而不爲主.
만물시지이생이불사　　공성불유　　의양만물이불위주
常無欲, 可名於小.
상무욕　　가명어소
萬物歸焉, 而不爲主, 可名爲大.
만물귀언　　이불위주　　가명위대
是以聖人, 終不自爲大, 故能成其大.
시이성인　　종부자위대　　고능성기대

해석 │ 큰 것의 다스림, 즉 대자연의 다스림은 참으로 광대하다. 그것은 왼쪽으로 갈 수도

老子 上 道經　221

있고 오른쪽으로 갈 수도 있듯이 세상 어디에나 두루 미친다.

Great governing, namely, such a great action as Mother Nature governs all things, is truly vast and boundless. It reaches everywhere, such as it can go to the left and to the right.

만물은 그것에 의하여 생겨났지만 (大道는) 어떤 대가도 요구하지 않는다. 공이 이루어져도 차지하지 않고, 만물에게 옷을 입혀주고 길러주면서도 주인처럼 행동하지 않는다.

All things were formed leaning on it [the Dao], but it does not ask them for any recompense for the creation done. Even though its merits are accomplished, it does not possess them. It clothes and nourishes all things, but does not act as their lord.

(大道는) 항상 욕심이 없다. (대망을 품고 있지 아니하므로) 작은 존재라고 부를 수 있다.

Always it has no desire. (Because it does not cherish a great ambition) it can be called small existence.

만물이 그에게 돌아와 그에게 의탁하고 있으나 주인 노릇을 하지 않는다. 그는 위대한 존재라고 부를 수 있다.

All things return and entrust themselves to it, but it does not act as the lord. Therefore it can be called great existence.

이런 까닭으로 성인은 끝내 스스로를 위대하다고 여기지 않는다. 그러므로 위대한 것을 이루어 낼 수 있는 것이다.

For this reason, the sage does not think himself to be great existence to the end. Therefore he can achieve a great work.

【주석】

大道 (대도): ① 큰 것의 다스림. 대자연 또는 우주의 다스림. great one's governing;

governing of Mother Nature; governing of the universe. ② 우주가 만물을 다스리는 것과 같은 그러한 자연스러운 정치. such a natural politics as the universe governs all things. ③ 무위자연의 큰 정치, 즉 우주가 만물을 다스리는 것과 같이, 어떤 일이든 강제성 없이 그의 자연스러운 행로를 취하도록 맡겨두자는 위대한 정치. great politics to leave a matter to take its natural course without coercion, such as the universe governs all things. ④ 큰 정치. 위대한 정치. great politics; great government.

汎 넓을 〔범〕: ① 넓다. 광대하다. vast; extensive; vast and boundless. ② 뜨다. 떠돌다. float. drift from place to place.

恃 믿을 〔시〕: 의지(依支)하다. 의탁(依託)하다. lean; rely on; count on; depend on.

辭 말 〔사〕: ① 말하다. say. ② 청하다. 요구하다. ask; demand. ③ 원하다. 바라다. wish; hope.

不辭 〔불사〕: ① 요구하지 않다. do not ask all things for recompense for the creation done; do not demand recompense for the creation done from all things. ② (자신의 공로라고) 말하지 않다. do not say that it is his service.

衣 옷 〔의〕: 옷. 옷을 입혀주다. 덮다. clothe.

名 이름 부를 〔명〕: 부르다. 말하다. name; call.

歸 돌아올 〔귀〕: 돌아오다. 귀의(歸依)하다. 돌아와 의지하다. 몸을 의탁하다. 돌아와서 복종하다. 몰려들다. return and entrust oneself to (a person's) care; return and follow; return and obey; gather around.

【해설】

大道란 글자 그대로 "큰 것의 다스림"을 뜻한다. 큰 것(大)이란 대자연 혹은 우주를 가리키고, 도(道)란 다스림(治理)을 의미한다. 그러므로 "대자연의 다스림", 혹은 "우주가 만물을 다스리는 것과 같은 자연스러운 다스림"을 뜻한다고 볼 수 있다. 大를 뒤에 나오는 말을 높여 부르는 글자로 본다면, 대우주(大宇宙) 혹은 대자연(大自然)을 나타낸다고 볼 수도 있다. 우주 혹은 자연을 보다 위대하게 강조한 표현이기 때문이다. 알렉산더 왕을 알렉산더 대왕으로 높여 부르는 것과 같다. 어떻게 보든 양자 사이에 큰 차이가 나는 것은 아니다. 도(道)에 대하여 『한어대사전』은 길(道路)·방법(方法)·정치(治理)·정치주장 혹 사상체계(政治主張 或 思想體系)·좋은 정치국면 혹은 올바른 정치를 베푸는 것(好的 政治局面 或 政治措施)·우주만물의 본원, 본체(宇宙萬物的 本源, 本體) 등으로 설명한다 (中國 世紀出版集團,『漢語大詞典』, 漢語大詞典出版社(2000. 8.), p. 1287 "道").

　大道는 대욕(大慾)을 품고 있지 않기 때문에 작아 보일 수 있다. 그리고 미세한 곳까지 들어가지 않는 곳이 없으므로 작은 것이라고 표현할 수도 있다. 그러나 모든 것을 베풀고 도 주인 노릇을 하지 않기 때문에 큰 것이라고 부를 수도 있다. 송대(宋代)의 학자인 범응 원(范應元)은 "(우주를 뜻하는) 도(道)는 (사물의 용도나 특성을 나타내는) 이름이 필요하 지 않을 정도이므로, 군이 작다고 할 수는 없다. 큼에 대해서 말한다면, 성인은 (道가) 하 도 커서 포괄하지 않음이 없음을 보았기 때문에, 편의상(便宜上) 그것을 '대(大)'라고 말하 였다. 다시 道가 미세하여 (어느 곳이든) 들어가지 못하는 곳이 없기 때문에 '소(小)'라고 말하였다."라고 설명한다(道常無名, 固不可以小, 大言之, 聖人因見其大無不包, 故强爲之 曰大, 復以其細無不入, 故曰小也).

‖【외국학자 영문해석】‖

[1] Chapter 34

> Great Tao overflows.
> It can go left or right.
> All things depend on it for life.
> None can refuse it.
> Its success seeks no recognition,
> 　but clothes and nourishes everything
> 　without aspiring to rule.
>
> Eternally freed of desire,
> 　it may be called subtle,
> 　although all things return to it.
> And yet it is not our ruler.

It may be called Great.

By not claiming greatness,

   the sage achieves greatness.

(Sam Hamill, *Tao Te Ching,* Shambhala Boston & London(2007), p. 49)

[2] Chapter 34

The Great Tao flows everywhere.

Its course can go left or right.

The ten thousand things depend on it for growth,

And it does not refuse them.

It accomplishes its work and does not claim credit.

It clothes and feeds all things but does not control them.

Always without desire, it can be called small.

The ten thousand things come under its embrace,

But it does not dominate them.

Therefore it can be called great.

Because it does not consider itself as great,

It can accomplish that which is great.

(Eva Wong, *Teachings of the Tao,* Shambhala Boston & London(1997), p. 30)

제 35 장 | 집대상천하왕 (執大象天下往)

執大象天下往, 往而不害, 安平太.

집대상천하왕　　　　　왕이불해　　　　안평태

樂與餌, 過客止.

악여이　　　과객지

道之出口, 淡乎其無味, 視之不足見, 聽之不足聞, 用之不

도지출구　　　담호기무미　　　　시지부족견　　　　　청지부족문　　　　용지부

足旣.

족기

해석 | 큰 형상이 하는 방식을 따르며 천하에 나아간다. 그렇게 하면 해를 끼치지 아니한다. 그 결과 천하는 안정되고 평화를 누리며 커진다.

Following such a way as the Great Image [the great universe or Mother Nature] acts, he advances into the whole world. If then, he does not inflict injury upon anyone. As the result, the whole world will be stabilized, enjoy peace, and grow.

음악 소리와 맛있는 음식은 지나가는 나그네의 발길을 멈추게 한다.

Music and delicious food will make the passing guests stop.

(반면에) 道에 관한 말이 입으로부터 표출될 때에는, 담담하여 그 맛이 없다. 그것을 보려고 하여도 볼 수가 없고, 그것을 들으려고 하여도 들을 수가 없다. 그러나 그것을 아무리 많이 사용하여도 다 쓸 수가 없다.

(On the other hand) when the stories of the Dao [the action of the universe] put into words through the mouth, it seems insipid and flavorless. Even if we try to look at it, we cannot see it, and even though we try to listen to it, we cannot hear it. But, however much we may use it, we cannot exhaust it.

執 잡을 〔집〕: 잡다. 지키다. 따르다. 하상공(河上公)은 "執은 '지키다'의 뜻이다(執, 守也)."라
고 풀이한다. keep; observe; follow.

象 길 〔상〕: 도(道). 황제(黃帝)와 노자(老子)를 교조(教祖)로 삼은 중국의 토착종교라고
알려져 있는 도교(道教)에서는 "상(象)은 도(道)를 가리킨다."라고 설명한다(道教指
"道"). 그리고 그 예문으로 본 장의 "執大象天下往"을 적시한다(中國 世紀出版集團,
『漢語大詞典』, 漢語大詞典出版社(2000), p. 2251). 하상공(河上公) 역시 "象은 道이다."
라고 설명한다(象道也). 道는 길, 도리, 이치, 방식, 방법, 다스림(治理) 등의 의미를 지
니고 있다. image; Image indicates Dao, and Dao means the action of the universe.

樂 풍류 〔악〕: 음악. music.

餌 먹이 〔이〕: 먹이. 음식. cakes; pastry; food.

足 능히 〔족〕: 능히(可以). 가히 ~을 할 수 있다(『교학 대한한사전』 제7쇄, 교학사(2006), p.
3178). can. be able to.

旣 다할 〔기〕: 다하다. 다 쓰다. 다 없어지다. 다 없애다. 진(盡)과 같다. exhausted; finished;
devoid; use up.

【해설】

大象은 글자 그대로 "큰 형상"이란 뜻이다. 지극히 큰 형상이라면 그것은 우주를 가리
킬 것이다. 대우주(大宇宙) 혹은 대자연(大自然)으로 볼 수 있다. 사전에서는 상(象)을 도
(道)라고 설명한다. 하상공(河上公) 역시 "象은 道이다."라고 말한다(象道也). 그런데 道
는 "우주"를 가리키기도 하고 "다스림(治埋)"을 뜻하기도 한다. 그러므로 大象은 "우주 혹
은 대자연이 만물을 다스리는 것과 같은 자연스러운 정치방식"을 의미하는 것으로 볼 수
있다. 우주가 만물을 다스리는 것과 같은 자연스러운 정치를 실시한다면 세상은 한결 안
정되고 편안해지고 성장하게 될 것이라는 게 노자의 생각이다.

음악 소리와 맛있는 음식은 우리 몸에 와 닿아 지나가는 나그네의 발길까지 멈추게 하
지만, 道에 관한 말은 담담하여 그 맛이 없다고 한다. 그것을 보려고 하여도 볼 수가 없고,
그것을 들으려고 하여도 들을 수가 없지만, 그것은 무진장(無盡藏)하여 아무리 많이 사용

하여도 다 쓸 수가 없다고 말한다. 그래서 큰 것의 형상이란 우주를 가리키는 것으로 보는 것이다.

【외국학자 영문해석】

[1] Chapter 35

Whosoever holds fast to the great primal image,
   to him the world will come.
It comes and is not violated:
In calmness, equity and blessedness.

Music and allurement:
They may well make the wanderer stop in his tracks.
DAO issues from the mouth,
   mild and without taste.
You look for it and you see nothing special.
You listen for it and you hear nothing special.
You act according to it and you find no end.

(Richard Wilhelm, *Tao Te Ching*, translated into English by H. G. Ostwald, Arkana Penguin Books(1989), p. 42)

[2] 79 (Chapter 35)

Hold fast to the great image
   and all under heaven will come;
They will
   come but not be harmed,
   rest in safety and peace;
Music and fine food
   will make the passerby halt.

Therefore,

When the Way is expressed verbally,

We say such things as

　　"how bland and tasteless it is!"

"We look for it,

　　but there is not enough to be seen."

"We listen for it,

　　but there is not enough to be heard."

Yet, when put to use,

　　it is inexhaustible!

(Victor H. Mair, *Tao Te Ching,* Bantam Book(1990), p. 102)

제 36 장 | 장욕흡지 (將欲歙之)

將欲歙之, 必固張之.
장욕흡지　　　필고장지

將欲弱之, 必固强之.
장욕약지　　　필고강지

將欲廢之, 必固興之.
장욕폐지　　　필고흥지

將欲奪之, 必固與之.
장욕탈지　　　필고여지

是謂微明.
시위미명

柔弱勝剛强, 魚不可脫於淵, 國之利器, 不可以示人.
유약승강강　　　어불가탈어연　　　국지이기　　　불가이시인

해석 | 그것을 오므리고자 할 때에는 반드시 그것을 먼저 펼친다.

When one is going to roll his body up, he is sure to spread it first. (In order to fly through the sky, birds repeatedly fold their wings and spread them.)

그들을 약하게 만들고자 할 때에는 반드시 먼저 그들을 강하게 한다.

When one is going to weaken them, he makes them strong first. (If we translate literally, "When one is going to weaken them, he makes them strong first." If we translate freely, "When one is going to weaken the mental power of the other party, he strongly stimulates first their desires for popular taste, namely desires for wealth, sex, pleasure, etc..)

그들을 무너지게 하고자 할 때에는 반드시 먼저 흥하게 한다.

When one is going to overthrow them, he must first raise them up.

그들로부터 무언가를 빼앗고자 할 때에는 반드시 그들에게 먼저 준다.

When one is going to despoil them of something, he must first give it to them.

이를 일러 (감각기관에 의해서는 알아채기 어려운) 미묘한 자연의 섭리라고 이야기한다.

This is called "the subtle dispensation of nature" (which is hard to notice by means of the senses).

부드럽고 연한 것이 단단하고 강한 것을 이긴다. 물고기는 못을 벗어나서는 안 되는 것처럼, 국가의 날카로운 무기도 남에게 보여주어서는 안 된다.

The soft and weak overcome the hard and strong. Just as the fish must not leave the deeps, the sharp weapons of a state also must not be shown to others.

【주석】

將 만약 〔장〕: ① 만약. 만일. (『교학 대한한사전』 제7쇄, 교학사(2006), p. 877) if; when; in case. ② 장차. 미래를 나타내는 조동사. in future; some day; will; shall.

欲 하고자 할 〔욕〕: 하고자 하다. 하려 하다. wish; want; be going to; be about to.

歙 줄어들 〔흡〕: 움츠리다. 오므리다. 들이쉬다. 歙은 "협"으로도 읽는다. roll one's body up; furl the wings; breathe; inhale.

之 어조사 〔지〕: 사물을 지시(指示)하는 뜻을 나타내는 조사(助詞). 여기서는 "그것", "어떤 것" 등을 나타내는 말로 본다. it; something.

必 반드시 〔필〕: 반드시 ~하다. be sure to do.

固 우선 〔고〕: 우선. 잠시. 將欲廢之, 必固興之. (『교학 대한한사전』 제7쇄, 교학사(2006), p. 632) first; before everything; ahead.

張 펼 〔장〕: 퍼다. 넓히다. spread; unfold; make longer; widen; make something wider.

弱 약하게 할 〔약〕: 약하게 하다. 약화시키다. weaken; enfeeble; unnerve; make weak [weaker].

强 강하게 할 〔강〕: 강하게 하다. 세게 하다. strengthen; solidify; cause to grow stronger; make strong [stronger].

廢 폐할 〔폐〕: ① 쇠퇴하게 하다. 무너지게 하다. 무너뜨리다. overthrow; collapse; destroy; ② 쇠퇴하게 하다. make the other side become weak; collapse; ③ 없애다. get rid of; remove; exterminate.

興 일으킬 〔흥〕: 일어나게 하다. make (a person) stand up; make (a country) rise; revive; restore; promote.

奪 빼앗을 〔탈〕: 빼앗다. deprive; take by force; seize; wrest.

與 줄 〔여〕: 주다. 베풀다. give; present; bestow.

利器 (이기): 날카로운 무기. 편리한 기구. sharp weapons; sharp implements; sharpened tools.

示 보일 〔시〕: 보이다. 가르치다. 알리다. show; display; teach; let (a person) know.

微明 (미명): 미묘한 자연의 섭리. 감각기관에 의해서는 알아채기 어려운 자연의 미묘한 섭리. the subtle dispensation of nature; the subtle dispensation of nature which is hard to notice by means of the senses.

‖【해설】‖

① 이 장은 천지만물이 흘러가는 자연현상에 관하여 이야기한다. 위력을 떨치게 하고, 강(强)하게 하고, 흥(興)하게 하고, 내주는 때에, 이미 오므러지게 하고, 약하게 하고, 무너지게 하고, 빼앗기게 하는 조짐이 그 안에 잠복되어 있다는 것이다. 주역(周易)은 "때에 순응하고, 머물러야 할 곳에 머무르는 것이 박괘(剝卦)의 관상(觀象)이다. 소멸하다가 번식하고 가득 찼다가 텅 비게 되는 변화의 이치를 군자가 숭상하는 것은 그것이 하늘의 운행질서이기 때문이다."라고 말한다(順而止之, 觀象也. 君子尙消息盈虛天行也). (『주역』 제23장 산지박 괘사 단전)

② 감산(憨山)은 "천하만물은 세(勢)가 극(極)에 달하면 반드시 되돌아간다. 비유하건대 해가 기울려고 할 때에는 그 전에 반드시 성대히 빛나게 되고, 달이 장차 기울려고 할 때에는 반드시 가득 차게 되고, 등불이 장차 꺼지려고 할 때에는 그 전에 반드시 불길이 아주 밝아지게 된다. 이 모든 것은 사물의 형세가 저절로 그렇게 돌아가는 것이다. 그러므로 잠시 베푸는 것은 거둬들이게 되는 것의 상(象)이며, 잠시 강하게 하는 것은 약하게 하는 것의 싹이며, 잠시 흥하게 하는 것은 사라지게 하는 것의 기틀이며, 잠시 주는 것은 빼앗는 것의 조짐이다."라고 말한다(天下之物, 勢極則反. 譬夫日之將昃, 必盛赫, 月之將缺, 必盛盈, 燈之將滅, 必熾明. 斯皆物勢之自然也. 故固張者, 翕之象也, 固强者, 弱之萌也, 固興者, 廢之機也, 固興者, 奪之兆也).

③ 구체적 상황을 보면 아래와 같다.
　　몸을 오므리고자 할 때에는 먼저 펼친다. 하늘을 날고자 한다면 먼저 날개를 펼쳐야 한다. 그래서 새들은 날개를 펼치고 접기를 반복하며 하늘을 난다. 숨을 들이마시려면 먼저 숨을 내쉬어야 한다.
　　상대를 약하게 만들고자 할 때에는 먼저 그들을 강하게 한다. 상대의 정신력을 약하게 만들려면 먼저 금은보화(金銀寶華), 성(性), 쾌락(快樂) 등을 주어 세속적인 것에 대한 그들의 욕정을 강하게 북돋운다.
　　상대를 무너지게 하고자 할 때에는 반드시 먼저 흥하게 한다. 꽃이나 나뭇잎을 떨어지게 하려면, 먼저 꽃을 피우고 잎을 무성히 자라게 한다. 꽃을 피게 하지 않고, 잎이 자라나게 하지 않으면, 낙엽이란 존재하지 않는다. 사람도 태어났기 때문에 죽음을 맞이한다. 이 세상에 태어나지 않았다면 죽음이란 존재하지 않는다.

상대로부터 무언가를 빼앗고자 할 때에는 반드시 먼저 준다. 낚시로 고기를 잡으려면 미끼를 먼저 주어야 하고, 달걀을 얻으려면 닭에게 먼저 먹이를 주어야 한다. 닭을 잡아먹으려면 병아리 때부터 먹이를 주어야 하고, 소를 잡아먹으려면 송아지 때부터 먹이를 주어 잘 길러야 한다. 곡식을 거두려면 땅에 씨앗을 뿌리고 물을 주고 거름을 주어야 한다.

④ 이런 것들을 가리켜 감각기관으로써는 알 수 없는 미묘하고 신비스러운 자연의 섭리라고 이야기한다.

⑤ 부드럽고 연한 것이 단단하고 강한 것을 이긴다. 부드럽고 연한 것이 억세고 강한 것을 이긴다. 강경(强硬)한 것은 변화에 잘 적응하지 못하는 성향이 있다. 발 빠르게 적응하지 못하여 도태되는 경우가 많다. 반면에 유약(柔弱)한 것은 변화에 잘 적응하는 특성이 있다. 강건한 거목(巨木)은 변화에 직면하여도 자신을 굽히려 하지 않기 때문에 강한 바람이 불면 이내 부러지고 만다. 그러나 유약한 풀은 변화에 직면하면 자신을 고집하지 않고 그 변화에 적응하기 때문에 아무리 거센 바람이 불어도 부러지지 않는다. 강건한 나무는 그 경직성(硬直性) 때문에 잘 적응하지 못해 부러지는 것이고, 연약한 풀은 그 유연성(柔軟性) 때문에 잘 적응하여 살아남는 것이다. 그래서 "부드럽고 연한 것이 억세고 강한 것을 이긴다(柔弱勝剛强)."라고 한 것이다. 살아남는 자가 최후의 승자(勝者)가 된다.

부드러운 것이 강한 것을 이긴다는 뜻의 고사성어(故事成語)로 '유능제강(柔能制剛)'이 있다. 병서(兵書)인 황석공소서(黃石公素書), 삼략(三略) 등에 나온다. 언뜻 보기에는 잘 맞지 않는 말 같지만 긴 안목으로 보면 강한 것을 이길 수 있는 것은 부드러운 것 이외에는 아무것도 없다. 부드러운 것에 의해서만 제압될 수 있기 때문이다.

남자의 거칠고 강한 성격을 꺾을 수 있는 것은 여자의 부드러운 손길과 사랑이다. 강한 것은 부드러운 것에 의해서만 제압될 수 있다. 손으로 비비면 금방 깨지고 말 것 같은 한 알의 작은 씨앗이 무거운 바위와 단단한 지층(地層)을 뚫고 싹을 위로 내민다. 쇠로 만든 단단한 칼은 쇠로는 갈아지지 않지만 무른 숫돌에는 갈아진다. 강력한 총알도 송판은 뚫고 나가지만 부드러운 솜뭉치를 뚫지는 못한다고 한다.

낙숫물이 바위를 뚫는다는 속담이 있다. 막강한 힘이 있는 것도 아니고 그 무게도 대단한 것이 아닌데, 한 방울 한 방울 처마에서 떨어지는 연약한 물방울이 그 단단하고 강한 바윗덩어리를 뚫는 것이다. 물은 세상에서 가장 연한 물질이지만 굳센 바위를 이렇게 뚫어낸다.

강한 수컷은 약한 암컷에게 올라타고 마치 승기(勝機)를 잡은 듯이 설치지만, 절정이 지나면 백기를 들고 본래의 자리로 내려온다. 그러나 암컷은 '원한다면' 다시 다른 수컷을 받아들일 수도 있다. 유약한 음(陰)이 강건한 양(陽)을 이기는 것이다.

⑥ 물고기는 못을 벗어나서는 안 되는 것처럼, 국가의 날카로운 무기도 남에게 보여 주어서는 안 된다. 물고기가 못을 벗어나면 호흡에 문제가 생겨 죽을 수도 있고, 맹금류(猛禽類)나 사람들에게 붙잡혀 죽게 될 수도 있다. 국가의 날카로운 무기도 남에게 보여주면 국가기밀이 적에게 노출되어 전쟁에서 패할 수 있다.

‖【외국학자 영문해석】‖

[1] Chapter 36

To contract something,

You must first expand it.

To weaken something,

You must first strengthen it.

To eliminate something,

You must first elevate it.

To take something,

You must first give.

This is a subtle stratagem.

The weak can outdo the strong.

Fish cannot stay away from ponds.

And sharp weapons of a country cannot

be brandished before the people.

(Yang Liping, *The Tao Inspiration*, Asiapac Books Pte Ltd. Singapore(2010), p. 82)

[2] Chapter 36

Whatever is gathered in

Must first be stretched out;

Whatever is weakened

Must first be made strong;

Whatever is abandoned

Must first be joined;

Whatever is taken away

Must first be given.

This is what is called the subtle within what is evident.

The soft and weak vanquish the hard and strong.

Fishes should not relinquish the depths.

The sharpest instruments of state should not be revealed to others.

(Roger T. Ames and David L. Hall, *Dao De Jing*, Ballantine Books New York(2003), p. 133)

제 37 장 | 도상무위 (道常無爲)

道常無爲, 而無不爲.
도상무위　　　　이무불위
王侯若能守之, 萬物將自化.
왕후약능수지　　　　만물장자화
化而欲作, 吾將鎭之以無名之樸.
화이욕작　　　　오장진지이무명지박
無名之樸, 夫亦將無欲, 不欲以靜, 天下將自定.
무명지박　　　　부역장무욕　　　　불욕이정　　　　천하장자정

해석 | 우주가 만물을 다스리는 것과 같은 방식의 자연스러운 정치(政治)인, 道는 항상 강제로 하게 하는 일이 없다. 그러나 다스려지지 않는 경우가 없다.

The Dao, namely, such a natural politics as the universe governs all things, there is always no compulsion that forces someone to do something, but there is no case that is not governed.

제후국의 왕이 만약 이것을 지킬 수 있다면, 만물은 스스로 (시대상황에 따라) 변화할 것이다.

If a king of a feudal state could keep it, all things would be transformed of themselves (according to the requirements of the time).

변화하는 과정에서 욕심이 생겨나면, 우리는 그 욕심을 무명(無名)의 통나무 시절로 돌아가 그 초심을 가지고 진압(鎭壓)할 것이다.

In the process of transformation, if a desire arises to us, we will suppress it with the original intention, going back to the days of a nameless uncarved wood.

아무런 이름도 없는 순박한 통나무와 같은 상태라면 그 또한 아무런 욕심도 없을 것이다. 욕심을 부리지 않고 고요히 그 자리를 지킨다면 세상은 스스로 안정될 것이다.

If it is in the state of uncarved wood without a name, it also will have no greed. If one has no desire and quietly keeps his place, the whole world will be stabilized of its own accord.

【주석】

王侯 (왕후): ① 제왕(帝王) 또는 제후(諸侯). a king or feudal lords. ② 제후국의 왕. a king of a feudal state.

欲 하고자 할 〔욕〕: ① 하고자 하다. 하려 하다. wish; want; be going to; be about to. ② 욕심. desire; greed.

鎮 진압할 〔진〕: 진압하다. 누르다. suppress; repress; quell; put down.

樸 통나무 〔박〕: 통나무. 자르거나 다듬지 아니한 통째의 나무로서 모든 목재·목기(木材木器)의 근원이 된다. 순박함과 정직함을 상징한다. to be simple and unadorned like wood that has not yet been worked [processed] (into anything). It symbolizes simplicity and honesty.

靜 고요할 〔정〕: 고요하다. quiet; still; calm.

定 정할 〔정〕: 안정되다. 편안해지다. be stabilized; be comfortable; be at peace.

【해설】

이 장에서는 "도(道)는 항상 하게 하는 일이 없지만 다스려지지 않는 경우가 없다."라고 말한다. 현실 징치에서 "상제성" 없이 정치목적을 달성할 수 있을지는 의문이다. 노자는 "욕심을 부리지 않고 고요히 그 자리를 지킨다면 세상은 스스로 안정될 것이다."라고 답한다. 위정자가 백성만을 생각하고 공평무사하게 솔선수범하면, 백성들은 스스로 따라올 것이라는 소박한 생각이다. 누가 시키지 않아도 지구는 태양의 주위를 공전(公轉)하고 또한 스스로도 자전(自轉)한다. 공전으로 춘하추동 사계절이 순환하고, 자전으로 낮과 밤이 교대한다. 봄이 되면 꽃이 피고 가을이 되면 낙엽이 진다. 누가 그렇게 하라고 명령한 것이 아니다. 스스로 그렇게 돌아가고 있는 것이다. 공자도 비슷한 말을 하였다. "하늘이 무

엇을 말하더냐? 사계절이 운행되고, 만물이 생성하지만 하늘이 무엇을 말하더냐?"라고 말
한다(天何言哉, 四時行焉, 百物生焉, 天何言哉). 하늘이 아무런 명령을 내리지 않아도 사
계절이 순환하고 만물이 자연스럽게 생성된다는 것이다(『논어』「양화」17-19). 이러한 자
연현상을 본받아 정치도 통치자가 억지로 무언가를 만들어 통제하려고 하지 않고, 모두
가 자신의 본분만 잘 지키면 스스로 잘 돌아갈 것이라는 게 노자의 생각이다. 그러나 이
러한 정치사상으로 테러집단과 같은 반동적 정치세력을 잠재울 수 있을지는 의문이다.

【외국학자 영문해석】

[1] Chapter 37

Tao never does;

Yet through it all things are done.

If the barons and kings would but possess

   themselves of it,

The ten thousand creatures would at once be

   transformed.

And if having been transformed they should desire

   to act

We must restrain them by the blankness of the

Unnamed.

The blankness of the Unnamed

Brings dispassion;

To be dispassionate is to be still,

And so, of itself, the whole empire will be at rest.

(Arthur Waley, *Lao Tzu Tao Te Ching*, Wordsworth Editions Limited(1997), p. 38)

[2] Chapter 37

The way to use life is to do nothing through acting,

The way to use life is to do everything through being.

When a leader knows this,

His land naturally goes straight.

And the world's passion to stray from straightness

Is checked at the core

By the simple unnamable cleanness

Through which men cease from coveting,

Peace comes of course.

(Witter Bynner, *The Way of Life according to Lao Tzu,* A Perigee Book(1994), p. 64)

老子 下 德經

上德不德, 是以有德, 下德不失德, 是以無德.
　　상덕부덕　　　　　시이유덕　　　　　하덕부실덕　　　　　시이무덕

上德無爲而無以爲, 下德爲之而有以爲.
　　　상덕무위이무이위　　　　　　　하덕위지이유이위

上仁爲之而無以爲, 上義爲之而有以爲.
　　　상인위지이무이위　　　　　　상의위지이유이위

上禮爲之而莫之應, 則攘臂而扔之.
　　　상례위지이막지응　　　　　　즉양비이잉지

故失道而後德. 失德而後仁. 失仁而後義. 失義而後禮.
　　고실도이후덕　　　　　실덕이후인　　　　　실인이후의　　　　　실의이후예

夫禮者, 忠信薄, 而亂之首也. 前識者, 道之華, 而愚之始也.
　　부례자　　충신박　　　이난지수야　　　전식자　　　도지화　　　이우지시야

是以大丈夫處其厚, 不處其薄, 處其實, 不處其華. 故去彼
　　　시이대장부처기후　　　　불처기박　　　　처기실　　　　불처기화　　　고거피

取此.
　　취차

해석 | 상급(上級)의 도덕적 품성을 지닌 사람은 자기가 베푼 것을 그의 덕행이라고 여기지 않는다. 그래서 덕을 지니게 되는 것이다. 하급(下級)의 덕을 지닌 사람은 자기가 베푼 덕행을 잃지나 않을까 걱정한다. 그렇기 때문에 덕이 없어지게 되는 것이다.

　The man who possesses the highest grade of De [virtue] does not regard something that he bestowed on others as his virtuous conduct. Therefore he comes to possess virtue. The man who possesses a lower grade of virtue is afraid that he will lose the virtue he bestowed on others. Therefore his virtue comes to disappear.

　상급(上級)의 덕을 지닌 사람은 어떤 일을 하게 하는 일이 없으며 인위적인 방법을 사용하는 일이 없다. 하급(下級)의 덕을 지닌 사람은 어떤 일을 하게 하고, 인위적인 방법을 사용하는 일이 있다.

　The man who possesses the highest grade of virtue has nothing to make a person do something, and there is nothing to use an artificial method. The man who possesses a lower grade of virtue makes a person do something forcibly, and there is a case to use an artificial force.

상급(上級)의 인(仁)을 지닌 사람은 어떤 일을 하게 하되, 인위적인 방법을 사용하는 일이 없다. 상급(上級)의 의(義)를 지닌 사람은 어떤 일을 하게 하고, 인위적인 방법을 쓰는 일도 있다.

The man who possesses the highest grade of benevolence makes a person do something, but there is nothing to use an artificial force. The man who possesses the highest grade of righteousness makes a person do something, and there is a case to use an artificial force.

상급의 예(禮)를 지닌 사람은 어떤 일을 하게 하는데, 그 일에 응하지 않으면, 팔의 소매를 걷어붙이고 그를 끌어당겨서 따르게 한다.

The man who possesses the highest grade of proprieties makes a person do something, and if they do not respond to it, he rolls up his sleeves, drags them, and makes them follow.

그러므로 (우주가 만물을 다스리는 것과 같은 무위자연의 정치인) 도(道)를 잃은 이후에 덕(德)이 생겨나고, 덕(德)을 잃은 이후에 인(仁)이 생겨나고, 인(仁)을 잃은 이후에 의(義)가 생겨나고, 의(義)를 잃은 이후에 예(禮)가 생겨난 것이다.

Therefore after the Dao, such a natural politics without coercion as the universe governs all things, was lost, virtue appeared; after virtue was lost, benevolence appeared; after benevolence was lost, righteousness appeared; and after righteousness was lost, the proprieties appeared.

대체로 예(禮)는 정성을 다하는 마음(忠)과 서로 믿는 마음(信)이 엷어진 데서 생겨난 것으로 혼란(混亂)의 시초가 된다. 미리 백성들이 알게 한 것, 즉 인위적으로 만든 도덕 규범이나 법령은, 도(道)에 있어서의 "겉만 화려한 장식"이며, 이것은 우매함의 시작이 된다. 이런 까닭으로 대장부(大丈夫)는 그 돈후(敦厚)함에 처하고 그 얄팍함에 처하지 아니하며, 그 근본에 처하고 그 겉만 화려한 것에 처하지 아니한다. 그러므로 저것을 버리고, 이것을 취하는 것이다(저것(彼)이란 "박(薄)"과 "화(華)"를 가리키고, 이것(此)이란 "후(厚)"와 "실(實)"을 가리킨다).

Generally, propriety is to appear because loyalty and good faith became thin, and this becomes the commencement of disorder. What is announced beforehand to the people, namely moral regulations and laws & ordinances made artificially, is the gorgeous decoration only in external appearance of the Dao. This becomes the beginning of stupidity. For this reason, the man who has perceived the Dao abides by what is virtuous, and does not follow what is shallow. He abides by substance, and does not follow appearance. Therefore he discards that [the latter] and takes this [the former]. (That indicates "what is shallow" and "the gorgeous decoration in external appearance", and this means "substance" and "what is virtuous".)

|【주석】|

德 (덕): ① 도(道)를 배우고 익힘에 따라 마음속에 배양되고 익혀진 도덕적 성품. moral character that has been cultivated and acquired to oneself through learning and practicing the Dao(道). ② 미덕(美德). virtue; the practice of behaving or living one's life according to moral and ethical principles. ③ 도덕관념과 관대한 마음을 지닌 사람. the man who possesses a moral sense and broad-mindedness.

上德 (상덕): ① 상급의 도덕적 품성. the highest grade of De [virtue or moral character]. ② 상급의 도덕성을 지닌 사람. the man of the highest grade of De [virtue or moral character]; the man who possesses the highest grade of De [virtue or moral character].

爲 활 [위]: 하게 하다. 시키다. 사(使)와 같다. 사역(使役)을 나타낸다. (『동아 새한한사전』 제2판, 두산동아, p. 1189) 이를 명사화(名詞化)하면 "하게 하는 일", "시키는 일", "강제성(强制性)", "강제적인 명령", "강압적인 방법" 등의 의미를 띠게 된다. the thing that makes someone do something (forcibly); compulsion; the act of compelling.

以 쓸 〔이〕: 사용하다. 임용하다. 용(用)과 같다. (『교학 대한한사전』 제7쇄, 교학사(2006), p. 150) use; employ.

仁 어질 〔인〕: ① 선행(善行). 자비(慈悲). 좋은 일을 하려는 마음. benevolence; desire to do good. ② 사욕을 버리고 남을 먼저 배려하라는 도덕 규범. the moral regulation that one should put aside one's self-interest and consider others first. ③ 인위적으로 만들어 놓은 윤리도덕 규범. moral regulation that is made up artificially; moral regulation made by men. ④ 인위적으로 강요된 선행. benevolence that is made up artificially; forced benevolence.

義 옳을 〔의〕: ① 올바르게 행동하라는 도덕 규범[가르침, 지시, 명령]. the moral regulation [teachings, directions, orders] to do what is right; the moral regulation [teachings; directions; orders] to behave correctly. ② 인위적으로 강요된 충성심. loyalty that is made up artificially; forced loyalty.

攘 걷을 〔양〕: 걷어 올리다. 소매를 걷어붙이다. roll up one's sleeves.

臂 팔 〔비〕: 팔. arm; sleeve.

扔 당길 〔잉〕: 당기다. 끌어당기다. drag; pull; pull along by force.

前識者 (전식자): 미리 알게 한 것. 앞서 알려준 것. 알려진 것. 인위적으로 백성들을 규제하는 도덕 규범, 법령 등을 가리킨다. what is announced beforehand to the people; the things that authorities announced in advance to the people; the things that the Government authorities give advance notice to the people; what is announced beforehand to the people, namely, moral regulation, and laws & ordinances made artificially,

識 알 〔식〕, 적을 〔지〕: ① 알다. 깨닫다. know; realize; find out. ② 적다. 기록하다. record; write; register.

華 꽃 〔화〕: ① 광휘(光輝). 빛남. 장려(壯麗). 호화(豪華). radiance; magnificence; splendor. ② 화려한. 사치스러운. 호화스러운. 야한 겉모양뿐인. luxurious; extravagant; flashy. (New Age Chinese-English Dictionary, The Commercial Press. Beijing(2001), p. 657). 여기서는 "화려한 장식"을 의미한다. gorgeous decorations; splendid ornaments.

大丈夫 (대장부): 건장하고 씩씩한 사나이. 남자다운 남자. 여기서는 도를 터득한 사람을 가리킨다. a great and brave man; a manly man; the man who has perceived the Dao; the man who has perceived such a way as the universe governs all things.

【해설】

　도(道)란 "우주가 만물을 포용하고 다스리는 것과 같은 무위자연의 정치질서"를 뜻한다. 강제적인 방식이 아니라 자연적인 방식으로 다스리는 것이다. 이에 비하여 덕은 인위적으로 다스리는 방식이다. 덕(德)은 "도(道)"를 배우고 익혀 이를 실천할 수 있는 능력을 얻은 것을 뜻한다. 노자는 세상을 다스리는 방법론으로 두 가지 덕(德)을 이야기한다. 하나는 상덕(上德)이고 다른 하나는 하덕(下德)이다.

(1) 상덕(上德)은 최고의 덕성을 가리키는 말로, 무위자연(無爲自然)의 다스림이다. 노자는 "상덕(上德)은 하게 하는 일도 없고 인위적(人爲的)인 방법을 사용하는 일도 없다."라고 말한다(上德無爲而無以爲). 상급(上級)의 덕은 인위적인 방식으로 다스리는 것이 아니라 무위(無爲)로 다스린다는 뜻이다. 표현만 달리하였을 뿐 무위자연의 도(道)와 같은 의미이다. 도(道)는 우주(宇宙)가 만물(萬物)을 다스리는 것과 같이 자연 그대로 돌아가게 하는 정치(政治)를 뜻한다. 우주는 만물을 받아들이고 그들을 그곳에서 살게 한다. 그리고 어떤 명령도 내리지 않고, 어떤 대가도 요구하지 않는다. 인간이 본받아야 할 대상이다. 특히 한 나라를 다스리는 통치자는 이를 본받아 선정(善政)을 베풀어야 한다. 학자들은 흔히 노자(老子)의 정치철학(政治哲學)인 도(道)에 대하여 "도(道)는 강제(强制)로 하게 하는 것이 아니라 스스로 그렇게 하게 하는 것이다."라고 말한다(無爲自然). 이 말은 백성을 다스리는 방식이 강제적(强制的)으로 하게 하는 것이 아니라, 자발적(自發的)으로 하게 하는 것이라는 뜻이다. 물론 여기에는 백성을 포용하고 배려하는 마음과 통치자의 솔선수범(率先垂範)이 전제가 된다. 이것이 소위 노자(老子)의 무위자연(無爲自然)의 정치철학이다.

(2) 하덕(下德)은 인위적인 방법으로 다스리는 것을 뜻한다. 노자는 "하덕(下德)은 어떤 일을 하게 하고, 인위적인 방법을 사용하는 일이 있다."라고 말한다(下德爲之而有以爲). 인위적인 방법이란 윤리도덕 규범을 만든다거나 법령을 만들어 그 기준에 따라 인간의 행위를 규제(規制)하는 것을 뜻한다. 무위자연의 정치철학이 통하지 않게 되

자 불가피하게 윤리도덕 규범과 법령이 등장한 것이다. 하덕은 인위적인 규제의 강도(強度)에 따라 세 단계로 구분한다. 인(仁), 의(義), 예(禮)가 바로 그것이다.

① 인(仁)

인간계(人間界)는 자연계(自然界)와는 다르다. 인간사회를 무위자연(無爲自然)의 방법으로 다스릴 때 통하지 않는 경우가 자주 발생한다. 인간(人間)은 본래 이기적(利己的)인 동물이기 때문이다. 자원(資源)은 한정되어 있는데, 수요(需要)는 항상 넘친다. 그러므로 인간들은 본능적(本能的)으로 이기심(利己心)과 소유욕(所有慾)에 휩싸이게 된다. 그래서 독식(獨食)하려고 하고, 독점(獨占)하려고 하고, 계속 축적(蓄積)하려고 한다. 다른 사람들도 마찬가지로 독식·독점·축적하려고 한다. 그러므로 마찰과 충돌과 투쟁이 끊임없이 발생한다. 이것이 인간사회이다. 무위자연의 정치는 현실적으로 통하지 않게 된다. 이러한 마찰과 다툼을 막기 위하여 인간들 스스로가 어떤 기준(基準)을 만들기에 이르렀다. 사람과 사람이 서로 부딪치지 않고 공존할 수 있는 방법이 무엇인지를 모색한 것이다. 그로 인하여 등장한 것이 인(仁)이라고 하는 도덕 규범(道德規範)이다.

인(仁)은 "남을 포용하고 배려하는 마음"으로 어질고 너그러운 품성(品性)을 가리킨다. 상대의 불편과 불만을 나의 것으로 받아들이는 역지사지(易地思之)의 정신이다. 이러한 마음의 자세를 가져야 남들과 공존공영(共存共榮)할 수 있다고 생각한 것이다. 여기서 노자는 상급의 인(仁)을 추구하는 위정자라면, "어떤 일을 하게 하는 데 강제적인 방법을 사용하지는 않는다."라고 말한다(上仁爲之而無以爲). 어떤 일을 하게 하는 방법이므로 무위자연(無爲自然)의 방식은 아니다. 도덕적인 의무를 지워 "이렇게 하라.", "저렇게 하라."라고 요구는 한다. 그러나 지시를 받은 사람이 그것을 잘 이행하지 못한다 하더라도 강제적인 방법을 쓰지는 않는다는 것이다. 그러면 어떻게 하여야 하나? 그냥 내버려 두고 그 일을 계속 수행하도록 할 수는 없는 일이 아니겠는가? 사람을 바꾸는 정도로 처리하는 것인지, 대기발령을 내는 것으로 경고하는 것인지, 그 내용은 분명하지 않다. 적재적소(適材適所)에 사람을 쓰는 방법밖에는 없을 것이다.

② 의(義)

사람과 사람 사이의 평화공존(平和共存)을 모색하려던 인(仁)의 정신이 이기적이고 폭력적인 인간의 본능 앞에서 한계를 드러내자, 이번에는 과연 "올바른 길이 무엇인가"를 찾는 의(義)의 규범이 등장한다.

의(義)는 "사람으로서 지켜야 할 올바른 도리"를 뜻한다. 대표적인 것이 "임금과 신하 사이에 지켜야 할 바른 도리"이다. 유가(儒家)에서는 인간이 지켜야 할 바른 도리로서 "군신(君臣) 사이의 의리(義理)", "부자(父子) 사이의 친애(親愛)", "부부(夫婦) 사이의 분별(分別)", "장유(長幼) 사이의 차서(次序)", "붕우(朋友) 사이의 신의(信義)" 등에 관한 도덕기준을 만들었다. 그리고 그것에 맞추어 생활하라고 강권(强勸)한다. 인(仁)이 인간의 내면(內面)을 다스리는 도덕 규범이라면, 의(義)는 인간의 외면(外面)을 다스리는 행동규범이다. 노자는 상급의 의(義)를 추구하는 위정자는 "어떤 일을 하게 하는데, 인위적인 방법을 사용하는 일이 있다."라고 말한다(上義爲之而有以爲). 인위적인 방법이란 어떤 형벌 혹은 인사 조치를 취하는 것을 의미한다.

③ 예(禮)

위 ①, ②의 인(仁)과 의(義)는 덕치(德治)의 기본요소(基本要素)가 된다. 공자(孔子)를 비롯한 유가(儒家)에서 이를 특히 강조한다. "강제로 하게 하지 않는다."라는 무위(無爲)의 방식으로는 본능적으로 솟구치는 인간의 욕구(欲求)를 통제할 수가 없다. 그래서 "도둑질하지 마라.", "남의 것을 강제로 빼앗지 마라.", "강간하지 마라.", "사람을 죽이지 마라.", "일을 바르게 처리하라." 같은 윤리도덕 규범을 만들어낸 것이다. 그러나 강제성이 없는 이러한 도덕 규범만으로 다양한 인간의 욕구를 통제할 수는 없다. 여기에도 한계가 있는 것이다. 윤리도덕 규범만으로 어떻게 조직폭력배를 소탕할 수 있겠는가? 윤리도덕 규범만으로 어떻게 알 카에다 같은 테러리스트 조직을 근절할 수 있겠는가? 그래서 다시 여기에 "강제성"을 부여하는 법령(法令)을 만들어낸다. 강제성을 부여하여 실질적인 통제효과를 높이고자 시도한 것이다. 예(禮)는 법령(法令)을 뜻한다. 법령을 가지고 인간의 행위를 속박(束縛)하는 것을 의미한다. 이는 법치(法治)와 같다. 예(禮)는 예법(禮法)을 뜻하는 말로 예의(禮儀)뿐만 아니라 법령(法令), 행정규칙(行政規則)까지도 모두 포함하는 개념이다. 당시는 오늘날과 같은 법(法)이 별도로 분리되지 않고 모두 예(禮)에 포함된 시대였다. 노자는 상급의 예(禮)를 추구하는 위정자에 대하여, "어떤 일을 하게 하는데, 그 일에 응하지 않으면 팔의 소매를 걷어붙이고 그를 끌어당겨서 따르게 하는 것이다."라고 설명한다(上禮爲之而莫之應, 則攘臂而扔之).

학자들은 법가(法家)의 정치를 이에 비유한다. 전국시대(戰國時代)에 천하를 다스리는 데는 덕치(德治)보다는 법치(法治)가 더 효율적이라고 강조했다. 관자(管子)나 한비자(韓非子) 같은 사람들이 이런 주장을 폈다. 인간의 본성을 들여다보고 나온 이론이다. 이 법치(法治)의 다스림은 오늘날까지도 계속 이어지고 있다.

【외국학자 영문해석】

[1] Chapter 38

A man of the highest virtue does not keep to virtue and that is why he has virtue.

A man of the lowest virtue never strays from virtue and that is why he is without virtue.

The former never acts yet leaves nothing undone. The latter acts but there are things left undone. A man of the highest benevolence acts, but from no ulterior motive. A man of the highest rectitude acts, but from ulterior motive.

A man most conversant in the rites acts, but when no one responds rolls up his sleeves and resorts to persuasion by force.

Hence when the way was lost there was virtue; When virtue was lost there was benevolence; When benevolence was lost there was rectitude; When rectitude was lost there were the rites.

The rites are the wearing thin of loyalty and good faith

And the beginning of disorder;

Foreknowledge is the flowery embellishment of the way

And the beginning of folly.

Hence the man of large mind abides in the thick not in the thin, in the fruit not in the flower.

Therefore he discards the one and takes the other.

(D. C. Lau, *Lao Tzu Tao Te Ching*, Penguin Books(1963), p. 45)

[2] Chapter 38

High Virtue is non-virtuous;

Therefore it has Virtue.

Low Virtue never frees itself from virtuousness;

Therefore it has no Virtue.

High Virtue makes no fuss and has no private ends to serve;

Low Virtue not only fusses but has private ends to serve.

High humanity fusses but has no private ends to serve;

High morality not only fusses but has private ends to serve.

High ceremony fusses but finds no response;

Then it tries to enforce itself with rolled-up sleeves.

Failing Tao, man resorts to Virtue.

Failing Virtue, man resorts to humanity.

Failing humanity, man resorts to morality.

Failing morality, man resorts to ceremony.

Now, ceremony is the merest husk of faith and loyalty;

It is the beginning of all confusion and disorder.

As to foreknowledge, it is only the flower of Tao.

And the beginning of folly.

Therefore, the full-grown man sets his heart upon the substance rather than the husk;

Upon the fruit rather than the flower.

Truly, he prefers what is within to what is without.

(John C. H. Wu, *Tao Teh Ching Lao Tzu*, Shambhala Boston & London(2006), pp. 85-87)

昔之得一者, 天得一以清, 地得一以寧, 神得一以靈, 谷得
석지득일자　　　천득일이청　　　지득일이녕　　　신득일이령　　　곡득

一以盈, 萬物得一以生, 王侯得一以爲天下貞, 其致之一也.
일이영　　　만물득일이생　　　왕후득일이위천하정　　　기치지일야

天無以清, 將恐裂, 地無以寧, 將恐發, 神無以靈, 將恐歇,
천무이청　　　장공렬　　　지무이녕　　　장공발　　　신무이령　　　장공헐

谷無以盈, 將恐竭, 萬物無以生, 將恐滅, 王侯無以爲貞而
곡무이영　　　장공갈　　　만물무이생　　　장공멸　　　왕후무이위정이

貴高, 將恐蹶.
귀고　　　장공궐

故貴以賤爲本, 高以下爲其. 是以侯王自謂孤寡不穀, 此非
고귀이천위본　　　고이하위기　　　시이후왕자위고과불곡　　　차비

以賤爲本邪, 非乎. 故致數譽無譽, 不欲琭琭如玉, 落落如石.
이천위본야　　　비호　　　고치삭예무예　　　불욕록록여옥　　　낙낙여석

해석 | 옛날에 근원적인 존재가 있었다. 하늘은 그 근원적인 존재가 있음으로 해서 밝게 되었고, 땅은 그 근원적인 존재가 있음으로 해서 안정되었고, 신은 그 근원적인 존재가 있음으로 해서 영묘(靈妙)하게 되었고, 계곡은 그 근원적인 존재가 있음으로 해서 채워지게 되었고, 만물은 그 근원적인 존재가 있음으로 해서 생겨나게 되었고, 왕은 그 근원적인 존재가 있음으로 해서 천하를 바르게 다스리게 되었다. 그것들이 그렇게 된 것은 그 근원적인 존재 때문이다.

In ancient times, there was the original existence (called Dao or the universe). Heaven became bright by the original existence, earth became still by the original existence, Spirits became miraculous by the original existence, valleys became full by the original existence, all things came to be created by the original existence, and kings and princes got to govern the whole world correctly by the original existence. That those have been accomplished like that, is owing to the very original existence.

하늘이 그것에 의하여 맑아지지 않았다면 아마도 무너졌을 것이고, 땅이 그것에 의하여 안정되지 않았다면 아마도 꺼졌을 것이고, 신(神)이 그것에 의하여 영묘(靈妙)함을 얻지 못하였다면 아마도 신통력이 없어졌을 것이고, 골짜기가 그것에 의하여 채워지지 않았다면 아마도 말라버렸을 것이고, 만물이 그것에 의하여 생(生)을 유지하지 못하였다면 아마도 소멸하였을 것이고, 임금이 그것에 의하여 고귀(高貴)해지지 않았다면 아마도 그 자리에서 쫓겨났을 것이다.

If heaven did not become bright by it [Dao; the original existence], it perhaps would be collapsed, if earth did not become comfortable to live in by it, earth is dispersed, if spirits did not obtain the divine ability by it, their supernatural powers would be exhausted, if valleys did not become full by it, they would be dry up, if all creatures did not maintain life by it, they would become extinct, and kings and princes did not become lofty and noble by it, they would fall from power.

그러므로 고귀한 것은 천한 것을 근본으로 삼고, 높은 것은 낮은 것을 기본으로 삼는다. 이런 까닭으로 임금은 스스로를 고(孤, 고아처럼 홀로 된 사람)니 과(寡, 덕이 부족한 사람)니 불곡(不穀, 선행을 많이 쌓지 못한 사람)이니 하고 부르거니와 이는 그 천함을 근본으로 삼기 때문이 아니겠는가? 그렇지 않은가? 그러므로 (천한 것을 근본으로 삼지 않고) 영예(榮譽)를 과도하게 추구하면 영예는 사라지게 된다. 자신을 보석처럼 아름답게 보이려고 해서는 안 되고, 돌처럼 단순하고 견고하게 보이도록 해야 한다.

Thus the noble takes the humble as its root, and the lofty has the low as its base. For this reason, princes and kings call themselves "Orphans", "Men of small virtue", and "Men who have not accumulated good deeds a lot." Is this not to take the humble as its root? Is it not? Therefore, if they pursue only glory excessively (without taking the humble as its root), glory comes to disappear. They should not wish to show themselves beautifully like jade, but should show themselves simply and firmly like a stone.

【주석】

昔之 (석지): ① 옛날에. 之는 병렬관계를 나타낼 때, 때와 장소를 말할 때, 부사구를 만들 때 등에 사용된다(김원중 편저, 『허사사전』, 현암사(2001), pp. 796, 816, 817). in ancient times; anciently. ② 태초(太初)에. 왕필은 "석(昔)은 시초이다."라고 설명한다(昔, 始也). in the beginning.

一者 (일자): ① 하나의 존재(the one existence). ② 첫 번째의 존재. 시원적(始原的)인 존재. 최초로 생성된 존재(the first existence; the existence formed [created] first; the first formed [created] existence). ③ 근원적(根源的)인 존재(the original existence). ④ 천지만물을 최초로 창조한 근원적인 존재(the original existence that first created heavens, earth, and all things). ⑤ 도(道) 혹은 우주라고 하는 근원적인 존재(the original existence called the Dao or the universe). 자(者)는 "놈", "사람", "것" 등을 나타내는 말인데, 여기서 "놈", "사람"은 관계없는 표현이고, "것"이 적절한 포괄적인 표현이다. "것"은 국어사전에서 "사물, 현상, 사상, 존재 등의 이름 대신으로 쓰는 말"이라고 풀이하고 있다. 그러므로 "一者"는 "하나의 존재", "최초의 존재", "시원적인 존재", "근원적인 존재" 등을 나타내는 말로 본다. the one existence; the first existence; the original existence.

得 얻을 〔득〕: ① 획득(獲得). get; obtain; gain. ② 유(有). (中國 世紀出版集團, 『漢語大詞典』, 漢語大詞典出版社(2000. 8.), p. 924 "得") 獲得은 "얻다"라는 말이고, 有는 "있다"라는 뜻이다. 여기서는 "있다"의 의미로 본다. there is; exist; have.

寧 편안할 〔영, 녕〕: 편안하다. 편안하다는 것은 살기에 좋다는 뜻이다. peaceful; good to live in; comfortable to live in.

其 그 〔기〕: ① 이. 이것. this; these. ② 그. 그것. it; that; those; his; her; its; their; he; she; it; they; that; such.

將 장차 〔장〕: ① 미래를 나타내는 조동사 역할을 한다. will; shall; be going to; be about to. ② 동작이나 행위에 대한 추측을 나타낸다. "대개 ~일 것이다", "아마도 ~일 것이다"로 해석한다(연세대 허사사전편찬실, 『허사대사전』, 성보사(2001), p. 670). perhaps; maybe; probably.

恐 아마 〔공〕: 아마. 의심컨대. perhaps; maybe; probably.

裂 찢을 〔열〕: 찢어지다. 무너지다. collapse; fall down; rend; split.

發 헤질 〔발〕: 흩어지다. 꺼지다. disperse; diffuse; sink; subside.

歇 다할 〔헐〕: 다하다. 없어지다. be exhausted; run out; be gone; be used up.

竭 다할 〔갈〕: 다하다. 물이 마르다. be exhausted; be dry up.

蹶 넘어질 〔궐〕: 넘어지다. 엎어지다. 사전에는 궐(蹶)과 궐(蹷)은 同字라고 한다(『동아 새 한한사전』 제2판, 두산동아, p. 1903). fall; be overthrown; lose one's position; fall from power.

以 ~ 爲 (이~위): ~을 ~으로 삼다. ~을 ~으로 여기다. "以~爲"는 관용적으로 쓰이는 구(句)이지만 爲자 한 글자만으로도 "삼다", "여기다", "생각하다"의 뜻이 있다. treat as; deem as; regard as; take as.

孤寡不穀 (고과불곡): 임금이 신하들 앞에서 자신을 낮추어 부르는 말로서, 孤는 "고아(孤兒)처럼 홀로 된 사람"이란 의미이고, 寡는 "덕이 부족한 사람"이란 뜻이며, 不穀은 "선행을 많이 쌓지 못한 사람"이란 의미이다. orphans, men of small virtue, or men who did not keep on doing good deeds a lot.

寡 적을 〔과〕: 임금이 자기 자신을 일컫는 겸칭(謙稱). 덕이 부족한 사람이란 의미를 지닌다. men of small virtue.

穀 좋을 〔곡〕: 좋다. 선하다. 아름답다. good; nice; beautiful.

邪 그런가 〔야〕: 의문, 부정의 뜻을 나타내는 어조사. 야(耶)와 같다. "간사할 [사]"로도 읽는다. used to indicate the feeling of the interrogative and negative.

致 다할 〔치〕: 다하다. 힘쓰다. 진력하다. 추구하다. work hard; endeavor; make efforts; pursue.

數 자주 〔삭〕: 자주. 빈번하게. 과도하게. 數은 "셀 [수]", "촘촘할 [촉]"으로도 읽는다. frequently; often; repeatedly; many times; excessively.

譽 명예 〔예〕: 명예(名譽). 영예(榮譽). fame; glory.

琭琭 (녹록): 구슬의 모양. 적음(小)을 비유하여 이르는 말. (『동아 새한한사전』 제2판, 두산동아, p. 1233) 여기서는 동사의 역할로서 "(옥 같은 보석처럼) 작고 예쁘게 보이다"의 의미가 된다. a nice-looking shape; a beautiful figure.

落落 (낙락): 단단한 모양. 뜻이 높고 큰 모양. 도량이 넓고 마음이 탄탄한 모양. (『동아 새한한사전』 제2판, 두산동아, p. 1644) 여기서는 동사의 역할로서 "바윗돌처럼 크고 견고하게 보이다."의 의미가 된다. a hard-looking shape; a firm figure; a broad-minded appearance.

【해설】

학자들은 일(一)은 도(道)를 뜻한다고 설명한다. 도(道)는 우주를 가리킨다. 일(一)은 "하나(one)", "첫째(first)" 등을 뜻하는 글자로서, 천지만물의 근원이 되는 "첫 번째의 존재"인 우주(宇宙)를 가리킨다. 우주에서 천지만물이 시작되었기 때문이다. 태양도 우주에 속해 있고 달도 우주에 속해 있으며 우리가 살고 있는 지구도 우주에 속해 있다. 그러므로 우주가 첫 번째의 근원적인 존재이다. 노자(老子)는 도(道)를 우주와 같은 존재로 보고 있다. 노자는 제4장에서 "도(道)는 '빈 그릇(道沖)'으로서 그것에 아무리 많은 것을 담아도 언제나 차지 않는다. 심오(深奧)하다! (道란) 마치 만물(萬物)의 종주(宗主)인 것 같다."라고 말한다(道沖而用之, 或不盈. 淵乎. 似萬物之宗). 그리고 제25장에서는 "(하늘과 땅이 아직 나뉘지 않고, 사물(事物)의 구별이 확연(確然)하지 않은) 혼돈상태(混沌狀態, Chaos)로 이루어진 것이 있었는데, 이것이 천지(天地)보다 먼저 생겼는데, '온 세상(天下)의 어머니'가 될 만하다."라고 주장한다(有物混成, 先天地生. 可以爲天下母). 그렇다면 그것은 무엇을 뜻하는 것인가? 천지(天地)가 아직 나누어지기 이전의 혼돈상태(混沌狀態)의 우주(宇宙)일 것이라고 생각된다. 우주는 천지만물(天地萬物)을 모두 담고, 그 안에서 존재하게 하기 때문이다.

이는 오늘날 천문학자들이 주장하는 대폭발이론과도 통한다. 과학자들은 약 137억 년 전에 대폭발(大爆發), Big bang)이 일어나 우주가 탄생되었고, 그 후 우주에서 별들이 생성되었으며, 우리가 살고 있는 지구는 그 후 오랜 시간이 지나 약 45억 년 전에 형성되었다고 전한다. 그러므로 하늘이든 땅이든 동물이든 식물이든 모두가 최초의 근원적인 존재인 우주가 있음으로 해서 형성되었음을 알 수 있다.

[1] Chapter 39

1. The things which from of old have got the One (the Tao) are-

    Heaven which by it is bright and pure;

    Earth rendered thereby firm and sure;

    Spirits with powers by it supplied;

    Valleys kept full throughout their void;

    All creatures which through it do live;

    Princes and kings who from it get

    The model which to all they give.

    All these are the results of the One (Tao).

2. If heaven were not thus pure, it soon would rend;

    If earth were not thus sure, 'twould break and bend;

    Without these powers, the spirits soon would fail;

    If not so filled, the drought would parch each vale;

    Without that life, creatures would pass away;

    Princes and kings, without that moral sway,

    However grand and high, would all decay.

3. Thus it is that dignity finds its (firm) root in its (previous) meanness, and what is lofty finds its stability in the lowness (from which it rises). Hence princes and kings call themselves 'Orphans,' 'Men of small virtue,' and as 'Carriages without a nave.' Is not this an acknowledgment that in their considering themselves mean they see the foundation of their dignity? So it is that in the enumeration of the different parts of a carriage we do not come on what makes it answer the ends of a carriage. They do not wish to show themselves elegant-looking as jade, but (prefer) to be coarse-looking as an (ordinary) stone.

(James Legge, *The Texts of Taoism, The Tao Te Ching of Lao Tzu*, Dover Publications, Inc. New York(1962), pp. 82-83)

[2] Chapter 39

Those of old who grasped the unique are the following:

Heaven grasped the unique and became clear;

Earth grasped the unique and became still;

Spirits grasped the unique and became ghostly;

Gullies grasped the unique and became full;

[The myriad things grasped the unique and became alive;]

Counts and kings grasped the unique and became the norm for the world.

The sequel of this is:

It is said: had heaven not been clear, then, I fear, it would have split;

It is said: had earth not been still, then, I fear, it would have crumbled;

It is said: had spirits not been clear, then, I fear, they would have ossified;

It is said: had gullies not been full, then, I fear, they would have run dry;

[It is said: had the myriad things not become alive, then, I fear, they would have
     perished;]

It is said: had counts and kings not esteemed rank, then, I fear, they would have fallen.

Therefore,

Nobility is rooted in humility; high rank is founded in lowliness;

For this reason,

Counts and kings call themselves Orphan, Widower, Lack-Grain.

Is this not to be rooted in humility? Is it not?

Therefore,

They consider their army of chariots as having no chariot.

Wherefore,

Seek not to jingle-jingle like jade pendants,

Rather rumble-rumble like huge boulders.

(Edmund Ryden, *Laozi Daodejing*, Oxford university press(2008), p. 83)

제 40 장 │ 반자도지동 (反者道之動)

反者道之動, 弱者道之用, 天下萬物生於有, 有生於無.
　반자도지동　　　　　약자도지용　　　　　　천하만물생어유　　　　　유생어무

해석│되돌아오는 것이 도(道)의 움직임이고, (강하지 않고) 유연(柔軟)한 것이 도의 작용이다. 천하의 만물은 "존재하고 있는 것(有)", 즉 천지에서 생겨났다. 그러나 "존재하고 있는 것(有)"은 (형체를 갖춘 물건 없이) "텅 비어 있는 것(無)", 즉 우주에서 생겨났다.

To return (to one's original state) is the movement of the Dao. (Not to be strong and) to be flexible is the action of the Dao. (The Dao indicates such a natural action as the universe governs all things.) All things under heaven were born from "what is in existence(有, You)", namely the heavens and the earth. But "what is in existence(有)" were generated from "what is in emptiness(無, Wu)" (without things taking shape), namely the universe.

【주석】

反 되돌릴 〔반〕: 되돌아오다. return; come back.

弱 약할 〔약〕: 강(強)하지 않다. 유연(柔軟)하다. 깨지지 않고 구부러지다. not strong; flexible; soft; capable of being bent without breaking.

有 있을 〔유〕: 존재함. 생김. 일어남. (『한한대자전』, 민중서림(1997), p. 964) 존재하고 있

는 것, 즉 천지를 가리킨다. what is in existence. "What is in existence" indicates the heavens and the earth.

無 없을 〔무〕: 철학개념으로 "텅 비어 있는 것(虛無, 空虛)"을 가리킨다(哲學槪念, 指虛無. 空虛 等. [老子] 天下萬物生於有, 有生於無) (中國 世紀出版集團, 『漢語大詞典』, 漢語大詞典出版社(2000), p. 1442). Wu(無) means "emptiness" as the philosophical conception. This indicates the universe in the state of chaos at the time of Big Bang occurred approximately 13.7 billion years ago.

【해설】

지금 존재하고 있는 동물, 식물 등은 지구가 생성된 이후에 생겨났다. 과학자들은 우주는 약 137억 년 전에 탄생하였고, 지구는 약 45억 년 전에 형성되었다고 이야기한다. 그렇다면 지구가 생성되기 이전에는 동물도 식물도 인간도 존재하지 않았을 것이다. 결국 무(無)에서 지금 존재하고 있는 유(有)가 생겨난 것이다.

100년 전에는 우리는 대부분 존재하지 않았다. 우리는 무(無)의 상태에 있었다. 그런데 그 후 부모의 결혼으로 인하여 우리가 태어났다. 무(無)에서 유(有)가 태어난 것이다. 그리고 아마도 그로부터 약 100년이 지나면 우리는 지구 상에서 사라질 것이다. 무(無)의 상태로 다시 환원(還元)되는 것이다.

지금 살아 움직이고 있다 하더라도 언젠가는 사라지게 된다. 이것이 자연의 법칙이고 우주의 질서이다. 주역에서는 "소멸하고 태어나며, 가득 찼다가 텅 비는 현상"인 소식영허(消息盈虛)를 이야기하고, 불교에서는 "태어나서 늙고 병들고 결국은 죽게 되는 현상"인 생로병사(生老病死)를 이야기한다. 노자는 정적(靜的)인 세계, 다시 말하면 무(無)의 세계로 되돌아가는 것이 도(道)의 움직임이라고 이야기한다.

【외국학자 영문해석】

[1] Chapter 40

"Reversal" is the movement of the Tao;

"Weakness" is the function of the Tao.

The things of the world originate in being,

And being originates in nonbeing.

(Robert G. Henricks, *Te-Tao Ching Lao-Tzu,* The Modern Library New York(1993), p. 11)

[2] Chapter 40

Returning to the root is the movement of Tao.

Quietness is how it functions.

The ten thousand things are born of being.

Being is born of nonbeing.

(Brian Browne Walker, *the Tao Te Ching of Lao Tzu,* St. Martin's Griffin New York(1995), Ch. 40)

제 41 장 │ 상사문도 (上士聞道)

上士聞道, 勤而行之, 中士聞道, 若存若亡, 下士聞道, 大
　상사문도　　　　　근이행지　　　　　중사문도　　　　　약존약무　　　　　　하사문도　　　대

笑之, 不笑, 不足以爲道.
　소지　　　불소　　　　부족이위도

故建言有之, 明道若昧, 進道若退, 夷道若類, 上德若谷.
　고건언유지　　　　　명도약매　　　　　진도약퇴　　　　　이도약뢰　　　　　상덕약곡

太白若辱, 廣德若不足, 建德若偸, 質眞若渝, 大方無隅,
　태백약욕　　　　　광덕약부족　　　　　건덕약투　　　　　질진약유　　　　　대방무우

大器晚成, 大音希聲, 大象無形.
　대기만성　　　　　대음희성　　　　　대상무형

道隱無名, 夫唯道, 善貸且成.
　도은무명　　　　　부유도　　　　　선대차성

해석 │상급의 선비는 도(道)에 관하여 들으면 부지런히 그것을 행하고, 중급의 선비는
도에 관하여 들으면 그 도가 그의 마음속에 남아 있는 것 같기도 하고 없어진 것 같기도

하다. 하급의 선비는 도에 관하여 들으면 그것을 크게 비웃는다. 그들이 비웃지 않는다면 도라고 하기에는 부족한 것이다.

When a higher grade of scholars hear the Dao [such a natural action as the universe governs all things], he practices it diligently. When an intermediate grade of scholars hear the Dao, they look that its teachings seem to be both existent and non-existent in their mind. When a lower grade of scholars hear the Dao, they laugh at it loud. If they did not laugh at it, it would not be enough to be the Dao.

옛사람이 세워놓은 말에 이런 것이 있다. 밝은 도는 어두운 것같이 보이고, 나아가는 도는 물러서는 것같이 보이며, 평탄한 도는 울퉁불퉁한 것같이 보이고, 상급의 덕은 텅 빈 계곡같이 보인다.

There are the followings among the sayings that ancient people established. The Dao that is bright seems to be dim, the Dao that goes forward seems to be stepping backward, the even Dao seems to be rugged, and the highest grade of virtue seems to be an empty valley.

크게 흰 것은 더럽혀지는 것같이 보이고, 넓은 덕은 부족한 것같이 보이며, 굳게 세운 덕은 경박한 것같이 보이고, 천연적인 진리는 변덕스러운 것같이 보인다. 무한히 큰 네모에는 모퉁이가 없고, 큰 그릇은 늦게 이루어지며, 큰 소리는 잘 들리지 않고, 큰 형상은 형체가 없다.

Greatly white one seems to be sullied, generous virtue seems to be deficient, firmly established virtue seems to be frivolous, and natural truth seems to be changeable.

Infinitely large square has no corners, great vessel takes time to complete, great sound is not clearly audible, and great image has no shape.

도는 숨겨져 있어 (일반 사물과는 달리) 이름이 없다. 대체로 도(道)는 (만물에게) 잘 베풀고 (그들이 필요로 하는 것을) 이루게 해준다.

The Dao is hidden, and has no name (differently from general things). Generally the Dao bestows (a favor on all things) and makes (what they need) complete.

若 같을 〔약〕: 같다. ~처럼 보이다. seem; look like.

故建言 (고건언): 옛사람이 세워놓은 말. 속담. 격언 같은 것. 교훈의 말. an old proverb [saying]; the sayings that ancient people established.

夷 평평할 〔이〕: 평평하다. 평탄하다. even; flat.

類 치우칠 〔뢰〕: 치우치다. 평평하지 않은 것을 의미하므로 학자들은 "울퉁불퉁하다", "평평하지 않다" 등으로 해석한다. 왕필본(王弼本)에는 類가 "실마리 뢰(纇)"로 되어 있는데, 이는 "평평하지 않다", "어그러지다", "치우치다" 등의 의미를 담고 있다. 글자는 다르지만 의미는 유사한 것으로 보인다. rugged; uneven; rough.

偸 가벼울 〔투〕: 가볍다. 경박하다. frivolous; insincere.

質 바탕 〔질〕: 바탕. 꾸미지 아니한 본연 그대로의 성질. natural truth; unadorned truth.

渝 변할 〔유〕: 변하다. 달라지다. 변덕스럽다. changeable; capricious; fickle.

隅 모퉁이 〔우〕: 모퉁이. 구석. corner; angle.

貸 빌려줄 〔대〕: 빌려주다. 베풀다. lend; bestow.

|【해설】|

① 明道若昧(명도약매): 밝은 도는 우매한 것 같다. 밝은 도를 지닌 사람은 어리석은 사람처럼 보인다는 의미이다. 밝은 지혜를 밖으로 드러내지 않고 겸손하기 때문이다.

The Dao that is bright seems to be dim. The man who possesses a bright Dao seems to be a foolish person. This is because he does not show his bright wisdom and behaves modestly.

② 進道若退(진도약퇴): 도(道)를 향하여 나아가는 것이 물러서려고 하는 것같이 보인다. 도를 몸에 지닌 사람은 자신을 낮추고 뒤로 한발 물러선다. 그러므로 세상 사람들의 눈에는 뒤로 물러나려는 사람처럼 보일지 모른다.

Advancing toward the Dao seems to be stepping backward. The man who keeps the Dao in mind humbles himself to others and stands back a step. Therefore when ordinary people see him, he may look as he tries to get out of the way.

③ 夷道若纇(이도약뢰): 평탄한 도는 울퉁불퉁한 것같이 보인다. 도는 자연 그대로 이기 때문에 획일적으로 규격화되어 있지 않다. 높은 곳도 있고 낮은 곳도 있다. 가파르게 솟은 곳도 있고 움푹 패어 있는 웅덩이도 있다. 세속적인 눈으로 볼 때에는 고르지 못하고 울퉁불퉁한 궤도(軌道)처럼 보일 수 있다.

The even Dao seems to be rugged. As the concept of the Dao leaves a matter to take its natural course, it is not standardized uniformly. There are higher places, lower spots, steep hills, and sunken puddles too. Judging from a worldly point of view, the Dao can be seen like an unbalanced and rugged track.

④ 上德若谷(상덕약곡): 상급의 덕은 텅 빈 계곡같이 보인다. 계곡은 산과 산 사이의 밑부분에 있는 지역이다. 그곳은 텅 빈 공간이다. 그곳은 낮은 지역으로 물이 흐른다. 그곳에는 초목이 자라고 숲이 형성된다. 그러므로 곤충들이 그곳의 숲에 서식(棲息)하며, 물고기들이 계곡의 물에서 산다. 그리고 새들과 야생동물들이 그곳에 모인다. 계곡은 만물이 생성되고 길러지는 곳이다. 그러므로 우리는 "계곡은 또 하나의 작은 우주[작은 道]이다."라고 말할 수 있다.

A higher grade of virtue seems to be an empty valley. A valley is the place which is sunken at the foot between a mountain and mountain. It is an empty space and as it is a low area, water flows. In that place, grasses and trees grow and forests are formed, Therefore insects inhabit its forest, fishes live in its water, and birds and wild animals gather there. The valley is the site that all things are produced and nourished. Hence we can say, "A valley is equivalent to another small universe[a small Dao]."

⑤ 太白若辱(태백약욕): 크게 흰 것은 더럽혀지는 것같이 보인다. 연꽃은 연못에 나는데, 뿌리와 줄기는 굵고, 잎은 방패 모양으로 물 위에 뜨고 여름에 희거나 붉은

꽃이 핀다. 물 밑에 진흙이 깔려 있으므로 언제나 흙탕물이다. 흰 꽃이 아름답게 피어 있어도 흐린 물 색채 때문에 더러운 것으로 느껴지기도 한다. 그러나 연꽃은 더러움에 물들지 않고 스스로 주변을 정화(淨化)하는 기능이 있다. 물의 색채는 흐려져 있어도 물 그 자체는 정화된 것이다. 누가 무어라 하든 세상을 맑고 깨끗하게 하는 그 청정(淸淨)한 본성을 잃지 않고 있다.

Greatly white one seems to be sullied. A lotus flower seems to be dirty, because the water around it is muddy one. Even though a lotus flower comes out from within the mud, it has the self-purification action of its surrounding areas, namely, it has the function to make the water cleaned.

⑥ 廣德若不足(광덕약부족): 넓은 덕은 부족한 점이 있는 것같이 보인다. 넓은 덕을 지녔으면서도 이를 자랑하거나 드러내지 않으니, 보는 사람에 따라서는 덕이 좀 부족한 사람이 아닌가 의심할 수 있다.

A generous virtue seems to be deficient. Although he has a broad-minded virtue, he does not both boast of it and display it. Some people can doubt whether he is deficient in virtue or not.

⑦ 建德若偸(건덕약투): 굳게 세운 덕은 경박한 것같이 보인다. 굳건하게 덕을 세운 사람은 인위적으로 만든 예절과 같은 윤리도덕 규범에 구애받지 않고 자연적인 것을 숭상하므로 경박한 행동으로 보일 수 있다.

The virtue established firmly seems to be frivolous. This is because the man who established his virtue firmly does not follow traditional moral regulations, but respects a natural course without an artificial compulsion.

⑧ 質眞若渝(질진약유): 천연적인 진리는 변덕스러운 것같이 보인다. 질박(質朴)하고 순진(純眞)한 사람은 자신의 생각을 고집함이 없이 자연의 흐름에 따라 행동하기 때문에 변덕스러워 보일 수 있다.

Natural truth seems to be changeable. The man who is simple and pure behaves according to the course of nature without sticking to his opinion or a conventional morality. Therefore, in the eyes of ordinary people, it can be regarded as a capricious behavior.

⑨ 大方無隅(대방무우): 무한히 큰 네모는 모퉁이가 없다. 왕필은 "네모이지만 잘라 낼 수 없는 것이므로 모퉁이가 없다(方而不割, 故無隅也)."라고 설명한다. 사각형 은 그 규모가 작을 때는 둥근 것과 아주 다르다. 그러나 그 규모가 무한대(無限大) 로 큰 것이라면 모서리란 있을 수 없다. 무한대로 클 경우에는 모서리라든가 각 (角)이라든가 꼭대기라든가 꼬리라든가 하는 한정적인 개념은 모두 사라지기 때 문이다. 난쟁이와 키다리가 함께 무한히 커진 경우라면 그들 사이에 어떤 차이가 있겠는가? 상황이 무한대로 되면 한정적인 개념은 모두 사라진다.

    Great square has no corners. Wangbi(王弼) said "Although it is square, we cannot cut off, therefore it has no corners." When a quadrangle is small in size, it is quite different from a round shape, but if it is infinitely great, there is no corner. Because, in case something is infinitely great, the limited concept of corner, angle, top, tail, etc. vanishes all. If a dwarf and a tall person are all grown infinitely great, are there any difference between them? In case a situation is infinitely great, limited conceptions disappear all.

⑩ 大器晚成(대기만성): 큰 그릇은 늦게 이루어진다. "큰 인물은 늦게 이루어진다.", "로마는 하루아침에 이루어진 것이 아니다."라는 속담이 있다. 대폭발의 혼돈상 태로부터 오늘날의 우주가 완성되기까지는 약 137억 년이 걸렸다고 한다.

    Great vessel takes time to complete. There is an old saying that great talent takes time to ripen, or Rome was not built in a day. People said, "It has taken approximately 13.7 billion years to complete the present universe from a chaotic state of the Big Bang."

⑪ 大音希聲(대음희성): 큰 소리는 소리가 잘 들리지 않는다. 큰 것의 소리는 우주의 소리로 간주할 수 있다. 그러나 인간의 감각기관으로는 그것을 감지(感知)할 수 가 없다.

    Great sound is not clearly audible. Infinitely great sound can be regarded as the sound of the universe, but the sensory organs of human beings cannot sense it.

⑫ 大象無形(대상무형): 큰 것의 형상은 형체가 없다. 천지만물을 모두 담고 있는 큰 형상인 우주는 일정한 형체가 없다.

Great image has no shape. Great image can be regarded as the shape of the infinitely great existence like the universe. To see it is beyond the power of human beings.

⑬ 道隱無名, 夫唯道, 善貸且成(도은무명, 부유도, 선대차성): 도는 숨겨져 있어 이름이 없다. 대체로 도(道)는 베풀고 이루어지게 해준다.

The Dao is hidden, and has no name (differently from general things). Generally the Dao bestows (a favor on all things) and makes (what they need) complete.

도(道)는 우주를 가리킨다. 우주는 그 실체를 눈으로 볼 수도 없고, 그 소리를 들을 수도 없으며, 그 체취(體臭)를 감각기관으로 느낄 수도 없다. 우주는 특정한 사물과는 달리 그 작용이 무한대(無限大)이므로 인간의 의식(意識)으로는 그 작용이나 의미를 한정(限定)하여 개념(槪念)할 수 없다. 그래서 노자는 도는 숨겨져 있어 일반 사물과는 달리 이름을 붙일 수 없다고 하였다.

도는 숨겨져 있어 육안으로는 보이지 않는다. 그래서 일반 사물과는 달리 이름이 없다. 그러나 대체로 볼 때, 오직 우주(道)는 만물에게 우주 안에서 살아가도록 터를 빌려주고, 또한 멸종하지 않도록 번식을 이루게 한다. 우주는 천지를 포용하고 만물을 낳고 기른다. 하늘에서는 해와 달 그리고 별들을 운행하고, 땅에서는 동물과 식물 그리고 조류가 둥지를 틀도록 해주며, 바다에서는 물고기와 해조류가 서식하도록 한다. 이들 모두가 제각각 우주 안에서 터를 잡고 삶을 이어간다. 우주는 이들 모두를 포용하고 살아가게 하면서도 어떤 대가도 요구하지 않는다. 이것이 도(우주)가 베풀고 잘 빌려주고 어떤 일을 이루게 하는 작용이다. 우주는 불편부당(不偏不黨)하고 무사무욕(無私無慾)한 자세로 만물을 다스린다.

[1] Chapter 41

The great scholar hearing the Tao
Tries to practice it.
The middling scholar hearing the Tao
Sometimes has it, sometimes not.
The lesser scholar hearing the Tao
   has a good laugh.
Without that laughter
It wouldn't be Tao.

Therefore, these sayings:

The bright road seems dark,
The road forward seems to retreat,
The level road seems rough,

Great Te seems hollow.
Great purity seems sullied.
Pervasive Te seems deficient.
Established Te seems furtive.
Simple truths seem to change.

The great square has no corners.
The great vessel is finished late.
The great sound is scarcely voiced.
The great image has no form.

Tao hides, no name.

Yet Tao alone gets things done.

(Stephen Addiss & Stanley Lombardo, *Tao Te Ching Lao-Tzu*, Shambhala Boston & London(2007), Ch. 41)

[2] Verse 41

When the best seeker of Tao
   he strives with great effort to know it
When an average seeker hears of Tao
   he thinks of it now and again
When the poorest seeker hears of Tao
   he laughs out loud

Tao is always becoming
   what we have need for it to become
If it could not do this
   it would not be Tao

There is an old saying,
The clear way seems clouded
The straight way seems crooked
The sure way seems unsteady

The greatest power seems weak
The purest white seems tainted
The abundant seems empty
The stable seems shaky
The certain seems false
The Great Square has no corners
The Great Vessel is never filled

A beginner may be clumsy

but after practice-what talent!

A large drum may sit silently

but when banged-what noise!

Tao lies hidden

yet it alone is the glorious light of this world

(Jonathan Star, *Tao Te Ching*, The Definitive Edition, Tarcher(2001, 2003), pp. 54-55)

제 42 장 | 도생일 (道生一)

道生一, 一生二, 二生三, 三生萬物, 萬物負陰而抱陽, 沖氣
　도생일　　　 일생이　　　 이생삼　　　 삼생만물　　　 만물부음이포양　　　 충기

以爲和.
이위화

人之所惡, 唯孤寡不穀, 而王公以爲稱, 故物或損之而益,
　인지소오　　　 유고과불곡　　　 이왕공이위칭　　　 고물혹손지이익

或益之而損.
혹익지이손

人之所敎, 我亦敎之, 强梁者, 不得其死, 吾將以爲敎父.
　인지소교　　　 아역교지　　　 강량자　　　 부득기사　　　 오장이위교부

해석 | 도(道)가 첫 번째로 생겨났다(여기서 도는 우주를 가리킨다). 그 첫 번째 것이 두 번째 것(陰陽)을 낳았고, 그 두 번째 것이 세 번째 것(天地人)을 낳았고, 그 세 번째 것이 만물을 낳았다. 만물에 있어서 양(陽)은 음(陰)을 올라타고, 음은 양을 끌어안아 서로 부딪치고 요동치면서 화합을 이룬다.

The Dao came into existence first. (Dao here indicates the universe.) It produced the second [Yin and Yang], the second produced the third [heaven, earth, and man], and the third produced all things. In all things, Yang [male] reclines his body on Yin [female], and Yin embraces Yang. And the two energies of Yin and Yang achieve harmony in touch and shake with each other.

사람들이 싫어하는 것은 고아(孤兒)처럼 홀로 된 것이고, 덕이 부족한 것이며, 선행을 쌓지 못한 것인데, 과거 임금들은 그런 것을 자신의 호칭으로 삼았다(자신을 낮춤으로써 낮은 곳에 있는 백성들과 동화(同化)하려고 한 것이다). 그래서 세상일에 있어서는 어떤 것을 덜어내면 보태지기도 하고, 어떤 것을 보태면 줄어들기도 한다(왕공이 자신의 재산을 덜어내어 백성들의 부(富)를 증대시켜주면, 그들은 그를 성왕(聖王)으로 존경하게 되고, 백성들의 것을 수탈하여 호화스러운 생활을 하면 백성들은 그를 비난하며 반기를 든다. 이것은 역사가 증명하는 사실이다).

What people dislike is to remain single like orphans, to possess little virtue, and not to keep on doing good deeds a lot. And yet ancient kings and princes took these as their designations. (By humbling himself to others, he is to try to assimilate with the common people placed in a low position.) Therefore in the affairs of the world, there is a case 'if one decreases something, it is increased', and 'if he increases something, it is decreased too'. (If kings and princes decrease their possessions and increase the wealth of the common people, the people will look up to him as a sage king. And yet if kings and princes take the people's property and live in luxury, the people will blame him and rise in revolt. This is a fact that is proved by history.)

남들이 가르치는 바를 나 또한 그렇게 가르치려 한다. 강하고 난폭한 자는 제명대로 죽지 못한다. 그러므로 나는 이 말을 가르침의 근본으로 삼으려 한다. (남들이 가르치는 것이란, 제36장에 나오는 "부드럽고 약해 보이는 것이 단단하고 강해 보이는 것을 이긴다(柔弱勝剛强)."라는 말이나 병서(兵書)인 『황석공소서(黃石公素書)』, 『삼략(三略)』 등에 나오는 말인 "부드러운 것이 능히 강한 것을 이긴다(柔能制剛)."라는 말과 같은 것을 뜻한다. 여기서는 "강하고 난폭한 자는 제명대로 죽지 못한다(强梁者,不得其死)."라고 표현하고 있다).

What others teach, I'm also going to teach it. The strong and fierce do not die their natural death. Therefore I am going to take these words as the basis of my teaching.

(What others teach indicates, "The soft and weak overcome the hard and strong. (the words written in Chapter 36)", and "The soft overcome the hard in the end. (the words written in a book on strategy, *Huangshigongsushu* and *Sanlue*, etc.)" In this chapter, it is expressed "The strong and fierce do not die their natural death.")

【주석】

一 첫째 〔일〕: ① 처음. 처음으로. 최초로. 맨 먼저. first; for the first time; at the very first [beginning]. ② 하나. one.

負 질 〔부〕: ① 등에 짐을 지다. carry on one's backs; carry something on one's backs. ② 기대다. 의지하다. 눕히다. recline; lean; recline [lean] one's body on; lay oneself down on. ③ 음(陰)과 양(陽)의 체위(體位) 관계에서, 양이 음에 기댄다는 것은 양이 음을 올라탄다는 말과 같다. Yang mounts on Yin; Yang rides on Yin; Yang covers Yin.

抱 안을 〔포〕: 안다. 껴안다. embrace; hold something in one's arms.

沖 부딪칠 〔충〕: 부딪치다. 용솟음치다. 설문해자(說文解字)는 "沖은 솟아오르며 요동(搖動)치는 것이다(沖, 涌搖也)."라고 풀이한다. touch and shake. erect and sway.

沖氣 (충기): 음과 양의 두 기(氣)가 서로 부딪침. 또는 음양의 두 기운이 부딪쳐서 조화를 이룬 기운. (『교학 한한사전』 제4쇄, 교학사(2005. 1. 25.), p. 1079) the phenomena that Yin and Yang touch and shake each other; the energy that the two of Yin and Yang achieve harmony in touch and shake with each other.

孤寡不穀 (고과불곡): 고아(孤兒)처럼 홀로 된 것, 덕이 부족한 것, 그리고 선행을 쌓지 못한 것. to remain single like orphans, to possess little virtue, and not to keep on doing good deeds a lot.

王公 (왕공): 왕과 공. 임금들. kings and princes; lords and princes; kings and dukes.

物 만물 〔물〕: 만물. 일. 세상일. worldly affairs; mundane matters; the ways of world.

或 혹 〔혹〕: 가설문의 첫 부분에 쓰여 가설을 나타낸다. "가령", "만일" 등으로 해석한다. (연세대 허사사전편찬실, 『허사대사전』, 성보사(2001), p. 903) if; when; in case.

强梁 (강량): 강하고 난폭한 자. the strong and fierce; the violent and strong.

不得其死 (부득기사): 제대로 죽지 못하다. 제명대로 죽지 못하다. do not die one's natural death; do not come to a natural end.

教父 (교부): 가르침의 근본. 가르침의 으뜸. 가르침의 본보기. the basis of one's teaching; the father of one's teaching; the departure point of one's teaching.

【해설】

위 문장 "道生一, 一生二, 二生三, 三生萬物"에 대하여는 고래로 많은 학자들의 다양한 의견이 있었으나, 본서에서는 하상공(河上公)의 주석을 참고로 하고, 만물의 생성 과정과 뒤에 나오는 문장 "萬物負陰而抱陽, 沖氣以爲和"와 연관(聯關)지어 해석하였다.

앞에서도 언급한 바와 같이 도(道)는 우주(宇宙)를 가리킨다. 그래서 이 문장은, "道가 첫 번째로 생겨났는데, 그 첫 번째인 道가 두 번째 것(陰陽)을 낳고, 그 두 번째 것이 세 번째 것(天地人)을 낳고, 그 세 번째 것이 만물을 낳았다. 만물에 있어서 양은 음(陰)을 올라타고, 음은 양(陽)을 껴안아, 서로 부딪치고 요동치면서 화합을 이룬다."라는 내용이 된다. 그리고 그들의 개체유지(個體維持) 본능과 종족보존(種族保存) 본능을 기본으로 하여 대(代)를 이어가게 된다. 하상공(河上公)은 "道가 처음으로 생겨난 것이 일(一)이다. 一은 음과 양을 낳았고, 음양은 화기(和氣)·청기(淸氣)·탁기(濁氣)를 낳았는데, 이 세 기운이 분화(分化)하여 천지인(天地人)이 되었다. 천지인이 함께 만물을 생성하였는데, 하늘은 베풀고 땅은 화육하고 인간은 그들을 길러주었다."라고 설명한다(道始所生者, 一也. 一生陰與陽也. 陰陽生和淸濁, 三氣分爲天地人也. 天地人共生萬物也. 天施, 地化, 人長養之).

천문학자들은 약 137억 년 전 대폭발(大爆發, Big Bang)이 우주가 탄생하는 계기가 되었다고 이야기한다. 빅뱅으로 인하여 엄청난 에너지가 발생하였는데, 이 에너지가 전자기파(電磁氣波) 형태의 빛으로 우주를 가득 채우고 있었다고 한다. 이와 관련하여 소립자물리학 및 우주론 분야에서 세계적인 석학으로 꼽히는 김정욱 고등과학원 명예교수는 "현대 물리학에 따르면 137억 년 전 우주가 만들어진 대폭발(Big Bang) 당시, 모든 입자는 질량이 없는 상태였다. 빅뱅 당시 용광로와 같아 +전기와 -전기를 띤 입자들이 대칭을 이루며 균일하게 있었다."라고 설명한다(2013. 10. 21. 조선일보). 음(陰)의 기운과 양(陽)의 기운이 대폭발에 의하여 세상에 나타났다는 뜻으로 이해할 수 있다. 대폭발이 일어났을 당시 제일 먼저 생겨난 물질은 수소와 헬륨이라고 한다. 우주 공간에 산재해 있던 수소의 구름 덩이가 중력(重力)의 작용으로 뭉쳐지면서 여기저기 별들이 탄생하게 되었다. 수소는 가장 가벼운 기체이고, 헬륨은 수소 다음으로 가벼운 기체인데, 이 두 물질의 가벼운 원자핵끼리 서로 결합하는 핵융합(核融合) 과정에 의하여 탄소 · 질소 · 산소 · 네온 · 마그네슘 · 철 같은 무거운 물질들이 만들어졌다. 결국 이렇게 생성된 물질은 지구를 비롯하여 인간, 동식물 등 생명체를 만드는 기본 성분을 제공한 것으로 전해지고 있다. 결국 대폭발에 의하여 우주가 최초로 탄생하였고, 우주 탄생으로 음양의 기운이 생성되었으며, 음양의 결합으로 천지인(별들과 지구와 사람)이 나타났고, 천지인의 조화로 만물이 생성되었다는 의미가 된다. 노자의 주장은 천문학자들의 생각과 크게 다르지 않다.

【외국학자 영문해석】

[1] Chapter 42

> The way begets one; one begets two; two begets three; three begets the myriad creatures.
>
> The myriad creatures carry on their backs the yin and embrace in their arms the yang and are the blending of the generative forces of the two.
>
> There are no words which men detest more than 'solitary', 'desolate', and 'hapless', yet lords and princes use these to refer to themselves.
>
> Thus a thing is sometimes added to by being diminished and diminished by being added to.
>
> What others teach I also teach. 'The violent will not come to a natural end.' I shall take this as my precept.
>
> (D. C. Lau, *Lao Tzu Tao Te Ching*, Penguin Books(1963), p. 49)

[2] Chapter 42

> Tao gave birth to One,
>
> One gave birth to Two,
>
> Two gave birth to Three,
>
> Three gave birth to all the myriad things.

All the myriad things carry the Yin on their backs and hold the Yang in their embrace,

Deriving their vital harmony from the proper blending of the two vital Breaths.

What is more loathed by men than to be "helpless," "little," and "worthless"?

And yet these are the very names the princes and barons call themselves.

Truly, one may gain by losing;

And one may lose by gaining.

What another has taught let me repeat:

"A man of violence will come to a violent end."

Whoever said this can be my teacher and my father.

(John C. H. Wu, *Tao Teh Ching Lao Tzu,* Shambhala Boston & London(2006), p. 99)

| 제 43 장 | 천하지지유 (天下之至柔)

天下之至柔, 馳騁於天下之至堅, 無有入於無間.
천하지지유   치빙어천하지지견   무유입어무간
吾是以知無爲之有益.
오시이지무위지유익
不言之教, 無爲之益, 天下希及之也.
불언지교   무위지익   천하희급지야

해석 | 천하에서 지극히 부드러운 것은 천하에서 지극히 견고한 것을 마음대로 부리고, 형체가 없는 것은 틈이 없는 데까지 들어간다.

The extremely soft thing in the world controls freely the extremely hard thing in the world, and the thing which has no form enters even the place where there is no crevice.

나는 이런 까닭으로 억지로 하게 하지 않는 자연스러운 정치가 (백성에게) 유익하다는 것을 알고 있다.

Hence I know that "the natural government without making someone do something forcibly" is good (for the people).

"말 없는 가운데서의 가르침", 그리고 "억지로 하게 함이 없는 자연스러운 정치의 장점", 세상에는 이런 것에 미칠 만한 것이 별로 없다.

"The teaching without words", and "the advantage of the natural government without making someone do something forcibly." In the world, there are few that can compare with these.

‖【주석】‖

馳 달릴 〔치〕: 달리다. 제멋대로 하다. race; gallop; do what one likes; behave as one pleases.

騁 달릴 〔빙〕: 말을 달리게 하다. 내키는 대로 하다. gallop; give free rein; do as one's humor dictates; do as the spirit prompts; as the mood directs one.

無有 (무유): 형체가 없는 것. 일정한 형체를 가지지 아니한 것. things having no definite shape; things without a definite form.

‖【해설】‖

이 장(章)과 관련하여 고대 중국의 유명한 학자인 하상공은 "지극히 부드러운 것은 물이고 지극히 견고한 것은 쇠와 바위이다. 물은 견고한 것을 관통하고 단단한 것 속으로 들어갈 수 있다. 꿰뚫지 못하는 것이 없다."라고 말한다(至柔者水, 至堅金石, 水能貫堅入剛, 無所不通).

왕필은 "기(氣)는 들어가지 못하는 곳이 없고, 물은 지나가지 못하는 곳이 없다."라고 말한다(氣無所不入, 水無所不經).

    날카롭고 강한 쇠 화살도 돌을 뚫지는 못한다. 그러나 낙숫물은 돌을 뚫는다. 그래서 "돌 뚫는 화살은 없어도 돌을 파는 낙수는 있다."라는 속담이 생겨났다.

▐【외국학자 영문해석】▌

[1] Chapter 43

The softest thing in the world canters over the hardest thing in the world;

That-which-is-not enters where there is not crack.

By this I know the benefit of not acting.

Wordless teaching, the benefit of not acting:

There are few in the world who attain to this.

(Edmund Ryden, *Laozi Daodejing*, Oxford university press(2008), p. 91)

[2] Stanza 43

1   In this world below the sky

2   The gentle will outdo the strong,

3   And the nonmaterial are able

4   To enter the impregnable.

5   Thus I know and know for sure

6   The gains that under-acting yields.

7   But teaching by the world unspoken

8   In this world few can master;

9   The gains that under-acting yields

10 In this world few realize.

(Moss Roberts, *Dao De Jing*, University of California Press(2004), p. 118)

名與身孰親, 身與貨孰多, 得與亡孰病.
명여신숙친　　　　신여화숙다　　　　득여망숙병

是故甚愛必大費, 多藏必厚亡, 故知足不辱, 知止不殆, 可
시고심애필대비　　　　다장필후망　　　　고지족불욕　　　　지지불태　　　가

以長久.
이장구

해석 | 명예(名譽)와 자신(自身) 중에서 어느 것이 더 소중한가? 자신과 재물 중에서 어느 것이 더 나은가? 얻는 것과 잃는 것은 어느 것이 더 괴로운 것인가? (명예를) 지나치게 탐하면 반드시 크게 대가(對價)를 치르게 되고, (재산을) 과도하게 간직하고 있으면 반드시 크게 잃게 된다. 그러므로 만족할 줄 알면 욕을 당하지 않게 되고, 그칠 줄 알면 위태롭지 않게 되며, 오래도록 자신을 보존할 수 있게 된다.

　Fame or life, which is dearer? life or wealth, which is better? Gain or loss, which is more painful? Thus, if one covets (fame) excessively, he will be sure to pay a great cost, and if he stores (wealth) too much, he will be sure to suffer heavy losses. Therefore if he knows contentment, he will not be shamed, if he knows when to stop, he will not get into danger, and in the end he can preserve himself long.

【주석】

親 친할 〔친〕: 가깝다. 친하다. 귀중하다. 소중하다. dear; close; valuable.

身 몸 〔신〕: 몸. 자기 자신. 자신의 인생. body; one's own self; oneself; one's life.

孰 누구 〔숙〕: 누구. 어느. 무엇. which; who; what.

多 나을 〔다〕: 낫다. 더 좋다. 중요하다. better; valuable; important.

病 괴로워할〔병〕: 괴로워하다. painful; troublesome.

愛 사랑할〔애〕: 좋아하다. 탐하다. like; covet.

大費 (대비): ① 큰 대가를 치르다. pay a great cost; bear a heavy price; pay a much higher price. ② 큰 손실을 입다. suffer major losses; suffer massive losses; suffer great losses; suffer heavy losses; incur a heavy loss; entail a heavy loss; cause a bigger loss; result in heavy loss.

藏 감출〔장〕: 감추다. 간직하다. 저장하다. hide; conceal; collect; store.

知足 (지족): 만족할 줄 알다. know contentment; know being satisfied with one's lot.

知止 (지지): 그칠 줄을 알다. 멈출 때를 알다. know when to stop.

長久 (장구): 오래가다. 오래도록 자신을 보존하다. 오래 살아남다. continue long; last long; preserve one's life long; survive long.

【해설】

　이 장(章)에서는 재산, 명예, 이득이 결코 자신(自身)보다 소중할 수 없다는 사실에 관하여 이야기한다. 도(道)를 터득하고 이를 실천하는 일은 그 자신만이 할 수 있는 일이다. 돈이나 재산으로 될 수 있는 일이 아니기 때문이다. 노자는 제33장에서 "다른 사람을 알아보는 자는 영리함을 지닌 것이고, 자기 자신을 아는 자는 빛나는 지혜를 지닌 것이다. 다른 사람을 이기는 자는 물리적인 힘이 있는 것이고, 자기 자신을 이기는 자는 내적인 힘이 강한 것이다. 만족할 줄 아는 자는 부유한 것이고, 힘써 일하는 사람은 뜻이 있는 것이다. 그 본분을 잃지 않는 사람은 오래가게 되고, 죽을 지경에 처하여도 (자연의 이치인) 道를 잃지 않는 사람은 자신을 오래 보존하게 된다."라고 말한다(知人者智, 自知者明, 勝人者有力, 自勝者强, 知足者富, 强行者有志, 不失其所者久, 死而不亡者壽). 본 장은 위 제33장과 맥을 같이한다. 돈, 명예, 재산 등에 집착하지 말고, 자신의 본분을 지키며, 만족할 줄 아는 생활을 하여야 한다. 그렇게 하는 것이 자신을 오래도록 보존하는 길이다.

[1] Chapter 44

Your reputation or your person-which is dearer to you?

Your person or your property-which is worth more?

Gaining or losing-which is the greater scourge?

Miserliness is certain to come at a huge cost;

The hoarding of wealth is certain to lead to heavy losses.

Therefore, those who know contentment avoid disgrace,

And those who know where to stop avoid danger.

They will be long-enduring.

(Roger T. Ames and David L. Hall, *Dao De Jing*, Ballantine Books New York(2003), p. 146)

[2] Chapter 44

Fame or your body, which do you want more?

Your body or your wealth, which do you value more?

Gain or loss, which do you want more?

If you have a lot of desire, you will probably be extravagant.

The more you hoard, the more you will lose.

Know contentment and you will not be disgraced;

Know when to stop, and you will not meet with danger.

In this way, you will be around for a long time.

(Eva Wong, *Teachings of the Tao*, Shambhala Boston & London(1997), p. 32)

大成若缺, 其用不敝, 大盈若沖, 其用無窮.
대성약결　　　　기용불폐　　　　대영약충　　　　기용무궁

大直若屈, 大巧若拙, 大辯若訥.
대직약굴　　　　대교약졸　　　　대변약눌

燥勝寒, 靜勝熱, 淸靜爲天下正.
조승한　　　　정승열　　　　청정위천하정

해석 | 크게 이루어진 것이 모자라는 데가 있어 보이나, 그 쓰임새는 끝이 없다. 크게 채워진 것이 비어 있는 것같이 보이나 그 쓰임새는 무궁하다.

What is greatly accomplished seems to be deficient, but its use is endless. What is greatly filled seems to be empty, but its use is limitless.

크게 곧은 것은 굽은 것같이 보이고, 크게 정교(精巧)한 것은 졸렬(拙劣)한 것같이 보이며, 크게 말 잘하는 사람은 어눌한 것같이 보인다.

What is greatly straight seems to be crooked, what is greatly ingenious seems to be awkward, and the man who is greatly eloquent seems to be tongue-tied.

몸을 움직이면 추위를 이기고, 고요히 있으면 더위를 이긴다. (종국에 가서는) 맑고 고요한 것이 천하를 다스리는 우두머리가 된다.

If one moves, he overcomes cold, and if he keeps still, he overcomes heat. (In the long run,) being pure and still become the ruler of all under heaven.

【주석】

大成 (대성): ① 크게 이루어진 것. What is greatly accomplished. ② 어떤 것을 크게 이룬 사람. the man who has greatly accomplished something. ③ 자신의 덕성을 크게 닦은 사

람. He who has greatly accumulated one's virtues; He who has greatly cultivated one's moral character.

弊 해질 〔폐〕: ① 해지다. 옷이 낡다. worn out; ragged. ② 다하다. 끝나다. run out; come to an end; become exhausted; be used up.

大盈 (대영): ① 크게 채워진 것. What is greatly filled. ② 어떤 것을 크게 채운 사람. the man who has greatly filled something. ③ 덕성을 크게 닦은 사람. the man who has greatly cultivated virtues [moral character]; the man who has greatly filled virtues up to the bottom of his heart. ④ 덕으로 가득 채워진 사람. the man who was filled with virtues to the full.

屈 굽을 〔굴〕: 굽다. be crooked; be bent.

巧 공교할 〔교〕: 솜씨 있는. 정교한. skillful; adept; ingenious; clever; exquisite; elaborate.

拙 졸할 〔졸〕: 졸하다. 서투르다. clumsy; awkward; unskillful; dull.

燥 말릴 〔조〕: ① 말리다. make dry. ② 움직이다(躁, 趮). move; stir; shift.

淸靜 (청정): 맑고 고요한 것. 사념(邪念)이 없고 탐욕이 없이 마음을 비운 상태. being pure and still; purity and stillness; the state of absence of worldly desires; the state of emptying one's heart and mind without cherishing a selfish thinking; the state of emptying one's heart and mind by giving up the worldly desires.

正 관장(官長) 〔정〕: 우두머리. 임금. head; leader; king; ruler.

〖해설〗

이 장은 도(道)를 터득한 사람의 행동과 세속적인 생각 사이의 차이에 관하여 말하고 있다.

크게 완성된 사람은 아주 겸손하여 모자라는 데가 있는 것처럼 보이나, 그 쓰임새는 한량(限量)이 없다. 도를 마음속에 가득 채운 사람은 그 도가 사람의 눈으로는 보이지 않으므로 비어 있는 것처럼 보이나, 그 쓰임새는 무궁무진하다.

크게 정직한 사람은 정직한 체하지 않으므로 굽은 것처럼 보이고, 크게 재주가 있는 사람은 재주를 자랑하지 않기 때문에 서툰 것처럼 보이며, 크게 말 잘하는 사람은 말을 꾸미거나 함부로 하지 않으므로 어눌한 것같이 보인다.

그러나 자연계에서는 몸을 움직이면 추위를 이기고, 고요히 있으면 더위를 이긴다. 자연현상에 그대로 적응하는 것이다. 요란하고 시끄러운 것보다는 맑고 고요한 도를 지닌 사람이 천하를 다스리는 우두머리가 된다. 요란하고 시끄러운 것이란 인간이 인위적으로 만들어 놓은 규범, 규칙, 법령 등을 가리키고, 맑고 고요한 것이란 대자연의 질서인 도를 가리킨다. 결국 도를 지닌 사람이 천하를 다스리는 우두머리가 된다는 것이다.

▐【외국학자 영문해석】▌

[1] 45th Verse

> The greatest perfection seems imperfect,
>> and yet its use is inexhaustible.
> The greatest fullness seems empty,
>> and yet its use is endless.

> Great straightness seems twisted.
> Great intelligence seems stupid.
> Great eloquence seems awkward.
> Great truth seems false.
> Great discussion seems silent.

> Activity conquers cold;
>> inactivity conquers heat.
> Stillness and tranquility set things in order in the universe.

(Dr. Wayne W. Dyer, *Living the Wisdom of the Tao*, Hay House. Inc(2008), p. 93)

[2] Chapter 45

> Outstanding achievement seems imperfect,
> Yet its function is not compromised.
> Great fullness seems empty,

Yet its function is not limited.

Great straightness looks twisted,

Superior skills look clumsy,

Extraordinary eloquence looks close-lipped.

Jogging overcomes cold,

Quietude overcomes heat,

Peace is the ruler of the world.

(Yang Liping, *The Tao Inspiration*, Asiapac Books Pte Ltd. Singapore(2010), p. 100)

제 46 장 │ 천하유도 (天下有道)

天下有道, 却走馬以糞, 天下無道, 戎馬生於郊.
　천하유도　　　　　각주마이분　　　　천하무도　　　　　융마생어교
罪莫大於可欲, 禍莫大於不知足, 咎莫大於欲得, 故知足
　죄막대어가욕　　　　　화막대어부지족　　　　구막대어욕득　　　　고지족
之足, 常足矣.
　지족　　상족의

해석 | 세상에 도(우주가 만물을 다스리는 것과 같은 무위자연의 정치)가 행하여질 때에는, (전쟁터에서) 달리는 말을 되돌려 보내어 거름을 운반하는 일에 쓰고, 천하에 도가 행하여지지 않을 때에는, 군마(軍馬)가 (적과 대치하고 있는) 국경에서 새끼를 낳는다.

When the Dao [such a natural politics without an artificial compulsion as the universe governs all things] prevails in the whole world, they return the galloping horses (in a battlefield) to use for the work carrying fertilizer. When the Dao does not prevail in the whole world, the war-horses breed in the border (facing the enemy).

욕심내는 것보다 더 큰 죄가 없고, 만족할 줄 모르는 것보다 더 큰 불행은 없으며, 이득을 챙기려고 하는 것보다 더 큰 허물은 없다. 그러므로 만족할 줄 아는 만족관(滿足觀)이야말로 항상 타당한 만족이다.

There is no guilt greater than to cherish excessive desires. There is no calamity greater than not to know contentment. There is no fault greater than to seek one's own interests. Therefore "an outlook on contentment" that knows contentment is a constantly valid contentment.

【주석】

却 물러날 〔각〕: 되돌려 보내다. send back; return.

走馬 (주마): 전쟁터에서 달리는 말. trotting horses; the galloping horses in a battlefield.

以 써 〔이〕: 쓰다. 사용하다. (『동아 새한한사전』 제2판, 두산동아, p. 182). use. employ.

糞 거름 줄 〔분〕: 거름을 주다. manure a field; fertilize the soil.

戎馬 (융마): 군마(軍馬). war-horses.

於 어조사 〔어〕: ① ~에, ~에서(장소). at; on; in. ② ~보다(비교). than; more than.

郊 성 밖 〔교〕: 교외. 국경. border; suburbs.

生 날 〔생〕: 새끼를 낳다. breed.

禍 재화 〔화〕: 재화(災禍). 재난(災難). 불행. calamity; disaster; misfortune.

不知足 (부지족): 만족할 줄 모르다. do not know contentment.

足 족할 〔족〕: 만족(滿足). 만족관(滿足觀). contentment; an outlook on contentment.

【해설】

사람의 욕심이란 한이 없다. 이것이 불행의 원천이다. 욕심을 극복하지 못하면 번뇌의 굴레에서 영원히 벗어나지 못한다고 선현들은 이야기한다. 작은 것에 만족하지 못하고

분에 넘치는 욕심을 부리면 재앙(災殃)을 맞이할 수 있기 때문이다. 노자는 제44장에서도 "만족할 줄 알면 욕을 당하지 않게 되고, 그칠 줄 알면 위태롭지 않게 되며, 오래도록 자신을 보존할 수 있게 된다."라고 말한다(知足不辱, 知止不殆, 可以長久).

평생 무소유를 고집하며 살아온 어떤 독일 사상가는 1년에 두 번은 돈을 벌려고 일을 한다고 한다. 빈 병을 줍고 폐지를 모아 고물수집상에 갖다 팔고 돈을 받는다. 돌아가신 부모님 묘소가 지방에 있기 때문에 차비가 필요하기 때문이다. 불필요한 것을 가지려는 욕심을 부리지 않을 뿐, 그도 필요한 만큼은 지녀야 세상을 살아갈 수 있다. 아파트 열 채를 가지려고 하는 것은 욕심이다. 그러나 가족과 거처할 집 한 채를 장만하려는 것은 가족이 함께 살아가기 위한 뜻이지, 욕심이라고 비난할 수는 없는 일이다. 법정스님은 "무소유란 아무것도 갖지 않는다는 것이 아니라 불필요한 것을 갖지 않는다는 뜻이다. 우리가 선택한 맑은 가난은 부(富)보다 훨씬 값지고 고귀한 것이다."라고 말했다. 아함경(阿含經)은 "욕심을 버리는 가장 좋은 방법은 만족하는 일이다. 죽지 않을 만큼 먹을 수 있고, 입을 수 있고, 잘 곳이 있다면, 즉 최소한의 소유물만 가지고 있다면 누구든지 바로 그 자리에서 행복할 수 있다."라고 말한다.

인생이란 뜬구름처럼 잠시 허공에 떠 있다가 흩어지는 존재이다. 물거품처럼 일어났다가 사라지고, 아침 이슬처럼 잠시 맺혔다가 없어지고, 눈 깜짝할 사이에 바람처럼 지나가는 존재이다. 나무에 불이 붙었다가 그 나무가 다 타면 불은 자동으로 꺼진다. 그것이 인생이다. 인생은 어디에서 와서 어디로 가는 것이 아니다. 수컷과 암컷이 짝짓기를 하면, 하나의 생명체가 태어나고, 그리고 그것이 생명의 기운이 다 되면 세상으로부터 사라진다. 인생이란 일장춘몽(一場春夢)에 불과한 것이다. 돈, 재산, 명예, 출세, 모두 뜬구름 같은 것이다. 만족할 줄 알고 그칠 줄 알아야 한다.

▌【외국학자 영문해석】▌

[1] Chapter 46

In a world in accord with Tao,

　military horses provide dung for the fields.

In a world without Dao,

　horses breed on our sacred mounds.

The greatest calamity is not knowing sufficiency,

no greater calamity than desire for gain.

Therefore contentment

with one's portion of contentment

is eternal contentment enough.

(Sam Hamill, *Tao Te Ching*, Shambhala Boston & London(2007), p. 67)

[2] Chapter 46

When DAO rules on earth

one uses the racehorses to pull dung carts.

When DAO has been lost on earth

warhorses are raised on the green fields.

There is no greater sin than many desires.

There is no greater evil than not to know sufficiency.

There is no greater defect than wanting to possess.

Therefore: the sufficiency of sufficiency is lasting sufficiency.

(Richard Wilhelm, *Tao Te Ching,* translated into English by H. G. Ostwald, Arkana Penguin Books(1989), p. 48)

不出戶, 知天下, 不窺牖, 見天道, 其出彌遠者, 其知彌少.
불출호　　　지천하　　　불규유　　　견천도　　　　기출미원자　　　　기지미소

是以聖人不行而知, 不見而名, 不爲而成.
시이성인불행이지　　　　　불견이명　　　　불위이성

해석 | 문(門)을 나서지 않고서도 천하가 돌아가는 상황을 알며, 창문으로 밖을 엿보지 않고서도 하늘이 만물을 다스리는 방식을 알 수가 있다. 그가 (내면세계로부터) 밖으로 나아감이 점점 멀어질수록 그가 깨닫는 것은 더욱 적어지게 된다.

Even if one does not go outside his door, he knows how the world works. Even though he does not look out from his window, he sees how the heaven governs all things. The farther he goes out (from his inner world), the less he perceives.

이런 까닭으로 (무위자연의 다스림을 터득한) 성인은 나가지 않고서도 알게 되며, 보지 않고서도 식별하게 되고, 인위적으로 하게 하지 않고서도 어떤 일을 이룬다.

For this reason, the sage (the man who perceived such a natural way as the universe governs all things without taking coercive measures) comes to know without going out, gets to distinguish without seeing them, and achieves a thing without making the people do something.

【주석】

戶 지게〔호〕: 지게문. 마루나 부엌 같은 데서 방으로 드나드는 외짝 문. 출입문. door.

窺 엿볼〔규〕: 엿보다. 몰래 보다. 문틈으로 혹은 작은 구멍을 통하여 훔쳐보는 것을 뜻한다.
    look furtively; peep through; steal a glance at; peep through the crack of the door.

牖 창〔유〕: 창문. window.

天道 (천도): 하늘의 방식. 하늘이 만물을 다스리는 방식을 의미한다. the way of heaven. It denotes such a way as Heaven governs all things.

彌 더욱 〔미〕: 더욱. 점점. more; still more; the more ~ the more.

名 이름 〔명〕: 이름. 이름이란 어떤 사물(事物)을 다른 사물과 구별하기 위하여 특별히 붙여 놓은 기호(記號)이다. 이 기호는 그 사물의 용도나 특성을 나타내기도 하고, 그 사물의 실체를 밝히는 역할을 하기도 한다. 그러므로 名은 "밝히다", "식별하다"의 의미를 지닌다. distinguish; discriminate.

聖人 (성인): 우주가 만물을 다스리는 것과 같은 방식인 "무위자연의 다스림(道)"을 터득한 성군(聖君). the sage king who governs all things in such a way as leaving a matter to take its natural course without applying compulsory measures; the sage king who perceived the method that governs a country in a natural way without using compulsory measures.

【해설】

천도(天道)는 글자 그대로 "하늘의 방식"을 뜻한다. 하늘이 만물을 다스리는 방식을 의미한다. 하늘은 만물을 포용하고 그들에게 빛을 주고 공기를 주고 물을 주어 자라게 한다. 그렇게 하면서도 하늘은 그들에게 어떤 대가를 요구하지도 않고 어떤 권리를 주장하지도 않는다. 하늘은 공평무사(公平無私)하게 만물을 다스린다. 불편부당(不偏不黨)하고 무사무욕(無私無慾)한 존재이다. 이것이 하늘이 만물을 다스리는 방식이다. 이를 다른 말로 표현하면 "하늘은 무위자연(無爲自然)의 방식으로 만물을 다스린다."라고 말할 수 있다. 옛 선현(先賢)들은 하늘이 만물을 다스리는 방식을 보고, 이를 인간사회의 현실정치에 접목하고자 하였다. 인간사회 역시 자연계의 순환 질서를 따라야 한다고 생각하였기 때문이다.

[1] Chapter 47 (Looking far)

> You don't have to go out the door
>> to know what goes on in the world.
> You don't have to look out the window
>> to see the way of heaven.
> The father you go,
>> the less you know.

> So the wise soul
>> doesn't go, but knows;
>> doesn't look, but sees;
>> doesn't do, but gets it done.

(Ursula K. Le Guin, *Lao Tzu Tao Te Ching,* Shambhala Boston & London(1998), p. 62)

[2] Chapter 47

> Without opening your door,
>> you can open your heart to the world.
> Without looking out your window,
>> you can see the essence of the Tao.

> The more you know,
>> the less you understand.

> The master arrives without leaving,
>> sees the light without looking,
>> achieves without doing a thing.

(Stephen Mitchell, *Tao Te Ching,* Perennial Classics(2000), Ch. 47)

爲學日益, 爲道日損, 損之又損, 以至無爲, 無爲而無不爲.
위학일익　　　　위도일손　　　　손지우손　　　　이지무위　　　　무위이무불위

取天下, 常以無事, 及其有事, 不足以取天下.
취천하　　　　상이무사　　　　급기유사　　　　부족이취천하

해석 | (세속적인) 학문을 하면 날로 지략이 늘어나지만, (무위자연의) 도(道)를 익히면 날로 지략이 줄어든다. 그 지략을 줄이고 또 줄이면 강제로 하게 함이 없는 단계인 무위(無爲)에 이르게 되고, 무위에 이르게 되면 다스려지지 않는 일이 없다.

When one seeks learning, his worldly strategy increases day by day. When he pursues the Dao [such a natural politics without coercion as the universe governs all things], his worldly strategy diminishes day by day. If he diminishes it and again diminishes it, he reaches the stage of "the natural politics to govern the people without making them do something". When he reaches the stage of "the natural politics without making the people do something" there will be no case that is not governed.

천하를 다스림에 있어서는 항상 "강제로 하게 하는 것이 아닌 방식[無事]"을 사용하여야 한다. 그들에게 어떤 일을 강제로 하게 함에 이르게 되면 천하를 다스릴 수 없게 된다.

In governing the whole world, one should use "the method without making the people do something forcibly". If he reaches the stage to force the people to do something, he cannot govern the whole world.

【주석】

日 날 (일): 날로. 나날이. 날마다. day by day; from day to day; daily; everyday.

益 더할 (익): 더하다. 증가시키다. add; increase.

損 덜 〔손〕: 덜다. 줄이다. diminish; decrease; get smaller.

以 써 〔이〕: 쓰다. 사용하다. (『동아 새한한사전』 제2판, 두산동아, p. 182) use; employ.

取 취할 〔취〕: 다스리다. 取天下, 常以無事(老子). (『동아 새한한사전』 제2판, 두산동아, p. 361) 하상공은 "取는 다스리다(取, 治也)"라고 말한다. govern; control; manage.

無事 (무사): 하게 함이 없다. 하게 하는 일이 없다. 무위(無爲)와 같다. 그러므로 유사(有事)는 "하게 함이 있다", "강제로 하게 하는 일이 있다"라는 의미가 된다. ① There is nothing to make someone do something (forcibly). ② There is no case to force [compel] someone to do something.

事 부릴 〔사〕: 사역(使役)함. (『한한대자전』, 민중서림(1997), p. 127) 사역은 남에게 어떤 일을 하게 하는 것이므로, "~하게 하다", "~시키다"의 뜻으로 爲와 같다. to make a person do something; to force [compel] a person to do something.

不足以 (부족이): ~할 수 없다. (연세대 허사사전편찬실, 『허사대사전』, 성보사(2001), p. 281) cannot; be not able to.

【해설】

　세속적인 학문은 지략과 탐욕을 증가시킨다. 그러나 도(道)는 우주가 만물을 다스리는 것과 같은 자연스러운 다스림으로 우리의 심성(心性)을 맑고 깨끗하게 한다. 무위(無爲)는 어떠한 인위적인 조작도 강제도 없는 자연스러운 정치이다. 도(道)는 모든 일을 그들의 자연스러운 진로에 맡긴다.

【외국학자 영문해석】

[1] Chapter 48

　　Learning consists in adding to one's stock day by day;

　　The practice of Tao consists in 'subtracting day by day,

　　Subtracting and yet again subtracting

　　Till one has reached inactivity.

　　But by this very inactivity

Everything can be activated.'

Those who of old won the adherence of all who live under heaven

All did so by not interfering.

Had they interfered,

They would never have won this adherence.

(Arthur Waley, *Lao Tzu Tao Te Ching*, Wordsworth Editions Limited(1997), p. 51)

[2] Chapter 48

A man anxious for knowledge adds more to himself every minute;

A man acquiring life loses himself in it,

Has less and less to bear in mind,

Less and less to do,

Because life, he finds, is well inclined,

Including himself to.

Often a man sways the world like a wind

But not by deed;

And if there appear to you to be need

Of motion to sway it, it has left you behind.

(Witter Bynner, *The Way of Life according to Lao Tzu*, A Perigee Book(1994), p. 75)

聖人無常心, 以百姓心爲心.
성인무상심   이백성심위심
善者吾善之, 不善者吾亦善之, 德善.
선자오선지   불선자오역선지   덕선
信者吾信之, 不信者吾亦信之, 德信.
신자오신지   불신자오역신지   덕신
聖人在天下, 歙歙焉, 爲天下渾其心.
성인재천하   흡흡언   위천하혼기심
百姓皆注其耳目, 聖人皆孩之.
백성개주기이목   성인개해지

해석 | 성인은 어떤 고정(固定)된 생각을 가지지 아니하며, 민심(民心)을 가지고 자신의 마음으로 삼는다(성인은 어떤 사람을 특별히 총애하지도 않고 어떤 사람을 특별히 미워하지도 않는다).

The sage has no fixed mind. He takes the mind of the people as his mind. (The sage neither especially favors someone nor particularly hates someone.)

(성인이 말씀하시기를) 선한 사람에 대하여 나는 그들을 선하게 대해주는데, 선하지 않은 사람들에 대해서도 나는 역시 그들을 선하게 대해준다. (그렇게 함으로써 그들로 하여금) 선을 깨닫게 하는 것이다.

(The sage said,) To those who are good, I treat them with a favorable eye, but even to those who are not good, I treat them with a favorable eye too. (By doing like that) I make them aware of goodness.

진실한 사람들에 대하여 나는 진실하게 대해주는데, 진실하지 않은 사람들에 대해서도 나는 역시 그들을 진실하게 대해준다. (그렇게 함으로써 그들로 하여금) 진실함을 깨닫게 하는 것이다.

To those who are sincere, I treat them with sincerity, but even to those who are not sincere, I treat them with sincerity too. (By doing like that) I make them realize sincerity.

성인이 세상을 다스림에 있어서는 그에게서 (이기적인 마음을) 줄이고 또 줄여, 세상 사람들로 하여금 그들의 마음을 온전(穩全)하게 하도록 만든다.

In the sage's governing the whole world, he diminishes (his selfish mind) and again diminishes it. By doing so, he makes all the people keep their mind in good order.

백성들이 모두 그들의 이목(耳目)을 그에게 집중하는데, 성인은 백성들 모두를 어린 아이처럼 순진(純眞)하게 만든다.

The people all keep their eyes and ears on him, and he makes them all pure and simple like children.

【주석】

常心 (상심): 일정한 마음. 고정관념(固定觀念). 편애(偏愛). 집념(執念). a invariable mind; a fixed idea; partiality for someone; a deep attachment to something.

以~爲 (이~위): ~을 ~으로 삼다. ~을 ~으로 여기다. treat as; regard as; take as.

吾 나〔오〕: 나. I (direct narration). 그. he (indirect narration).

德善 (덕선): 선(善)을 깨닫게 하다. make a person aware of goodness; convince a person of goodness; awake a person to goodness; open a person's eyes to goodness.

德 얻을〔덕〕: 얻다. 득(得)과 같다. 여기서는 타동사로 "얻게 하다", "깨닫게 하다"라는 뜻이다. get; obtain; make (a person) realize; make (a person) aware of; awake (a person) to.

歙 줄일〔흡〕: 줄이다. 거두어들이다. diminish; reduce; decrease; put a curb upon one's desires; keep one's feelings under control.

渾 가지런히 할〔혼〕: 가지런히 하다. 온전(溫全)하게 만들다. keep one's mind in good order;

make the people keep their mind in good order.

注 물댈 〔주〕: 물대다. 모으다. 주목(注目)하다. 주시(注視)하다. pour; pay attention to; concentrate; keep an eye on; fix one's eye on; look at a thing closely; watch carefully.

孩 어린아이 〔해〕: 어린아이. child; children.

【해설】

우주가 만물을 포용하고 그곳에서 살아가게 하는 것과 같은 작용인 "무위자연의 다스림(道)"을 터득한 성인은 누구를 특별히 총애한다든가 누구를 특별히 미워한다든가 하는 편견이 없다. 그래서 성인은 일정한 마음을 가지고 있지 않다고 하였다. 민심(民心)의 향방에 따라 자신의 마음을 정한다는 것이다. 옛날부터 민심(民心)은 천심(天心)이라고 하였다.

선한 사람에 대하여 그는 선하게 대하는데, 선하지 못한 사람에게도 그는 역시 선하게 대한다. 하상공은 "백성들이 선하면 성인도 이에 근거하여 그들을 선하게 대하고, 백성 중에 비록 선하지 못한 자가 있다 하더라도 성인은 그들을 교화하여 선하게 만든다."라고 말한다(百姓爲善, 聖人因而善之, 百姓雖有不善者, 聖人化之使善也).

예수님이나 부처님은 잘못을 저지른 사람을 받아주지 않은 경우가 없다. 잘한 일이 많은 사람이든 잘못한 일이 많은 사람이든 모두를 다 받아들였다. 죄인도 모두 받아들여 그들을 선인으로 만들려고 한 것이다. 성인은 어떤 고정관념도 편견도 없다. 만민을 공평무사하게 대한다. 그리고 솔선수범한다. 그래서 백성들을 어린아이와 같은 순진한 수준으로 교화시킨다고 말한다. 신약성서(新約聖書)에는 예수께서 한 어린아이를 불러 그들 가운데 세우시고, "진실로 너희에게 이르노니 너희가 돌이켜 어린아이들과 같이 되지 아니하면 결단코 천국에 들어가지 못하리라."라는 말을 한다(He called a little child and had him stand among them. And he said, "I tell you the truth, unless you change and become like little children, you will never enter the kingdom of heaven.") (마태복음 제18장 1-2).

[1] Chapter 49

The sage has no mind of his own. He takes as his own the mind of the people.

Those who are good I treat as good. Those who are not good I also treat as good. In so
doing I gain in goodness.

Those who are of good faith I have faith in. Those who are lacking in good faith I also
have faith in. In so doing I gain in good faith.

The sage in his attempt to distract the mind of the empire seeks urgently to muddle it.

The people all have something to occupy their eyes and ears, and the sage treats them
all like children.

(D. C. Lau, *Lao Tzu Tao Te Ching,* Penguin Books(1963), p. 56)

[2] Chapter 49

The Sage has no interests of his own,

But takes the interests of the people as his own.

He is kind to the kind;

He is also kind to the unkind:

For Virtue is kind.

He is faithful to the faithful;

He is also faithful to the unfaithful:

For Virtue is faithful.

In the midst of the world, the Sage is shy and self-effacing.

For the sake of the world he keeps his heart in its nebulous state.

All the people strain their ears and eyes:

The Sage only smiles like an amused infant.

(John C. H. Wu, *Tao Teh Ching Lao Tzu,* Shambhala Boston & London(2006), p. 113)

제 50 장 | 출생입사 (出生入死)

出生入死.
출생입사

生之徒十有三, 死之徒十有三, 人之生, 動之於死地, 亦十
생지도십유삼   사지도십유삼   인지생   동지어사지   역십

有三, 夫何故, 以其生生之厚.
유삼   부하고   이기생생지후

蓋聞善攝生者, 陸行不遇兕虎, 入軍不被甲兵, 兕無所投
개문선섭생자   육행불우시호   입군불피갑병   시무소투

其角, 虎無所措其爪, 兵無所容其刃, 夫何故, 以其無死地.
기각   호무소조기조   병무소용기인   부하고   이기무사지

해석 | 세상으로 나오는 것이 삶이고, (본래의 상태로) 돌아가는 것이 죽음이다.

To come into the world is life, and to go back to the original state is death.

오래 사는 사람이 열 명 중 셋이 있고 일찍 죽는 사람이 열 명 중 셋이 있다. 사람의 삶은 함부로 움직여서 죽음의 길로 들어서는 경우가 역시 열 명 중 셋이 있다. 그것은 도대체 무엇 때문인가? 그들이 삶의 풍족(豊足)함을 추구하며 살아가려고 하기 때문이다.

People who live long are three of ten, and people who die young are three of ten. As the people's lives move rashly and carelessly, there are some cases that they go into the jaws of death, and those also are three of ten. What on earth is this for? Because they want to enjoy life while coveting after abundance of life.

대체로 들건대, "삶을 잘 다스리는 자는 육지로 가도 코뿔소나 호랑이를 만나지 아니하고, 전쟁터에 들어가도 무장한 병사들에 의하여 해를 입지 않는다."라고 한다. 코뿔소가 그의 뿔로 들이받을 곳을 찾지 못하고, 호랑이도 그의 발톱으로 할퀼 곳을 찾지 못하며, 병기(兵器)도 그 날을 들이밀 곳을 찾지 못한다. 그것은 도대체 무엇 때문인가? 그에게는 죽음으로 내몰릴 소지가 없기 때문이다.

Generally I heard, "He who leads his own life well, even if he travels on the land, he does not meet with rhinoceros or tiger, and even if he goes into a battlefield, he does not suffer injury by armed soldiers." The rhinoceros finds no place in him to thrust its horn, the tiger also finds no place to fix its claws, and the weapon too finds no place to lodge its blade. What on earth is this for? Because there is in him no room for falling into the jaws of death.

【주석】

生 날〔생〕: 태어나다. 살다. be born; come into the world; live; survive.

生之徒 (생지도): 살아남는 무리. 오래 사는 사람. surviving people; people who live long.

徒 무리 〔도〕: 무리. 어떤 관계로 한데 모인 사람들. clique members; followers; people; persons; fellows; pupil.

死之徒 (사지도): 죽어 없어지는 무리. 일찍 죽는 사람. people who die out; people who die young.

死地 (사지): 살아날 길이 없는 매우 위험한 곳. 죽음의 길로 들어서는 길. the jaws of death; a fatal position; the place of death.

動之於死地 (동지어사지): (함부로) 움직여서 죽음의 길로 들어가다. 여기서 動은 "움직이다 (move)"의 뜻이고, 之는 "가다(go)"의 의미이다. 『주역(周易)』의 주석서(註釋書)인 『계사전(繫辭傳)』에서는 "길흉회린(吉凶悔吝)은 움직이는 데서 생긴다."라고 말한다(吉凶悔吝者, 生乎動者也). 움직이지 않으면 길하고, 흉하며, 후회하고, 욕된 일은 발생하지 않는다는 것이다. 영국 속담에 "말에 타지 않으면 낙마는 일어나지 않는다(Never rode, never fall)."라는 말이 있다. 적절하게 처신하면 길하게 되고, 망령되게 행동하면 흉하게 된다는 내용이다. 자신의 삶을 잘 다스리는 자는 어디가 안전하고 어디가 위험한 가를 잘 살펴서 신중하게 행동한다. 그러므로 해(害)를 입지 않는다. 그러나 무분별하게 함부로 움직이면 죽음의 길로 들어갈 수 있다.

夫何故 (부하고): 도대체 무엇 때문인가? 도대체 무슨 연고(緣故)인가? What on earth is this for?; What reason on earth is this for?; Why on earth is this so?

以其生生之厚 (이기생생지후): 그들이 삶의 풍족함을 탐하며 살아가려고 하기 때문이다. Because they want to lead their life in abundance of life; Because they want to enjoy life while coveting after abundance of life; Because they want to live in plenty [abundance].

攝生 (섭생): ① 자신의 삶을 잘 다스리는 것. 어디가 안전하고 어디가 위험한가를 잘 살펴서 신중하게 행동하는 것. manage one's life well. ② 건강관리를 잘하며 살아가는 것. 과식(過食), 과음(過飮), 과로(過勞), 과욕(過慾)을 피하고 적당한 운동과 식사로써 건강관리를 잘하며 살아가는 것을 뜻한다. 攝은 "다스릴 [섭]" 자로서 자신의 몸을 잘 다스리는 것을 의미한다. lead one's own life skilfully.

兕虎 (시호): 코뿔소와 호랑이. 동물 중에서 해를 끼치는 짐승으로는 코뿔소와 호랑이만 한 것이 없다고 한다. 코뿔소는 들소의 일종으로 육상 동물 가운데 코끼리 다음으로 크고 한 개 혹은 두 개의 뿔이 있다. 거대한 뿔로 상대의 몸통을 들이받아 중상을 입히는 특기를 가졌다고 한다. 호랑이는 뒷다리가 길고 그 다리의 근육이 발달되어 한번 점프하면 시속 110km의 속도로 먹잇감을 추적하며, 상대가 대항하려 들면 앞발의 예리한 발톱으로 상대의 면상을 후려쳐 기를 죽이고, 4개의 날카로운 송곳니로 그의 목덜미를 물어뜯어 숨통을 끊어버리는 장기를 지녔다고 한다. rhinoceros or tiger.

軍 군사 〔군〕: 군대. 전쟁터. a battlefield; a battleground.

被 입을 〔피〕: 입다. 피해, 부상 등을 당하다. suffer injury; receive injury; suffer harm.

甲兵 (갑병): "갑옷과 병기"라는 글자인데, "갑옷을 입고 병기를 소지한 병사들", "무장한 병사들" 등을 뜻하는 말로 본다. 그러므로 "入軍不被甲兵"은 "전쟁터에 들어가도 무장한 병사들에 의하여 해를 입지 않는다."라는 의미가 된다. armed soldiers.

投其角 (투기각): 그 뿔을 던지다. "그 뿔로 들이받다"의 뜻이다. thrust its horn; pitch its horn; stick its horn.

措其爪 (조기조): 그 발톱을 (어떤 대상에) 두다. "그 발톱으로 할퀴다"의 뜻이다. lay its claws; play its claws; fix its claws.

爪 손톱 〔조〕: ① 손톱. nail. ② 조수(鳥獸)의 발톱. (『교학 대한한사전』 제7쇄, 교학사(2006),

p. 1950) claw; talon.

容其刃 (용기인): 그 날을 (어떤 대상에) 넣다. "그 날을 들이밀다"의 뜻이다. lodge its blade; catch its blade; admit its point.

其無死地 (기무사지): 그에게는 죽음으로 내몰릴 소지가 없다. 그는 죽음의 위험에 자신을 드러내는 여지를 남기지 않는다. There is in him no room for falling into the jaws of death; He leaves no room for exposing himself to danger of death; He does not lay himself open to danger of death.

【해설】

사람이 태어나고 죽는 것은 자연현상이다. 사람들 중에는 자연의 질서에 잘 순응하는 사람이 있고, 그지지 못하는 사람이 있다. 대략 30% 정도는 순응을 잘하여 오래 살게 되고, 대략 30% 정도는 순응을 잘하기는 하지만 질병이라든가 굶주림이라든가 하는 불가피한 사정으로 일찍 죽게 된다. 나머지 30%는 자연의 질서에 순응을 잘하지 못하여 죽게 된다는 것이다. 분에 넘치는 사치를 추구하거나 능력이 모자라면서 높은 지위를 얻으려고 발버둥 치거나, 신중하게 행동하지 못하고 함부로 움직인다든가 하는 일로 일생을 망치는 경우가 있다. 과욕(過慾)과 무분별(無分別)이 빚은 불행이다.

【외국학자 영문해석】

[1] Chapter 50

We come out into life and go back into death.

The companions of life are thirteen;

The companions of death are thirteen;

And yet people, because they regard life as LIFE, in all of their actions move toward the thirteen that belong to the realm of death.

Now, why is this so?

It's because they regard life as LIFE.

You've no doubt heard of those who are good at holding on to life:

When walking through hills, they don't avoid rhinos and tigers;

When they go into battle, they don't put on armor or shields;

The rhino has no place to probe with its horn;

The tiger finds no place to put its claws.

And weapons find no place to hold their blades.

Now, why is this so?

Because there is no place for death in them.

(Robert G. Henricks, *Te-Tao Ching Lao-Tzu,* The Modern Library New York(1993), p. 20)

[2] Verse 50

Again and again

Men come in with birth

　and go out with death

One in three are followers of life

One in three are followers of death

And those just passing from life to death

　also number one in three

But they all die in the end

Why is this so?

Because they clutch to life

　and cling to this passing world

I hear that one who lives by his own truth

　is not like this

He walks without making footprints in the world

Going about, he does not fear the rhinoceros or tiger

Entering a battlefield, he does not fear sharp weapons

For in him the rhino can find no place to pitch its horn

The tiger no place to fix its claw

The soldier no place to thrust his blade

Why is this so?

Because he dwells in that place

   where death cannot enter

(Jonathan Star, *Tao Te Ching,* The Definitive Edition, Tarcher(2001, 2003), p. 65)

제 51 장 | 도생지덕휵지 (道生之德畜之)

道生之, 德畜之, 物形之, 勢成之.
　도생지　　　덕휵지　　　물형지　　　세성지
是以萬物莫不尊道而貴德, 道之尊, 德之貴, 夫莫之命而
　시이만물막불존도이귀덕　　　　　도지존　　　덕지귀　　　부막지명이
常自然.
　상자연
故道生之, 德畜之, 長之育之, 亭之毒之, 養之覆之.
　고도생지　　　덕휵지　　　장지육지　　　정지독지　　　양지부지
生而不有, 爲而不恃, 長而不宰, 是謂玄德.
　생이불유　　　위이불시　　　장이부재　　　시위현덕

해석 | 도(우주의 작용)가 그것들을 낳고, 덕(도를 배우고 익힘으로써 자신에게 획득된 도덕적 품성)은 그것들을 기르며, 물질이 그것들에게 형상(形象)을 만들어 주고, 환경(環境)이 그것들을 완성한다(之(그것들)는 뒤에 나오는 만물을 가리킨다).

The Dao [the action of the universe] produces them, De [moral character that has been acquired to oneself through learning and practicing the Dao] nourishes them, energies give some forms to them, and surrounding circumstances complete them. (The word "them" here indicates all things in the universe.)

이런 까닭으로 만물은 도를 존중하지 않고 덕을 귀중히 하지 않는 경우가 없다. 도를

높이고, 덕을 귀중히 여기면, 어느 누가 만물에 대하여 명령하지 않아도 항상 (지구의 공전과 자전 현상과 같이) 스스로 그렇게 돌아간다.

For this reason, there are no cases that the myriad things do not honour the Dao and do not exalt De. If one honours Dao and exalts De, even though nobody issues an order, everything will always work of itself that way (like the earth's revolution and rotation).

그러므로 도가 그들(만물)을 낳고, 덕이 그들을 기른다. 그들을 자라게 하고 길러주며, 그들의 삶을 안정시키고 기반을 튼튼하게 해주며, (사라지지 않도록) 그들의 종(種)을 배양(培養)하고 감싸준다.

Therefore Dao produces them [the myriad things], De nourishes them, grows them and nurses them, stabilizes their livelihood and solidifies their footing, and cultivates them (lest their species disappear) and protects them.

도는 만물을 낳고도 소유하지 않고, 베풀고도 어떤 보답을 기대하지 않으며, 그들을 성장하게 하지만 통제권을 행사하지 않는다. 그래서 이를 가리켜 심오한 덕성(德性)이라고 이야기한다.

The Dao produces all things but does not possess them. It bestows a favor on all things but does not expect any reward, and it grows them but it exercises no control over them. Therefore this is called the mysterious virtue.

【주석】

之 갈〔지〕: 그것(其). 통상은 앞에 나온 말을 가리키는 지시대명사의 역할을 하지만, 여기서는 뒤에 나오는 명사인 "만물"을 가리킨다. 중국의 한어사전에서는 之는 ① 이것(是). ② 그것(其). ③ 그. 저. 그이. 저이(他) 등으로 설명한다(中國 世紀出版集團, 『漢語大詞典』, 漢語大詞典出版社(2000), p. 103)

莫不 (막불): 긍정을 나타냄과 아울러 예외가 없음을 나타낸다. 부사어로 쓰여, "~하지 않는 사람이 없다", "~하지 않는 경우가 없다" 등으로 해석한다(연세대 허사사전편찬실, 『허

사대사전』, 성보사(2001), p. 227). there is no one who doesn't or isn't; there is no case that doesn't or isn't.

畜 기를 [휵]: 기르다. 양육하다. 畜은 "쌓을 [축]"으로도 읽는다. nourish; nurse.

育 기를 [육]: 기르다. 양육(養育)하다. bring up; nurse; raise; foster; rear.

亭 평평하게 할 [정]: 평평하게 하다. 안정(安定)시키다. stabilize; secure.

毒 기를 [독]: ① 기르다. 키우다(育). (『교학 대한한사전』 제7쇄, 교학사(2006), p. 1683) nurse; raise; cultivate. ② 『설문해자(說文解字)』에서는 "毒은 두터움을 뜻한다(毒, 厚也)"라고 설명한다. 두텁다는 말은 견실(堅實)한 것, 견고(堅固)한 것, 튼튼한 것 등을 의미한다. 毒은 "두터울 [篤(독)]"과 통한다고 설명하기도 한다. thick; solid; strong; firm; healthy.

養 기를 [양]: 기르다. 배양(培養)하다. cultivate; nurture; rear; raise; grow.

覆 덮을 [부]: 덮다. 덮어 싸다. 감싸다. 覆는 뒤집을 "복"으로도 읽는다. cover; shield; protect.

長 자랄 [장]: ① 자라게 하다. 성장하게 하다. 키우다. grow; make something grow up. ② 어른 노릇을 하다. 이끌다. 주관(主管)하다. play a role of leader; lead; preside over.

宰 주관할 [재]: 주관하다. 맡아 다스리다. 주재(主宰)하다. have control over; place a thing under (government) control; exercise control over.

【해설】

노자는 "도는 만물을 생성하고, 덕은 만물을 양육하며, 물질이 만물에게 형상(形象)을 만들어 주고, 환경(環境)이 만물을 완성한다."라고 주장한다.

여기서 도는 우주를 가리킨다. 천지만물은 모두 우주 안에 존재한다. 그러므로 천지만물은 우주가 생성한 것이라고 볼 수 있다. 크게 보아 우주에는 태양이 빛을 비추고 있다. 우리가 사는 지구는 태양의 주위를 공전(公轉)하며 춘하추동 사계절을 순환하게 하고, 스스로 자전(自轉)하며 낮과 밤을 교대하게 한다. 달은 지구의 주위를 공전하게 하고, 수많은 별들이 빛을 발하게 한다. 우주가 낳은 만물의 움직임이다.

덕은 "우주가 만물을 포용하고 다스리는 것과 같은 작용"인 "도"를 터득하여 이를 실천할 수 있는 능력을 뜻한다. 이러한 능력은 "땅"이 가지고 있다. 땅은 이러한 우주의 작용을 본받아 만물을 받아들여 땅에서 자라게 한다. 만물이 실제로 사는 곳은 땅이다. 땅은 만물을 낳아주고, 길러주고, 열매를 맺게 하여주고, 그 씨앗을 보존시켜, 생명을 계속 이어나가게 하여준다. 땅은 우주와 마찬가지로 어떤 명령도 내리지 않고, 어떤 대가도 요구하지 않으며, 어떤 권리도 주장하지 않으면서 그저 만물을 기를 뿐이다. 우주의 작용을 그대로 본받아 터득한 것이다. 도를 터득한 것이 덕이다. 자연계에 있어서는 땅이 도를 터득한 덕자(德者)에 해당한다. 인간계에 있어서는 성군(聖君)이 우주가 만물을 다스리는 것과 같은 도를 터득하여 백성을 다스린다. 가혹하게 세금을 거두지도 아니하고, 무리하게 강제노역에 동원하지도 않는다. 무위자연(無爲自然)의 정치로 백성을 기르는 것이다. 선정(善政)이 이루어진다.

그런데 땅에서 만물을 기르고 자라나게 하기 위해서는 기본적으로 두 가지 물질이 필요하다. 음(陰)의 기운과 양(陽)의 기운이다. 음양이 교감하여야 현실적으로 만물이 그 구체적 형상을 드러낸다. "物形之"는 직역하면 "물질이 만물에게 형상(形象)을 만들어 준다."라는 의미이나, 그 내용은 음양이 교감하여 만물을 생성하기도 하고 성장시키기도 하면서 만물을 변화시킨다는 뜻이다.

그리고 만물을 둘러싼 지형, 기후, 토양, 수맥 같은 환경조건이 그들을 지금과 같은 형체로 완성시킨다는 것이다. 우주자연은 만물을 낳고도 자기 소유로 차지하지 않고, 어떤 일을 베풀고도 어떤 보답을 기대하지 않으며, 만물을 자라나게 하면서도 주재(主宰)하는 지위에 머물러 있지 아니한다. 그래서 이를 가리켜 심오한 덕성(德性)이라고 이야기한다. 우주는 만물에게 임대료를 요구하지 않는다. 그리고 소유권도 주장하지 않는다. 위 말은 제2장 및 제10장에서도 비슷한 문언이 보인다.

‖【외국학자 영문해석】‖

[1] Chapter 51 (Nature, nurture)

The Way bears them;

power nurtures them;

their own being shapes them;

their own energy completes them.

And not one of the ten thousand things

    fails to hold the Way sacred

    or to obey its power.

Their reverence for the Way

    and obedience to its power

    are unforced and always natural.

For the Way gives them life;

    its power nourishes them,

    mothers and feeds them,

    completes and matures them,

    looks after them, protects them.

To have without possessing,

    do without claiming,

    lead without controlling:

    this is mysterious power.

(Ursula K. Le Guin, *Lao Tzu Tao Te Ching*, Shambhala Boston & London(1998), p. 66)

[2] Stanza 51

1   Ten thousand Dao begets and breeds,

2   Which its power tends and feeds

3   As objects all take varied shape,

4   As things to use reach final form.

5   For this the natural myriad

6   Honor the Way, esteem its power.

7   Such honor and such high esteem

8   No mandate from above decreed;

9   It is their norm of self-becoming.

    * * *

10 Dao indeed begets and breeds,

11 All its power tends and feeds

12 And fosters and then raises up

13 And brings to full maturity

14 And still preserves and still protects.

15 For Dao begets but does not keep,

16 Works its way but does not bind:

17 Authority that does not rule.

18 Such is the meaning of "hidden power."

(Moss Roberts, *Dao De Jing*, University of California Press(2004), p. 134)

제 52 장 | 천하유시 (天下有始)

天下有始, 以爲天下母. 旣得其母, 以知其子, 旣知其子,
천하유시   이위천하모   기득기모   이지기자   기지기자

復守其母, 沒身不殆.
복수기모   몰신불태

塞其兌, 閉其門, 終身不勤, 開其兌, 濟其事, 終身不救.
색기태   폐기문   종신불근   개기태   제기사   종신불구

見小曰明, 守柔曰强, 用其光, 復歸其明, 無遺身殃, 是謂襲常.
견소왈명   수유왈강   용기광   복귀기명   무유신앙   시위습상

해석 | 천하 만물에는 시원(始原)이 있는데, 이것이 천하 만물의 어머니(근원)가 된다. 그 근원을 깨닫는다면 그 자식으로서의 본분을 알게 된다. 그 자식으로서의 본분을 알고 다시 그 근원을 지켜나간다면, 죽을 때까지 위태롭지 않을 것이다.

All under heaven have their root, and this becomes the mother [the origin] of all under heaven. When one knows the mother, he comes to know duties as her child.

When he knows duties as her child and again fulfill his duties to the mother, he will
not meet with danger to the end of his life.

(욕망의 기관인) 그 구멍을 막고, (욕심의 통로인) 그 문을 닫으면, 죽을 때까지 수고
롭지 않다. 그러나 그 욕망의 구멍을 열어놓고, 그의 일을 증대시켜 나간다면 죽을 때까
지 (참된 道를) 구하지 못한다.

When he blocks the openings (the organs of desires), and shuts the gates (the paths
of desires), all his life he will not suffer hardships. But if he opens his openings and
increases his selfish affairs, all his life he will not get it [the Dao].

작은 것을 볼 줄 아는 것은 명철(明哲)한 것이라고 말하고, 유약(柔弱)한 것을 지켜주
는 것은 강건(强健)한 것이라고 말한다. 그 빛나는 지혜를 활용하여 (눈에 보이지 않는)
그 밝은 도의 품으로 돌아가면, 자신에게 어떤 재앙도 남기지 않는다. 이를 불변의 도의
세계로 들어가는 것이라고 이야기한다.

To know how to see the small is called "insight", and to guard the soft and weak
is called "strength". With his shining wisdom, if he returns to the bosom of the bright
Dao (invisible to people's eye), he will not leave a calamity to himself. This is called
"entering the world of the Dao remaining unchanged forever".

【주석】

始 처음 〔시〕: 처음. 시원(始原). 최초의 근원적인 존재. 하상공은 "시(始)는 도(道)이다. 도
는 천하 만물의 어머니이다."라고 말한다(始者, 道也. 道爲天下萬物之母). 만물의 시
원적인 존재는 우주인데, 우주는 도를 가리키므로 결국 시원적인 존재는 도가 된다.
beginning; root; origin; the first existence; the original existence called the universe.

以 써 〔이〕: 이것. 이와 같이. 이렇게. (연세대 사서사전편찬실, 『사서집해사전』, 성보사
(2003), p. 620-622) 지시대명사로 "이것"이란 뜻을 갖는 차(此)와 같다(北京大學出版
社, 古代漢語字典(1998), p. 953). this; these; such; like this.

母 어미 〔모〕: 어미. 암컷. 근원. 근본. 고형(高亨)은 "모(母)는 도(道)이다. 자(子)는 천하이며

만물이 된다."라고 말한다(母者, 道也. 子者, 天下也, 爲物也). mother; female; origin; root; source; the root of a thing; the original existence.

得 얻을 (득): 얻다. 알다. 깨닫다. get; know; perceive; realize.

既 이미 (기): 단문을 연결시키며 추론의 전제조건을 제시한다. "이미 ~한 바에야", "기왕에" 등으로 해석한다(연세대 허사사전편찬실, 『허사대사전』, 성보사(2001), pp. 146-147). 추론의 전제조건이라면, "이미 ~하였다면"이라고 해석할 수도 있다. if so; if already did so.

塞 막을 (색): 막다. 봉쇄하다. 차단하다. block; blockade (a port); block up (a street); seal off.

兌 구멍 (태): 구멍. 이목구비(耳目口鼻) 등 감각기관을 뜻한다. opening; hole.

門 문 (문): 문. 출입문. 마음의 문. 욕심의 문. gate; door.

不勤 (불근): 수고스럽지 않다. 힘들지 않다. 편안하다. be not laborious; be not hard to live; have no difficulty in leading a life; do not suffer hardships; comfortable.

濟 더할 (제): 더하다. 증가하다. 하상공은 "濟其事"에 대하여 "제(濟)는 '증가시키다(益)'의 뜻이다. 욕정으로 가득 찬 일을 증대시킨다는 말이다."라고 설명한다(濟, 益也. 益情欲之事). increase; add up.

事 일 (사): 하고자 하는 일. 추구하고자 하는 일. affairs; affairs to seek; the thing that one tries to pursue.

守 지킬 (수): 지키다. guard; protect.

用 쓸 (용): ① 쓰다. 활용하다. use; apply; utilize. ② ~로. ~로써. ~을 사용하여. ~을 가지고. by; with.

光 빛 (광): (빛나는 것으로) 빛. 지능. 덕망 등을 가리킨다(『한한대자전』, 민중서림(1997), p. 239). light; intellectual faculties; virtue; shining wisdom.

明 밝을 (명): 밝은 것. 밝은 대자연[도]의 품. 밝은 도의 세계. what is bright; the bosom of bright nature; the world of the bright Dao.

襲 들어갈 (습): 들어가다. 잇다. 계승하다. 常은 "불변의 도"를 뜻하고, 襲은 "들어가다"라는

뜻이므로, "襲常"은 불변의 도의 세계로 들어간다는 의미가 된다. enter; go into; keep; maintain.

常 항상 〔상〕: 불변의 도. the Dao remaining unchanged forever; the Dao without a change forever.

【해설】

하상공(河上公)은 "시(始)는 도(道)이다. 도는 천하 만물의 근원[어머니]이다."라고 말한다(始者, 道也. 道爲天下萬物之母). 그리고 고형(高亨)은 "모(母)는 도(道)이다. 자(子)는 천하이니, 만물을 말한다."라고 주장한다(母字, 道也. 子者, 天下也, 爲物也).

중국 북경 대학 교수를 지낸 장대년(張岱年)은 말한다. "근원적인 뿌리(本根)가 무엇인가에 관하여 가장 일찍 나온 학설이 도(道)라고 하는 이론이다. 궁극적인 근원을 도(道)라고 본 것이다. 최초로 도론(道論)을 주장한 사람은 노자(老子)이다. 노자는 근원이 되는 뿌리가 무엇인가의 문제를 가장 먼저 제기한 사람이다. 노자 이전의 사람들은 모두 만물의 아버지는 하늘(天)이며, 하늘이 온갖 사물을 생성하는 존재라고 여겼다. 노자에 이르러서 하늘이 생성된 유래를 탐구했다. 노자는 하늘이 존재하기 이전에 하늘의 근본이 되는 것이 있다고 여겼는데, 이것이 도(道)이다. 도(道)는 천지보다 앞서 존재하였으며, 모든 것의 어머니가 된다."라고 말한다(關於本根, 最早的一个學說是道論, 認爲究竟本根是道. 最初提出道論的是老子. 老子是第一个提起本根問題的人. 在老子以前, 人們都以爲萬物之父卽是天, 天是生成一切物的. 到老子, 乃求天之所由生. 老子以爲有在天以前而爲天之根本的, 卽是道. 道生於天地之先, 爲一切之母. 老子說). (張岱年, 『中國哲學大綱』第1版, 中國社會科學出版社(1982. 8., p. 99). (『도덕경』제1장, 제4장, 제25장)

구멍이란 이목구비(耳目口鼻)를 뜻한다. 시각(視覺), 청각(聽覺), 후각(嗅覺), 그리고 미각(味覺) 등 욕망의 통로에 지나치게 탐닉(耽溺)하면 인생을 망친다는 뜻이다. 작은 것에 만족할 줄 알고 마음을 비울 줄 알아야 한다. 하상공은 "濟其事"에 대하여 "제(濟)는 '증가시키다(益)'의 뜻이다. 욕정으로 가득 찬 일을 증대시킨다는 말이다."라고 설명한다(濟, 益也. 益情欲之事).

작은 것이란 낮은 위치에 있는 민초(民草)들이다. 유약한 것은 빈천(貧賤)한 사람들을 뜻한다. 명철한 위정자라면 민초들을 살필 줄 알아야 하고, 의지가 강건한 위정자라면 가난하고 천한 계급의 사람들도 보호할 줄 알아야 한다. 사회의 하부구조를 잘 살피고 이를 튼튼하게 보호하면 민란(民亂)도 일어나지 않고 나라도 망하지 않는다. 자신에게 재앙을 남기지 않는 결과를 가져온다.

【외국학자 영문해석】

[1] Chapter 52

> The world has its fetal beginning
>
> That can be considered the mother of the world.
>
> You have to have gotten to this mother,
>
> Before you can understand her progeny.
>
> And once you have understood her progeny,
>
> If you go back and safeguard the mother,
>
> You will live to the end of your days without danger.
>
> Block up the openings
>
> And shut the gateways,
>
> And to the end of your days your energies will not be used up.
>
> But if you vent the openings
>
> And multiply your responsibilities,
>
> To the end of your days you will be incurable.
>
> Making out the small is real acuity (ming),
>
> Safeguarding the weak is real strength.
>
> Taking into account the way things reveal themselves,
>
> If you go back again and rely upon your acuity,
>
> You will stay clear of calamities.
>
> This is what is called according with common sense.

(Roger T. Ames and David L. Hall, *Dao De Jing*, Ballantine Books New York(2003), pp. 157-158)

[2] Chapter 52

There was a beginning of the world

That may be regarded as the mother of the world.

Attain the mother, and you will know her children.

Hold on to the mother, and you will not meet with harm all your life.

Block the openings;

Close the doors;

And all your life you won't have to toil.

Open the holes,

Meddle in the worldly affairs,

And all your life you will not be saved.

To be able to discern the small is clarity;

To be able to hold on to the soft is strength.

Use the light

To return to brightness.

In this way, you will not invite harm.

This is called practicing that which is permanent.

(Eva Wong, *Teachings of the Tao,* Shambhala Boston & London(1997), p. 32)

使我介然有知, 行於大道, 唯施是畏.
　　사아개연유지　　　　　행어대도　　　　유이시외
大道甚夷, 而民好徑.
　　대도심이　　　　이민호경
朝甚除, 田甚蕪, 倉甚虛, 服文采, 帶利劍, 厭飮食, 財貨有餘,
　조심제　　전심무　　창심허　　복문채　　대리검　　염음식　　재화유여
是謂盜夸, 非道也哉.
　시위도과　　비도야재

해석 | 만약 내가 조금 지혜를 갖게 된다면, 큰길로 갈 것이다. 잘못된 길은 두려움의 대상일 뿐이기 때문이다(잘못된 길로 빠지지나 않을까 두렵기 때문이다).

If I come to possess of knowledge a little, I would walk on the great way, because the wrong way is only an object of fear. (I am afraid that I may take the wrong way.)

큰길은 아주 평탄한 것인데, 사람들은 지름길을 좋아한다.

The great way is very level, but people prefer the by-ways.

조정(朝廷)이 지나칠 정도로 아름답게 꾸며져 있으면, (백성들의) 논밭은 황폐해지고, 창고는 텅 비게 된다. (위정자들이) 무늬와 채색이 화려한 옷을 입고, 예리한 칼을 차고, 실컷 먹고 마시면서도, 재화(財貨)에 여유가 있다면, 이들은 큰 도적(大盜)이라고 불러야 할 것이다. (우주가 만물을 다스리는 것과 같은 대자연의 질서인) 도에 어긋나는 짓이다.

If the king's court is excessively cleaned and garnished, the people's fields are devastated and their granaries become empty. If those who govern the people wear the cloths with gorgeous patterns and colors, carry a sharp sword, eat and drink more than enough, and despite having lived like that, they have property to spare, they should be called great robbers. This is contrary to the Dao (such a natural way as the universe governs all things).

【주석】

使 하여금 〔사〕: 만약. 가령. 만일 ~한다면. 가정 또는 조건을 표시하는 접속사. (김원중 편저, 『허사사전』, 현암사(2001), p. 330) if; when; supposing.

介 끼일 〔개〕: 끼이다. 작다. 적다. "介然"은 이빨에 끼일 정도로 작은 모양을 나타내는 말로 "조금", "약간" 등을 의미한다. a little; a few; a little bit; somewhat.

然 그러할 〔연〕: 부사 또는 형용사의 접미사. 영어의 형용사 접미사인 "~ful", "~ant" 및 부사의 접미사인 "~ly"와 같은 역할을 한다. adverb or adjective suffix. (Beijing Foreign Language University, *A Chinese-English Dictionary*, 1997 Revised Edition: p. 1015)

大道 〔대도〕: ① 큰길. 대자연의 길. the great Tao(James Legge); the great way(D.C. Lau); the way of Mother Nature. ② 큰 정치. 큰 것의 다스림. 큰 것(大)이란 우주를 가리키는 것이므로, 대도는 우주가 만물을 포용하고 다스리는 것과 같은 무위자연의 정치를 뜻하게 된다. great governing; such a natural politics as the universe accepts all things and governs them without an artificial compulsion; such a great government as the universe leaves everything to take its natural course without coercion.

施 기울 〔이〕: 경사(傾斜). 비뚤어짐. 앞에 나온 대로(大路)와의 관계로 볼 때, 여기서는 경사진 길, 비뚤어진 길, 잘못된 길. 올바르지 않은 길, 샛길, 지름길 등을 뜻하는 말로 본다. 한비자 해로(解老)에는 "이른바 施라는 것은 올바르지 않은 길이다."라고 설명한다(所謂施也者邪道也). 군자가 가는 길은 올바른 길인 大路이므로, 올바르지 않은 길이란 남을 앞지르기 위하여 좀 더 빨리 가려고 하는 "샛길", "지름길" 같은 것을 뜻한다. 施는 "베풀 [시]"로도 읽는다. a crooked [inclined] path; the wrong way [turning, path].

是 〔시〕: ~이다. be.

畏 두려워할 〔외〕: 두려움. fear; be afraid of.

夷 평평할 〔이〕: 평평하다. 평탄하다. level; flat.

徑 지름길 〔경〕: 지름길. 가깝게 질러서 가는 길. 남보다 빨리 간다고 여겨지는 길. the by-way; a short cut; a shorter way.

朝 조정 〔조〕: 정사(政事)를 행하는 곳. 조정(朝廷). 궁궐(宮闕). the place where political affairs are conducted; the court; a royal palace; the king's court.

甚 심할 〔심〕: 동작, 행위, 성질, 상태 등의 정도가 심화됨을 나타낸다. "매우", "아주" 등으로 해석한다. (연세대 허사사전편찬실, 『허사대사전』, 성보사(2001), pp. 389-390) very; too much; excessively.

除 덜 〔제〕: 깨끗하게 하다. 왕필은 "제(除)란 깨끗하고 아름답게 하는 것이다."라고 설명한다(除, 潔好也). 궁궐이 매우 아름답고 화려하게 꾸며져 있는 것을 뜻한다. clean and garnish.

蕪 거칠어질 〔무〕: 거칠어지다. 황폐화하다. (the field) be laid waste; be devastated.

服文采 (복문채): 무늬와 채색이 화려한 옷을 입다. 文은 "무늬"를 뜻하고, 采는 "빛깔"을 뜻하며, 服은 "옷을 입다"라는 말이다. wear the cloths with gorgeous patterns and colors.

服 입을 〔복〕: 옷을 입다. wear cloths; put on cloths; dress oneself.

文 무늬 〔문〕: 무늬. 무늬는 바탕을 꾸미고 다듬어 세련(洗練)되게 만들어 놓은 것을 뜻한다. pattern; adornment; decoration.

采 채색 〔채〕: 채색. 무늬. 그림이나 장식에 색을 칠하는 것. colouring; painting; coloration.

厭飮食 (염음식): 실컷 먹고 마시다. 물리도록 먹고 마시다. 厭은 "싫증이 나다", "물리다"의 뜻이며, 飮은 "마시다", 그리고 食은 "먹다"의 뜻이다. eat and drink more than enough; eat and drink to one's heart's content.

厭 싫을 〔염〕: 싫다. 싫증이 나다. dislike; be tired of; be fed up with; be bored with.

飮 마실 〔음〕: 마시다. drink; take; have.

食 먹을 〔식〕: 먹다. eat; take; have.

盜夸 (도과): 큰 도적. 대도(大盜). 도적의 수괴(首魁). big robber; biggest thief; notorious thief.

夸 클 〔과〕: 크다(大也). great; big.

【해설】

큰길이란 무위자연의 큰 정치, 즉 어떤 인위적인 힘을 가함이 없이 자연적인 진로를 취하도록 맡겨두어야 한다는 정치사상을 가리킨다. 잘못된 길(施)이란 강제적인 윤리규범이나 법령 등을 만들어 백성들을 통제하는 정치체제를 상징한다.

사회 지도층이 사치하고 방탕하게 살면, 백성들의 생활은 피폐해진다. 그들의 부와 호화스러운 생활은 백성들의 피와 땀으로 이루어진 세금이기 때문이다. 여기서 말하는 "大道"는 "우주가 만물을 포용하고 다스리는 것과 같은 무위자연의 위대한 정치"를 뜻한다. 위에 말한 바와 같이 노자는 부귀영화를 누리려는 욕망은 도(道)에 어긋나는 것이라고 주장한다.

【외국학자 영문해석】

[1] Chapter 53

The great Way is easy,

  yet people prefer the side paths.

Be aware when things are out of balance.

Stay centered within the Tao.

When rich speculators prosper

  while farmers lose their land;

  when government officials spend money

  on weapons instead of cures;

  when the upper class is extravagant and irresponsible

  while the poor have nowhere to turn-

  all this is robbery and chaos.

It is not in keeping with the Tao.

(Stephen Mitchell, *Tao Te Ching*, Perennial Classics(2000), Ch. 53)

[2] Chapter 53

Because I have a little wisdom,

I choose the walk the great path of Tao

    and fear nothing except to stray from it.

The great way is very smooth and easy,

    but some people are fond of getting sidetracked.

When a ruler's palace is full of treasure,

    the people's fields are weedy and

    their granaries are empty.

If the ruler wears fancy clothes and

    his house is full of weapons,

    if his table is laden with extravagant

    food and drink and everywhere one

    looks he has more wealth than

    he can use, the ruler is a

    robber and a thief.

This is not in keeping with Tao.

(Brian Browne Walker, *the Tao Te Ching of Lao Tzu*, St. Martin's Griffin New York(1995), Ch. 53)

善建者不拔, 善抱者不脫, 子孫以祭祀不輟.
　　선건자불발　　　　　선포자불탈　　　　　자손이제사불철

修之於身, 其德乃眞, 修之於家, 其德乃餘, 修之於鄕, 其
　수지어신　　　기덕내진　　　수지어가　　　기덕내여　　　수지어향　　기

德乃長, 修之於國, 其德乃豊, 修之於天下, 其德乃普.
　덕내장　　수지어국　　　기덕내풍　　　수지어천하　　　기덕내보

故以身觀身, 以家觀家, 以鄕觀鄕, 以國觀國, 以天下觀天下,
　고이신관신　　　이가관가　　　이향관향　　　이국관국　　　이천하관천하

吾何以知天下然哉, 以此.
　오하이지천하연재　　　이차

해석 | 잘 세워놓은 것은 뽑히지 않고, 잘 품어 안은 것은 떨어져 나가지 않는다. (이렇게 한 사람은) 자손과 더불어 제사도 끊이지 않는다.

The thing that is firmly planted is not easily pulled out, and the thing that is tightly held in the bosom does not slip out simply. (In case of the man who has done like this,) with descendants the ancestral sacrifice will not come to an end.

자신 안에 그것[道]을 배양하면 그 덕성은 진실한 품성이 되고, 집안에 그것을 배양하면 그 덕성은 곧 여유를 가져오고, 마을에 그것을 배양하면 그 덕성은 곧 오래가게 되고, 국가에 그것을 배양하면 그 덕성은 곧 그 나라를 풍요롭게 하며, 천하에 그것을 배양하면 그 덕성은 곧 널리 퍼지게 된다.

If he cultivates it [the Dao] in his own self, his virtue will become just the genuine moral character, if he cultivates it in the family, its virtue will bring a comfortable living, if he cultivates it in the hamlet, its virtue will last long, if he cultivates it in the state, its virtue will make the state abundant, and if he cultivates it in the empire, its virtue will come to spread wide.

그러므로 자신의 덕으로 자신을 드러내고, 그 집안의 덕으로 그 집안을 드러내고, 그 마을의 덕으로 그 마을을 드러내고, 그 국가의 덕으로 그 국가를 드러내고, 천하의 덕으로 그 천하를 드러내게 된다. 내가 무엇으로써 천하가 그렇게 됨을 아는가? 이것으로써 아는 것이다(이것이란 앞에 나온, "잘 세워놓은 것은 뽑히지 않고, 잘 품어 안은 것은 떨어져 나가지 않는다."는 문장을 가리킨다).

Therefore, by his own virtue he shows his own self, by the family's virtue it shows the family's character, by the hamlet's virtue it shows the hamlet's character, by the state's virtue it shows the state's character, and by the empire's virtue it shows the empire's character. How do I know that all under heaven is like that? I know by this. ("This" indicates the preceding paragraph "The thing that is firmly planted is not easily pulled out, and the thing that is tightly held in the bosom does not slip out simply.")

【주석】

拔 뺄 (발): 뽑다. 뽑히다. be taken out; be pulled out; be come out.

抱 안을 (포): 품다. cherish; entertain; bear [hold, keep] in mind.

脫 벗을 (탈): 벗어나다. 이탈(離脫)하다. slip out; stray [deviate] from.

輟 그칠 (철): 그치다. 하던 일을 멈추다. stop; cease; halt; come to an end.

修 닦을 (수): 닦다. 기르다. 배양하다. 심다. cultivate (one's mind); implant.

之 (지): 그것. 앞의 문장에서 잘 세워놓는 것과 잘 품고 있어야 할 대상은 문맥(文脈)으로 보아 도(道)라고 생각된다. 도를 잘 닦아 이를 터득하면 그것이 우리 몸에 덕으로 자리잡는다. 그러므로 여기 나오는 "그것"이란 의미의 之는 지시대명사로서 道를 가리킨다. it; (It indicates "the Dao")

乃 이에 (내): 이에. 곧. 바로. 앞의 말을 이어받아 뒤의 말에 연결시킬 때 사용되는 역할을 하므로 "곧 ~이다", "곧 ~이 되다", "바로 ~이 되다"로 풀이함이 좋다. be; become.

德 덕 (덕): 도(道)를 배우고 익혀 자신의 마음속에 배양된 것을 가리킨다. 도를 터득(攄得)하여 그것을 마음속에 지니고 있음을 나타낸다. De(德, virtue) denotes moral character cultivated and accumulated in one's own self by learning and practicing the Dao.

眞 참 [진]: 참된 것. 불변의 덕성. genuine thing; genuine moral character; unchanging virtue.

餘 남을 [여]: 여유가 있다. 넉넉하다. have (things) in reserve; keep one's composure; make a comfortable living.

長 길 [장]: 길다. 오래가다. continue long; last long.

豊 풍성할 [풍]: 풍성하다. 풍요롭다. rich; abundant; affluent.

普 널리 [보]: 널리 미치다. 널리 퍼지다. pervade; spread wide; reach everywhere.

觀 보일 [관]: 보이다. 드러내다. show; display; indicate.

以此 (이차): 이것으로써. 이것을 가지고. 이것이란 "도"를 잘 세워놓으면 뽑히지 아니하고, 도를 잘 품어 안고 있으면 이탈되지 아니한다는 맨 앞의 교훈적인 문장을 가리킨다(善建者不拔, 善抱者不脫, 子孫祭祀不輟). by this; by the preceding sentence; This indicates "The thing that is firmly planted is not easily pulled out, and the thing that is tightly held in the bosom does not slip out simply. In case of the man who has done like this, with descendants the ancestral sacrifice will not come to an end."

【해설】

도(道)란 우주가 만물을 포용하고 다스리는 것과 같은 그러한 자연스러운 작용이다. 그러므로 도를 잘 세워놓으면 뽑히지 않고, 도를 잘 품고 있으면 정상(正常)에서 이탈되지 않는다고 말한다.

덕(德)은 도를 배우고 익혀 자신에게 배양(培養)된 도덕적 품성이다. 그러므로 자신 안에 그 도를 배양하면 그 덕은 변하지 않는 품성으로 자리 잡고, 집안에 그 도를 배양하면 그 덕은 여유를 가져오고, 마을에 그 도를 배양하면 그 덕은 오래가게 되고, 국가에 그 도를 배양하면 그 덕은 그 나라를 풍요롭게 하며, 천하에 그 도를 배양하면 그 덕은 널리 퍼지게 된다고 말한다.

[1] Chapter 54

1.   What (Tao's) skilful planter plants

     Can never be uptorn;

     What his skilful arms enfold,

     From him can ne'er be borne.

     Sons shall bring in lengthening line,

     Sacrifices to his shrine.

2.   Tao when nursed within one's self,

     His vigour will make true;

     And where the family it rules

     What riches will accrue!

     The neighbourhood where it prevails

     In thriving will abound;

     And when 'tis seen throughout the state,

     Good fortune will be found.

     Employ it the kingdom o'er,

     And men thrive all around.

3.   In this way the effect will be seen in the person, by the observation of different cases; in the family; in the neighbourhood; in the state; and in the kingdom.

4.   How do I know that this effect is sure to hold thus all under the sky? By this (method of observation).

(James Legge, *The Texts of Taoism, The Tao Te Ching of Lao Tzu,* Dover Publications, Inc. New York(1962), pp. 97-98)

[2] Chapter 54

Well planted, not uprooted.

Well embraced, never lost.

Descendants will continue

The ancestral rituals.

Maintain oneself:

To becomes real.

Maintain the family:

To becomes abundant.

Maintain the community:

To becomes extensive.

Maintain the country:

To becomes prolific.

Maintain the world:

To becomes omnipresent.

Therefore,

Through self contemplate self,

Through family contemplate family,

Through community contemplate community,

Through country contemplate country,

Through world contemplate world,

How do I know the world?

Like this!

(Stephen Addiss & Stanley Lombardo, *Tao Te Ching Lao-Tzu,* Shambhala Boston & London(2007), Ch. 54)

含德之厚, 比於赤子. 毒蟲不螫, 猛獸不據, 攫鳥不搏.
함덕지후   비어적자   독충불석   맹수불거   확조불박

骨弱筋柔而握固, 未知牝牡之合而朘作, 精之至也. 終日
골약근유이악고   미지빈모지합이최작   정지지야   종일

號而不嗄, 和之至也. 知和曰常, 知常曰明.
호이불사   화지지야   지화왈상   지상왈명

益生曰祥, 心使氣曰強, 物壯則老, 謂之不道, 不道早已.
익생왈상   심사기왈강   물장즉노   위지부도   부도조이

해석 | 덕을 두터이 품고 있는 사람은 갓난아이에 비유된다. 독충도 물지 않고, 사나운 짐승도 덤벼들지 않고, 사나운 새도 잡아채지 않는다.

One who possesses virtue abundantly is compared to an infant. Poisonous insects do not sting him, fierce beasts do not pounce on him, and birds of prey do not swoop down on him.

뼈는 약하고 근육은 부드럽지만 움켜쥐는 힘은 단단하다. 아직 암컷과 수컷의 결합에 대해 잘 알지는 못하지만 성기(性器)는 발기하는데, 이는 정기(精氣)가 지극하기 때문이다. 종일토록 울어대도 목이 쉬지 않음은 조화의 기운이 지극하기 때문이다. 조화를 안다는 것은 인간으로서 행해야 할 도리를 아는 것을 말하고, 인간으로서 행해야 할 도리를 안다는 것은 밝은 덕(明德)을 지니고 있음을 가리킨다.

Bones are weak, sinews are soft, but its grasp is firm. It has not yet known well about the union of male and female, but its sexual organs stand erect. This is because it is full of natural and instinctive energy. It howls all day long, but does not become hoarse. This is because it is full of harmonious energy. To know harmony indicates knowing his duty as a human being, and to know his duty as a human being indicates possessing brilliant virtue.

억지로 더 오래 살고자 하는 것은 상서롭지 못한 일이라고 하고, 마음이 기운(氣運)을 북돋게 하는 것은 강성(强性)이라고 불린다. 세상일이란 강성(强盛)해지면 곧 노쇠(老衰)해지게 마련이다. 이런 것들은 우주자연의 질서인 도에 어긋나는 일이고, 도에 어긋나면 조기에 사라진다고 말한다.

To try to live further long is called ill-omened, and for the mind to rouse energy more than needs is called a strong character. When worldly affairs become extremely strong, they begin to weaken from then. It is said that these behaviors are contrary to the Dao [the course of nature] and if they are against the Dao, they will disappear early.

【주석】

含 품을 〔함〕: 품다. 마음속에 넣어 두다. embrace; keep in mind.

比 견줄 〔비〕: 견주어지다. 비유되다. be compared to; be comparable to.

赤子 (적자): 갓난아이. 갓난아이는 사심(邪心)이 없고 욕심이 없는 순박한 존재이다. 노자는 이렇게 천진난만한 존재를 좋아한다. 기독교 신약성서(新約聖書)에는 예수께서 한 어린아이를 불러 그들 가운데 세우시고, "진실로 너희에게 이르노니 너희가 돌이켜 어린아이들과 같이 되지 아니하면 결단코 천국에 들어가지 못하리라."라는 말을 한다. 천국은 종교의 문제이지만 노자의 생각도 이와 맥을 같이한다. (He called a little child and had him stand among them. And he said, "I tell you the truth, unless you change and become like little children, you will never enter the kingdom of heaven.") (마태복음 제18장 1-2). a new born babe; an infant.

螫 쏠 〔석〕: 쏘다. 벌레가 쏘다. sting; bite.

據 누를 〔거〕: 억누르다. 붙잡다. 달려들다. seize; pounce on.

攫鳥 (확조): 사나운 날짐승. 맹금(猛禽). a bird of prey; a predatory bird; a rapacious bird.

搏 잡을 〔박〕: 잡다. 잡아채다. grasp; swoop down on.

筋 힘줄 〔근〕: 힘줄. 근육. 근육의 바탕이 되는 희고 질긴 물질. 혈관이나 혈맥을 두루 이르는

말. sinew; muscle.

握 쥘 〔악〕: 쥐다. grasp; grip; hold.

未知 (미지): 아직은 잘[많이] 알지 못하다. 아직 아는 바가 부족하다. have not yet known well[much].

牝 암컷 〔빈〕: 암컷. 음(陰). 암컷·수컷의 표현을 일반적으로 새의 경우는 자웅(雌雄), 짐승의 경우는 빈모(牝牡)라고 한다. female.

牡 수컷 〔모〕: 수컷. 양(陽). "무"라고도 읽는다. male.

朘 불알 〔최〕: 갓난아이의 생식기. 최작(朘作)은 "갓난아이의 생식기가 발기하다"는 뜻이다. one's sexual organs; infant's penis.

作 일어날 〔작〕: 세우다. 일어나다. 발기하다. get erect; stand erect.

嗄 목쉴 〔사〕: 목이 쉬다. 목이 잠기다. "애"로도 읽는다. become hoarse.

常 항상 〔상〕: ① 불변(不變)의 도(道). an immutable law; eternal truth; the Dao remaining unchanged forever. ② 사람으로서 행해야 할 도(道). (『동아 새한한사전』 제2판, 두산동아, p. 632) one's duty as a human being; the way that man should follow.

益生 (익생): 수명을 늘이다. 운명적으로 정해진 삶의 길이를 증가시키다. 오래 살다. (try to) lengthen one's life; seek to increase the predestined span of life; (try to) live long.

祥 상서로울 〔상〕: ① 상서롭다. be of good omen; auspicious; lucky. ② 상서롭지 못하다. be ill-omened; inauspicious; unlucky.

【해설】

이 장에서는 도를 배우고 익혀 이것이 덕으로 자리가 잡힌 사람은 갓난아이와 같이 순진하므로, 독충도 물지 않고, 사나운 짐승도 덤벼들지 않고, 사나운 새도 잡아채지 않는다고 말한다. 도를 지키고 자연의 흐름을 따르는 사람은 무위(無爲)를 행하는 것이므로 해를 입지 않는다는 생각이다.

죽고 사는 것은 아주 정상적인 자연의 질서이다. 꽃은 피고 지며 잎은 무성했다가 사라진다. 아주 당연한 자연현상이다. 그런데 더 오래 살아야겠다고 발버둥치는 것은 이러한 자연적인 질서에 어긋나는 것이다. B.C. 221년 39세의 나이로 중국을 통일한 진시황제는 불로초(不老草)까지 먹었으나 50세에 병으로 죽었다. 재임기간 중 그는 장기집권의 욕심 때문에 책을 불사르고 유생(儒生) 460명을 체포하여 생매장(生埋葬)한 소위 분서갱유(焚書坑儒)라는 사건을 저질렀다. 그 결과 통일한 지 11년 만에 죽었고, 그의 나라는 통일 후 고작 15년 만에 단명 왕조로 막을 내렸다. 도(道)에 어긋나는 짓을 하였기 때문에 이런 결과를 빚은 것이다.

【외국학자 영문해석】

[1] Chapter 55

One who possesses virtue in abundance is comparable to a new born babe:

Poisonous insects will not sting it;

Ferocious animals will not pounce on it;

Predatory birds will not swoop down on it.

Its bones are weak and its sinews supple yet its hold is firm.

It does not know the union of male and female yet its male member will stir:

This is because its virility is at its height.

It howls all day yet does not become hoarse:

This is because its harmony is at its height.

To know harmony is called the constant;

To know the constant is called discernment.

To try to add to one's vitality is called ill-omened;

For the mind to egg on the breath is called violent.

A creature in its prime doing harm to the old

Is known as going against the way.

That which goes against the way will come to an early end.

(D. C. Lau, *Lao Tzu Tao Te Ching,* Penguin Books(1963), p. 62)

[2] Chapter 55

One who embraces virtue fully

Is like an infant.

Poisonous snakes and insects will not sting him;

Fierce beasts will not claw him;

Birds of prey will not strike him.

His bones are weak, his tendons are soft,

But his grasp is strong.

He does not know the union of male and female,

And yet his organ is aroused.

This is because his procreative energy is at its height.

He can cry all day without getting hoarse.

This is because he is in perfect harmony.

To know harmony is to be at one with the permanent;

To know the permanent is to be clear.

To be greedy of life is a sign of misfortune.

If you direct your breath with your mind you will be forcing things.

When things reach their prime, they will begin to get old.

This is not the Tao.

What is not the Tao will meet with an early end.

(Eva Wong, *Teachings of the Tao*, Shambhala Boston & London(1997), p. 33)

제 56 장

지자불언 (知者不言)

知者不言, 言者不知.
지자불언　　　언자부지

塞其兌, 閉其門, 挫其銳, 解其紛, 和其光, 同其塵, 是謂玄同.
색기태　　폐기문　　좌기예　　해기분　　화기광　　동기진　　시위현동

故不可得而親, 不可得而疏, 不可得而利, 不可得而害, 不可
고불가득이친　　　　불가득이소　　　　불가득이이　　　　불가득이해　　　불가

得而貴, 不可得而賤, 故爲天下貴.
득이귀　　　　불가득이천　　　고위천하귀

해석 | 도(道)를 아는 사람은 명령(命令)을 하지 않는다. 명령을 하는 사람은 도를 알지 못한다.

The man who knows the Dao does not give order. The man who gives order does not know it.

(욕망의 기관인) 그 구멍을 막고, (욕심의 통로인) 그 문을 닫는다. (道를 깨달은 사람은) 날카로운 무기를 사용하지 않고 얽혀 있는 문제를 풀며, 그 빛을 고르게 비추어주고 [정부 정책의 효과가 국민 모두에게 골고루 돌아가게 하고], 그 티끌과도 같은 천한 존재들과도 함께한다. 이를 현묘한 존재인 대자연과 동화(同化)하는 것이라고 말한다.

He blocks the openings(the organs of desires), and shuts the gates(the paths of desires). He (who knows the Dao[the action of the universe]) does not use sharp weapons and solves problems entangled complicatedly. He sheds light on all things equally [He distributes equally the effects of government policy among all the people], and gets along even with humble existence like the dust. This is called that he assimilates with a mysterious existence, Mother Nature.

그러므로 당신은 어떤 집단만을 가깝게 해서는 안 되고, 멀리해서도 안 된다. 이롭게 해서도 안 되고, 해쳐서도 안 된다. 귀하게 여겨서도 안 되고, 천하게 여겨서도 안 된다

(모든 일을 공평무사하게 처리하여야 한다). 그렇게 한다면 천하에서 가장 귀한 존재가
될 것이다.

Therefore you should neither be partial to some group nor keep away from some
group. You should neither extend benefits to some group nor inflict injury upon
some group. You should neither hold some group dearer nor regard some group as
humble. (You should deal with everyone without bias and without favor.) If you do
like that, you will become the most valuable existence of the whole world.

【주석】

言 말씀 〔언〕: 말. 명령(命令). 호령(號令). words; command; order.

挫 꺾을 〔좌〕: 내려놓다. 버리다. 포기하다. put down; give up; do not use.

兌 구멍 〔태〕: 눈, 귀, 입, 코 등의 구멍. (『교학 한한사전』 제4쇄, 교학사(2005. 1. 25.), p. 175) 눈
을 통하여 경치나 상대의 미추(美醜)를 음미하고, 귀를 통하여 음악이나 속삭이는 소
리에 빠져들고, 입을 통하여 맛있는 음식을 만끽하고, 코를 통하여 향기로운 냄새를
즐긴다. 구멍은 인간 욕망의 원초적 기관이다. openings; Openings are the original
organs of human desires.

銳 날카로울 〔예〕: 예리한 병기. 창검(槍劍). sharp sword; sharp weapons.

解 풀 〔해〕: 풀다. 맨 것이나 얽힌 것을 풀다. 해결하다. solve; unravel.

紛 어지러워질 〔분〕: 뒤얽힌 것. 얽혀 있는 문제. what is entangled; problems entangled
complicatedly; things that are put in a tangle; a tangle of problems.

和 고를 〔화〕: 고르게 하다. 알맞게 하다. treat all equally; grant all a favor fairly; bestow
a favor on all the people equally; distribute equally the effects[the benefits] of
government policy among all the people.

光 빛 〔광〕: 빛. 은총(恩寵). 은택(恩澤). 여기서는 국가정책의 혜택을 상징적으로 표현한 것
으로 보인다. light; favor; benefit; the benefit of government policy.

塵 티끌 〔진〕: 티끌. 티끌과 같은 존재들. 티끌과 같은 비천한 사람들. 밑바닥 사람들. 하층민

들. dust; dirt; humble existence like the dust; the lowly people like the dust.

不可 (불가): 할 수 없다. 해서는 안 된다. cannot; should not; must not. (*New Age Chinese-English Dictionary*, The Commercial Press. Beijing(2001), p. 122. "不可")

得而 (득이): 관용형식으로서, 동사 앞에 쓰이는데 이때 "而"는 조동사와 동사를 연결시키는 역할을 한다. 간혹 "得"의 앞부분에 可가 오는 경우가 있다. "~할 수 있다"로 해석한다(연세대 허사사전편찬실, 『허사대사전』, 성보사(2001), p. 206). can; be able to.

不可得而 (불가득이): 관용적으로 네 글자가 합해져 조동사 역할을 하며, 뒤에 오는 본동사의 의미가 더해져 "~할 수 없다", "~해서는 안 된다" 등으로 해석된다. cannot; should not; must not.

故 연고 〔고〕: 그렇게 한다면. 허사사전은 "단문을 연결시키며, 연관관계를 나타낸다. '곧', '~한다면' 등으로 해석한다."라고 설명한다(연세대 허사사전편찬실, 『허사대사전』, 성보사(2001), p. 83). then; if he does so; if he does like that.

【해설】

이 장에서는 도(道)를 터득한 사람의 특성에 관하여 이야기한다. 도를 깨달은 사람은 인위적인 명령규정을 만들지 않고, 이기적인 행동을 하지 않으며, 총칼과 같은 강제적인 방법을 쓰지 않고 문제를 해결하고, 어느 누구를 특별히 편애하지도 않고, 어느 누구를 특별히 소원하게 대하지도 않으며, 어느 누구에게 특별히 혜택을 주지도 않고, 어느 누구에게 특별히 불이익을 주지도 않는다. 어느 누구를 특별히 귀중하게 여기지도 않고, 어느 누구를 특별히 천하게 대하지도 않는다. 모든 일을 공평무사하게 처리한다는 것이다. 이는 우주가 만물을 다스리는 방식과 같다. 태양은 귀족에게 햇빛을 더 많이 주지도 않고, 천민에게 비를 더 많이 뿌리지도 않는다. 누구에게나 공평하게 대한다.

【외국학자 영문해석】

[1] Chapter 56

A learned man is silent.

An ignorant man speaks loudly.

Stop all holes,

Close all doors,

Blunt sharpness,

Disentangle knots,

Soften glare,

And mix with earth.

This is what subtle oneness means.

You cannot acquire it, but you can befriend it,

Or be estranged from it.

You cannot acquire it, but it can benefit you,

Or bring harm to you.

You cannot acquire it, but it can make you noble,

Or make you contemptible.

Thus you can be held in esteem by the world.

(Yang Liping, The Tao Inspiration, Asiapac Books Pte Ltd. Singapore(2010), p. 122)

[2] Stanza 56

1   Those who know it do not say it;

2   Those who say it do not know it.
   * * *

3   Those who know bar interaction,

4   Shut and seal the gates and doors;

5   They dull their keen edge and

6   Resolve their differences,

7   Reconcile the points of view

8   And blend with the lowly dust.

9   This we call sublime at-oneness.
   * * *

10 Favor affects them not,

11 Nor disfavor,

12 Neither disadvantage

13 Not injury,

14 Neither honor

15 Nor dishonor.

16 Thus those who know are honored in the world.

(Moss Roberts, Dao De Jing, University of California Press(2004), p. 143)

제 57 장 │ 이정치국 (以正治國)

以正治國, 以奇用兵, 以無事取天下.
이정치국　　　　이기용병　　　　　이무사취천하

吾何以知其然哉, 以此.
오하이지기연재　　　이차

天下多忌諱, 而民彌貧.
천하다기휘　　　이민미빈

民多利器, 國家滋昏.
민다이기　　　국가자혼

人多伎巧, 奇物滋起.
인다기교　　　기물자기

法令滋彰, 盜賊多有.
법령자창　　　도적다유

故聖人云, 我無爲而民自化, 我好靜而民自正, 我無事而
고성인운　　　　　아무위이민자화　　　　　　아호정이민자정　　　　　아무사이

民自富, 我無欲而民自樸.
민자부　　　아무욕이민자박

해석 │ 정공법(正攻法)으로 나라를 다스리고, 기공법(奇攻法)으로 전쟁을 수행하며, 어떤 일을 강제로 하게 하지 않는 방법(無爲自然)으로 천하를 다스린다.

One governs a state by normal ways, conducts a war by a novel tactics making a surprise attack on the enemy in his unguarded moment, and manages the empire by "the natural way without making the people do something forcibly." (a great political way to leave a matter to take its natural course without coercion, such as the universe governs all things.)

내가 어떻게 그것이 그러하다는 것을 알겠는가? 이런 것들을 가지고 아는 것이다(이런 것들이란 다음에 나오는 문장이다).

How do I know that it is so? By these[from the following].

나라에 금지사항이 많으면 백성들의 삶은 더욱 가난해진다.

The more prohibitive regulations there are in the state, the poorer the people become.

백성에게 날카로운 무기가 많으면 국가는 더욱 혼란에 빠진다.

The more sharp weapons the people possess, the more the state falls into disorder.

사람들에게 (권모술수와 같은) 기교가 많아지면 사악(邪惡)한 일이 더욱더 일어난다.

The more skills (like tricks) the people possess, the more wicked things happen.

법령이 더 생겨날수록 도적도 많이 생겨난다.

The more the laws and orders are established, the more thieves and robbers appear.

그래서 (도를 터득한) 성인은 말하였다. "내가 강제로 하게 하는 일이 없으면, 백성들은 스스로 변화한다. 내가 청렴결백한 생활을 좋아하면 백성들은 스스로 정직(正直)하게 된다. 내가 강제로 하게 하는 일이 없으면 백성들은 스스로 부유해진다. 내가 탐욕을 부리지 않으면 백성들은 스스로 순박해진다."

Hence the sage (who perceived the Dao) said, "If I don't make the people do something forcibly, the people will be transformed of themselves. If I prefer a righteous life, the people will become honest of themselves. If I don't make the people do something forcibly, the people will become rich of themselves. If I have no desires, the people will become simple of themselves."

▐【주석】▌

奇 기이할 〔기〕: 기이하다. 뛰어나다. 보통과 다르다. 여기서는 명사로서 "뛰어난 방법", "기발한 방법" 등을 뜻하는 말로 본다. a novel method; a striking tactics; a novel tactics making a surprise attack on the enemy in his unguarded moment; a striking tactics attacking one's adversary on the unguarded side.

用 쓸 〔용〕: 행하다. 다스리다. conduct; carry out; govern.

兵 군사 〔병〕: 전쟁. 병사(兵士). 병기(兵器). war; soldier; weapon.

事 부릴 〔사〕: 부리다. 일을 하게 하다. 시키다(使役). 『한한대자전』, 민중서림(1997), p. 127) keep (a person, a horse, etc.) at work; force a person to do; make a person do.

取 취할 〔취〕: 다스리다. 取天下, 常以無事. (老子) 『동아 새한한사전』 제2판, 두산동아, p. 361). 하상공은 "取는 다스리다(取, 治也)"라고 말한다. govern; control; manage.

忌諱 〔기휘〕: 금기(禁忌). 금지법령(禁止法令). 어떤 행위를 하지 못하도록 규제하거나 금지하는 법령. taboo; prohibition; ban; prohibitive regulation; prohibition law and order; prohibitory decree.

彌 더욱 〔미〕: 더욱. 점점. more; still more; the more ~ the more.

貧 가난할 〔빈〕: 가난. 곤궁. 마음이 가난해지면 모질고 박정해진다. become poor.

利器 〔이기〕: 날카로운 무기. 편리한 기구. sharp weapons; sharp implements; sharpened tools.

滋 불을 〔자〕: 늘어나다. 증가하다. 더욱. increase; more; still more; the more ~ the more.

奇物 〔기물〕: 기이(奇異)한 일. 사악(邪惡)한 일. 奇는 바른 것을 뜻하는 正과 대조되는 개념이며, 物은 "일"을 뜻한다. wicked things; strange things.

彰 드러낼 〔창〕: 드러내다. 세상에 모습을 드러내는 것이므로 "생겨나다"라는 의미가 된다.

appear; come out; emerge.

靜 깨끗할 〔정〕: 맑다. 바르다. 청렴결백(淸廉潔白)하다. be clean; be righteous; live
righteously; conduct correctly.

【해설】

보통 때에는 속임수가 없는 정당한 방법인 정공법(正攻法)으로 나라를 다스리고, 전쟁
이 일어났을 때에는 속임수를 쓰는 기공법(奇攻法)으로 전쟁을 다스린다. 그리고 전쟁이
끝나면 강압적으로 하게 하지 않는 무위(無爲)의 방법으로 천하를 다스린다.

정공법이란 속임수와 같은 계략을 쓰지 않고 정정당당하게 정면에서 적과 마주 대하는
것을 말하고, 기공법이란 전쟁과 같은 비정상적인 상황에서 살아남기 위해 보통 때와는
다른 속임수를 쓰는 것을 뜻한다. 소수의 병력으로 대군을 저지하기는 어렵다. 그래서 매
복(埋伏)하고, 함정(陷穽)을 만들어 기습공격하고, 식량창고에 불을 지르고, 민간인 복장
으로 위장하여 게릴라전을 벌인다. 함정을 파놓아 적이 걸려들게 하고, 병사들을 매복(埋
伏)시켜 적의 뒤통수를 치며, 절벽에 숨겨놓은 돌을 굴려 협곡에 진입한 적을 압살하고,
저수지에 가두어 놓은 물을 일시에 쏟아내어 적을 수장(水葬)시킨다. 이런 험한 전략을
구사하는 것이 기공법이다. 전쟁은 무조건 이겨야 한다. 이기지 못하면 백성들의 생명과
재산을 보호하지 못한다. 그래서 전쟁 시에는 보통 때와는 다른 전략을 구사하는 것이다.

기(奇)는 "크다(大)"라는 의미의 글자와 "좋다(可)"라는 의미의 글자가 합쳐진 말로서
"크게 좋은 것"을 나타낸다. 크게 좋은 것은 남보다 뛰어난 것으로서 "다른 전략", "기발한
전략" 등의 의미를 지닌다. 그런데 많은 학자들이 "용병(用兵)"이란 말을 "군대를 부리다"
의 의미로 해석한다. 두 글자만 보아서는 그렇게 해석할 수도 있겠으나 문장 전체로 보면
그렇게 해석해서는 문맥이 통하지 않는다. 군대란 국가와 국민의 생명과 재산을 지키는
소중한 조직이다. 그 소중한 조직을 기이(奇異)한 방법으로 다스린다는 것은 말이 되지
않는다. 여기서 병(兵)은 군대를 뜻하는 것이 아니라 전쟁(戰爭)을 뜻한다. 그러므로 "기
발한 방법으로 전쟁을 수행하다"의 의미로 해석하여야 한다. 위에서 언급한 바와 같이 매
복에 의한 기습공격, 게릴라 투입 등에 의한 기발한 공격방법으로 적을 궤멸(潰滅)시켜야
나라와 백성을 지킬 수 있기 때문이다.

그러나 전쟁이 끝난 다음에는 다시 본래의 상태로 돌아간다. 무위자연(無爲自然)으로
돌아가는 것이다. 그래서 "어떤 일을 강제로 하게 하지 않는 방법인 무위자연(無爲自然)

의 방법으로 천하를 다스린다."라고 하였다(以無事取天下). 노자는 제48장에서도 "천하를 다스림에 있어서는 항상 '강제로 하게 하는 것이 아닌 방식(無事)'을 사용하여야 한다. 그들에게 어떤 일을 강제로 하게 함에 이르게 되면 천하를 다스릴 수 없게 된다."라고 주장한다(取天下, 常以無事, 及其有事, 不足以取天下).

농사를 짓는 경우에도 당국의 허가를 받도록 하고, 산에 가서 약초를 캐거나 들짐승을 잡는 경우에도 당국의 허가를 받아야 하고, 강과 바다에 나가 물고기를 잡는 경우에도 당국의 허가를 받아야 한다고 규정한다면 일반 서민들의 삶은 얼마나 고단할까? 권력자들은 백성들의 모든 생업활동을 일단은 금지시키고, 당국이 그것을 개별적으로 허가하는 형식으로 풀어주기를 선호한다. 그래야 세금도 거둬들이고 뇌물도 뜯어낼 수 있기 때문이다. 허가를 신청할 때마다 각종 명목으로 많은 세금을 부과하고 거기에 뇌물까지 바쳐야 한다면 백성들의 삶은 가난해질 수밖에 없다. 세금 폭탄을 피하려고 당국의 허가를 받지 않고 몰래 이를 행하다가는 언제 붙잡힐지 모른다는 불안감에 싸이므로 심적으로 피곤해진다. 그리고 발각되면 감옥에 가게 되므로 이번에는 육체적으로도 피폐해진다. 군사정부 시절에는 '금지곡(禁止曲)'이라는 것이 제법 많았다. 지금은 경제활동에 각종 규제가 많다. 그래서 장사하는 사람들은 기업하기 어렵다고 외쳐대며 규제완화 혹은 규제철폐를 주장한다. 규제가 기업인들의 자유로운 활동을 불편하게 하듯이 옛날에도 금기사항은 사람들의 삶을 가난하고 각박(刻薄)하게 만들었던 것 같다. 빈(貧)은 "가난하다"라는 뜻이지만, 이와 같이 마음이 가난한 것, 즉 삶이 각박하거나 피곤한 것도 모두 貧에 속하는 개념이다.

고대 중국의 통치 질서를 보면 천자(天子)를 중심으로 그 밑에 제후(諸侯)가 있고, 그 아래에 대부(大夫)가 있었다. 군사용 차량인 병거(兵車)를 천자(天子)는 10,000대(萬乘), 제후(諸侯)는 1,000대(千乘), 그리고 대부(大夫)는 100대(百乘)를 가질 수 있었다고 한다. 그러나 위계질서(位階秩序)가 무너지면서 제후가 천자보다 더 많은 병기를 소유하는 경우가 생겼다. 천자(天子)의 나라에서 볼 때에는 제후(諸侯)에게 날카로운 무기가 많으면 불안을 느끼게 되고, 제후의 입장에서 볼 때에는 대부(大夫)에게 날카로운 무기가 많으면 불안을 느낀다. 최고 통치권자 아래에 있는 사람은 모두가 백성이다. 그래서 백성인 제후에게 날카로운 무기가 많으면 국가는 더욱 혼란에 빠진다고 한 것이다.

법은 만능이 아니다. 법으로 모든 것을 다 해결할 수는 없는 일이다. 그런데 위정자들은 손쉽게 백성들을 통제하기 위해 법을 만든다. 한때 미국에서는 술을 먹지 못하게 하는 금주법(禁酒法)이 시행된 일이 있었다. 상당 기간 미국 국민들을 괴롭힌 악법이었다.

애주가들을 전부 범죄자로 만들었기 때문이다. 미국인들은 법망(法網)을 피해 알 카포네 (Al Capone, 1899. 1. 17.-1947. 1. 25.) 같은 밀매조직으로부터 밤에 비싼 값으로 술을 사다 마셨다. 현재는 금주법이 폐지되었다. 한편 세계 각국은 지금 금연법(禁煙法)을 공통으로 실시하고 있다. 애연가들을 가슴 아프게 하는 악법이다. 물론 주변 사람들의 간접흡연을 방지하기 위해 항공기 안에서나 사무실 안에서의 흡연은 금지시켜야 한다. 그러나 옥외에서까지 금연을 실시하고 이에 응하지 않으면 벌금에 처하겠다고 하는 것은 잘못된 발상(發想)이다. 남에게 피해를 주지 않는 야외에서의 흡연까지 금지하려면, 아예 처음부터 담배농사를 짓지 못하게 하든가, 담배인삼공사 같은 국영기업체를 없애든가, 담배 수입을 금지시키는 조치가 먼저 있었어야 한다. 자기 집 앞의 눈을 치우지 않으면 백만 원의 벌금을 물리겠다고 한 소방방재청의 행정편의주의식 발상도 시민단체의 반대로 무산되었다. 법이 범죄자를 양산하는 결과가 되기 때문이다. 법 이전에 교육과 윤리도덕이 선행되어야 한다. 법은 이를 감안하여 추후에 제정하여도 늦지 않다. 법부터 만들어 놓으면 법망(法網)을 피하려는 사람이 많아지는 것이 인간사회이다. 그리고 일단 법망(法網)을 피하면 무죄(無罪)로 추정된다. 죄의식(罪意識)을 전혀 느끼지 못하는 상태가 된다. 그래서 노자는 이렇게 "법령이 더 생겨날수록 도적도 더 많이 생겨난다."라고 갈파(喝破)한 것이다.

결론적으로 노자는 무위자연의 정치를 실현하려면, 위정자의 솔선수범(率先垂範)과 무사무욕(無私無慾)의 정신이 필수적이라고 말한다. 그래서 그는 도를 터득한 성인을 내세워 "내가 강제로 하게 하는 일이 없으면, 백성들은 스스로 변화한다. 내가 청렴결백한 생활을 좋아하면 백성들은 스스로 정직(正直)하게 된다. 내가 강제로 하게 하는 일이 없으면 백성들은 스스로 부유해진다. 내가 탐욕을 부리지 않으면 백성들은 스스로 순박해진다."라고 주장한다(故聖人云, 我無爲而民自化, 我好靜而民自正, 我無事而民自富, 我無欲而民自樸).

【외국학자 영문해석】

[1] 57th Verse

If you want to be a great leader,
　you must learn to follow the Tao.
Stop trying to control.

Let go of fixed plans and concepts,

And the world will govern itself.

How do I know this is so?

  because in this world,

  the greater the restrictions and prohibitions,

  the more people are impoverished;

  the more advanced the weapons of state,

  the darker the nation;

  the more artful and crafty the plan,

  the stranger the outcome;

  the more laws are posted,

  the more thieves appear.

Therefore the sage says:

I take no action and people are reformed.

I enjoy peace and people become honest.

I do nothing and people become rich.

If I keep from imposing on people,

  they become themselves.

(Dr. Wayne W. Dyer, *Living the Wisdom of the Tao*, Hay House, Inc.(2008), p. 117)

[2] Chapter 57

To rule a state one needs the art of government;

  for the craft of arms one needs

  extraordinary talent.

But in order to win the world

  one must be free of all busy-ness.

How do I know that this is the world's way?

The more things there are in the world that one must not do,

the more people are impoverished.

The more people have sharp implements,

the more house and state tumble into destruction.

The more people cultivate art and cleverness,

the more ominous signs arise.

The more law and order are propagated,

the more thieves and robbers there will be.

Therefore the Man of Calling says:

If we do nothing

the people will change of themselves.

If we love stillness

the people right themselves of themselves.

If we undertake nothing

the people will become rich of themselves.

If we have no cravings

the people will become simple of themselves.

(Richard Wilhelm, *Tao Te Ching,* translated into English by H. G. Ostwald, Arkana Penguin Books(1989), pp. 52-53)

其政悶悶, 其民淳淳, 其政察察, 其民缺缺.
기정민민　　　기민순순　　　　기정찰찰　　　기민결결

禍兮福之所倚. 福兮禍之所伏. 孰知其極, 其無正.
화혜복지소의　　　　복혜화지소복　　　　숙지기극　　　기무정

正復爲奇, 善復爲妖, 人之迷, 其日固久.
정복위기　　　선복위요　　　인지미　　　기일고구

是以聖人方而不割, 廉而不劌, 直而不肆, 光而不燿.
시이성인방이불할　　　염이불귀　　　직이불사　　　광이불요

해석 | 그 나라의 위정자(爲政者)가 백성들로부터 재물을 긁는 데 어둡다면, 그 백성들은 순박해진다. 그 나라의 위정자가 이것저것 살피고 따지면, 그 백성들은 교활해지고 불만을 품는다.

When those who govern the people know little of squeezing money from the people, the people become simple. But when they watches closely the movements of the people and inquires of them about every detail of a matter, the people become wily and discontented.

재앙이란 복이 깃들어 있는 곳이고, 복이란 재앙이 잠복하고 있는 곳이다. 누가 그 끝을 알 수 있겠는가? 그 끝에 관하여 정하여진 것은 아무것도 없다(변하지 않는 것은 아무것도 없다).

Misfortune is the place where the seeds of good fortune begin to bud, and good fortune is the place where the seeds of calamity lurk. Who knows the end of this course? About it, nothing has been decided yet. (There is nothing remaining unchanged.)

정상적인 것이 다시 기이(奇異)한 것이 되고, 선(善)한 것이 다시 요망(妖妄)한 것이 된다. 사람들이 미혹에 빠진 그 기간이 이미 오래되었다.

What is normal becomes again what is abnormal, and the good becomes again what is evil. The period that the people have fallen into delusion has really continued for long.

이런 까닭에 성인은 반듯하게 처신하면서도 사람을 편 가르지 않고, 청렴하게 행동하면서도 사람들에게 상처를 입히지 않고, 정직하게 행동하면서도 방자(放恣)하게 굴지 않으며, 빛나는 지혜를 지녔으면서도 눈부시게 나타내지 않는다.

For this reason, the sage behaves correctly, but does not divide the people into groups. He lives uprightly, but does not inflict an injury upon the people. He conducts honestly, but does not behave as he pleases. He possesses bright wisdom but does not dazzle outwardly.

【주석】

悶 어두울 〔민〕: 어둡다. 밝지 않다. 어떤 문제에 관하여 어둡거나 잘 알지 못하는 것을 뜻한다. dark; be not bright; know little of; be ignorant of; be unfamiliar (with the subject).

察 살필 〔찰〕: 살피다. 어떤 현상을 잘 살피어 관찰하다. watch closely; look into compactly.

缺 이지러질 〔결〕: 이지러지다. 마음이 이지러지는 것을 뜻하는데, 정상상태에서 어느 한 부분이 떨어져 나가는 것이므로 "교활해지다", "불만을 품다" 등의 의미를 지닌다. become cunning; be discontented with.

兮 어조사 〔혜〕: 잠시 말을 멈추었다가 다시 어세를 높이는 어조사로 쓰인다. 음조(音調)를 고르는 데 쓴다. (『동아 새한한사전』 제2판, 두산동아, p. 267) 말을 잠깐 멈추었다가 다시 시작할 때 쓰는 어법으로 쉼표와 같은 역할을 한다고 볼 수 있다. used to indicate a pause in a sentence; equivalent to a comma.

倚 기댈 〔의〕: 기대다. 의지하다. 어떤 것에 붙어 있다. 어떤 것에 가까이 머물러 있다. lean; form ties with; be attached to (something); stay near to (something).

伏 엎드릴 〔복〕: 엎드리다. 숨다. 잠복하다. lurk; be in hiding.

正 정할 〔정〕: 정하다. 결정하다. 여기서는 명사적 용법으로 "정해진 것", "결정된 것", "일정

한 것" 등의 의미를 갖는다. what is decided; a fixed standard; an established rule.

割 나눌 〔할〕: 나누다. 쪼개다. 가르다. 편을 가르는 것을 뜻한다. separate the people into parties; divide the people into groups.

劌 상처 입힐 〔귀〕: 상처 입히다. injure; inflict an injury upon (a person).

肆 방자할 〔사〕: 방자하다. 거리낌 없이 마음대로 행동하다. have one's own way; behave as one pleases.

燿 빛날 〔요〕: 빛나게 하다. 눈이 부시게 하다. make a thing shine; dazzle.

〖해설〗

무위(無爲)에 관하여, 노자는 그 나라의 정치가 백성들로부터 재물을 긁는 데 어둡다면, 그 백성들은 순박해진다고 말하고, 유위(有爲)에 관하여는, 그 나라의 위정자가 사소한 문제까지 이것저것 살피고 따지면 백성들은 교활해지고 불만을 품는다고 말한다.

재앙이란 복이 싹트는 곳이고, 복이란 재앙이 잠복하고 있는 곳이다. 정상적인 것이 다시 기이(奇異)한 것이 되고, 선(善)한 것이 다시 악(惡)한 것이 된다. 모든 것이 상대적이고 서로 연계(連繫)되어 일어난다. 그리고 변하지 않는 것은 아무것도 없다. 그래서 도(道)를 터득한 성인은 반듯하게 처신하면서도 사람을 편 가르지 않고, 청렴하게 행동하면서도 사람들에게 상처를 입히지 않고, 정직하게 행동하면서도 방자(放恣)하게 굴지 않으며, 빛나고 밝은 지혜를 지녔으면서도 그 지혜를 밖으로 눈부시게 나타내지 않는다고 말한다.

〖외국학자 영문해석〗

[1] Chapter 58

When the government is muddled

The people are simple;

When the government is alert

The people are cunning.

It is on disaster that good fortune perches;

It is beneath good fortune that disaster crouches.

Who knows the limit? Does not the straightforward exist?

The straightforward changes again into the crafty, and the good changes again into the

monstrous. Indeed, it is long since the people were perplexed.

Therefore the sage is square-edged but does not scrape,

Has corners but does not jab,

Extends himself but not at the expense of others,

Shines but does not dazzle.

(D. C. Lau, *Lao Tzu Tao Te Ching*, Penguin Books(1963), p. 65)

[2] Chapter 58

Where the ruler is mum, mum,

The people are simple and happy.

Where the ruler is sharp, sharp,

The people are wily and discontented.

Bad fortune is what good fortune leans on,

Good fortune is what bad fortunes hides in.

Who knows the ultimate end of this process?

Is there no norm of right?

Yet what is normal soon becomes abnormal,

And what is auspicious soon turns ominous.

Long indeed have the people been in a quandary.

Therefore, the Sage squares without cutting,

carves without disfiguring,

straightens without straining,

enlightens without dazzling.

(John C. H. Wu, *Tao Teh Ching Lao Tzu,* Shambhala Boston & London(2006), p. 133)

治人事天, 莫若嗇.
　　치인사천　　　막약색

夫唯嗇, 是謂早服.
　　부유색　　　시위조복

早服, 謂之重積德, 重積德, 則無不克, 無不克, 則莫知其極,
　조복　　위지중적덕　　　중적덕　　　즉무불극　　　무불극　　　즉막지기극

莫知其極, 可以有國, 有國之母, 可以長久.
　막지기극　　　가이유국　　유국지모　　　가이장구

是謂深根固柢, 長生久視之道.
　시위심근고저　　　장생구시지도

해석 | 사람을 다스리고 하늘의 뜻을 섬기는 것으로는 농사를 짓는 일에 비길 만한 것이 없다.

In governing the people and in serving the Heaven, there is nothing like farm work.

농사를 짓듯이 하기 때문에 이를 가리켜 "일찍부터 자연의 섭리를 따르는 것"이라고 말한다.

Just because he performs everything like doing farm work, this is said to follow the dispensation of nature from the early stage.

일찍부터 자연의 섭리를 따르는 것은, 이를 가리켜 중복해서 덕을 쌓는 것이라고도 말한다.

"To follow the dispensation of nature from the early age", this is said to accumulate virtue repeatedly.

중복해서 덕을 쌓으면 극복하지 못하는 것이 없게 되고, 극복하지 못하는 것이 없게 되면, 아무도 그의 능력의 한계를 알지 못한다. 아무도 그의 능력의 한계를 알지 못하게

되면, 그는 한 나라를 다스릴 수가 있다. 이제 그는 한 나라를 다스리는 근원적인 존재로서 오래도록 지속할 수 있다.

When he accumulates virtue repeatedly, there is nothing he cannot overcome. When there is nothing he cannot overcome, no one knows the limits of his ability. When no one knows the limits of his ability, he can govern a state. Now, as the original existence that governs a state, he will be able to continue long.

이를 가리켜 "뿌리를 깊이 박고, 기초를 단단히 하는 것"이라고 말하는데, 이것은 오래 살고 영구히 존재하는 길이다.

This is called "to strike roots deep into the soil and to consolidate the foundation." This is the way to live for long and to exist forever.

【주석】

莫若 (막약): ~만 못하다. ~하는 편이 낫다. ~에 비길 만한 것이 없다. (연세대 허사사전편찬실,『허사대사전』, 성보사(2001), p. 228) be not as good as; inferior to; be not equal to; had better; there is nothing like; there is nothing better than.

嗇 거둘 〔색〕: 곡식을 수확하다. 색(穡)과 통용된다. (『교학 대한한사전』 제7쇄, 교학사(2006), p. 592) 명사적 용법으로 "곡식을 수확하는 일", "농사를 짓는 일" 등을 의미한다. 왕필(王弼)은 "농부"라고 해석하였고(嗇, 農夫), 하상공(河上公)은 "아끼는 것"이라고 풀이하였다(嗇, 愛也). farm work; farmer; sparing; frugality.

夫唯 (부유): 원인을 진술할 때 사용한다. 원인을 나타내는 문장에서는 맨 앞에 쓰이고, 결과를 나타내는 문장에서는 항상 결과를 나타내는 접속사와 함께 쓰인다. "단지 ~ 때문이다", "바로 ~ 때문이다" 등으로 해석한다. (연세대 허사사전편찬실,『허사대사전』, 성보사(2001), p. 276) be just owing to it; be just due to it.

早服 (조복): 일찍부터 따르다. 따르는 대상에 관한 말은 생략되어 있지만 "도(道)"라고 생각된다. 道는 우주가 만물을 다스리는 것과 같은 무위자연의 정치사상을 뜻하므로 여기서는 농사일과 관련된 것으로 보아 설명의 편의상 그 대상을 "자연의 섭리"라고 풀

이하여 "일찍부터 자연의 섭리를 따르는 것"이라고 해석하였다. follow from the start; pursue from the early stage;

服 좇을 〔복〕: 좇다. 따르다. 복종하다. follow; pursue.

莫 없을 〔막〕: 아무도 ~하지 않다. no one; none; nothing. (*A Chinese-English Dictionary*, 1997 Revised Edition, Beijing Foreign Language University(2000), p. 851)

極 다할 〔극〕: 한계. 힘의 한계. limit; the limits of one's ability.

柢 뿌리 〔저〕: 뿌리. 근본. 기초. root; basis; foundation.

長生久視之道 (장생구시지도): 오래 살고 영구히 존재하는 길. 오래 살고 영구히 보이게 하는 길. the way to live for long and to exist forever; the way to live for long and to make visible forever.

視 볼 〔시〕: 보이다. 존재하다. 생존하다. be seen; exist; survive.

【해설】

농사일은 때에 맞추어 그때에 알맞은 일을 한다. 봄이 되면 밭을 갈고 씨를 뿌려 생명의 싹을 틔우고, 여름이 되면 김을 매주고 거름을 주고 물꼬를 터주어 그 생명체가 잘 자라도록 보살핀다. 가을이 되면 자라난 열매가 상처 입지 않고 잘 영글도록 보호하고 때에 맞추어 거둔다. 겨울이 되면 그 열매의 씨앗을 정결하게 보존하여 이듬해에 다시 싹을 틔울 수 있도록 세심한 주의를 기울인다. 위와 같이 때에 맞는 일을 그때그때 적기(適期)에 진행하여야 한다. 때를 놓치거나 이를 게을리하면 그 생명체는 자라나지 못한다. 그 생명체를 먹고 사는 인간도 공멸(共滅)을 면치 못한다. 백성을 다스리고 하늘의 뜻을 섬기는 일도 농사일처럼 이렇게 정성을 나하여야 한다는 것이다. 하늘의 뜻을 섬긴다는 것은 하늘이 하는 일을 본받는다는 말과 같다. 하늘은 만물에게 빛을 비춰주고 비를 뿌려주고, 공기를 내려준다. 땅은 이를 받아들여 만물을 낳고 기른다. 하늘이 하는 일은 위정자(爲政者)들이 본받아야 할 대상이다.

하늘의 뜻을 섬긴다는 것은 자연의 섭리를 따른다는 말과 같다. 노자는 이를 중복해서 덕을 쌓는 일이라고 말한다. 중복해서 덕을 쌓으면 극복하지 못하는 일이 없게 되며, 한 나라를 다스릴 수 있는 능력이 배양된다고 말한다. 덕을 계속 쌓는 것은 뿌리를 깊이 내리고, 기초를 단단히 하는 과정으로 영구불멸(永久不滅)의 초석(礎石)을 다지는 일이다.

【외국학자 영문해석】

[1] Chapter 59

In governing others and serving heaven, there is nothing like storing.

Such storing is achieved through prior collecting.

Prior collecting is called 'Doubling the Accumulation of Vitality'.

If you double the accumulation of vitality, there is nothing you cannot overcome.

When there is nothing you cannot overcome, none can know your limits.

When none can know your limits, then you can possess a country.

When you have the country, concentrate on the essentials, you can endure for long.

This is called:

'The Way of being deeply rooted, firmly entrenched, long lived, caring for ever.'

(Edmund Ryden, *Laozi Daodejing,* Oxford university press(2008), p. 123)

[2] Chapter 59

In ruling the state and serving Heaven

Nothing is better than practising frugality.

Only through frugality

Can you identify with Tao.

This identification means constant virtuous cultivation.

With cultivated virtues nothing is impossible.

As nothing is impossible, you can never fathom its limits.

With such unlimited power,

The country is protected.

And only if protected in this Great Tao,

Can a country endure.

This is called Tao; the roots go deep and firm,

And thus live long.

(Yang Liping, *The Tao Inspiration,* Asiapac Books Pte Ltd. Singapore(2010), p. 128)

제 60 장 | 치대국약팽소선 (治大國若烹小鮮)

治大國, 若烹小鮮.
치대국　　약팽소선
以道莅天下, 其鬼不神.
이도리천하　　기귀불신
非其鬼不神, 其神不傷人.
비기귀불신　　기신불상인
非其神不傷人, 聖人亦不傷人.
비기신불상인　　성인역불상인
夫兩不相傷, 故德交歸焉.
부양불상상　　고덕교귀언

해석 | 큰 나라를 다스리는 것은 마치 작은 생선을 굽는 일과 같다.

Governing a large state is like cooking small fish.

(우주자연이 만물을 다스리는 것과 같은 방식인) 도로써 천하를 다스리면, (초인적인 능력을 가지고 있다고 여겨지는 존재인) 귀신조차도 신묘(神妙)한 힘을 발휘하지 못한다.

When all under heaven are governed according to the Dao[such a way as the universe governs all things], even the spirits(the existence that is considered to be having a supernatural power), do not show their occult power.

그 귀신에게 신묘한 힘이 없는 것이 아니라, 그 신묘한 힘을 가지고도 사람을 해치지 않는다는 것이다.

It is not that those spirits do not have their occult power, but that, though they have their occult power, they do not harm the people.

귀신만이 사람을 해치지 않는 것이 아니라 (도를 터득한) 성인 역시 사람을 해치지 않는다.

It is not that only those spirits do not harm the people, but the Sage (who perceived the Dao) also does not harm the people.

이들 양쪽은 다 같이 사람을 해치지 않는다. 그래서 그들의 덕(德)이 다 함께 그들(백성들)에게 돌아간다.

These two do not do harm to the people all together. Therefore their virtuous influences return together to them[the people].

【주석】

烹 삶을 〔팽〕: 삶다. 익히다. cook; boil.

鮮 생선 〔선〕: 날생선. fish.

莅 다다를 〔리〕: 다다르다. 어떤 자리에 임하다. 다스리다. approach; reach; take a position; deal with; govern.

鬼 귀신 〔귀〕: 귀신(鬼神). 떠난 사람들의 영혼. 죽은 이의 영혼. the manes of the departed (James Legge); the spirits(D. C. Lau); demons(John C. H. Wu); ghosts(Edmund Ryden).

神 귀신 〔신〕: 신통력(神通力)을 발휘하다. show a supernatural power; display an occult power.

傷 해칠 〔상〕: 남을 해치다. 다치게 하다. do harm to a person; injure a person; hurt[injure] (a person's) feeling.

相 서로 〔상〕: ① 서로. each other; one another; mutually. ② 다 함께. 다 같이. all; together;

all together.

交 섞일〔교〕: 서로. 다 같이. 다 함께. 상(相)과 같다. each other; all together.

〔해설〕

작은 생선을 구울 때에는 너무 휘젓거나 뒤집으면 뼈와 살이 뭉그러지므로, 불길을 잘 고르면서 천천히 익을 때까지 기다려야 한다. 그래야 망가지지 않고 잘 익힐 수 있다. 정치를 하는 데 있어서도 인위적으로 너무 간섭하거나 법령을 많이 만들어 백성에게 강요하면 백성들의 생활은 불편해진다. 그러므로 백성들을 괴롭히지 말고 그들 자신이 스스로 하도록 그들에게 맡기라는 의미를 담고 있다. 무위자연의 도를 작은 생선을 굽는 일에 비유한 것이다.

한비자(韓非子)는 "작은 생선을 구울 때 자주 그것을 휘저으면 그 요리를 해치게 되고, 큰 나라를 다스릴 때에 자주 법(法)을 변경하게 되면 백성들이 고통스러워한다. 이러한 까닭에 도를 터득한 군주는 (마음을 비우고 간섭하지 않으며 자신의 본분을 다하는) 허정(虛靜)을 귀하게 여기고, 법을 변경하는 일을 (가볍게 여기지 아니하고) 중하게 여긴다."라고 말한다(烹小鮮而數撓之, 則賊其宰, 治大國以數變法, 則民苦之. 是以有道之君, 貴虛靜而重變法).

하상공(河上公)은 "선(鮮)은 물고기이다. 팽소선(烹小鮮)은 창자를 제거하지 않고 비늘을 벗기지 않고 마구 휘젓지 않는 것이다. (함부로 휘젓다가는) 뭉개짐이 염려되기 때문이다."라고 설명한다(鮮, 魚也. 烹小鮮, 不去腸, 不去鱗 不敢撓, 恐其糜也).

왕필(王弼)은 "뒤흔들지 않는다. 조급하게 하면 해가 많아지고, 고요하게 하면 참모습을 보전하게 된다. 따라서 나라가 더욱 커질수록 그 군주는 더욱 고요해야 한다(마음을 비우고 자신의 본분에만 충실해야 한다). 그렇게 한 이후라야 널리 백성의 마음(民心)을 얻을 수가 있다."라고 설명한다(不撓也, 躁則多害, 靜則全眞, 故其國彌大, 而其主彌靜, 然後乃能廣得衆心矣).

고대 중국인들은 신(神)을 믿고 신에게 기도하면 복(福)을 받을 수 있다고 생각하였다. 귀신도 역시 인간생활의 길흉화복(吉凶禍福)에 어떤 영향력을 미칠 능력이 있는 존재로 믿고 있었던 것이다.

눈에 보이지는 않지만, 고대의 민간신앙에서는 귀신의 존재를 인정하였다. 그래서 비가 내리지 않으면 산에 올라가 기우제(祈雨祭)를 지냈고, 고기가 잡히지 않으면 바닷가에 나아가 풍어제(豊漁祭)를 지냈다. 귀신이 사람을 도울 수도 있는, 또 해칠 수도 있는 존재라고 믿었기 때문이다. 그러나 노자는 도(道)로써 천하를 다스리게 되면 신통력이 있는 귀신조차도 사람에게 해(害)를 끼치지 못한다고 주장한다. 도(道)로써 천하를 다스린다는 것은 포악한 정치를 하지 않고, 무위자연(無爲自然)의 정치를 편다는 뜻이다. 무위(無爲)는 "하게 하는 일이 없이 스스로 그렇게 하게 하는 자연스러운 정치(such a great politics as the universe accepts all things and governs them. The universe leaves a matter to take its natural course without appealing to compulsory measures)"이다. 이렇게 하려면 우선 위정자의 무사무욕(無私無慾)의 정신, 공명정대(公明正大)한 처신, 그리고 솔선수범(率先垂範)이 필요하다. 무위자연의 정치를 펴면 백성들은 편안함을 느끼며, 통치자가 하는 일에 자발적으로 참여하게 될 것이라는 생각이다. 군주와 백성이 혼연일체가 되면 귀신도 사람들에게 재앙을 내리지 못할 것이라는 것이 노자의 생각이다.

〖외국학자 영문해석〗

[1] 23 (Chapter 60)

> Ruling a big kingdom is like cooking a small fish.
> If one oversees all under heaven in accord with the Way,
>> demons have no spirit.
> It is not that the demons have no spirit,
>> but that their spirits do not harm people.
> It is not merely that their spirits do not harm people,
>> but that the Sage also does not harm them.
>
> Now,
> When neither harms the other,
>> integrity accrues to both.
>
> (Victor H. Mair, *Tao Te Ching*, Bantam Book(1990), p. 30)

Ruling a large kingdom is indeed like cooking small fish.

They who by Tao ruled all that is under heaven did not let an evil spirit within them display its powers. Nay, it was not only that the evil spirit did not display its powers, neither was the Sage's good spirit used to the hurt of other men.

Nor was it only that his good spirit was not used to harm other men, the Sage himself was thus saved from harm.

And so, each being saved from harm, their 'powers' could converge towards a common end.

(Arthur Waley, *Lao Tzu Tao Te Ching*, Wordsworth Editions Limited(1997), p. 63)

제 61 장 | 대방자하류 (大邦者下流)

大邦者下流, 天下之交, 天下之牝, 牝常以靜勝牡, 以靜爲下.
　대방자하류　　　　　천하지교　　　　천하지빈　　　　　빈상이정승모　　　　　이정위하

故大邦以下小邦, 則取小邦, 小邦以下大邦, 則取於大邦.
　　고대방이하소방　　　　　즉취소방　　　　소방이하대방　　　　　즉취어대방

故或下以取, 或下而取.
　　고혹하이취　　　　혹하이취

大邦不過欲兼畜人, 小邦不過欲入事人, 夫兩者各得其所欲,
　　대방불과욕겸휵인　　　　　소방불과욕입사인　　　　　부양자각득기소욕

大者宜爲下.
　대자의위하

해석 | 큰 나라는 하류와 같다. 천하의 물이 합쳐지는 곳이다. 천하의 암컷과도 같다. 암컷은 항상 수동적(受動的)인 방식으로 수컷을 다스리고, 그리고 수동적인 자세로 자신을 수컷 아래에 두기 때문이다.

A great state is like the downstream. It is the place where water of the whole world flows into and is united. It is the existence like the female of all under heaven. It is because the female always governs the male in a passive way, and places herself below the male with a passive position.

그러므로 대국(大國)으로서 소국(小國)에 겸손하게 자신을 낮추면 작은 나라를 얻게 되고, 소국으로서 대국에 겸손하게 자신을 낮추면 대국에 받아들여지게 된다. 그러므로 경우에 따라서는 자신을 낮춤으로써 얻기도 하고, 자신을 낮춤으로써 받아들여지기도 한다.

Therefore a great state, by placing itself below small states, comes to gain them, and small states, by lowering themselves, are accepted by a great state. Thus by lowering itself, according to circumstances they all both take the other party and is accepted by the other side.

대국은 남을 합쳐서 기르고자 하는 것에 불과하고, 소국은 남에게 들어가 섬기고자 하는 것에 불과하다. 그 양자가 각각 그들이 원하는 바를 얻고자 한다면, (먼저) 큰 자가 마땅히 겸하(謙下)하여야 한다.

The intention of the great state is no more than trying to unite other people and to nourish them, and that of a small state is no more than trying to be received by others and to serve them. If two states each wish to get what they desire, especially the great state must lower himself (first).

‖주석‖

者 놈 〔자〕: 음절을 조절하고 어기를 고르는 어조사. 말을 잠깐 멈추고, 다음 말을 환기시키려고 할 때 사용하는 용법이다. 쉼표와 같은 역할을 한다. (최상익, 『한문해석법연구』, 강원대학출판부(1998), pp. 49-52, 93) equivalent to a comma; used to indicate a pause in a sentence.

下流 (하류): 강물 따위가 흘러내리는 아래쪽. 또는 그 지역. downstream; down-flowing stream; the lower reaches[part. course] (of a river).

交 합할 〔교〕: 합하다. 만나다. 뒤섞이다. unite; meet; be added in; be mixed; become blended; be intermingled.

牝 암컷 〔빈〕: 암컷. 여성. female; feminine.

靜 고요할 〔정〕: 고요한 것. 정적(靜的)인 것. 동적(動的)이지 않은 것. 수동적(受動的)인 것. stillness; what is still; what is not active; what is passive.

勝 행할 〔승〕: ① 다스리다. govern; manage. ② 이기다. 이겨내다. overcome.

牡 수컷 〔모〕: 수컷. 남성. male; masculine.

取 취할 〔취〕: 취하다. 얻다. 받아들이다. take; be accepted; be taken.

畜 기를 〔휵〕: 기르다. "쌓다"의 뜻으로 쓰일 때에는 "축"으로 읽는다. nourish; foster; make a person grow.

兼 겸할 〔겸〕: 나누어진 것을 합침. (『한한대자전』, 민중서림(1997), p. 262) "합치다"로 풀이한다. unite; combine.

人 사람 〔인〕: 사람. 남. 타인. 人이 두 번 나오는데, 앞에 나오는 人은 많은 학자들이 소국으로 해석하고, 뒤에 나오는 人은 대국으로 해석한다. 그것은 대국의 입장에서 볼 때 "남"은 소국을 뜻하고, 소국의 입장에서 볼 때 "남"은 대국을 의미하기 때문이다. human beings; others; other people.

【해설】

노자 도덕경의 배경이 된 당시는 춘추전국시대(春秋戰國時代)였다. 춘추전국시대 초기에는 제후국이 약 1,800개에 이르렀다고 한다. 진시황(秦始皇)에 의하여 1개의 중국으로 통일되기까지 그들 제후국들은 전쟁으로 대부분 몰락하였다. 그나마 통일중국인 진(秦)나라도 불과 16년 만에 내란으로 멸망하였다. 농민 출신인 유방(劉邦)에 의하여 재통일되어 새로운 왕조인 한(漢)나라가 건국되었다. 불과 550년 만에 1,800개 제후국이 모두 멸망한 셈이다. 그래서 학자들은 중국 역사에서 춘추전국시대는 전쟁으로 인한 약탈(掠奪)과 살육(殺戮)이 난무한 대동란(大動亂)의 시기였다고 말한다. 책사(策士)와 영웅호걸(英

雄豪傑)이 그렇게 많이 등장하였지만 그들이 남긴 업적이란 무엇인가? 살상과 약탈을 일삼는 전쟁으로 수많은 인명피해와 재산손실로 전쟁후유증만을 남겼다. 그래서 "군대가 머물렀던 곳에는 가시덤불만 무성하고 대군(大軍)이 휩쓸고 간 전쟁의 뒤에는 반드시 흉년이 뒤따른다."라고 노자는 개탄한다(『도덕경』 제30장). 폐허(廢墟) 속에서 다시 일어나기란 쉬운 일이 아니기 때문이다. 이 장에서는 큰 나라가 겸허한 태도를 가지고 작은 나라를 대하면 전쟁을 하지 않고도 작은 나라들이 순종하게 된다는 논리를 "모든 물줄기를 다 받아들이는 강의 하류"와 "수컷을 받아들이는 암컷"에 비유하여 말하고 있다.

‖【외국학자 영문해석】‖

[1] Chapter 61

> A large country is the low level of interflowing rivers.
>
> It draws people to the sea-end of a valley
>
> As the female draws the male,
>
> Receives it into absorbing depth
>
> Because depth always absorbs.
>
> And so a large country, inasfar as it is deeper than a small country,
>
> Absorbs the small-
>
> Or a small country, inasfar as it is deeper than a large country,
>
> Absorbs the large.
>
> Some countries consciously seek depth into which to draw others.
>
> Some countries naturally have depth into which to draw others:
>
> A large country needs to admit,
>
> A small country needs to emit,
>
> And so each country can naturally have what it needs
>
> If the large country submit.
>
> (Witter Bynner, *The Way of Life according to Lao Tzu,* A Perigee Book(1994), p. 89)

A great country is like the lowland toward which all streams flow. It is the Reservoir of all under heaven, the Feminine of the world.

The Feminine always conquers the Masculine by her quietness, by lowering herself through her quietness.

Hence, if a great country can lower itself before a small country, it will win over the small country; and if a small country can lower itself before a great country, it will win over the great country. The one wins by stooping; the other, by remaining low.

What a great country wants is simply to embrace

more people; and what a small country wants is simply to come to serve its patron.

Thus, each gets what it wants. But it behooves a great country to lower itself.

(John C. H. Wu, *Tao Teh Ching Lao Tzu*, Shambhala Boston & London(2006), p. 139)

제 62 장 | 도자만물지오야 (道者萬物之奧也)

道者萬物之奧也, 善人之寶, 不善人之所保也.
도자만물지오야　　　　　선인지보　　　　　불선인지소보야

美言可以市, 尊行可以加人, 人之不善, 何棄之有, 故立天子,
미언가이시　　　　　존행가이가인　　　　　인지불선　　　　　하기지유　　　　　고립천자

置三公.
치삼공

雖有拱璧以先駟馬, 不如坐進此道.
수유공벽이선사마　　　　　불여좌진차도

古之所以貴此道者何.
고지소이귀차도자하

不曰, 求以得, 有罪以免邪, 故爲天下貴.
불왈　　　구이득　　　　　유죄이면야　　　　　고위천하귀

해석 | 도(道, 우주)는 만물의 근본이 된다. 선인(善人)에게는 보배와 같은 존재이고, 불선인(不善人)에게는 보호를 받는 곳이다.

The Dao[the universe] is the root of all things. To the good men, it is the existence like a treasure, and to the bad men, it is the place that is protected.

좋은 말은 (돈을 지불하지 않고서도) 사람의 마음을 살 수 있고, 존경할 만한 행동은 사람의 마음을 감동시킬 수 있다. 사람이 불선하다고 해서 어찌 버리는 일이 있겠는가? 그래서 (이런 문제를 해결하기 위하여) 천자(天子)를 세우고 삼공(三公)을 두게 된 것이다.

Good words can purchase the hearts of the people (without paying money), and respectable deeds can touch the hearts of the people. Even if a man is not good, how is there the thing that he should be cast away? Therefore the emperor is set up and the three ministers are installed (to settle these kinds of matters).

(그 의식에서) 비록 처음에는 한 아름의 구슬을, 그 다음에는 사두마차(四頭馬車)를 바친다 할지라도, 그런 것들은 앉아서, 이 도(道)[즉, 우주가 만물을 다스리는 것과 같은 자연스러운 방식]에 따라서, 나라를 다스리라고 진언(進言)하는 것만 못하다.

(At that ritual,) even if the followers offer jade disks at first and present a four-horse coach next, those things, bending his knees, would not be as good as giving advice to govern a state according to this Dao [namely, such a natural way as the universe governs all things].

옛사람들이 (다른 무엇보다도) 이 도를 존귀(尊貴)하게 여긴 까닭은 무엇인가?

What is the reason why the ancients value this Dao (above everything else)?

구하면 그것에 의하여 얻게 되고, 죄가 있어도 그것에 의하여 면책(免責)된다고 말해지지 않았는가? 그러므로 천하에서 존귀한 것이 된 것이다.

Was it not said? "When one seeks, he comes to obtain by it, and even if he committed a crime, he comes to avoid punishment by it." Therefore it is valued by all the people in the world.

【주석】

奧 깊숙한 곳 〔오〕: 속. 안. 가장 깊숙한 곳. 나무로 말한다면 가장 깊숙한 곳은 뿌리이다. 뿌리에서 자양분을 흡수하여 줄기와 가지에 공급하여 나무를 성장하게 한다. 어떤 것을 생겨나게 하고 자라나게 하는 바탕이 되는 곳으로 "근원(根源)"을 뜻한다. 생명체를 탄생시키는 암컷의 자궁, 생명체를 낳고 기르는 산과 산 사이의 계곡, 그리고 상류에서 흘러나오는 물을 모두 다 받아들여 만물에게 자양분을 공급하는 강(江)의 하류(下流) 등과 맥을 같이한다. interior; innermost recess of a house; the most profound thing [existence]; root; origin.

所 어조사 〔소〕: 수동의 뜻을 나타내는 조동사. "당하다", "하게 되다"로 풀이한다.

美 아름다울 〔미〕: 아름답다. 좋다. beautiful; good.

市 살 〔시〕: 사다. buy; purchase.

加 더할 〔가〕: 영향을 주다. 감동시키다. influence; move; touch.

三公 〔삼공〕: 천자를 보필하는 정승과 같은 3명의 대신(大臣). 태사(太師), 태부(太傅), 태보(太保)를 가리킨다. the three ministers.

拱璧 〔공벽〕: 한 아름의 구슬. 구슬 원반. an armful of jade; jade disks.

拱 아름 〔공〕: 아름. 두 손 혹은 두 팔을 벌리어 껴안은 둘레. the span of both arms; an armful (of jade).

璧 옥 〔벽〕: 옥(玉). 가운데 구멍이 달린 둥글고 편평한 구슬(고대 중국에서 의식을 할 때 사용되었음). jade; round flat piece of jade with a hole in the middle (used for ceremonial purposes in ancient China). (*New Age Chinese-English Dictionary*, The Commercial Press Beijing(2001), p. 83)

駟馬 〔사마〕: 네 마리의 말이 끄는 마차. 사두마차(四頭馬車). a four-horse coach; the team of horses.

進 나아갈 〔진〕: 올리다. 진언(進言)하다. offer; give; advice; suggest.

不曰 〔불왈〕: 말하여지지 않았는가? be it not said?

邪 그런가 〔야〕: 의문의 뜻을 나타내는 어조사. 야(耶)와 같다. "간사할 [사]"로도 읽는다. used to indicate a question; equivalent to a question mark.

【해설】

　도는 우주를 가리킨다. 그래서 만물의 근본이 된다고 말한다. 선인에게는 잘 간직하여야 할 보배와 같은 존재이고, 불선인에게는 그것에 몸을 의탁하는 곳이다.

　아름다운 말은 돈을 지불하지 않고서도 사람의 마음을 살 수 있고, 존경할만한 행동은 사람의 마음을 감동시킬 수 있다. 사람이 불선하다고 해서 어찌 버리는 일이 있겠는가?

　우주자연이 선악(善惡)을 구분하지 않고 만물을 모두 포용하듯이 인간사회에서도 선인은 더욱 선을 실행하도록 하고, 선하지 못한 사람은 선한 길로 나아가도록 인도하여야 하는데, 이때 이러한 질서유지를 위해 정부의 역할이 필요하게 된다. 그래서 천자(天子)를 세우고 삼공(三公)을 두게 된 것이다.

　비록 한 아름의 구슬을 먼저 바치고 두 번째로 다시 네 마리의 말이 끄는 수레를 바친다 할지라도 무릎 꿇고 앉아서 이 도를 진언(進言)하는 것만 못하다. 천자를 세우고 삼공을 두는 이유가 백성들을 선(善)으로 이끌어 가도록 함에 있는 것이지, 집권층의 화려한 생활을 위하여 존재하는 것이 아니기 때문이다.

　도는 우주가 만물을 포용하고 그 안에서 살아가게 하는 것과 같은 자연적인 작용이다. 우주는 선한 자와 선하지 못한 자, 모두를 받아들인다. 자연의 이치에 순응하고 따르면 구하기도 하고 혹 잘못이 있더라도 그 이치에 따라 순종하면 면책된다는 입장이다. 흙탕물을 일으키는 것은 불선한 짓이다. 그러나 더 이상 계속하지 않고 그대로 있으면 자연적으로 가라앉아 맑은 물로 환원된다. 대기를 오염시키는 일도 불선한 짓이다. 그러나 더 이상 계속하지 않고 그대로 있으면 자연적으로 깨끗해진다. 도(우주의 작용)는 불선한 자도 버리지 않는다.

【외국학자 영문해석】

[1] Chapter 62

Tao is the world's great secret storehouse,

　good people's treasure

　and a refuge for those who aren't.

Beautiful speech can find its market.

Noble deeds can make a name.

Why abandon people lacking dharma?

Thus, when the Son of Heaven is installed,

　　three ministers appointed,

　　jade discs for the heart presented,

　　followed by a team of four horses,

　　they cannot equal the one who sits,

　　offering the Tao.

The ancients had reason to treasure the Tao.

Didn't they say,

"Through Tao the seeker finds,

　　the guilty are forgiven"?

Therefore it is the world's treasure.

(Sam Hamill, *Tao Te Ching*, Shambhala Boston & London(2007), p. 91)

[2] Chapter 62 (The gift of the way)

The way is the hearth and home

　　of the ten thousand things.

Good souls treasure it,

　　lost souls find shelter in it.

Fine words are for sale,

　　fine deeds go cheap;

　　even worthless people can get them.

So, at the coronation of the Son of Heaven

    when the Three Ministers take office,

    you might race out in a four-horse chariot

    to offer a jade screen;

    but wouldn't it be better to sit still

    and let the Way be your offering?

Why was the Way honored

    in the old days?

Wasn't it said:

Seek, you will find it.

Hide, it will shelter you.

So it was honored under heaven.

(Ursula K. Le Guin, *Lao Tzu Tao Te Ching*, Shambhala Boston & London(1998), p. 80)

제 63 장 │ 위무위사무사 (爲無爲事無事)

爲無爲, 事無事, 味無味.
위무위　　　사무사　　　미무미

大小多少, 報怨以德, 圖難於其易, 爲大於其細.
대소다소　　　보원이덕　　　도난어기이　　　위대어기세

天下難事, 必作於易, 天下大事, 必作於細, 是以聖人終不
천하난사　　　필작어이　　　천하대사　　　필작어세　　　시이성인종불

爲大, 故能成其大.
위대　　　고능성기대

夫輕諾必寡信, 多易必多難, 是以聖人猶難之, 故終無難矣.
부경낙필과신　　　다이필다난　　　시이성인유난지　　　고종무난의

해석 | (道를 터득한 성인은) 강제로 하게 함이 없이 다스리고, 억지로 일을 만드는 일이 없이 세상일을 처리하며, 맛이 없는 것도 맛이 있는 것으로 여긴다.

(The sage who perceived the Dao) governs the people without making them do something forcibly, manages affairs without creating work artificially, and regards even the flavorless things as flavorful.

작은 것을 큰 것으로 여기고, 적은 것도 많은 것으로 여기며, 원한은 덕으로써 보답한다. 어려운 일은 그것이 힘들지 않은 초기단계에서 대책을 세우며, 큰일은 미세한 단계에서부터 일을 해 나간다.

He considers a small one as great, a few as many, and repays a grudge against a person with virtue. About difficult things of the world, he works out a countermeasure from an early stage that they were easy, and about great things of the world, he begins to take action from an initial stage that they were small.

천하의 어려운 일은 반드시 쉬운 것으로부터 일어나고, 천하의 큰일은 반드시 작은 일로부터 일어난다. 이런 까닭으로 성인은 끝까지 자신이 크다고 여기지 않는다. 그러므로 아주 큰 일을 이룰 수가 있는 것이다.

Difficult things in the world are sure to arise from what is easy, and great things in the world are sure to arise from what is small. For this reason, the sage does not consider himself as great to the end. Therefore he can accomplish the greatest things.

대체로 (신중하게 생각하지 않고) 가볍게 약속하는 사람은 믿음이 적은 편이다. 안이(安易)하게 처리하는 일이 많아지면 반드시 어려움을 많이 겪는다. 이런 까닭으로 성인은 오히려 그러한 일들을 어렵게 여긴다. 그러므로 끝내 어려움을 가지지 않게 되는 것이다.

Generally one who promises lightly (without considering a matter cautiously) is sure to be little faithful. One who deals with a matter with ease frequently is sure to meet with many difficulties. For this reason, the sage treats that things as difficult. Therefore he does not have any difficulties in the end.

爲 생각할 〔위〕: ① 생각하다. 여기다. 간주하다. think something to be; regard something as; consider something as. ② 하다. 행하다. 해 나가다. do; act; perform; carry out; begin to act.

報 갚을 〔보〕: 갚다. 보답하다. 보복하다. repay; reward; requite; recompense.

怨 원망할 〔원〕: 원한(怨恨). 증오(憎惡). grudge; resentment; hatred.

圖 꾀할 〔도〕: 대책을 세우다. 헤아리다. 계산하다. 세다. 그리다. work out a countermeasure; consider a counterplan; contemplate; consider; compute.

必 반드시 〔필〕: 반드시. 틀림없이 꼭. be sure to; necessarily; inevitably; without fail; certainly; surely.

作 일어날 〔작〕: 일어나다. 생기다. occur; happen; arise; come into existence; be born; come into the world.

諾 대답할 〔낙〕: 대답하다. 승낙하다. promise; consent; answer.

猶 오히려 〔유〕: 오히려. rather; still.

【해설】

이 장은 도를 터득한 성인의 생활태도에 관하여 이야기한다. 강제로 하게 함이 없이 자연스럽게 세상을 다스리고, 억지로 일을 만들어서 백성을 괴롭히는 것이 아니라 자연스럽게 세상일을 처리하며, 맛이 없는 것도 건강에 좋은 것이라고 생각한다. 화려한 맛에 도취됨이 없이 생존을 유지하는 데 필요한 음식만을 먹는다. 주지육림(酒池肉林)이나 화려한 의상 그리고 호화스러운 생활을 추구하지 않고, 백성을 위한 봉사자로서의 담담한 삶을 맛으로 삼는다.

작은 것을 큰 것으로 여기고, 적은 것도 많은 것으로 여기며, 소박하고 검소한 생활에 만족한다. 난제(難題)가 예견되면 우선 쉬운 것부터 대책을 세우고, 큰일을 추진할 경우에는 기초적인 것부터 굳게 다지며 일을 해 나간다.

||【외국학자 영문해석】||

[1] Chapter 63

1. (It is the way of the Tao) to act without (thinking of) acting; to conduct affairs without (feeling the) trouble of them; to taste without discerning any flavour; to consider what is small as great, and a few as many; and to recompense injury with kindness.

2. (The master of it) anticipates things that are difficult while they are easy, and does things that would become great while they are small. All difficult things in the world are sure to arise from a previous state in which they were easy, and all great things from one in which they were small. Therefore the sage, while he never does what is great, is able on that account to accomplish the greatest things.

3. He who lightly promises is sure to keep but little faith; he who is continually thinking things easy is sure to find them difficult. Therefore the sage sees difficulty even in what seems easy, and so never has any difficulties.

(James Legge, *The Texts of Taoism, The Tao Te Ching of Lao Tzu,* Dover Publications, Inc. New York(1962), pp. 106-107)

[2] Chapter 63

Do things noncoercively (wuwei),
Be non-interfering in going about your business (wushi),
And savor the flavor of the unadulterated in what you eat.

Treat the small as great
And the few as many.

Require enmity with character (de).

Take account of the difficult while it is still easy,

And deal with the large while it is still tiny.

The most difficult things in the world originate with the easy,

And the largest issues originate with the tiny.

Thus, it is because the sages never try to do great things

That they are indeed able to be great.

One who makes promises lightly is sure to have little credibility;

One who finds everything easy is certain to have lots of difficulties.

Thus, it is because even the sages pay careful attention to such things

That they are always free of difficulties.

(Roger T. Ames and David L. Hall, *Dao De Jing,* Ballantine Books New York(2003), p. 175)

其安易持, 其未兆易謀, 其脆易泮, 其微易散, 爲之於未有,

기안이지 　　　기미조이모 　　　기취이반 　　　기미이산 　　　위지어미유

治之於未亂.

치지어미란

合抱之木, 生於毫末, 九層之臺, 起於累土, 千里之行, 始

합포지목 　　　생어호말 　　　구층지대 　　　기어누토 　　　천리지행 　　시

於足下.

어족하

爲者敗之, 執者失之, 是以聖人無爲故無敗, 無執故無失.

위자패지 　　　집자실지 　　　시이성인무위고무패 　　　무집고무실

民之從事, 常於幾成而敗之, 愼終如始, 則無敗事, 是以聖

민지종사 　　　상어기성이패지 　　　신종여시 　　　즉무패사 　　　시이성

人欲不欲, 不貴難得之貨.

인욕불욕 　　　불귀난득지화

學不學, 復衆人之所過, 以輔萬物之自然, 而不敢爲.

학불학 　　　복중인지소과 　　　이보만물지자연 　　　이불감위

해석 | 그 일이 안정되었을 때는 유지하기 쉽고, 아직 어떤 조짐이 보이지 않을 때에는 도모하기 쉽다. 그 일이 취약(脆弱)할 때에는 풀어지기 쉽고, 미세(微細)할 때에는 흩어지기 쉽다. 일이 아직 생기지 아니한 때에 그 일을 처리하고, 일이 아직 혼란스러워지기 전에 그 일을 다스린다.

When it is at rest, it is easy to keep. When it has yet showed no sign of its presence, it is easy to take measures. When it is fragile, it is easy to be broken. When it is very small, it is easy to be dispersed. Before a thing has not yet occurred, he takes action against it, and before a thing has not yet fallen into disorder, he takes proper measures to settle the problem.

아름드리나무도 터럭처럼 작은 것으로부터 생겨난 것이고, 9층이나 되는 탑도 (한 바구니의) 흙이 쌓여서 세워진 것이며, 천 리의 길도 발끝에서 시작된 것이다.

A tree measuring more than the both arms' span around grew from a tiny sprout like a hair of one's head, the tower of nine stories also rose from a heap of one basketful of earth, and even the journey of a thousand-Li started from setting foot step by step.

강제로 하게 하는 자는 그 일에 실패하고, 집착하는 자는 그것을 잃게 된다. 이런 까닭으로 성인은 강제로 하게 하는 일이 없다. 그러므로 실패하는 일도 없다. 집착하는 일이 없으므로 잃는 일도 없다.

He who makes the people do something forcibly ruins it, and he who clings to something loses it. For this reason, the sage does not force the people to do something. Therefore he does not meet with failure. As he does not cling to anything, he loses nothing.

사람들이 일을 처리함에 있어서는 항상 거의 성공 단계에서 망쳐 버린다. 끝마무리를 처음 시작하였을 때처럼 신중하게 하면, 그 일을 망쳐 버리는 일은 없을 것이다. 이러한 까닭에 성인은 사람들이 원하지 않는 것을 추구하며, 구하기 어려운 재화를 귀하게 여기지 않는다.

In dealing with affairs, the people always ruin them on the verge of success. If they were as careful at the end as they were at the beginning, they would not so ruin that affairs. For this reason, the sage desires what others do not desire, and does not prize goods hard to obtain.

그는 세상 사람들이 공부하지 않는 것을 배우며, 많은 사람들이 지나쳐버리는 것을 그는 항상 기본으로 돌아간다. 그렇게 함으로써 만물이 자연스럽게 전개되어 가도록 도우며 함부로 인위적인 행동을 하지 않는다.

He learns what other people do not study, and concerning what the multitude of men have passed by, he always returns to the basics. By doing so, he helps so that all things can take their natural course by themselves. and does not dare to take an artificial action.

【주석】

其 그〔기〕: 그. 그 일. 그 사람. 사람 또는 사물의 지시대명사. it; he; that matter; that thing.

謀 꾀할〔모〕: 대책을 세우다. 헤아리다. 의논하다. take measure; deliberate; consult.

脆 무를〔취〕: 무르다. 취약(脆弱)하다. fragile; brittle; frail.

泮 녹을〔반〕: 녹다. 풀리다. melt; dissolve; be broken.

抱 안을〔포〕: 안다. 품다. 합포지목(合抱之木)은 "두 팔을 합하여 안을 정도로 굵은 나무" 즉 "한 아름 크기의 나무"를 뜻한다. hold or carry in the arms; clasp in the arms; embrace; hug.

毫 가는털〔호〕: 털. 터럭. 가늘고 끝이 뾰족한 털. hair; fine tapering hair.

末 끝〔말〕: 끝. 호말(毫末)은 "터럭의 끝부분"을 뜻한다. 터럭 자체도 가늘고 작은데, 그중에서 끝부분이라면 아주 작은 것이다. point; tip; end.

臺 대〔대〕: 탑. tower. (*New Age Chinese-English Dictionary*, The Commercial Press. Beijing (2001), p. 1487)

起 일어날〔기〕: 일어나다. 세우다. stand up; rise; erect; set up.

累 포갤〔누〕: 포개다. 쌓다. 축적하다. 누토(累土)는 "(한 바구니씩, 한 바구니씩) 흙을 쌓는 것"을 뜻한다. accumulate; heap up; pile up; stack; put one upon another; lay one on top of another.

行 길〔행〕: 길. 행보(行步). 걸음. road; journey; walking; step.

復 돌아갈〔복〕: 돌아가다. 제자리로 돌아가다. 기본으로 돌아가다. go back; return; turn back to the original place; return[get back] to one's seat; return to the basics.

過 지날〔과〕: 지나다. 못 보고 지나가다. pass by; overlook.

輔 도울〔보〕: 돕다. help; assist.

【해설】

이 장에서는 세상이 돌아가는 이치와 무위자연에 관하여 이야기한다.

그래서 "강제로 하게 하는 자는 그 일에 실패하고, 집착하는 자는 그것을 잃게 된다. 이런 까닭으로 성인은 강제로 하게 하는 일이 없다. 그러므로 실패하는 일도 없다. 집착하는 일이 없으므로 잃는 일도 없다."라고 말한다. 또한 "세상 사람들이 공부하지 않는 것을 배우며, 많은 사람들이 지나쳐버리는 것을 그는 항상 기본으로 돌아가 생각한다. 그렇게 함으로써 만물이 자연스럽게 전개되어 가도록 도우며 함부로 인위적인 행동을 하지 않는다."라고 말한다. 무위자연의 이치가 이 장에 고스란히 담겨 있다.

하상공(河上公)은 "성인은 사람들이 배울 수 없는 것을 배운다. 인간들은 계략과 속임수를 배우지만 성인은 자연의 이치를 배우고, 인간들은 세상을 다스리는 방법을 배우지만 성인은 자신을 다스리고 도와 진실을 지키는 법을 배운다. 세상 사람들의 학문은 모두 성인과 상반된다. 세상 사람들은 근본을 지나쳐 버리고 지엽적(枝葉的)인 것에 역점을 두고, 알맹이를 지나쳐 버리고 화려한 장식에 역점을 둔다. '되돌아가게 한다(復)'는 것은 근본과 알맹이로 되돌아가게 하는 것이다. 인간들을 가르쳐 근본과 알맹이로 되돌아가게 하는 것은, 그렇게 함으로써 만물의 자연스러운 본성을 돕고자 하는 것이다. 성인은 어떤 행위를 함에 있어, 있는 그대로 이어받아 그대로 따를 뿐, 감히 조작하는 바가 있지 않으니, 이것은 근본을 벗어나는 것을 두려워하기 때문이다."라고 말한다(聖人學人所不能學, 人學智詐, 聖人學自然, 人學治世, 聖人學治身, 修道眞也. 衆人學問皆反也, 過本爲末, 過實爲華, 復之者, 使反本實者也. 敎人反本實者, 欲以輔助萬物自然之性也. 聖人動作因循, 不敢有所造爲, 恐離本也).

【외국학자 영문해석】

[1] 27 (Chapter 64)

What is secure is easily grasped,

What has no omens is easily forestalled,

What is brittle is easily split,

What is minuscule is easily dispersed.

Act before there is a problem;

Bring order before there is disorder.

A tree that fills the arm's embrace
　is born from a downy shoot;
A terrace nine layers high
　starts from a basketful of earth;
An ascent of a hundred strides
　begins beneath one's foot.

Who acts fails;
Who grasps loses.

For this reason,
The sage does not act.
Therefore,
He does not fail.

He does not grasp.
Therefore,
He does not lose.

(Victor H. Mair, *Tao Te Ching*, Bantam Book(1990), p. 34)

[2] Chapter 64

1. That which is at rest is easily kept hold of; before a thing has given indications of its presence, it is easy to take measures against it; that which is brittle is easily broken; that which is very small is easily dispersed. Action should be taken before a thing has made its appearance; order should be secured before disorder has begun.

2. The tree which fills the arms grew from the tiniest sprout; the tower of nine storeys rose from a (small) heap of earth; the journey of a thousand li commenced with a single step.

3. He who acts (with an ulterior purpose) does harm; he who takes hold of a thing (in the same way) loses his hold. The sage does not act (so), and therefore does no harm; he does not lay hold (so), and therefore does not lose his bold. (But) people in their conduct of affairs are constantly ruining them when they are on the eve of success. If they were careful at the end, as (they should be) at the beginning, they would not so ruin them.

4. Therefore the sage desires what (other men) do not desire, and does not prize things difficult to get; he learns what (other men) do not learn, and turns back to what the multitude of men have passed by. Thus he helps the natural development of all things, and does not dare to act (with an ulterior purpose of his own).

(James Legge, *The Texts of Taoism, The Tao Te Ching of Lao Tzu,* Dover Publications, Inc. New York(1962), pp. 107-108)

제 65 장 │ 고지선위도자 (古之善爲道者)

古之善爲道者, 非而明民, 將以愚之. 民之難治, 以其智多.
고지선위도자   비이명민   장이우지   민지난치   이기지다
故以智治國, 國之賊, 不以智治國, 國之福. 知此兩者, 亦楷式.
고이지치국   국지적   불이지치국   국지복   지차양자   역해식
常知楷式, 是謂玄德. 玄德, 深矣遠矣. 與物反矣, 乃至於
상지해식   시위현덕   현덕   심의원의   여물반의   내지어
大順.
대순

해석 │ 옛날에 도(우주자연의 섭리)를 잘 행한 사람은 백성들을 영리(怜悧)하게 만들려고 하지 않고, 그들을 우직(愚直)하게 만들려고 하였다. 백성들을 다스리기 어려운 것은 그들이 간사한 지혜가 많기 때문이다.

In ancient times, those who learned and practiced well the Dao[the dispensation of the universe and Mother Nature] did not try to make the people clever, but rather to make them stupidly honest and simple. What is difficult to govern the people is because they had a clever wisdom like trick too much.

그러므로 교활한 지혜를 가진 자에 의하여 나라가 다스려지면 그 나라에 해가 되고, 교활한 지혜를 가지지 아니한 자에 의하여 나라가 다스려지면 그 나라에 복이 된다. 이 두 가지를 아는 것이 또한 (나라를 다스리는) 기본법칙이 된다.

Therefore, if a state is governed by the man with crafty wisdom, it is injurious to the state. But if a state is governed by the man without resorting to crafty wisdom, it is a blessing to it. To know these two things becomes also a basic rule (to govern the state).

항상 이 기본법칙을 아는 사람, 이를 가리켜 현묘한 덕을 지닌 사람이라고 말한다. 현묘한 덕을 지닌 사람의 능력은 심오(深奧)하고도 원대(遠大)하다. 현묘한 덕을 지닌 사람은 속물(俗物)과는 반대된다. 그래서 대자연의 섭리(攝理)를 따르기에 이르는 것이다.

He who always knows this basic rule, we call him the man who possesses mysterious virtue. Abilities of the man who possesses mysterious virtue are profound and far-reaching. He is opposite to worldly-minded persons. Therefore He reaches the stage that follows the dispensation of the universe and Mother Nature.

【주석】

古之 (고지): 옛날의. 옛날에. in ancient times; in ancient days; in old days.

非而 (비이): ~하려고 하지 않다. ~하려 하지 않다. 以는 목적, 수단, 원인, 이유 등을 특히 지시하여 말할 때 쓴다. 여기서는 목적을 나타내는 것으로 본다. 而는 以와 같다. do not try[seek] to do.

明 밝을 〔명〕: 밝게 하다. 환히 알게 하다. 똑똑하게 만들다. make (a person) smart; let (a person) know much of the tactics like trickery.

愚 우직할 〔우〕: 우직(愚直)하다. stupid and tactless; simple and honest.

智 슬기 〔지〕: 슬기. 지혜. 부정적 의미에서의 지혜를 가리킨다. "잔꾀를 부리는 지혜", "권모술수와 같은 더러운 지혜" 등을 의미한다. the wisdom to play cheap tricks; the wisdom like dirty tricks.

賊 해칠 〔적〕: 해치다. 해를 끼치다. injure; harm.

楷 본 〔해〕: 본보기. 모범. 법식. 楷式은 두 글자를 합하여 모델이 될 만한 방식, 기본 법칙 등을 뜻한다. model; basic rule; principle.

玄德 〔현덕〕: 현묘(玄妙)한 덕성. 신비스러운 덕. 하상공(河上公)은 현덕에 관하여, "현묘한 덕을 가진 사람은 속물(俗物)과는 반대로 다르다. 속물들은 자기에게 보태려고 하지만 현묘한 덕을 가진 사람은 남에게 베풀어 주려고 한다."라고 설명한다(玄德之人與萬物反異, 萬物欲益己, 玄德欲施與人也). mysterious excellence; mysterious virtue; mystical virtue; sublime virtue.

與 및 〔여〕: 및. ~와. ~과. and; with; together.

物 만물 〔물〕: 만물. 속물. all things; worldly-minded persons.

反 되돌릴 〔반〕: ① 반대되다. be opposite (to others). ② 돌아가다. return; turn back.

大順 〔대순〕: 大는 "큰 것"을 뜻하는 글자이다. 세상에서 가장 큰 것은 우주(宇宙), 대자연(大自然) 혹은 도(道)이다. 順은 "따르다"라는 뜻이다. "대자연의 섭리를 따르다", "도를 따르다"라는 내용이 된다. follow what is great; follow the dispensation of the universe or Mother Nature; follow the Dao.

【해설】

소위 똑똑하고 지략(智略)이 뛰어나다고 일컬어지고 있는 사람들은 대개 권모술수에 능하고, 사리사욕을 취하는 데 밝으며, 이간질을 잘하고, 사람과 사람 사이의 신뢰관계를 무너뜨리게 하는 등 국가의 기강을 문란하게 만드는 성향이 있다.

그런 데 반해 우직하다고 일컬어지고 있는 사람들은 위에서 한번 원칙을 정해주면, 머리 굴려 꾀부리지 않고 그 원칙에 따라 고지식하게 묵묵히 그 일을 실천하는 특징이 있다. 사리사욕에 급급하지 않으므로 국가의 백년대계(百年大計)를 위하여 아주 필요한 존재라고 생각된다. 그래서 노자는 우주자연의 섭리를 잘 행한 사람은 백성들을 영리하게 만들려고 하지 않고, 그들을 우직(愚直)하게 만들려고 하였다고 말한다. 그리고 나라를 다스리는 방법은 지략(智略)이 아니라 무위자연(無爲自然)의 도(道)임을 강조한다.

왕필(王弼)은 "명(明)은 교묘한 속임수를 많이 알게 되어 그 순박함이 가려 안 보이게 되는 것이고, 우(愚)는 지략(智略)을 없애고 참된 것을 지켜서 자연 그대로를 따르는 것을 말한다."라고 설명한다(明, 謂多智巧詐, 蔽其樸也. 愚, 謂無知守眞, 順自然也). 하상공(河上公)은 "(교활한) 지혜를 가진 자로 하여금 나라의 정사를 다스리게 하면 반드시 도와 덕을 멀리하고, 화와 복을 그릇되게 일으킨다. 그래서 나라에 해가 되는 것이다. (교활한) 지혜를 가진 자로 하여금 나라의 정사를 다스리게 하지 않는다면, 백성은 정직함을 지켜 간사한 짓이나 가식(假飾)된 행위를 하지 않는다. 그래서 위아래가 서로 친하고 군주와 신하가 서로 힘을 합치게 되므로 나라에 복이 되는 것이다. 두 가지는 지략을 가진 것과 지략을 갖지 아니한 것을 가리킨다. 지략이 있는 것은 해가 되고, 지략이 없는 것이 복이 된다는 사실을 항상 알 수 있는 능력, 이것이 자신을 다스리고 나라를 다스리는 기본법칙이다."라고 설명한다(使智慧之人理國之政事, 必遠道德, 妄作禍福, 而爲國之賊也. 不使智慧之人治國之政事, 則民守正直, 不爲邪飾, 上下相親, 君臣同力, 故爲國之福也. 兩者謂智與不智也. 常能知智者賊, 不智者福, 是治身治國之法式也).

【외국학자 영문해석】

[1] Chapter 65

Those of old who were competent
　　in ruling according to Dao
　　did not do it by enlightening the people
　　but by keeping the people unknowing.
The difficulty in leading the people
　　comes from their knowing too much.
Therefore: whosoever leads the state through knowledge
　　is the robber of the state.
Whosoever does not lead the state through knowledge
　　is the good fortune of the state.

Whosoever knows these two things has an ideal.

Always to know this ideal is hidden life.

Hidden life is deep, far-reaching,

different from all things,

but in the end it works the great success.

(Richard Wilhelm, *Tao Te Ching,* translated into English by H. G. Ostwald, Arkana Penguin Books(1989), p. 57)

[2] Chapter 65

Those who practiced the Way in antiquity,

Did not use it to enlighten the people.

Rather, they used it to make them dumb.

Now the reason why people are difficult to rule is

because of their knowledge;

As a result, to use knowledge to rule the state

Is thievery of the state;

To use ignorance to rule the state

Is kindness to the state.

One who constantly understands these two,

Also understands the principle.

To constantly understand the principle-

This is called Profound Virtue.

Profound Virtue is deep, is far-reaching,

And together with things it returns.

Thus we arrive at the Great Accord.

(Robert G. Henricks, *Te-Tao Ching Lao-Tzu,* The Modern Library New York(1993), p. 35)

제 66 장 | 강해소이능위백곡왕자 (江海所以能爲百谷王子)

江海所以能爲百谷王者, 以其善下之, 故能爲百谷王.
　　강해소이능위백곡왕자　　　　　　　이기선하지　　　　　　고능위백곡왕

是以聖人欲上民, 必以言下之. 欲先民, 必以身後之. 是以
　　시이성인욕상민　　　　필이언하지　　　　욕선민　　　필이신후지　　　　시이

聖人處上而民不重, 處前而民不害.
　　성인처상이민부중　　　　　처전이민불해

是以天下樂推而不厭. 以其不爭, 故天下莫能與之爭.
　　시이천하낙추이불염　　　　이기부쟁　　　고천하막능여지쟁

해석 | 강과 바다가 모든 계곡물의 왕이 될 수 있는 까닭, 그것이 그들 아래로 잘 낮추고 있기 때문이다. 그러므로 모든 계곡물의 왕이 될 수 있는 것이다.

The reason why the rivers and seas can become the king of all the valley streams is because they lie further lower than they. Therefore they can become the king of all the valley streams.

이 때문에 성인은 백성들보다 위에 있으려고 할 때에는 반드시 말을 함에 있어 그들에게 낮추었고, 그들보다 앞에 있고자 할 때에는 반드시 그의 몸을 둠에 있어 그들보다 뒤에 두었다. 그래서 성인이 윗자리에 있어도 백성들은 무거워하지 않았고, 앞자리에 있어도 백성들은 해로운 것으로 여기지 않았다.

For this reason, when the sage is going to be above the people, he is sure to lower himself to them in speech. When he is going to stand ahead of the people, he is sure to put his person behind them. Therefore even if the sage has his place above them, they do not regard it as heavy, and even if he takes his place before them, they do not regard it as injurious to them.

이 때문에 온 천하가 그를 기꺼이 받들고 싫어하지 않는다. 그가 남들과 다투지 않기 때문에 천하에 그와 다툴 수 있는 자가 없는 것이다.

For this reason, all the people in the world support him with pleasure and do not weary of him. Because he does not contend with others, no one in the whole world can contend with him.

【주석】

江海 (강해): 강과 바다. 통치권자인 임금을 가리킨다. the river and sea. This word here symbolizes a king.

百谷 (백곡): 모든 계곡. 모든 계곡의 물. 백성을 가리킨다. all the valleys; the hundred valleys; all the valley streams. This word here indicates the people.

樂 즐거울 〔낙, 락〕: 기꺼이. 즐겁게. willingly; with pleasure.

推 밀 〔추〕: 받들다. 추대하다. support; uphold; help; have a person as the head.

厭 물릴 〔염〕: 싫증이 나다. 염증을 느끼다. weary; get tired of.

爭 다툴 〔쟁〕: 다투다. contend; strive; compete.

【해설】

강과 바다는 모든 계곡의 물을 받아들이는 낮은 곳이다. 한 나라를 다스리는 통치자는 강과 바다처럼 만백성을 차별 없이 모두 포용하고 그들이 편안하게 살 수 있는 정치를 펴야 한다. 자신을 낮추고 겸손하게 처신하면 사람들이 따른다. 그러나 잘난 체하고 오만하게 행동하면 사람들이 떠난다. 겸손은 남들의 시기와 모략을 차단하고 그들로부터 호감을 살 수 있는 미덕이다. 겸손하게 처신하면 진로에 방해를 받지 않으므로 장기집권의 행운을 누릴 수 있다.

겸손의 대표적인 예로 노자는 낮은 곳에 처한 강과 바다를 꼽았다. 노자는 제8장에서도 "최고의 선(善)은 물과 같다. 물은 만물을 아주 이롭게 하면서 다투지 않으며, 많은 사람들이 싫어하는 낮은 곳에 머무른다. 그러므로 도(道)에 가까운 것이다. 몸가짐은 땅처럼 하는 것이 좋고, 마음은 깊은 것이 좋고, 함께함에 있어서는 인(仁)한 것이 좋고, 말에 있어서는 신의를 지키는 것이 좋고, 정치에 있어서는 다스려지는 것이 좋고, 일에 있어서는 잘하는 것이 좋고, 행동에 있어서는 때에 맞는 것이 좋다. 물은 대체로 다투지 않기 때문에 잘못되는 일이 없다."라고 말한다(上善若水. 水善利萬物而不爭, 處衆人所惡. 故幾於 道. 居善地, 心善淵, 與善仁, 言善信, 政善治, 事善能, 動善時. 夫惟不爭. 故無尤).

[【외국학자 영문해석】]

[1] 66th Verse

Why is the sea king of a hundred streams?
Because it lies below them.
Humility gives it its power.

Therefore, those desiring a position
  above others must speak humbly.
Those desiring to lead must follow.

Thus it is that when a sage stands above the people,
  they do not feel the heaviness of his weight;
  and when he stands in front of the people,
  they do not feel hurt.

The sage stays low
  so the world never tires of exalting him.
He remains a servant
  so the world never tires of making him its king.

(Dr. Wayne W. Dyer, *Living the Wisdom of the Tao*, Hay House, Inc.(2008), p. 135)

[2] Chapter 66

Rivers and seas
Can rule the hundred valleys.
Because they are good at lying low

They are lords of the valleys.

Therefore those who would be above
Must speak as if they are below.
Those who would lead
Must speak as if they are behind.

In this way the Sage dwells above
And the people are not burdened.
Dwell in front
And they are not hindered.

Therefore the whole world
Is delighted and unwearied.

Since the Sage does not contend
No one can contend with the Sage.

(Stephen Addiss & Stanley Lombardo, *Tao Te Ching Lao-Tzu*, Shambhala Boston & London(2007), Ch. 66)

天下皆謂我道大似不肖. 夫唯大, 故似不肖. 若肖, 久矣其細.
천하개위아도대사불초　　　　부유대　　　　고사불초　　　약초　　　구의기세
夫我有三寶, 持而保之. 一曰慈, 二曰儉, 三曰不敢爲天下先.
부아유삼보　　　　　지이보지　　　일왈자　　　이왈검　　　　삼왈불감위천하선
慈故能勇, 儉故能廣, 不敢爲天下先故能成器長.
자고능용　　　　검고능광　　　　불감위천하선고능성기장
今舍慈且勇, 舍儉且廣, 舍後且先, 死矣.
금사자차용　　　　사검차광　　　사후차선　　　사의
夫慈以戰則勝, 以守則固, 天將救之, 以慈衛之.
부자이전즉승　　　　이수즉고　　　천장구지　　　이자위지

해석 | 천하 사람들은 모두 내가 추구하는 길이 스케일이 크기는 하지만 열등한 것 같다고 이야기한다. 바로 너무 크기 때문에 (현실에 맞지 않으므로) 열등한 것같이 보이는 것이다. 만약 (내가 추구하는 노선이 현실에 영합하는) 똑똑한 것이었다면 아마도 오래 전에 (권모술수와 같은) 얄팍한 정략(政略)이 되었을 것이다.

All the people in the world says, "The way I pursue is great, but it seems to be inferior." Just because it is too great, (it is at variance with the reality), so it seems to be inferior. If "the way I pursue" were a crafty teaching (going with the current of the times), perhaps it would long ago change into a shallow tactics (like trickery).

나에게는 세 가지 보배가 있는데, 나는 그것을 지키며 보존하고 있다. (삼보라고 하는 것은) 첫째는 자비이고, 둘째는 검소함이고, 셋째는 함부로 천하에 앞서지 않는 것이다. 자비롭기 때문에 용감할 수 있고, 검소하기 때문에 널리 베풀 수 있고, 함부로 천하에 앞서지 않기 때문에 백성들의 우두머리가 될 수 있는 것이다.

I have three treasures, and I always carry and preserve them (What is called "three treasures"). the first is "mercy", the second is "frugality", and the third is "not daring to take precedence of other people in the world." Because of mercy I can be brave, because of frugality I can be generous, and because of not daring to take precedence of other people, I can become the head of all the people.

이제 자비를 버리고서 용감해지려고 하고, 검소함을 버리고서 널리 베풀려 하고, 뒤로 물러서는 것을 버리고서 남보다 앞에 서려고 한다면, 결국 패망하게 될 것이다.

Now, if a man gives up mercy and tries to be brave, if a man gives up frugality and tries to show widely the people mercy, and if a man gives up taking a step backward and tries to go ahead of others, he is sure to end in death.

대체로 자비심을 간직하고 싸우면 이기게 되고, 자비로써 수비하면 견고하게 된다. 하늘도 장차 그러한 사람을 도와줄 것인데, 그것은 자비로써 그 자신을 방위하기 때문이다. (자비는 사람들을 화합하게 하는 역할을 한다. 그러므로 세상이 자비로 충만(充滿)한다면 우리는 전쟁을 피할 수도 있다.)

On the whole, if a man fights with a merciful heart, he can win even in battle, and if he defences with it, he can firmly maintain his state. Heaven also will help such a man, and it is because he protects him by his mercy. (Mercy plays a role to make many people harmonize with one another. Therefore, if the world is full of mercy, we can get away from war.)

【주석】

我道 (아도): 내가 추구하는 길. 나의 정치노선(政治路線). 나의 정치철학. 나의 정치방식. 나의 무위자연의 정치. my way; my political line; my political philosophy; my political line based on natural ways without applying an artificial force.

不肖 (불초): 못나고 어리석다. 모자라다. 肖는 "닮다"의 뜻이다. 똑똑한 부모를 닮았다는 의미를 나타낸다. 그러므로 不肖는 부모보다 못나고 모자라는 것을 의미하게 된다. 설문(說文)에는 不肖에 대하여 "혈육 간은 서로 비슷한 것인데, 선대와 비슷하지 않으므로 불초이다(骨肉相似也, 不似其先, 故曰不肖也)."라고 설명한다. 똑똑한 선대보다 못하다는 의미이다. be inferior; be dull-witted; be stupid; be wanting in ability; a bit slow-witted.

細 가늘〔세〕: 가는 것. 얄팍한 것. a thin thing; a swallow thing; a shallow tactics like trickery.

慈 사랑할〔자〕: 자비심(慈悲心). 고통 받는 사람을 사랑하고 불쌍히 여기는 마음을 나타낸다. 중생(衆生)을 불쌍히 여겨 고통을 덜어주고 안락하게 해주려는 마음이 이에 속한다. 이런 마음은 심신(心身)이 강한 자만이 행할 수 있다. 심신이 강건하므로 용감해질 수 있다고 본다. 그러나 하상공은 다르게 해석한다. "(왕이) 먼저 어질고 자비롭기 때문에 (백성이) 이에 충(忠)과 효(孝)에 용감하게 된다(先以仁慈, 故乃勇於忠孝)."라는 뜻으로 해석한다. 자비로 말하자면 예수님이나 부처님을 따라갈 사람이 없다고 생각되는데, 예수가 태어난 곳이나 부처가 태어난 곳의 백성들이 과연 그렇게 용감하였던가? mercy; compassion; a merciful heart.

曰 〔왈〕: ① 허사(虛辭)로서 말을 잠깐 멈추고 다음 내용을 환기시키는 역할을 한다. 쉼표(comma) 역할을 한다고 볼 수 있다. 우리말 표현으로는 "~는", "~란" 정도로 해석하면 된다. 즉(則)과 비슷한 역할이다. equivalent to a comma. ② 실사(實辭)로서는 "말하다(云)"의 의미이다. say. tell.

器長 〔기장〕: 만물의 우두머리. 만백성의 어른. the head of all the people; a vessel of the highest honour(James Legge); the chief of all vessels(John C.H. Wu).

〖해설〗

세상 사람들은 모두 노자가 추구하는 정치노선이 스케일만 클 뿐이지 현실성이 없는 것이므로 좀 모자라는 정치철학인 것 같다고 비판한다. 그러나 노자의 생각은 다르다. 만약 그가 현실에 영합하여 똑똑한 정치노선을 내세웠더라면 그것은 아마 통치자의 권력구조를 옹호하는 얄팍한 정략으로 이용되었을 것이라는 생각이다. 노자는 무위자연의 큰 정치를 주창하였다. 그러나 무위자연의 정치는 강제력을 발동하지 않는 것이므로 전국시대(戰國時代)처럼 권모술수가 난무하는 무질서한 상황 속에서는 현실성이 없는 정치철학이다. 그래서 정치철학으로서 큰 틀을 가지고는 있으나 현실성이 전혀 없는 것이므로 모자라는 것 같다고 한 것이다. 무위자연의 정치철학으로 어떻게 알 카에다 같은 테러집단을 근절시킬 수 있겠는가? 이렇듯 무위자연의 정치는 현실정치에서는 실효성(實效性)이 결여된 모자라는 정치철학이라고 폄훼(貶毀)되곤 한다.

【외국학자 영문해석】

[1] Chapter 67

1. All the world says that, while my Tao is great, it yet appears to be inferior (to other systems of teaching). Now it is just its greatness that makes it seem to be inferior. If it were like any other (system), for long would its smallness have been known!

2. But I have three precious things which I prize and hold fast. The first is gentleness; the second is economy; and the third is shrinking from taking precedence of others.

3. With that gentleness I can be bold; with that economy I can be liberal; shrinking from taking precedence of others, I can become a vessel of the highest honour. Now-a-days they give up gentleness and are all for being bold; economy, and are all for being liberal; the hindmost place, and seek only to be foremost;--(of all which the end is) death.

4. Gentleness is sure to be victorious even in battle, and firmly to maintain its ground. Heaven will save its possessor, by his (very) gentleness protecting him.

(James Legge, *The Texts of Taoism, The Tao Te Ching of Lao Tzu,* Dover Publications, Inc. New York(1962), p. 110)

[2] Chapter 67

Some say that my teaching is nonsense.
Others call it lofty but impractical.
But to those who have looked inside themselves,
  this nonsense makes perfect sense.
And to those who put it into practice,
  this loftiness has roots that go deep.

I have just three things to teach:
  simplicity, patience, compassion.

This three are your greatest treasures.

Simple in actions and in thoughts,

　your return to the source of being.

Patient with both friends and enemies,

　you accord with the way things are.

Compassionate toward yourself,

　you reconcile all beings in the world.

(Stephen Mitchell, *Tao Te Ching*, Perennial Classics(2000), Ch. 67)

제 68 장 | 선위사자불무 (善爲士者不武)

善爲士者不武, 善戰者不怒, 善勝敵者不與, 善用人者爲
　선위사자불무　　　　　선전자불노　　　　　선승적자불여　　　　　선용인자위

之下.
　지하

是謂不爭之德, 是謂用人之力, 是謂配天, 古之極.
　시위부쟁지덕　　　　　시위용인지력　　　　시위배천　　　　고지극

해석 | 병사(兵士)를 잘 다스리는 사람은 무력(武力)을 앞세우지 않고, 잘 싸우는 자는 성
내지 않으며, 적과 싸워 잘 이기는 자는 함께 맞서지 않으며, 사람을 잘 쓰는 자는 그 자
신을 낮춘다.

He who manages troops well does not put up military forces at the head, he who
fights excellently does not get angry, he who defeats his enemy skillfully does not
fight hand to hand, and he who employs men well places himself below them.

이것을 다투지 않는 덕이라고 하고, 이것을 사람을 부리는 능력이라고 하며, 이것을

하늘의 뜻에 부합하는 것이라고 말한다. 그런데 이런 것들이 옛날부터 내려오는 도[세상을 다스리는 방식]의 기본원칙이 되었다.

This is called the virtue of non-contention, this is called the abilities handling men, this is called corresponding with the will of Heaven. By the way, these became a basic principle of the Dao[the way governing the world] descended down from old times.

【주석】

善爲士者 (선위사자): ① 병사(兵士)를 잘 다스리는 자. the man who manages troops well. ② 장수(將帥) 역할을 잘 수행하는 자. the man who performs the role of a general excellently.

士 무사〔사〕: ① 병사(兵士). 군사(軍士). soldier; troop. ② 장수(將帥). 왕필(王弼)은 士는 "병졸의 우두머리"라고 주장한다(士, 卒之帥也). general; a commander in chief. ③ 하상공(河上公)은 제15장에서 "道를 터득한 군주"로 해석하였다(古之善爲士者謂得道之君也).

不與 (불여): 다투지 않다. 맞서지 않다. 맞붙어 싸우지 않다. do not contend with; do not stand against; do not fight hand to hand.

極 용마루〔극〕: 대들보. 근본. 도의 근본. crossbeam; a basic principle of the Dao.

【해설】

이 장에서는 무력(武力)을 앞세우지 말고, 성내지 말고, 언행에서 겸손하여야 한다는 점을 강조한다.

손자는 그의 병법에서 "대체로 전쟁을 하는 방법은 적국을 온전히 두는 것이 최상이고, 적국을 파괴하는 것은 차선이다(凡用兵之法, 全國爲上, 破國次之)." 또한 "백 번 싸워 백 번 이기는 것이 최선의 방법이 아니고, 싸우지 않고 적군을 굴복시키는 것이 최선의 방법이다(百戰百勝, 非善之善者也. 不戰而屈人之兵, 善之善者也)."라고 주장한다(『孫子兵法』, 謀攻篇).

‖【외국학자 영문해석】‖

[1] Chapter 68

A good general doesn't show off his power.

A good warrior doesn't get angry.

A good conqueror doesn't attack people.

A good employer puts himself below his employees.

This is called the power of noncontention.

This is called using the strength of others.

This is called perfect emulation of heaven.

(Brian Browne Walker, *the Tao Te Ching of Lao Tzu*, St. Martin's Griffin New York(1995), Ch. 68)

[2] Chapter 68

The best charioteers do not rush ahead;

The best fighters do not make displays of wrath.

The greatest conqueror wins without joining issues;

The best user of men acts as though he were their inferior.

This is called the power that comes of not contending,

Is called the capacity to use men,

The secret of being mated to heaven, to what was of old.

(Arthur Waley, *Lao Tzu Tao Te Ching,* Wordsworth Editions Limited(1997), p. 72)

제 69 장 | 용병유언 (用兵有言)

用兵有言, 吾不敢爲主而爲客, 不敢進寸而退尺, 是謂行
용병유언 오불감위주이위객 불감진촌이퇴척 시위행
無行, 攘無臂, 仍無敵, 執無兵.
무행 양무비 잉무적 집무병
禍莫大於輕敵, 輕敵幾喪吾寶, 故抗兵相加, 哀者勝矣.
화막대어경적 경적기상오보 고항병상가 애자승의

해석│병법(兵法)에 관하여 아래와 같은 말이 있다.

내가 함부로 싸움을 거는 주체(主體)가 되어서는 안 되고, (부득이하게 마주치는) 객체(客體)가 되어야 한다. 함부로 한 치라도 전진(前進)하여서는 안 되고, 한 자 정도를 후퇴하여야 한다. 이것은 "먼저 전진(前進)하지 말고", "물리치기 위해 연발로 나가는 활[쇠뇌]을 쏘지 말고", "적을 때려 부수려고 맞붙어 싸우지 말고", "빼앗아 가지기 위해 병기를 사용하지 말라."라는 것을 말한다.

On a art of war, there is a saying like below.

I do not dare to become the host (to provoke war), but rather should become the guest (to be obliged to meet it). I do not dare to advance an inch, but rather should retreat a foot. This means the following. Don't strike (the enemy) first! In order to expel the enemy, don't shoot a bow capable of discharging several arrows at one time. In order to smash the enemy, don't fight hand to hand with the enemy. In order to take a thing, don't use weapons.

재앙에는 적을 가벼이 여기는 것보다 더 큰 것이 없다. 적을 가벼이 여기면 아마도 우리들의 보배로운 것을 잃게 될지도 모른다. 그러므로 병기를 들고 서로 가격(加擊)할 때에는 (전쟁의 참상을) 가슴 아파 하는 자가 이기게 된다.

There is no calamity greater than taking the enemy lightly. If we treat the enemy lightly, perhaps we may lose our precious things. Therefore, when two sides fight holding weapons against each other, the side that deplores (the horrible scenes of war) comes to gain the victory.

【주석】

不敢爲 (불감위): 함부로[감히] ~해서는 안 된다. do not dare to; should not do thoughtlessly [rashly].

行 (행): ① 먼저. 무엇을 하기에 앞서. (『동아 새한한사전』제2판, 두산동아, p. 1735) before; earlier than; before doing something. ②『한어대사전』은 "전왕(前往)"이라고 설명한다(中國 世紀出版集團, 『漢語大詞典』, 漢語大詞典出版社(2000), p. 912). 그런데 前往은 글자 그대로 "먼저 나아가다", "미리 나아가다", "선행(先行)하다"의 의미이다. go first; go ahead (of); precede. ③ 뒤에 나오는 行은 "나아가다", "전진(前進)하다", "진군(進軍)하다"의 뜻이다. advance; go forward; proceed; attack (the enemy) first; carry out a preemptive strike (against). ④ 결국 "行無行"은 "먼저 나아가지 마라[먼저 공격하지 마라]"라는 의미가 된다. Don't strike the enemy first; Don't carry out a preemptive strike against the enemy.

無 말〔무〕: [1] 동작이나 행위에 대한 금지 및 충고를 나타낸다. "~하지 마라", "~해서는 안 된다" 등으로 해석한다. (연세대 허사사전편찬실, 『허사대사전』, 성보사(2001), p. 242) [2] 無(无): ① not have(가지고 있지 않다). be without(없다). have nothing or nil(가지고 있지 않다. 없다). ② not. un(아니다). ③ do not(하지 마라). must not(해서는 안 된다). (New Age Chinese-English Dictionary, The Commercial Press. Beijing(2001), p. 1620) [3] 無(无): ① nothing; nil. ② not have; there is not; without. ③ not. ④ regardless of; no matter whether, what, etc. ⑤ same as 毋(말 "무", 하지 마라; 해서는 안 된다). (A Chinese-English Dictionary, 1997 Revised Edition, Beijing Foreign Language University(2000), p. 1303). 여기서 "no"는 결코 해서는 안 된다는 뜻이다. no smoking; no parking. "not"은 "하지 마라", "해서는 못쓴다."라는 의미이다. Be not afraid; Don't be afraid. (『영한사전』, 민중서림(1994), pp. 1744, 1759)

攘 물리칠〔양〕: 물리치다. 쫓아내다. expel; resist; drive out.

臂 쇠뇌 자루 [비]: ① 쇠뇌(弩)의 자루. (『한한대자전』, 민중서림(1997), p. 1704) ② 쇠뇌의 자루(弩柄). (『교학 대한한사전』 제7쇄, 교학사(2006), p. 2665) ③ 활의 손잡이(弓把). (張双棣, 陳濤 主編, 『古代漢語字典』, 北京大學出版社(2001), p. 37) 여기서 "쇠뇌"라고 하는 것은 "여러 개의 화살이 잇따라 나가게 만든 활"로서 오늘날 연발총(連發銃)과 같은 역할을 한다. 활을 한 번 당겨 여러 사람을 살상(殺傷)할 수 있는 무서운 병기이다. a bow capable of discharging several arrows at one time; a bow playing a role like a magazine rifle. [弩: 쇠뇌 "노"]

扔 부술 [잉]: 때려 부수다. 분쇄(粉碎)하다. 박살 내다. smash; destroy; defeat.

扔無敵 [잉무적]: 때려 부수려고 맞붙어 싸우지 마라(맞붙어 싸우면 사상자가 많이 발생하기 때문이다). In order to smash [destroy; defeat] the enemy, don't fight hand to hand with the enemy.

敵 원수 [적]: ① 맞서다. 겨루다. 대항하다. 대결하다. stand against; rise against; fight hand to hand; come to grips with each other; confront; stand face to face (with). ② 적(敵). 원수. 상대방. enemy; opponent.

執 잡을 [집]: 잡다. 지키다. 가지다. hold; take; grip; grasp; seize.

兵 군사 [병]: 무기를 들다. take up arms; use weapons.

於 어조사 [어]: ~보다. 비교를 나타낸다. than; rather than.

幾 거의 [기]: 거의(庶也). (『교학 대한한사전』 제7쇄, 교학사(2006), p. 1000) 그런데 이 서(庶)라는 말은 동작, 행위, 상황 등에 대한 추측을 나타낸다. 부사어로 쓰이며, "아마도"로 해석한다. (연세대 허사사전편찬실, 『허사대사전』, 성보사(2001), p. 320) nearly; almost; perhaps; maybe; probably.

抗 들 [항]: 들다. 들어 올리다. hold; take; carry; raise.

加 더할 [가]: 해를 가하다. 가격(加擊)하다. injure; attack; fight.

哀 슬플 [애]: 슬퍼하다. 애도(哀悼)하다. deplore; grieve; mourn; lament.

【해설】

전쟁에 관해 노자는 공격(攻擊)보다는 수비(守備)에 치중하라고 권고한다. 그래서 "내가 함부로 싸움을 거는 주체(主體)가 되어서는 안 되고, 부득이하게 마주치는 객체(客體)가 되어야 한다. 함부로 한 치라도 전진(前進)하여서는 안 되고, 한 자 정도를 후퇴하여야 한다."라고 주장한다. 그리고 그러한 생각의 구체적 행동강령(行動綱領)으로 "是謂, 行無行, 攘無臂, 仍無敵, 執無兵"이라는 네 가지 지침을 제시한다. 그런데 이 문구에 대한 학자들의 견해는 아주 난해하여 이해하기 어렵다. 예를 들면 아래와 같다.

① 是謂, 行無行, 攘無臂, 仍無敵, 執無兵. 이런 것을 두고 나아가도 나아감이 없는 듯하고, 떨쳐버려도 휘두르는 팔이 없는 듯하며, 처부숴도 적대하지 않는 듯하고, 무기를 들고 싸워도 무기가 없는 듯하다고 말하는 것이다. (김학주, 『노자』, 명문당(2002), p. 168)

② 是謂, 行無行, 攘無臂, 仍無敵, 執無兵. 이를 일러, 했는데 한 것이 없고, 비틀었는데 팔이 없으며, 끌어당겼는데 적이 없고, 잡은 데 칼이 없다고 한다. (이기동, 『노자』, 동인서원(2001), p. 466)

③ 是謂, 行無行, 攘無臂, 執無兵, 仍無敵. 이것을 일컬어 항렬 없는 행군, 팔뚝 없는 휘두름, 무기 없는 잡음, 적이 없는 잡아당김이라고 한다. (김경수, 『노자역주』, 문사철(2009), p. 793)

④ 是謂, 行無行, 攘無臂, 仍無敵, 執無兵. 이것은 비록 진형(陣形)은 있으나, 오히려 배치할 진형이 없는 듯 하고, 비록 팔을 휘두르려 하지만, 오히려 마치 들 팔이 없는 듯 하고, 비록 적을 대하고 있으나, 오히려 마치 접근할 적이 없는 듯 하며, 비록 무기가 있으나, 마치 들 무기가 없는듯하다는 것을 말하는 것이다. (진고응 저, 최재목 · 박종연 역, 『진고응이 풀이한 노자』, 영남대학교 출판부(2004), p. 378)

⑤ 是謂, 行無行, 攘無臂, 執無兵, 仍無敵. 이것은 진용을 갖춰 싸우려고 하나 펼쳐진 진용이 없고, 팔을 걷어붙이고 겨루려 하나 부딪힐 팔뚝이 없고, 무장을 하고 싸

우려 하나 물리칠 병사가 없으니, 끌고 와서 대적하려 해도 적으로 상대할 만한 대상이 아예 없는 꼴이다. (최진석, 노자의 목소리로 듣는 도덕경, 소나무(2005), p. 486-487)

⑥ This is called marshalling the ranks where there are no ranks; baring the arms (to fight) where there are no arms to bare; grasping the weapon where there is no weapon to grasp; advancing against the enemy where there is no enemy.

   (James Legge, *The Texts of Taoism, The Tao Te Ching of Lao Tzu,* Dover Publications, Inc. New York(1891), p. 112)

⑦ This is known as marching forward when there is no road.

Rolling up one's sleeves when there is no arm,

Dragging one's adversary by force when there is no adversary,

And taking up arms when there are no arms.

   (D. C. Lau, *Lao Tzu Tao Te Ching,* Penguin Books(1963), p. 76)

⑧ This is called marching without moving.

Rolling up one's sleeves without baring one's arms.

Capturing the enemy without confronting him.

Holding a weapon that is invisible.

   (John C. H. Wu, *Tao Teh Ching Lao Tzu,* Shambhala Boston & London(2006), p. 157)

⑨ This is called,

"Marching when there is no road;

Rolling up one's sleeve when there is no arm;

Grasping when there is no weapon;

Collaring when there is no enemy."

   (Edmund Ryden, *Laozi Daodejing,* Oxford university press(2008), p. 143)

이것은 無라는 글자를 "없다"의 뜻으로 풀었기 때문에 이러한 해석이 나온 것이 아닌가 추측해 본다. 無는 "없다"의 의미 외에 금지(禁止)를 나타내는 말로도 쓰인다. "하지 마라", "해서는 안 된다"의 의미도 있다. 노자의 생각이 선제공격(先制攻擊)보다는 수비(守備)에 무게를 두고 있는 점을 감안하면, 위 구절은 위에서 본 바와 같이 이것은 "먼저(行) 전진(前進)하지 말고", "적이 침입하였다 하더라도 물리치기 위해 연발로 나아가는 활[쇠뇌]을 쏘지 말고", "적을 때려 부수려고 맞붙어 싸우지 말고", "빼앗기 위해 병기(兵器)를 사용하지 말라"라고 풀이할 수 있다. 인명피해(人命被害)를 최소화하려는 노자의 고심(苦心)이 엿보이는 문장이다.

|【외국학자 영문해석】|

[1] Chapter 69

The handbook of the strategist has said:

'Do not invite the fight, accept it instead,'

'Better a foot behind than an inch too far ahead,'

Which means:

Look a man straight in the face and make no move,

Roll up your sleeve and clench no fist,

Open your hand and show no weapon,

Bate your breast and find no foe.

But as long as there be a foe, value him,

Respect him, measure him, be humble toward him;

Let him not strip from you, however strong he be,

Compassion, the one wealth which can afford him.

(Witter Bynner, *The Way of Life according to Lao Tzu*, A Perigee Book(1994), p. 98)

[2] Verse 69

The great warriors have a saying,

"I dare not act as host

   but would rather be a guest

I dare not advance an inch

but would rather retreat a foot"

So advance but do not use your feet
Seize but do not use your arms
Cut but do not use your sword
Fight but do not use your own power

There is no greater misfortune than feeling
"I have an enemy"
For when "I" and "enemy" exist together
　　there is no room left for my treasure

Thus, when two opponents meet
　　the one without an enemy
　　will surely triumph

(Jonathan Star, *Tao Te Ching*, The Definitive Edition, Tarcher(2001, 2003), p. 90)

| 제 70 장 | 오언심이지 (吾言甚易知)

吾言甚易知, 甚易行, 天下莫能知, 莫能行.
　오언심이지　　　　심이행　　　　천하막능지　　　막능행

言有宗, 事有君, 夫唯無知, 是以不我知, 知我者希, 則我
　언유종　　　사유군　　　부유무지　　　시이불아지　　　지아자희　　　즉아

者貴, 是以聖人, 被褐懷玉.
　자귀　　　시이성인　　　피갈회옥

해석 | 내 말은 (무위자연의 길을 따르라고 하는 말이기 때문에) 매우 알기 쉽고, 매우 행

하기 쉬운 것인데도, 세상 사람들은 그것을 잘 알지 못하고, 잘 행하지 못한다.

My words are very easy to know (because of the words to follow the natural course without forcing the people to do something), and very easy to put into practice, but worldly people cannot know well and cannot practice them well.

말에는 근원에 대한 가르침이 있고, 나랏일에는 통치방법이 있는데, 대체로 이를 모르기 때문에 나의 뜻을 알지 못하는 것이다. 나의 뜻을 아는 자가 드물기 때문에 그래서 나의 뜻은 귀한 것이 된다. 이 때문에 성인은 거친 베옷을 입고 있지만 속에는 구슬을 품고 있는 것이다.

There are the teachings of the origin in words, and there are the ruling methods in the affairs of state. Generally people do not know these, thus they don't know my thought. Those who know my thought are few, thus my thought becomes something valuable. For this reason, though the sage wears coarse clothes, but he keeps the jade in his bosom.

〖주석〗

宗 마루 〔종〕: 근본. 근본적인 교훈. 여기서 宗은 "어떤 일을 강제로 하게 함이 없이 그것의 자연적인 행로(行路)를 따르도록 맡겨두자는 노자의 가르침"을 가리킨다. fundamental; fundamental principle [teachings]. Zong(宗) here indicates "The teachings of Laozi to leave a matter to take its natural course without compulsion."

君 임금 〔군〕: 주재(主宰). 통치(統治). (張雙棣, 陳濤 主編, 古代漢語字典, 北京大學出版社 (1998), p. 419) 여기서는 통치방법, 통치법령 등을 뜻하는 것으로 본다. the ruling methods; laws and ordinances to manage the affairs of state. Among the ruling methods, there are both tyrannical rule and the natural rule without making the people do something forcibly.

褐 베옷 〔갈〕: 베옷. 굵은 베로 만든 옷. coarse clothe.

노자의 사상은 무위자연의 방식으로 일을 처리하는 것이 가장 알기 쉽고 실천하기 용이한 것이라는 생각이다. 공권력으로 억압하는 것이 아니라 우주 대자연이 만물을 다스리는 것과 같은 자연적인 방식으로 다스리는 것이 가장 쉬운 방법이라는 뜻이다. 이런 이상적인 정치를 세상 사람들이 어떻게 쉽게 알 수 있겠는가? 세속적인 사람들은 잘 이해할 수 없는 정치철학이다. 그러나 노자는 무위자연의 정치사상을 터득한 성인은 겉으로는 거친 베옷을 입고 있지만 속에는 아름다운 구슬을 품고 있다고 말한다.

【외국학자 영문해석】

[1] Chapter 70

My words are very easy to understand,
  very easy to put into practice.
But you can't "understand" them,
  can't put them into "practice."

Words have their ruler.
Events have their origins.
People who can't understand this
  can't understand me.

The ones who do are few.
They wear coarse cloth and
  carry jade in their breasts.

(Brian Browne Walker, *the Tao Te Ching of Lao Tzu*, St. Martin's Griffin New York(1995), Ch. 70)

[2] Chapter 70 (Being obscure)

My words are so easy to understand,
  so easy to follow,

and yet nobody in the world

understands or follows them.

Words come from an ancestry,

deeds from a mastery:

when these are unknown, so am I.

In my obscurity

is my value.

That's why the wise

wear their jade under common clothes.

(Ursula K. Le Guin, *Lao Tzu Tao Te Ching*, Shambhala Boston & London(1998), p. 90)

제 71 장 │ 지부지상 (知不知上)

知不知上, 不知知病. 夫唯病病, 是以不病. 聖人不病, 以
　지부지상　　　　　부지지병　　　　　부유병병　　　　시이불병　　　　성인불병　　　　이
其病病, 是以不病.
　기병병　　　시이불병

해석 │ 알면서도 알지 못하는 척하는 것은 상급(上級)의 태도이고, 알지 못하면서도 아는 척하는 것은 병적인 생각이다. 대체로 그는(훌륭한 인물은) 병적인 생각을 병으로 인정한다. 이 때문에 그것은 병으로 여겨지지 않는다. 성인은 병을 만들지 않는다. 그것은 그의 병적인 생각을 병으로 인정하기 때문이다. 이 때문에 그것은 병으로 여겨지지 않는 것이다.

Though he knows, yet he pretends not to know. To do like this is the highest.

Though he does not know, yet he pretends to know. To do like this is a diseased idea. Generally he(a respectable person) recognizes his diseased idea as a disease. For this reason it is not regarded as a disease. The sage does not make a disease. It is because he recognizes his diseased idea as a disease. For this reason it is not regarded as a disease.

【주석】

病 병〔병〕: ① 질병. 흠. 하자. 결점. disease; defect; vice. ② 병으로 여기다. 잘못된 생각이라고 인정하다. regard something as a disease; recognize something as a wrong idea.

【해설】

알면서도 알지 못하는 척하는 것은 상급(上級)의 태도이고, 알지 못하면서도 아는 척하는 것은 병적인 잘못된 태도이다. 대체로 잘못된 것을 잘못으로 인정한다면 병이 되지 않는다. 성인에게 병적인 면이 없는 것은, 잘못된 것을 잘못으로 인정하기 때문이다. 공자는 『논어』 위정(爲政) 편에서 "아는 것을 안다고 하고, 모르는 것을 모른다고 하는 것, 이것이 바로 아는 것이다."라고 말한다(知之爲知之, 不知爲不知, 是知也). 그러나 노자는 아는 것도 모르는 체하라고 말한다. 공자는 사실대로 말하라고 가르치고, 노자는 겸손하게 처신하라고 가르친다.

【외국학자 영문해석】

[1] Chapter 71

> To know you don't know is best.
>
> Not to know you don't know is a flaw.
>
> Therefore, the sage's not being flawed
>
> Stems from his recognizing a flaw as a flaw.
>
> Therefore, he is flawless.
>
> (Robert G. Henricks, *Te-Tao Ching Lao-Tzu,* The Modern Library New York(1993), p. 44)

Know not-knowing: supreme.

Not know knowing: faulty.

Only faulting faults is faultless.

The Sage is faultless

By faulting faults,

And so is without fault.

(Stephen Addiss & Stanley Lombardo, *Tao Te Ching Lao-Tzu*, Shambhala Boston & London(2007), Ch. 71)

제 72 장 │ 민불외위 (民不畏威)

民不畏威, 大威至矣. 無狹其所居, 無厭其所生. 夫唯不厭,
민불외위　　　　대위지의　　　　무협기소거　　　　무염기소생　　　　부유불염
是以不厭.
시이불염
是以聖人, 自知不自見, 自愛不自貴, 故去彼取此.
시이성인　　　　자지부자현　　　　자애부자귀　　　　고거피취차

해석 | 백성들이 통치자의 위엄을 두려워하지 않는다면, 크게 해로운 일이 그에게 닥치게 된다. (그러한 불행한 사태를 방지하기 위해서) 통치자는 그들이 살아가는 방식을 좁게 제한해서는 안 되고, 그들의 생활환경을 억눌러서도 안 된다. 백성들을 억누르지 않기 때문에 백성들이 통치자를 싫어하지 않는다.

When the people do not fear the authority of a ruler, something harmful greatly will befall him. (In order to prevent such a misfortune) a ruler should not limit their scope of activities, and also should not suppress their living circumstances. Just because a ruler does not suppress the people, they do not hate him.

이래서 성인은 자신을 잘 알지만 자신을 드러내지 않는다. 자신을 사랑하지만 자신을 귀중한 존재라고 여기지 않는다. 그러므로 저것(自見과 自貴)을 버리고 이것(自知와 自愛)을 취하는 것이다.

For this reason, the sage knows himself, but does not display his ability. He loves himself, but does not value himself highly. Therefore he discards that(自見, 自貴) and takes this(自知, 自貴). ("That" means 'to display his ability' and 'to value himself highly'. "This" means 'to knows himself' and 'to love himself'.)

【주석】

威 형벌 〔위〕: ① 위엄(威嚴). 최고의 위엄은 천자의 권위이다. dignity; authority. ② 해(害). 해로운 일. something harmful; a disaster; revolt; an insurrection of the people. ③ 형벌(刑罰). punishment; Heaven's vengeance; divine punishment.

厭 싫을 〔염〕: ① 싫다. 싫증 내다. 염증(厭症) 내다. hate; dislike; get tired of. ② 누르다. 억누르다. 厭은 설문(說文)에서 "착(笮)"이라고 설명한다. 笮은 "누르다", "억누르다"를 뜻한다(措). press down; suppress; repress.

狹 좁을 〔협〕: 좁게 하다. 좁히다. 제한하다. narrow; make narrow; limit.

【해설】

가혹한 세금이나 무자비한 형벌, 강제노역이나 침략전쟁을 위한 강제징용, 이런 것들은 무위자연(無爲自然)의 도(道)에 어긋나는 행위이다. 백성들의 반발을 불러일으킨다. 도를 넘으면 민란(民亂)이나 쿠데타가 일어난다. 그러므로 백성들로 하여금 편안한 삶을 누리도록 선정(善政)을 베풀어야 한다. 그래서 도(道)를 터득한 성인은 심신(心身)을 닦을 뿐 그의 능력을 드러내지도 않고, 스스로를 존귀한 존재라고 여기지도 않는다. 겸손한 자세로 백성들과 고락을 함께한다.

백성들이 안주(安住)할 수 없고, 편안하게 생활할 수 없다면, 백성들은 그 나라를 떠나거나 폭동을 일으키게 된다. 북한의 탈북자들이 그러하고, 최근에 일어난 아프리카·중동 국가들의 민주화 운동이 그러하다.

〖외국학자 영문해석〗

[1] Chapter 72

When people do not fear what is terrible,

then the great terror comes.

Do not make their dwellings narrow

nor their life vexed.

For it is because of this-

that they do not live in narrowness-

that their life does not become vexed.

Thus also is the Man of Calling:

He knows himself but does not want to shine.

He loves himself but does not seek honour for himself.

He removes the other and takes this.

(Richard Wilhelm, *Tao Te Ching*, translated into English by H. G. Ostwald, Arkana Penguin Books(1989), p. 60)

[2] 72nd Verse

When people lack a sense of awe,

there will be disaster.

When people do not fear worldly power,

a greater power will arrive.

Do not limit the view of yourself.

Do not despise the conditions of your birth.

Do not resist the natural course of your life.

In this way you will never weary of this world.

Therefore, the sage knows himself

but makes no show of himself;

loves himself

but does not exalt himself.

He prefers what is within to what is without.

(Dr. Wayne W. Dyer, *Living the Wisdom of the Tao*, Hay House, Inc.(2008), p. 147)

제 73 장 │ 용어감즉살 (勇於敢則殺)

勇於敢則殺, 勇於不敢則活. 此兩者, 或利或害. 天地所惡,
　용어감즉살　　　　　　용어불감즉활　　　　　차양자　　　　혹리혹해　　　　　천지소오

孰知其故, 是以聖人猶難之.
　숙지기고　　　　시이성인유난지

天之道, 不爭而善勝, 不言而善應, 不召而自來, 繟然而善謀.
　천지도　　　부쟁이선승　　　　불언이선응　　　　불소이자래　　　　천연이선모

天網恢恢, 疏而不失.
　천망회회　　　소이부실

해석 | (나쁜 짓을) 감행(敢行)하는 데 용감하면 죽게 되고, 감행하지 않는 데 용감하면 살게 된다. 이 두 가지는 어떤 때는 이롭기도 하고 어떤 때는 해롭기도 하다. 하늘이 싫어하는 것에 대하여, 누가 그 연고를 알겠는가? 이런 까닭으로 성인은 오히려 그러한 일들을 어렵게 여긴다.

　He who is brave in daring to do (something evil) comes to die, and he who is brave in not daring to do becomes to survive. These two cases are sometimes advantageous and sometimes injurious. About what heaven hates, who knows the reason? For this reason, the sage treats such things as rather difficult.

하늘(대자연)의 방식은 다투지 않으면서 잘 극복하고, 말하지 않으면서 잘 응하고, 부르지 않아도 스스로 오고, 느슨한 듯하면서도 일을 잘 도모한다. 하늘이 쳐놓은 그물은 아주 넓고 엉성하면서도 어느 것도 빠뜨리지 않는다.

The way of heaven[Mother Nature] does not contend but overcomes well, does not speak but responds well, does not call but comes of themselves, and appears slack but deals with affairs well. 'The meshes of the net that heaven set' are very wide and sparse, but nothing can escape.

【주석】

天之道 (천지도): 하늘의 다스림. 하늘의 작용. 하늘이 만물을 다스리는 방식. 여기서 道는 "방법(方法)", "치리(治理)" 등을 가리킨다. (中國 世紀出版集團, 『漢語大詞典』, 漢語大詞典出版社(2000. 8.), p. 1287) Heaven's administration of all things; the action of Heaven; the way that Heaven governs all things.

爭 다툴 〔쟁〕: 다투다. contend; strive.

勝 이길 〔승〕: 이기다. 이겨내다. 극복하다. win; overcome.

繟 느슨할 〔천〕: 느슨하다. loose; slack; relax.

恢 넓을 〔회〕: 넓다. wide.

疏 트일 〔소〕: 트이다. 성기다. 공간적으로 사이가 뜨다. 소(疎)와 同字. sparse; thin; scattered.

【해설】

전쟁(戰爭)과 같은 큰일을 감행하는 데 있어서 용감하면 결국은 죽게 되고, 반대로 전쟁을 피하는 데 있어서 용감하면 살아남게 된다. 계곡에 흐르는 물은 바위가 있으면 옆으로 비켜 간다. 바위와 다투지 않으며 자기의 길을 간다. 춘하추동 사계절과 낮과 밤은 말하지 않아도 오고 간다. 계곡과 하천의 물은 부르지 않아도 낮은 곳으로 흘러간다. 인간 세계는 법망(法網)으로 촘촘하게 묶여 있지만, 자연계는 느슨하게 열려 있다. 누구라도 그곳에서 자유롭게 삶을 유지할 수 있다. 식물이든 동물이든 생명체는 모두 빛과 물과 공기가 필요하다. 하늘은 빛을 비추고 비를 뿌리며 공기를 준다. 어느 것도 빠뜨리지 않는다. 그래서 하늘이 쳐놓은 그물은 아주 넓어서 어느 것도 빠뜨리지 않는다고 한 것이다.

〖외국학자 영문해석〗

[1] 38 (Chapter 73)

> He who is brave in daring will be killed,
> He who is brave in not daring will survive.
> One of these two courses is beneficial,
> The other is harmful.
>
> Who knows the reason for heaven's dislikes?
> The Way of heaven
>> does not war
>> yet is good at conquering,
>> does not speak
>> yet is good at answering,
>> is not summoned
>> yet comes of itself,
>> is relaxed
>> yet good at making plans.
>
> Heaven's net is vast;
> Though its meshes are wide,
>> nothing escapes.
>
> (Victor H. Mair, *Tao Te Ching,* Bantam Book(1990), p. 48)

[2] Chapter 73

> Courageous daring leads to death.
> Courage not to dare leads to life.

Both of these things
　　sometimes benefit
　　and sometimes injure.

Heaven has its dislikes,
　　and who knows the reason?
Even the sage finds this difficult.

Heaven's Tao does not contend,
　　yet skillfully conquers,
　　does not speak, yet answers,
　　is not called, but come naturally,
　　is patient, but very resourceful.

Heaven's net is vast, vast,
　　widely meshed,
　　yet nothing escapes it.

(Sam Hamill, *Tao Te Ching*, Shambhala Boston & London(2007), p. 107)

民不畏死, 奈何以死懼之. 若使民常畏死, 而爲奇者, 吾得
민불외사　　　　나하이사구지　　　　약사민상외사　　　이위기자　　　오득
執而殺之, 孰敢.
집이살지　　숙감
常有司殺者殺, 夫代司殺者殺, 是謂代大匠斲, 夫代大匠
상유사살자살　　　　　부대사살자살　　　　　시위대대장착　　　　부대대장
斲者, 希有不傷其手矣.
착자　　　희유불상기수의

해석 | (폭정에 시달리게 되면) 백성들이 죽는 것을 두려워하지 않는다. 어떻게 사형제도 (死刑制度)로써 그들을 두렵게 만들 수 있겠는가? (선정(善政)을 베풀어 백성들이 배불리 먹고 평화롭게 살게 되면, 백성들은 오래 살고 싶어 하고 죽음을 두려워하게 된다. 그렇게 함으로써) 백성들로 하여금 항상 사형(死刑)을 두려워하게 하였는데, 그럼에도 불구하고 만약 부정한 짓을 하는 자가 있다면 우리는 그를 잡아서 죽이는데, 누가 감히 부정한 행위를 하겠는가?

(When groaned under tyranny,) the people are no longer afraid of death. How can frighten them with the death penalty? (When the people eat heartily and enjoy a life of peace by good government, then they wish to live long and get to be afraid of death. By doing so,) a ruler makes the people always afraid of death; nevertheless, if there are those who do wrong, we arrest and execute them, while who would dare to do wrong?

언제나 죽음을 맡아서 다스리는 자가 있어서 죽게 하는 것이다(그것은 하늘의 작용이다. 생명체는 태어나서 일정한 기간이 지나면 죽음을 맞이한다). 저, 죽게 하는 일을 맡은 자를 대신하여 죽게 하는 것, 이를 일컬어 큰 목수를 대신하여 나무를 자른다고 이야기한다. 큰 목수를 대신하여 나무를 자르는 사람치고 자신의 손을 다치지 않는 자가 드물다.

There is always the existence that presides over (life and) death, and it inflicts death. (It means the action of Heaven. When all living things are born, a definite period of time passes, then they meet their death.) "Well, to kill instead of the existence that presides over the matter which inflicts death on all living things," this is called "cutting wood instead of a master carpenter." As men who cut wood on behalf of the master carpenter, there are few who do not hurt their own hands.

‖【주석】‖

畏 두려워할 〔외〕: 두려워하다. 무서워하다. fear; be afraid of.

殺 죽일 〔살〕: 죽음. 죽이는 일. 사형(死刑). death; death penalty (system).

奈 어찌 〔나〕: 어찌. 어떻게. 어떤 방법으로. how; in what way; by what means.

何 어찌 〔하〕: 어찌. how; in what way; by what means.

懼 두려워할 〔구〕: ① 두려워하다. fear; be afraid of. ② 두려워하게 하다. frighten; scare.

奇 기이할 〔기〕: 부정(不正). 바르지 아니함. 부정한 짓. (do) wrong; (do) a dishonest thing [act]; (commit) irregularities.

司 맡을 〔사〕: 맡아 다스리다. preside over; control; mange.

匠 장인 〔장〕: 장인(匠人). 목공(木工)이나 도공(陶工) 등과 같이 손으로 물건을 만드는 일을 업으로 하는 사람. 일정 부문에서 우두머리가 될 사람. artisan; craftsman; master.

斲 깎을 〔착〕: 깎다. 깎아내다. 베다. cut; hew; chop.

‖【해설】‖

위정자가 청렴결백(淸廉潔白)하고 공평무사(公平無私)하며 솔선수범(率先垂範)하는 자세로 선정(善政)을 베풀면, 그 나라는 부강해진다. 백성들은 배불리 먹게 되고 편안하게 살 수 있다. 이렇게 되면 사람들은 좀 더 오래 살고 싶어 하고 죽는 것을 두려워하게 된다. 그러나 독재정치가 장기화되고 빈곤과 억압에 시달리게 되면 죽음을 두려워하지 않고 항거하게 된다. 최근 일어나고 있는 중동과 아프리카 국민들의 반정부 투쟁이 그러하다. 목숨을 걸고 죽음을 두려워하지 않으며 탱크나 총칼에 맞서고 있다.

생명체가 태어나고 죽고 하는 것은 하늘이 하는 일이다. 위정자가 임의로 사람을 죽여서는 안 된다.

【외국학자 영문해석】

[1] Chapter 74

When the people are not afraid of death, wherefore frighten them with death?

Were the people always afraid of death, and were I able to arrest and put to death those who innovate, then who would dare?

There is a regular executioner whose charge it is to kill.

To kill on behalf of the executioner is what is described as chopping wood on behalf of the master carpenter.

In chopping wood on behalf of the master carpenter, there are few who escape hurting their own hands instead.

(D. C. Lau, *Lao Tzu Tao Te Ching*, Penguin Books(1963), p. 81)

[2] Chapter 74

When the people are no longer afraid of death,
Why scare them with the spectre of death?

If you could make the people always afraid of death,
And they still persisted in breaking the law,
Then you might with reason arrest and execute them,
And who would dare to break the law?

Is not the Great Executor always there to kill?
To do the killing for the Great Executor

Is to chop wood for a master carpenter,

And you would be lucky indeed if you did not hurt your own hands!

(John C. H. Wu, *Tao Teh Ching Lao Tzu*, Shambhala Boston & London(2006), p. 167)

제 75 장 | 민지기 (民之饑)

民之饑, 以其上食稅之多, 是以饑.
　민지기　　　　이기상식세지다　　　　시이기

民之難治, 以其上之有爲, 是以難治.
　민지난치　　　　이기상지유위　　　　시이난치

民之輕死, 以其上求生之厚, 是以輕死.
　민지경사　　　　이기상구생지후　　　　시이경사

夫唯無以生爲者, 是賢於貴生.
　부유무이생위자　　　　시현어귀생

해석 | 백성들의 굶주림, 그것은 위정자가 세금의 많은 부분을 먹어 없애기 때문이다. 이 때문에 기근(饑饉)으로 고생하는 것이다.

The people's famine, it is because those who govern the people eat up most of taxes. For this reason, they suffer from famine.

백성들을 다스리기 어려운 것, 그것은 위정자가 "억지로 어떤 일을 하게 하는 경우"가 있기 때문이다. 이 때문에 다스리기가 어렵게 되는 것이다.

To be difficult to govern the people, it is because there are cases that the ruler make them do something (against their will). For this reason, they are difficult to govern the people.

백성들이 죽음을 가벼이 여기는 것, 그것은 위정자가 (백성들의 삶은 도외시하고) 자신들만의 삶을 두텁게 하는 일을 추구하고 있기 때문이다. 이 때문에 (백성들은) 죽음을 가벼이 여기게 되는 것이다.

The circumstance that the people treat death lightly, it is because those above them pursue only their abundant life (leaving the people's life out of consideration). For this reason, the people treat death lightly.

대체로 살아가는 데 있어서, 억지로 하게 함이 없는 것, 이렇게 하는 것이 그들의 (풍성한) 삶을 귀하게 여기는 것보다 가치 있는 일이다.

Generally in leading a life, to govern the people by the way without making them do something forcibly, this is worthier than to prize their (abundant) life.

【주석】

饑 주릴 (기): 주리다. 굶주리다. 기근(饑饉)을 입다. be hungry; be famished; suffer famine.

上 위 (상): 윗사람. those above the people; those in authority; one's superiors; those who govern the people; the ruling classes.

食 먹을 (식): 먹다. (세금을) 거두다. eat; have; tax; collect (taxes); levy (taxes).

爲 할 (위): ~하게 하다. make a person do something (against one's will).

輕死 (경사): 죽음을 가벼이 여기다. treat death lightly; make light of death; look on death lightly.

【해설】

세금의 많은 부분을 먹는다는 말은 세금을 너무 많이 거두어들인다는 의미도 있고, 또 이미 거두어들인 세금을 백성들을 위해서 사용하지 않고 위정자 자신의 호화로운 생활을 위해서 쓴다는 의미도 있다. 백성들을 강압적으로 다스리지 않고 무위의 방식(無爲)으로 다스린다면 모든 일이 자연스럽게 전개되어 어려움이 생기지 않는다고 노자는 생각한다. 백성들이 죽음을 가벼이 여기는 경우도 두 가지로 생각할 수 있다. 하나는 목숨을 초개 같이 여기고 부정부패 독재정권에 항거하는 경우이고, 다른 하나는 목숨을 잃을 가능성도 있지만 우선 먹고살기 위해서 악행을 저지르는 경우이다. 결론적으로 삶에 있어서 무위(無爲)의 정치가 위정자와 백성 모두에게 안정(安定)을 주는 가치 있는 일이라는 것이 노자의 생각이다. 그런데 현대 정치문화에서 이러한 사상이 통할 수 있을지는 의문이다.

【외국학자 영문해석】

[1] Chapter 75

When taxes are too high,

  people go hungry.

When the government is too intrusive,

  people lose their spirit.

Act for the people's benefit.

Trust them; leave them alone.

(Stephen Mitchell, *Tao Te Ching*, Perennial Classics(2000), Ch. 75)

[2] Stanza 75

1   The people lack for food

2   When those above them overtax;

3   That is why they lack.

4   And the people can't be ruled

5   When those above them serve themselves,

6   That is why they can't be ruled.

      * * *

7   And when the people death defy

8   It is but to make their lives secure-

9   That is why.

10 Worthier far than living loyally

11 Those who live not for themselves.

(Moss Roberts, *Dao De Jing*, University of California Press(2004), p. 179)

人之生也柔弱, 其死也堅强. 草木之生也柔脆, 其死也枯槁.
인지생야유약   기사야견강   초목지생야유취   기사야고고

故堅强者死之徒, 柔弱者生之徒.
고견강자사지도   유약자생지도

是以兵强則不勝, 木强則折, 强大處下, 柔弱處上.
시이병강즉불승   목강즉절   강대처하   유약처상

해석 | 사람이 태어날 때에는 부드럽고 연약(軟弱)하지만, 죽을 때에는 굳고 딱딱해진다. 초목이 태어날 때에는 부드럽고 무르지만, 죽을 때에는 마르고 시들게 된다. 그러므로 굳고 딱딱한 것은 죽게 되는 부류에 속하고, 부드럽고 연한 것은 살게 되는 부류에 속한다.

When men are born, they are supple and weak, but when they die, they become firm and strong. When glass and tree sprout up, they are soft and brittle, but when they die, they become dry and withered. Therefore the firm and the hard belong to the category of death, and the supple and the weak belong to the category of life.

이 때문에 군대가 딱딱해지면 이기지 못하고, 나무가 딱딱해지면 부러지게 된다. 강대한 것은 아래에 처하게 되고, 유약한 것은 위에 처하게 된다.

For this reason, if an army becomes hard, it does not conquer the other party, and if a tree becomes strong and big, it becomes broken. After all, the firm and strong is placed below, and the supple and weak is placed above.

【주석】

柔弱 (유약): 부드럽고 연약하다. supple and weak; soft and supple.

堅强 (견강): 굳고 딱딱하다. firm and hard; hard and stiff.

脆 무를 [취]: 무르다. 약하다. fragile; brittle; frail; soft; weak.

枯 마를 [고]: 마르다. 초목이 마르다. dry.

槁 마를 [고]: 시들다. 싱싱함을 잃다. withered.

徒 무리 [도]: 무리. 부류. group; circle; company; category.

折 꺾일 [절]: 부러지다. 꺾이다. 공(共) 혹은 공(拱)으로 쓰여 있는 판본도 있으나 의미가 통하지 않는다. be broken; get broken off.

‖【해설】‖

세상만물은 모두 변화한다. 변하지 않는 것은 아무것도 없다. 그러므로 변화에 잘 적응하지 못하면 도태될 수밖에 없다. 그런데 강경(强硬)한 것은 변화에 잘 적응하지 못하는 성향이 있다. 발 빠르게 적응하지 못하여 도태되는 경우가 많다. 반면에 유약(柔弱)한 것은 변화에 잘 적응하는 특성이 있다. 강건한 거목(巨木)은 변화에 직면하여도 자신을 굽히려 하지 않기 때문에 강한 바람이 불면 이내 부러지고 만다. 그러나 유약한 풀은 변화에 직면하면 자신을 고집하지 않고 그 변화에 잘 적응하기 때문에 아무리 거센 바람이 불어도 부러지지 않는다. 강건한 나무는 그 경직성(硬直性) 때문에 잘 적응하지 못해 부러지는 것이고, 연약한 풀은 그 유연성(柔軟性) 때문에 잘 적응하여 살아남는 것이다. 그래서 "굳고 딱딱한 것은 죽게 되는 부류에 속하고, 부드럽고 연한 것은 살아남게 되는 부류에 속한다."라고 말한다(堅强者死之徒, 柔弱者生之徒). 생물의 생존경쟁의 세계에서, 외계의 상태나 변화에 적합하거나 잘 적응하는 자는 살아남고, 그렇지 못한 자는 도태되는 현상인 적자생존(適者生存)이라는 말이 이를 잘 대변한다.

위로 높이 자란 거목은 강풍에 아래로 쓰러지지만 이레에 놓여 있는 풀은 강풍이 지나가면 다시 위로 솟아오른다. 힘이 좀 강해졌다고 해서 유약한 나라들을 침략하였던 강국(强國)들은 종국에는 추락(墜落)하였다. 제2차 세계대전 때의 독일이나 일본이 그러한 예이다. 나무에 있어서 부드럽고 약한 가지와 잎은 위에 붙어 있고, 두껍고 억센 줄기와 뿌리는 아래에 놓여 있다. 자연의 모습이다. 노자는 이러한 현상들을 보고서, "강대한 것은 아래에 처하고, 유약한 것은 위에 처한다."라고 비유하여 말한다.

[1] Verse 76

When life begins
   we are tender and weak
When life ends
   we are stiff and rigid
All things, including the grass and trees,
   are soft and pliable in life
   dry and brittle in death

So the soft and supple
   are the companions of life
While the stiff and unyielding
   are the companions of death

An army that cannot yield
   will be defeated
A tree that cannot bend
   will crack in the wind
Thus by Nature's own decree
   the hard and strong are defeated
   while the soft and gentle are triumphant

(Jonathan Star, *Tao Te Ching,* The Definitive Edition, Tarcher(2001, 2003), p. 97)

[2] Chapter 76

Man, born tender and yielding,
Stiffens and hardens in death.
All living growth is pliant,

Until death transfixes it.

Thus men who have hardened are 'kin of death'

And men who stay gentle are 'kin of life.'

Thus a hard-hearted army is doomed to lose.

A tree hard-fleshed is cut down:

Down goes the tough and big,

Up comes the tender sprig.

(Witter Bynner, *The Way of Life according to Lao Tzu*, A Perigee Book(1994), p. 104)

제 77 장 | 천지도기유장궁여 (天之道其猶長弓與)

天之道, 其猶張弓與. 高者抑之, 下者擧之. 有餘者損之, 不足
천지도　　　　　기유장궁여　　　　고자억지　　　　하자거지　　　　유여자손지　　　　부족

者補之.
자보지

天之道損有餘而補不足, 人之道則不然, 損不足以奉有餘.
천지도손유여이보부족　　　　　　인지도즉불연　　　　　손부족이봉유여

孰能有餘以奉天下, 唯有道者.
숙능유여이봉천하　　　　유유도자

是以聖人爲而不恃, 功成而不處, 其不欲見賢.
시이성인위이불시　　　　공성이불처　　　　기불욕견현

해석 | 하늘의 방식은 활시위를 당기는 것과 같다. 높으면 그것을 아래로 당기고, 낮으면 그것을 위로 올린다. 남음이 있으면 그것을 덜고, 부족하면 그것을 보충해 준다.

Probably the way of heaven may be compared to the method of drawing a bow. An archer bends down it toward what is high, and raises up it toward what is low. When there is superabundance, heaven diminishes it, and when there is deficiency, heaven supplements it. [The way of heaven diminishes the place where there is superabundance, and supplements the place where there is deficiency.]

하늘의 방식은 남음이 있는 것을 덜어서 부족한 데를 보충해 주는데, 인간의 방식은 그러하지 않다. 부족한 데를 덜어서 남음이 있는 데에 준다.

The way of heaven diminishes superabundance and supplements deficiency. But the way of man is not like that. It takes away from those who do not have enough and gives to those who already have more than enough.

누가 남음이 있는 것을 가지고 천하에 바칠 수 있겠는가? "오직 도를 지닌 자" 즉 "우주가 만물을 다스리는 것과 같은 방식의 정치사상을 지닌 사람"만이 그렇게 할 수 있다.

Who can offer his own superabundance to all under heaven? Only "he who has possessed the Dao", namely, "the man who has perceived such a political way as the universe governs all things" can do it.

이러한 까닭에 성인은 베풀기는 하지만 기대하지는 않으며, 공을 이루기는 하지만 차지하지 않으며, 또한 자신의 현명함을 드러내려고 하지 않는다.

For this reason, the sage bestows a favor (on all the people), but does not expect any reward. He achieves his merits but does not rest in it. Also he does not wish to display his wisdom.

【주석】

天之道 (천지도): 하늘의 방식. 하늘이 만물을 다스리는 방식. 우주가 만물을 다스리는 것과 같은 그러한 방식. 여기서 道는 "방법(方法)", "치리(治理)" 등을 가리킨다. (中國 世紀 出版集團, 『漢語大詞典』, 漢語大詞典出版社(2000. 8.), p. 1287) the way of heaven; the order of heaven; the way that heaven governs all things; such a way as the universe governs all things.

張 당길 [장]: 활시위를 당기다. draw [bend] a bow.

與 (여): ~일 것이다. 추측이나 감탄의 어기를 나타낸다. 일반적으로 추측을 나타내는 부사인 其와 같이 쓰인다. (연세대 사서사전편찬실,『사서집해사전』, 성보사(2003), p. 521) used to indicate the feeling of conjecture.

弓 활 (궁): 활. bow.

者 (자): 어조사로 쓰여 가정을 나타낸다. (최상익,『한문해석법연구』, 강원대학교 출판부(1998), p. 93) 우리말로는 "~하면", "~이면" 등으로 해석할 수 있다.

抑 누를 (억): 누르다. 아래로 당기다. press down; bend down.

奉 바칠 (봉): 바치다. 드리다. give (to a superior); offer; present.

有餘 (유여): 남음이 있는 것. 남음이 있는 사람. superabundance; those who have too much; those who already have more than enough.

有道者 (유도자): 도를 지닌 자. 우주가 만물을 다스리는 것과 같은 방식의 정치사상을 지닌 사람. 무위자연의 방식으로 다스려야 한다는 정치사상(政治思想)을 가진 사람. one who has perceived the Dao; the man who possesses such a political way as the universe governs all things; the man who has the political ideas to leave a matter to take its natural course without applying any artificial force.

恃 믿을 (시): ① 의지하다. 기대하다. lean; rely on; depend on; expect. ② 자랑하다. 뽐내다. boast; vaunt; be proud of.

其 (기): 진실로. 또한. (김원중 편저,『허사사전』, 현암사(2001), p. 127) really; indeed; also; too.

【해설】

이 장(章)에서는 하늘이 만물을 다스리는 것과 같은 공평하고 조화로운 세계에 관하여 이야기한다. 산 중턱에서 활을 쏘는 사냥꾼은 하늘 높이 솟아오른 새에 대하여는 활시위를 아래로 잡아당기고, 산기슭 아래로 달리는 멧돼지에 대하여는 활시위를 위로 잡아당긴다. 그때그때의 상황에 따라 그 상황에 맞게 균형을 잡는다. 하늘의 작용은 남음이 있는 쪽을 덜어서 부족함이 있는 쪽에 보태어 준다. 그러나 인간의 세계는 부족한 자들을 착취하여 지배계급의 부(富)를 더욱 불어나게 한다. 그래서 인간세계에서는 부익부, 빈익빈(富益富, 貧益貧) 현상이 나타난다. 누가 남음이 있는 것을 가지고 지배계층이 아니라

온 백성에게 고루 나누어줄 수 있겠는가? 무위자연(無爲自然)의 도를 지닌 자만이 그렇게 할 수 있을 것이다.

‖【외국학자 영문해석】‖

[1] Chapter 77

Is not the way of heaven like the stretching of a bow?

The high it presses down,

The low it lifts up;

The excessive it takes from,

The deficient it gives to.

It is the way of heaven to take from what has in excess in order to make good what is deficient. The way of man is otherwise. It takes from those who are in want in order to offer this to those who already have more than enough.

Who is there that can take what he himself has in excess and offer this to the empire?

Only he who has the way.

Therefore the sage benefits them yet exacts no gratitude,

Accomplishes his task yet lays claim to no merit.

Is this not because he does not wish to be considered a better man than others?

(D. C. Lau, *Lao Tzu Tao Te Ching*, Penguin Books(1963), p. 84)

[2] Chapter 77

Perhaps the Way of Heaven may be likened to the stretching of a composite bow! The upper part is depressed, while the lower is raised. If the bow-string is too long, it is cut short: if too short, it is added to.

The Way of Heaven diminishes the more-than-enough to supply the less-than-enough.

The way of man is different: it takes from the less-than-enough to swell the more-than-enough. Who except a man of the Tao can put his superabundant riches to the service of the world?

Therefore, the Sage does his work without setting any store by it, accomplishes his task without dwelling upon it. He does not want his merits to be seen.

(John C. H. Wu, *Tao Teh Ching Lao Tzu*, Shambhala Boston & London(2006), p. 173)

제 78 장 | 천하막유약어수 (天下莫柔弱於水)

天下莫柔弱於水, 而攻堅强者, 莫之能勝, 以其無以易之.
천하막유약어수   이공견강자   막지능승   이기무이역지

柔之勝剛, 弱之勝强, 天下莫不知, 莫能行.
유지승강   약지승강   천하막부지   막능행

是以聖人云, 受國之垢, 是謂社稷主, 受國不祥, 是謂天下王.
시이성인운   수국지구   시위사직주   수국불상   시위천하왕

正言若反.
정언약반

해석 | 천하에 물보다 더 부드럽고 연한 것은 없다. 그러나 단단하고 굳센 것을 공격함에 있어서는 그것을 능가할 수 있는 것이 없다. 그 어떤 것도 물의 성질을 바뀌게 할 수는 없기 때문이다.

In the world there is nothing more soft and weak than water. But, for attacking things that are hard and strong, there is nothing that can surpass water. It is because there is nothing that can make the character of water change.

부드러운 것이 억센 것을 이기고, 연약한 것이 강한 것을 이긴다는 사실을 천하에 알

지 못하는 자가 없지만, 능히 행하지를 못한다.

About the fact that the soft overcomes the hard, and the weak overcomes the strong, everyone in the world knows it, but no one can put it into practice.

이러한 까닭에 성인이 말하기를, 나라의 온갖 궂은일을 떠맡는 자, 이를 일컬어 사직(社稷)의 주인이라고 하고, 나라의 상서(祥瑞)롭지 못한 일을 떠맡는 자, 이를 일러 천하의 왕이라고 한다.

Therefore the sage said, "He who accepts all the dirt of a country, this is called the lord of the altar to the god of the land and grain, and he who accepts the calamities of a country is called the king of all under heaven."

위에서 언급한 말은 도에 부합되는 바른말인데, 세상 사람들은 반대로 이해하는 것 같다.

Words described above are straightforward words, but people regard them as if opposed.

【주석】

莫 없을 〔막〕: ① 아무도 ~하지 않다. no one; none; nothing. (*A Chinese-English Dictionary*, 1997 Revised Edition, Beijing Foreign Language University(2000), p. 851) ② ~한 사람이 없다. ~한 곳이 없다. ~한 것이 없다. (연세대 사서사전편찬실, 『사서집해사전』, 성보사(2003), p. 239) there is not the person (the place. the thing) that ~. ③ 아무도 없다. 아무것도 없다. (김원중 편저, 『허사사전』, 현암사(2001), p. 225) no one; nobody.

於 어조사 〔어〕: ~보다. 비교를 나타낸다. than; rather than.

無以 (무이): 할 수 없다. cannot; be not able to.

勝 나을 〔승〕: 딴것보다 낫다. 낫다. 뛰어나다. 능가하다. surpass; be superior to; overcome.

易之 (역지): 그것을 바꾸다. 그것이란 물을 가리키므로 "물을 바꾸다", "물을 대신하다"의 의미도 된다. change it; substitute it.

垢 때〔구〕: 때. 더러운 것. 오욕. 수치. dirt; filth.

社稷 (사직): 조정(朝廷). 국가. 사(社)는 땅의 신, 직(稷)은 곡식의 신이다. 과거의 임금들은 이 두 신에게 제사를 지냄으로써 나라의 안녕과 부강을 기원하였다. 여기서 사직이란 말이 조정이나 나라를 상징하는 말로 쓰이게 되었다. god of the land and the god of grain; state; country. (*New Age Chinese-English Dictionary*, The Commercial Press. Beijing(2001), p. 1357)

不祥 (불상): 상서롭지 못한 일. 재앙. calamity; misfortune.

【해설】

하상공은 "물은 부드럽고 강하지 않으므로 둥근 원(圓) 가운데 있으면 둥근 원이 되고, 네모 가운데 있으면 네모가 되고, 막으면 머무르고, 막아놓은 것을 터트리면 흘러가게 됨을 말한 것이다. 물은 산을 품고서 언덕에 오를 수 있고, 쇳덩어리를 마멸시키고 동(銅)을 소멸시킬 수가 있기 때문에 어느 것도 물을 이겨서 공을 이룰 수가 없다. 따라서 견고하고 굳센 것을 공격하는 데는 물을 대신할 만한 것이 없다."라고 말한다(言水柔弱, 圓中則圓, 方中則方, 擁之則止, 決之則行, 水能懷山襄陵, 磨鐵消銅, 莫能勝水而成功也. 夫攻堅强者, 無以易於水). 제43장 해설에서는, "지극히 부드러운 것은 물이고 지극히 견고한 것은 쇠와 바위이다. 물은 견고한 것을 관통하고 단단한 것 속으로 들어갈 수 있다. 꿰뚫지 못하는 것이 없다."라고 말한다(至柔者水, 至堅金石, 水能貫堅入剛, 無所不通). 왕필(王弼)은 "기(氣)는 들어가지 못하는 곳이 없고, 물은 지나가지 못하는 곳이 없다."라고 주장한다(氣無所不入, 水無所不經).

날카롭고 강한 쇠 화살도 돌을 뚫지는 못한다. 그러나 낙숫물은 돌을 뚫는다. 그래서 "돌 뚫는 화살은 없어도 돌을 파는 낙수는 있다."라는 속담이 생겨났다. "낙숫물이 댓돌을 뚫는다."라는 속담도 같은 의미이다. 땅은 하늘보다 낮은 곳이다. 계곡은 정상보다 낮은 곳으로 물이 모여드는 골짜기이다. 온갖 동식물이 모여들고 새들이 날고 물고기가 서식(棲息)한다. 물은 그들에게 자양분을 공급하지만 그의 공적을 자랑하지 않고 어떤 대가를 요구하지 않는다. 물은 연못처럼 가득하게 고여 있어 주변의 숲과 언덕을 윤택하게 한다. 물이 만물에 영양분을 공급하듯이 우리도 남을 먼저 배려하는 마음을 가져야 한다.

나라를 다스리는 자는 맨 아래에 처한 바다와 같이 온갖 물을 다 받아들인다. 나라의 궂은 일과 상서롭지 못한 일을 모두 자신이 떠맡아야 한다. 신하에게 그 책임을 미루거나 백성의 탓으로 돌려서는 안 된다. 위에서 언급한 것은 도(道)에 부합되는 바른말인데, 세상 사람들은 반대로 이해하는 것 같다. 견고하고 강한 것이 부드럽고 약한 것을 이기는 것으로 잘못 알고 있는 것이다.

▌【외국학자 영문해석】▌

[1] Chapter 78

1. There is nothing in the world more soft and weak than water, and yet for attacking things that are firm and strong there is nothing that can take precedence of it;--for there is nothing (so effectual) for which it can be changed.

2. Every one in the world knows that the soft overcomes the hard, and the weak the strong, but no one is able to carry it out in practice.

3. Therefore a sage has said,
   'He who accepts his state's reproach,
   Is hailed therefore its altars' lord;
   To him who bears men's direful woes
   They all the name of King accord.'

4. Words that are strictly true seem to be paradoxical.

(James Legge, *The Texts of Taoism, The Tao Te Ching of Lao Tzu*, Dover Publications, Inc. New York(1962), p. 120)

[2] Chapter 78

In the world nothing is softer or weaker than water,
Yet there is also nothing that can outdo her ability to attack the hard and firm,
For there is nothing that can substitute for her.

Water overcomes rock; soft overcomes firm.
No one in the world does not know this and yet none can practice it.

Therefore,

The Sage's words say:

To accept shame for the state is said of the lord of the altars of earth and grain;

To accept misfortune for the state is said of the king of all under heaven.

Orthodox sayings are seemingly reversed.

(Edmund Ryden, *Laozi Daodejing*, Oxford university press(2008), p. 161)

제 79 장 | 화대원필유여원 (和大怨必有餘怨)

和大怨必有餘怨, 安可以爲善.
　　화대원필유여원　　　　　안가이위선
是以聖人執左契, 而不責於人.
　　시이성인집좌계　　　　이불책어인
故有德司契, 無德司徹.
　　고유덕사계　　　　무덕사철
天道無親, 常與善人.
　　천도무친　　　상여선인

해석 | 큰 원한을 풀어준다 하더라도 반드시 남는 원한이 있다. 어찌 괜찮다고 할 수 있겠는가?

Even if a great grudge is healed (between two parties), there are always the dregs of a grudge remaining in the mind. How can this be considered all right?

이러한 까닭에 성인은 왼쪽의 계약증거물을 잡고는 있지만, 상대방에게 책임을 이행하라고 독촉하지는 않는다.

For this reason, the sage takes the left-hand tally[the left-hand portion of the record of the engagement], but does not urge the other party to fulfill his duties.

　그러므로 덕이 있는 사람은 계약증서만을 맡고 있는데, 덕이 없는 사람은 세금을 거두어들이는 일을 맡는다.

Therefore the man with virtue keeps only the evidence called tally, but the man without virtue takes charge of a mandatory levy of taxes.

　하늘의 방식은 (특별히 누구를) 편애(偏愛)하지 않고 항상 선(善)한 사람과 함께한다.

The way of heaven has no partiality of love, and it always shares everything with the good man.

〖주석〗

可以 (가이): 할 수 있다. can; may. (*New Age Chinese-English Dictionary,* The Commercial Press. Beijing(2001), pp. 879-880)

善 좋을 〔선〕: 좋다. 괜찮다. good; fine; all right; not bad.

左契 (좌계): 계(契)는 계약서(契約書)를 뜻한다. 집을 임차하거나 매매할 때, 지금은 부동산 중개소에 가서 계약서를 쓰고 임대인과 임차인이 날인한 계약서를 각각 한 장씩 보관한다. 그러나 종이가 없었던 고대에는 채권·채무에 대한 증거로서 대나무 같은 나무를 반쪽으로 나누어 왼쪽 나무와 오른쪽 나무에 같은 내용의 글을 써놓고 하나씩 나누어 증거물로 가졌다고 한다. 왼쪽의 계약증거물은 좌계(左契)라고 하여 채권자가 보관하고, 오른쪽 계약증거물은 우계(右契)라고 하여 채무자가 보관하였다고 한다. the left-hand tally; the left-hand portion of the record of the engagement.

責 꾸짖을 〔책〕: 요구하다. 독촉하다. 책임을 이행하라고 독촉하여 받아내다. 責은 "빚 [채]"로도 읽는다. urge (a person) to do; dun (a person for the payment of a debt); urge the other party to fulfill his duties.

司 맡을 〔사〕: 맡다. 지키다. keep; take charge of (a thing).

徹 구실 이름 〔철〕: 중국 주(周)나라 때의 조세법. 수입의 10분의 1을 조세로 거두어들이는 제

도. 이를 철법(徹法)이라고 한다. 십일조라는 말도 여기서 유래한 것으로 보인다. 구실이란 조세(租稅)를 통틀어 이르는 말이다. the regulation that is able to levy the one tenth of the harvest as taxes; exaction; a mandatory levy of taxes; to levy duties upon the people.

天道 (천도): 하늘의 방식. 하늘의 이치. 하늘이 만물을 다스리는 방식. 여기서 道는 "방법(方法)", "치리(治理)" 등을 가리킨다. (中國 世紀出版集團,『漢語大詞典』, 漢語大詞典出版社(2000. 8.), p. 1287) the way of heaven; the order of heaven; the way that heaven governs all things.

【해설】

위정자가 어떤 사람에게 가혹한 형벌을 내려 곤장 수백 대를 치고, 과도한 벌금을 부과한 사실이 있었다고 가정하자. 그런데 그 후 그것이 잘못되었음이 발견되어 그 사람을 석방하였다 하더라도 곤욕을 치른 당사자는 그 쓰라린 기억을 영원히 잊지 못한다. 큰 원한을 풀어준다 하더라도 반드시 남는 원한이 있다는 것은 대략 이러한 사안을 두고 한 말이다. 무고한 백성에 대한 고문과 형벌이 어찌 괜찮게 넘어갈 수 있는 사안인가? 당사자에게 평생 잊지 못할 원한이 될 수 있는 사안이다. 노자는 이를 "남는 원한"이라고 표현하였다.

선정(善政)을 베푸는 위정자는 왼쪽의 계약증거물을 잡고 있을 뿐, 상대방에게 책임을 이행하라고 독촉하지는 않는다. 춘궁기가 되면 곡식이 떨어져 당국이 백성들에게 곡식을 꿔주고, 그 증거물로 왼쪽 나무의 증거물을 확보하고는 있으나, 빚 독촉은 하지 않는다는 것이다. 농사가 잘되면 당연히 빚을 갚을 것이기 때문이다. 그해 농사가 잘되지 않았다면 다음 해에 갚을 것이다. 이것이 자연의 질서에 부합하는 다스림이 된다. 그래서 덕이 있는 사람은 계약증서만을 맡고 있는데, 덕이 없는 사람은 독촉하며 세금을 거두어들이는 일을 맡는다고 한 것이다. 그리고 하늘이 다스리는 방식은 언제나 특별히 누구를 편애(偏愛)하지 않고 자연의 섭리를 따르는 선(善)한 사람과 함께한다고 이야기한다.

[1] Chapter 79

A big dispute can be pacified.

But resentments always remain.

How can this be deemed a kind gesture?

Thus, the sage keeps the deed of loan,

Yet never demands repayment.

A man of virtue keeps the deed,

And a crooked man acts like a tax collector.

Tao of Heaven is impartial,

And it often helps the good people.

(Yang Liping, *The Tao Inspiration*, Asiapac Books Pte Ltd. Singapore(2010), p. 168)

[2] Chapter 79

In the reconciling of resentments,

    ill will often lingers.

What's the good in that?

The person who is truly good concerns

    herself always with what she owes others,

    never with what they owe her.

The Tao of heaven is impartial.

If you perpetuate it, it perpetuates you.

(Brian Browne Walker, *the Tao Te Ching of Lao Tzu*, St. Martin's Griffin New York(1995), Ch. 79)

小國寡民. 使有什佰之器而不用, 使民重死而不遠徙.
소국과민　　　　사유십백지기이불용　　　　　사민중사이불원사

雖有舟輿, 無所乘之, 雖有甲兵, 無所陳之.
수유주여　　　무소승지　　　수유갑병　　　무소진지

使民復結繩而用之, 甘其食, 美其服, 安其居, 樂其俗.
사민복결승이용지　　　　감기식　　미기복　　안기거　　낙기속

隣國相望, 鷄犬之聲相聞, 民至老死不相往來.
인국상망　　　계견지성상문　　　민지노사불상왕래

해석 | (노자가 꿈꾸던 이상향(理想鄕)에 관하여 이야기한다.)

나라는 작고 백성들은 적다. 십배 백배나 되는 병기(兵器)가 있지만 쓰지 않게 하고, 백성들로 하여금 목숨을 소중히 여기도록 하며, 멀리 떨어진 곳으로 이주(移住)하지 않게 한다.

(As for an ideal state,) the size of the state is small, and its population is not many. Even though the state has ten or hundred times as many weapons as others have, it doesn't let the weapons be used, let the people value their life, and don't let the people migrate to distant places.

비록 배와 수레가 있다 하더라도 그것을 탈 일이 없도록 하고, 비록 갑옷과 병기가 있다 하더라도, 그것들을 군사용으로 쓸 일이 없게 한다.

Even though the state has ships and carriages, it makes the people have no occasion to ride in them, and even though it has buff coats and weapons, it makes the people have no occasion to use those for military purpose.

백성들로 하여금 노끈을 매듭지어 사용하던 시절로 돌아가게 하고, 그들의 음식을 달게 먹게 하고, 그들의 옷을 아름답게 여기게 하고, 그들의 주거를 편안한 것으로 생각하게 하고, 그들의 풍속을 즐기도록 한다.

The state makes the people return to the days communicated by knotted cords, makes their foods eat with gusto, makes their clothes think beautifully, makes their dwellings feel comfortable, and makes their ways of life feel happy.

이웃 나라가 서로 바라보이고, 닭이 울고 개가 짖는 소리가 서로 들리기는 하지만, 백성들은 늙어 죽을 때까지 서로 왕래하지 않는다.

Neighbouring states are within sight of each other, and the cries of fowls and dogs are heard to each other, but the people do not come and go with each other until they grow old and die.

【주석】

什 열 사람 [십]: ① 열. 열 사람. ten; ten persons. ② 열 배. decuple; ten times.

佰 일백 [백]: ① 백. 백 사람. hundred; hundred persons. ② 백배. centuple; hundred times.

器 그릇 [기]: ① 기량(器量). 사람의 재능과 도량. ability. ② 병기(兵器). weapon.

死 목숨 바칠 [사]: ① 목숨을 바치는 일. 목숨을 내던지는 일. 죽음을 무릅쓰는 일. to sacrifice [lay down] one's life; to throw away one's life; risk one's life [neck]. ② 죽음. death. ③ 重死는 "죽음을 소중히 하다"라는 말이지만, 여기서는 "목숨을 소중히 하다"의 뜻이다. value one's life; hold one's life dear.

徙 옮길 [사]: 옮기다. 이사(移徙)하다. 이주(移住)하다. move; change one's residence; migrate; emigrate.

甲 갑옷 [갑]: 전쟁 때 화살 등을 막기 위하여 입는 옷. armor; buff coats.

陳 진 칠 [진]: 진을 치다. 군사작전을 위하여 늘어놓다. 군사용으로 쓰다. encamp; pitch a camp; take up a position; use something for military purpose.

結繩 (결승): 새끼줄에 매듭을 지어 기호로 삼은 것. 글자가 없던 시대에는 노끈이나 새끼 따위로 매듭을 맺어서 그 모양이나 수로 기억의 편의를 꾀하고 의사를 소통하는 방편으로 삼았다고 한다. knotted cords; knots made by cords.

〖해설〗

노자가 꿈꾸었던 이상향(理想鄕)은 무위자연의 도를 실현하기 쉬운 인구가 많지 않고 규모가 작은 나라였던 것 같다.

위정자가 백성을 아끼고 선정(善政)을 베풀면 살기 좋은 나라가 된다. 백성들이 죽음을 무릅쓰고 민란(民亂)을 일으킬 이유도 없고, 살아가기가 힘들어 자포자기(自暴自棄)할 우려도 없다. 백성들이 굳이 멀리 떨어진 다른 나라로 이주할 필요도 없다. 그러나 폭정에 시달리고 먹고살기가 힘들어지면 민란이 일어나기도 하고, 백성들이 다른 먼 나라로 떠나려고 하기도 한다. 그러므로 위정자는 좋은 정치를 펴서 백성들이 정처 없이 먼 곳으로 떠돌지 않도록 하여야 한다.

비록 배와 수레가 있지만 그것을 탈 일이 없도록 하고, 비록 갑옷과 병기가 있지만, 그것들을 군사용으로 쓸 필요가 없도록 한다. 방비태세만 갖추는 것이지, 선제공격용으로는 사용하지 않는다는 의미이다.

백성들은 노끈을 매듭지어 의사소통을 하던 옛 시절로 돌아가 편안한 생활을 하도록 하고 그들의 생활풍속을 그대로 즐기도록 한다.

이웃나라가 서로 바라보이고, 닭이 울고 개가 짖는 소리가 서로 들리기는 하지만, 백성들은 늙어죽을 때까지 서로 왕래하지 않도록 한다. 왕래하다 보면 일이 생기기 때문이다. 주역의 주석서인 계사하(繫辭下) 제1장에서는 "길흉회린은 행동으로부터 생겨난다."라고 말한다(吉凶悔吝 生乎動者也). 행동하지 않으면 특별히 길한 일도 또 전쟁과 같은 특별히 흉한 일도 생기지 않는다는 것이다. 노자는 본장에서 왜 왕래하지 않는가에 대하여 설명하지 않는다. 노자가 만들어 놓은 이상향(理想鄕) 속에서 안주(安住)하겠다는 의미로 파악하는 학자가 많다. 그러나 不相往來라는 말을 "서로 쳐들어가지도 않고 쳐들어오게 하지도 않는다."라는 전쟁을 반대한다는 의미로 이해할 수도 있다.

〖외국학자 영문해석〗

[1] Chapter 80

1. In a little state with a small population, I would so order it, that, though there were individuals with the abilities of ten or a hundred men, there should be no employment of them; I would make the people, while looking on death as a grievous thing, yet not remove elsewhere (to avoid it).

2. Though they had boats and carriages, they should have no occasion to ride in them; though they had buff coats and sharp weapons, they should have no occasion to don or use them.

3. I would make the people return to the use of knotted cords (instead of the written characters).

4. They should think their (coarse) food sweet; their (plain) clothes beautiful; their (poor) dwellings places of rest; and their common (simple) ways sources of enjoyment.

5. There should be a neighbouring state within sight, and the voices of the fowls and dogs should be heard all the way from it to us, but I would make the people to old age, even to death, not have any intercourse with it.

(James Legge, *The Texts of Taoism, The Tao Te Ching of Lao Tzu,* Dover Publications, Inc. New York(1962), p. 122)

[2] Chapter 80

Reduce the size and population of the state.

Ensure that even though the people have tools of war for a troop or a battalion they will not use them; and also that they will be reluctant to move to distinct places because they look on death as no light matter.

Even when they have ships and carts, they will have no use for them; and even when they have armour and weapons, they will have no occasion to make a show of them.

Bring it about that the people will return to the use of the knotted rope,

Will find relish in their food

And beauty in their clothes,

Will be content in their abode

And happy in the way they live.

Though adjoining states are within sight of one another,

and the sound of dogs barking and cocks crowing in one state can be heard in another,

yet the people of one state will grow old and die without having had any dealings with those of another.

(D. C. Lau, *Lao Tzu Tao Te Ching*, Penguin Books(1963), p. 87)

제 81 장 | 신언불미 (信言不美)

信言不美, 美言不信.
신언불미　　　　미언불신

善者不辯, 辯者不善.
선자불변　　　　변자불선

知者不博, 博者不知.
지자불박　　　　박자부지

聖人不積, 旣以爲人, 己愈有, 旣以與人, 己愈多.
성인부적　　기이위인　　　기유유　　기이여인　　　기유다

天之道, 利而不害, 聖人之道, 爲而不爭.
천지도　　이이불해　　　성인지도　　위이부쟁

해석 | 진실한 말은 아름다워 보이지 않고, (번드르르하게) 아름다운 말은 믿음이 가지 않는다.

Sincere words do not seem to be fine, and (sweetly) fine words do not seem to be sincere.

선량한 사람은 (꾸며서) 말을 잘하지 못하고, (꾸며서) 말을 잘하는 사람은 선량하지 못하다.

Good men do not talk well (by means of fabrication), and the men who talk well (by means of fabrication) are not good.

(道를) 깨달은 사람은 (세속적인 일에 관하여) 넓은 지식을 가지고 있지 않고, (세속적인 일에 관하여) 넓은 지식을 가진 사람은 도를 깨닫지 못하고 있다.

He who knows (the Dao) does not has extensive knowledge (about worldly affairs), and he who has extensive knowledge (about worldly affairs) does not know it.

성인은 (재물을) 쌓아두지 않는다. 기득(旣得)한 것으로써 남을 위하여 쓴다. (그렇게 함으로써) 자기는 더욱 가지게 되는 결과가 되고, 기득한 것을 가지고 남에게 주지만 자기는 더욱 많아지는 결과가 된다.

The sage does not amass (wealth). With having already acquired, he expends for others. (By doing so) the more he spends, the more he becomes to possess. The more he gives to others with having already acquired, the more he becomes to abound.

하늘이 다스리는 방식, 즉 하늘이 만물을 다스리는 것과 같은 그러한 자연적인 방식은, 이로움을 주면서도 해를 끼치지 않는다. 성인이 다스리는 방식도 베풀 뿐이지, (어떤 공적을 위하여 어느 누구와도) 다투지 않는다.

The way of Heaven, such a natural way as Heaven governs all things, it benefits all things and does not injure. The way of the sage, such a way as the sage king governs a country, it always bestows a favor on the people, and does not strive with anyone (for some achievement).

【주석】

辯 말 잘할 〔변〕: 말을 잘하다. 교묘하게 말하다. talk cleverly; say sweetly.

博 넓을 〔박〕: 넓다. 견문이 넓다. 많다. wide; extensive; much.

積 쌓을 〔적〕: 쌓다. 축적하다. 모으다. accumulate; gather; collect.

旣以 (기이): 이미 얻은 것을 가지고. 기득(旣得)한 것으로써. with having already acquired; with what one has already obtained.

己愈有 (기유유): 자기는 더욱 가지게 되다. One becomes to possess more and more.

己愈多 (기유다): 자기는 더욱 많아지게 되다. One becomes to abound more and more.

愈 더욱 (유): 더욱. 점점 더. the more ~ the more; more and more; still more.

爲 할 (위): ① 행하다. act; carry out; give an example to others. ② 베풀다. bestow a favor (on a person). ③ 쓰다. 사용하다. use; spend.

天之道 (천지도): 하늘의 다스림, 하늘의 방식, 하늘의 작용 등을 뜻한다. 내용 면에서 보면, "하늘이 만물을 다스리는 것과 같은 그러한 자연스러운 방식"을 의미한다. 이를 인간 세계와 관련하여 보면, 대자연이 세상만물을 다스리는 것과 같은 그러한 무위자연의 정치를 뜻하게 된다. 여기서 道는 "방법(方法)", "치리(治理)" 등을 가리킨다. (中國 世紀出版集團, 『漢語大詞典』, 漢語大詞典出版社(2000), p. 1287) the way of heaven; the action of heaven; such a government as heaven governs all things; such a natural way as the universe governs all things; such a natural politics as Mother Nature governs all things.

【해설】

임금이나 윗사람에게 옳지 못한 일을 고치도록 말하는 것을 흔히 간언(諫言)이라고 하는데, 간언은 진실한 말이다. 그러나 듣기에는 그다지 기분이 좋은 말은 아니다. 그래서 진실한 말은 듣기에 아름다워 보이지 않는다고 한 것이다. 반면에 자기를 칭찬해 주며 알랑거리는 아부의 말은 솔깃하게 귀에 들어온다. 그러나 이것은 믿을 수 없는 수작에 불과하며 많은 해악을 일으키게 된다.

선량한 사람은 꾸며서 달콤하게 말을 잘 전하지 못하고, 꾸며서 말을 잘하는 사람은 믿을 수 없는 자이므로 선량하지 못하다.

道를 깨달은 사람은 세속적인 출세(出世)나 이재(理財)에 밝지 못하고, 세속적인 출세나 이재에 밝은 사람은 대자연이 만물을 다스리는 것과 같은 하늘의 이치를 깨닫지 못한다.

기득(旣得)한 것을 가지고 남을 위하여 쓰는 것은 훌륭한 자선(慈善) 행위이다. 자선행위는 하면 할수록 복을 많이 받게 되고, 기득(旣得)한 것을 남에게 주면 줄수록, 그는 더욱더 많은 행운을 얻게 된다. 자기가 가진 것을 남에게 베풀며 그들과 함께하면 그들의 마음을 얻게 되므로 그는 더욱더 많은 사람을 얻게 되는 결과가 된다. 성인은 도를 터득한 임금인 성군(聖君)을 가리킨다. 성군에게는 백성이 재산이다. 많은 백성으로부터 신뢰를 얻어야 정치를 제대로 할 수 있다.

하늘이 만물을 다스리는 방식(天之道)은 이로움을 주며 해를 끼치지 않는다. 그러나 인간이 세상을 다스리는 방식(人之道)은 억압(抑壓)과 수탈(收奪)로 백성들의 재산을 착취(搾取)하여 지배계급의 부(富)를 더욱 더 불어나게 한다. 그래서 인간세계에서는 부익부, 빈익빈(富益富, 貧益貧) 현상이 나타난다. 이런 현상이 확대되면 무전유죄(無錢有罪), 유전무죄(有錢無罪)라는 사회적 문제와 국민적 저항에 부딪히게 된다.

그래서 노자는 "天之道, 利而不害, 聖人之道, 爲而不爭"이라는 말로 『도덕경』을 마감한다. "하늘이 다스리는 방식은 이로움을 주고 해를 끼치지 않는다. 이를 본받은 성인의 방식도 베풀 뿐이지, 어느 누구와도 다투지 않는다."라고 말한다. 억압과 착취가 없는 무위자연(無爲自然)의 정치를 펴라고 위정자들에게 재차 역설한다.

【외국학자 영문해석】

[1] Chapter 81

> True words are not beautiful,
>> beautiful words are not true.
> Competence does no persuade,
>> persuasion is not competent.
> The sage is not learned,
>> the learned man is not wise.
> The man of Calling does not heap up possessions.
> The more he does for others,
>> the more he possesses.
> The more he gives to others,
>> the more he has.
> The DAO of Heaven is 'furthering without causing harm'.
> The DAO of the Man of Calling is to be effective without quarrelling.
>
> (Richard Wilhelm, *Tao Te Ching*, translated into English by H. G. Ostwald, Arkana Penguin Books(1989), p. 64)

[2] Chapter 81

True words are not fine-sounding;

Fine-sounding words are not true.

The good man does not prove by argument;

And he who proves by argument is not good.

True wisdom is different from much learning;

Much learning means little wisdom.

The Sage has no need to hoard;

When his own last scrap has been used up on behalf of others,

Lo, he has more than before!

When his own last scrap has been used up in giving to others,

Lo, he has more than before!

When his own last scrap has been used up in giving to others,

Lo, his stock is even greater than before!

For Heaven's way is to sharpen without cutting,

And the Sage's way is to act without striving.

(Arthur Waley, *Lao Tzu Tao Te Ching,* Wordsworth Editions Limited(1997), p. 85)

참고문헌

(역해자의 공부방에 소장된 책들)

■ 한국 ───

기세춘, 『노자강의』, 바이북스(2008).

김경수, 『노자역주』, 문사철(2009).

김용옥, 『노자와 21세기』, 통나무(1999).

김원중, 『노자』, 글항아리(2013).

김충렬, 『김충렬 교수의 노자강의』, 예문서원(2004).

김학목·조윤래, 『도덕경』, 장서원(2004).

김학주, 『노자』, 명문당(2002).

김학주, 『노자와 도가사상』, 명문당(2007).

노태준, 『도덕경』, 홍신문화사(2009).

박일봉, 『노자 도덕경』, 육문사(2005).

변정환, 『도덕경』, 대구한의대학교 출판부(2006).

설희순, 『노자 웃으시다』, 디에스 이 트레이드(2011).

신동준, 『노자론』, 인간사랑(2007).

양방웅, 『초간 노자』, 예경(2004).

염정삼, 『설문해자주 부수자 역해』, 서울대학교 출판부(2007. 8. 25.).

윤성지, 『노자병법』, 매일경제신문사(2010).

윤천근, 『노자 도덕경』, 법인문화사(1996).

이경숙, 『노자를 웃긴 남자』, 자인(2002).

이기동, 『노자』, 동인서원(2001).

이명권, 『예수, 노자를 만나다』, 코나투스(2006).

이민수, 『노자』, 혜원출판사(2002).

이석명, 『노자 도덕경 하상공 장구』, 소명출판(2007).

임동석, 『노자』, 동서문화사(2009).

임채우,『왕필의 노자주』, 한길사(2009).

임헌규,『노자 도덕경 해설』, 철학과 현실사(2005).

조현규,『왕필이 본 도덕경』, 새문사(2011).

진고응 저, 최재목·박종연 역,『진고응이 풀이한 노자』, 영남대학교 출판부(2004).

최진석,『도덕경』, 소나무(2005).

호승희,『노자』, 타임기획(2005).

大濱晧, 임헌규 역,『노자 철학 연구』, 청계(1999).

東方老道, 남종진 역,『도덕경』, 다산미디어(2006).

羅强, 신상현 역,『소설로 읽는 도덕경』, 열대림(2006).

森三樹三郎, 임병덕 역,『중국사상사』, 온누리(1994).

溝口雄三·丸山松幸·池田知久, 김석근·김용천·박규태 역,『중국사상문화사전』, 민족문
　　　화문고(2003).

諸橋轍次, 김동민 역,『중국고전 명언사전』, 솔 출판사(2004. 5. 3.).

유교대사전 편찬위원회,『儒敎大事典』天·地·人 개정증보 1쇄, 성균관(2007. 2. 25.).

■중국 ───

張岱年,『中國哲學大綱』, 中國社會科學出版社(1982).

中國 世紀出版集團,『漢語大詞典』, 漢語大詞典出版社(2000. 8.).

『古代漢語字典』, 北京大學出版社(1998).

『古漢語常用字字典』, 中國 北京 商務印書館(2000).

許愼,『說文解字』3쇄, 江蘇古籍出版社(2003. 7.).

■ 서양 ─────

ABC Chinese-English Comprehensive Dictionary, edited by John DeFrancis, University of Hawai'i Press, Honolulu(2003).

Arthur Waley, *Lao Tzu Tao Te Ching,* Wordsworth Editions Limited(1997).

Beijing Foreign Language University, *A Chinese-English Dictionary,* 1997 Revised Edition(2000).

Brandon Toropov and Chad Hansen, *The complete Idiot's Guide to Taoism,* Alpha(2002).

Brian Browne Walker, *the Tao Te Ching of Lao Tzu*, St. Martin's Griffin New York(1995).

Concise English-Chinese, Chinese-English Dictionary Second Edition, Oxford University Press(1999).

D. C. Lau, *Lao Tzu Tao Te Ching,* Penguin Books(1963).

Dr. Wayne W. Dyer, *Living the Wisdom of the Tao,* Hay House, Inc.(2008).

Edmund Ryden, *Laozi Daodejing,* Oxford university press(2008).

Eva Wong, *Teachings of the Tao,* Shambhala Boston & London(1997).

James Legge, *The Texts of Taoism, The Tao Te Ching of Lao Tzu,* Dover Publications, Inc. New York(1962).

John Blofeld, *Taoism, The Road To Immortality,* Shambhala Boston(2000).

John C. H. Wu, *Tao Teh Ching Lao Tzu,* Shambhala Boston & London(2006).

Jonathan Star, *Tao Te Ching,* Jeremy p. Tarcher / Penguin, a member of Penguin Group (USA) Inc. New York(2003).

Jonathan Star, *Tao Te Ching,* The Definitive Edition, Tarcher(2001, 2003).

Moss Roberts, *Dao De Jing,* University of California Press(2004).

Richard Wilhelm, *Tao Te Ching,* translated into English by H. G. Ostwald, Arkana
      Penguin Books(1989).

Robert G. Henricks, *Te-Tao Ching Lao-Tzu,* The Modern Library New York(1993).

Roger T. Ames and David L. Hall, *Dao De Jing,* Ballantine Books New York(2003).

RZ Foster, *Tao Te Ching Lao Tzu,* Vannic Books Denver(2011).

Sam Hamill, *Tao Te Ching,* Shambhala Boston & London(2007).

Stephen Addiss & Stanley Lombardo, *Tao Te Ching Lao-Tzu,* Shambhala Boston &
      London(2007).

Stephen Mitchell, *Tao Te Ching,* Perennial Classics(2000).

New Age Chinese-English Dictionary, The Commercial Press. Beijing(2001).

Ursula K. Le Guin, *Lao Tzu Tao Te Ching,* Shambhala Boston & London(1998).

Victor H. Mair, *Tao Te Ching,* Bantam Book(1990).

Witter Bynner, *The Way of Life according to Lao Tzu,* A Perigee Book(1994).

Yang Liping, *The Tao Inspiration,* Asiapac Books Pte Ltd. Singapore(2010).

역해자 김영일(金榮一)

약력

경기도 안성 출생(1940)

서울대학교 법과대학 졸업(1966)

외환은행 근무(1970-1998)

사단법인 전국한자교육추진총연합회 지도위원(현)

주요 저서

『어음수표법 실무해설』(삼육출판사)

『축조해설 화의법』(도서출판 공평문화사)

『판례 사례 중심의 어음수표법』(도서출판 공평문화사)

『김영일 논어』1-3(도서출판 선학사)

『영어세대를 위한 주역 해설』상·하(동국대학교 출판부)